AF845861

ro
ro
ro

Toni Morrison wurde 1931 in Lorain, Ohio, geboren. Sie studierte an der renommierten Cornell University Anglistik und hatte an der Princeton University eine Professur für afroamerikanische Literatur inne. Sie war Mitglied des National Council on the Arts und der American Academy of Arts and Letters. Ausgezeichnet mit zahlreichen Preisen, u.a. mit dem National Book Critics Circle Award und dem American Academy and Institute of Arts and Letters Award für Erzählliteratur. 1993 erhielt sie den Nobelpreis für Literatur, und 2012 zeichnete Barack Obama sie mit der Presidential Medal of Freedom aus. Toni Morrison starb am 5. August 2019.

«Die analytische Schärfe und selbstreflexive Wucht der Essays in ‹Selbstachtung› sind jene intellektuellen Triebkräfte, die in vielen der aktuellen Debatten zu Rassismus, kultureller Aneignung oder Cancel Culture zu kurz kommen.» *Berliner Zeitung*

«Wer Morrison noch nicht gelesen hat, wird durch dieses Buch auf eindringliche Weise dazu eingeladen.»
Missy Magazine

«Der Gewinn der Lektüre liegt in Morrisons Vermögen, für tradierte Formen des Alltagsrassismus wie für rassistische Sprachbilder in der Literatur zu sensibilisieren.»
SWR2 lesenswert

TONI MORRISON

SELBST-ACHTUNG

AUSGEWÄHLTE ESSAYS, REDEN UND BETRACHTUNGEN

Aus dem Englischen von
Thomas Piltz, Nikolaus Stingl,
Christiane Buchner, Dirk van Gunsteren und
Christine Richter-Nilsson

ROWOHLT
TASCHENBUCH VERLAG

Die Originalausgabe erschien 2019 unter dem Titel
«The Source of Self-Regard» bei Alfred A. Knopf, New York.

Veröffentlicht im Rowohlt Taschenbuch Verlag,
Hamburg, Februar 2022
Copyright © 2020 by Rowohlt Verlag GmbH, Hamburg
«The Source of Self-Regard» Copyright © 2019 by Toni Morrison
Covergestaltung Anzinger und Rasp, München
Coverabbildung Timothy Greenfield-Sanders
Satz aus der Janson
Gesamtherstellung CPI books GmbH, Leck, Germany
ISBN 978-3-499-00207-6

Die Rowohlt Verlage haben sich zu einer nachhaltigen Buchproduktion verpflichtet. Gemeinsam mit unseren Partnern und Lieferanten setzen wir uns für eine klimaneutrale Buchproduktion ein, die den Erwerb von Klimazertifikaten zur Kompensation des CO_2-Ausstoßes einschließt.
www.klimaneutralerverlag.de

FSC
www.fsc.org
MIX
Papier aus verantwortungsvollen Quellen
FSC® C083411

INHALT

Zwischenspiel

SCHWARZE ANGELEGENHEITEN

Zweiter Teil

DIE SPRACHE GOTTES

AUF EIGENE GEFAHR

Autoritäre Regime, Diktatoren, Despoten sind oft, wenn auch nicht immer, dumm. Aber nie sind sie so dumm, wachsamen Autoren aus dem gegnerischen Lager den Freiraum zu gewähren, den diese für die Veröffentlichung ihrer Meinung und das Ausleben ihrer kreativen Impulse benötigen. Sie wissen um das Risiko. Sie sind nicht so dumm, die Kontrolle über die Medien, sei sie offen oder verhüllt, aufzugeben. Ihre Methoden umfassen die Überwachung, die Zensur, die Verhaftung und sogar die Liquidierung der Autoren, die die Öffentlichkeit informieren und wachrütteln – Autoren, die Unruhe stiften, die Fragen stellen, die genauer hinschauen. Schreibende – ob Journalisten, Essayisten, Blogger, Dichter oder Dramatiker – können die gesellschaftliche Schweigespirale durchbrechen, die die Menschen in das Wachkoma versetzt, das die Despoten «inneren Frieden» nennen, und sie stillen den Blutstrom des Krieges, an dem sich die Falken und Gewinnler erregen.

Das ist es, was die Despoten fürchten.

Was wir zu fürchten haben, ist von anderer Dimension.

Wie öde, wie unerträglich, wie unlebbar wird das Leben, wenn ihm die Dimension der Kunst entzogen wird. So dringlich es ist, das Leben und das Werk von Autoren zu schützen, die in Gefahr sind, so wenig dürfen wir vergessen, dass ihr Verschwinden, das Ersticken ihrer Stimme, die gnadenlose

Amputation ihres Werks auch eine Gefährdung unserer selbst darstellt. Die rettende Hand, die wir ihnen ausstrecken, ist in unserem eigenen Interesse.

Wir alle kennen Länder, deren entscheidendes Merkmal darin besteht, dass ihre Autoren ihnen den Rücken kehren. Es sind Regime, deren Angst vor unzensiertem Schreiben berechtigt ist, weil die Wahrheit Ärger bedeutet. Ärger für den Kriegstreiber, den Folterer, den Wirtschaftskriminellen, den rückgratlosen Journalisten, die korrupte Justiz und auch die komatöse Öffentlichkeit. Autoren, die nicht verfolgt, nicht eingesperrt, nicht bedroht werden, bedeuten Ärger für den ignoranten Machthaber, den verschlagenen Rassisten und die Raubtiere, die sich an den Ressourcen unserer Welt vergreifen.

Die Besorgnis, die Unruhe, die Schriftstellerinnen und Schriftsteller auslösen, ist heilsam, weil sie offen und empfindlich macht; weil sie, wenn nicht von den Autoritäten eingehegt, als bedrohlich erlebt wird. Deshalb ist die Unterdrückung von Schriftstellern von jeher das erste Warnzeichen für die bald darauf folgende Erosion von Freiheiten und Bürgerrechten. Die Geschichte der verfolgten Autoren reicht so weit zurück wie die Literaturgeschichte selbst. Und die Versuche, uns zu zensieren, uns auszuhungern, uns in unserer Handlungsfreiheit einzuschränken und zu vernichten, sind untrügliche Zeichen, dass etwas Gravierendes geschehen ist. Gesellschaftliche und politische Kräfte können jegliche Kunst hinwegfegen, die nicht «sicher», nicht staatlich abgesegnet ist.

Ich habe mir sagen lassen, es gebe zwei menschliche Reaktionen auf die Erfahrung von Chaos: Benennung und Gewalt. Ist Chaos schlicht nur das Unbekannte, ergibt sich die

Benennung wie von selbst – eine neue Art oder Formel oder Gleichung, ein neuer Stern, eine Prognose. Es gibt die Möglichkeit der Eingrenzung, des Kartographierens, des Ersinnens von Namen für namenlose oder ihrer Namen beraubte Regionen, Länder oder Völker. Wenn sich das Chaos damit aber nicht domestizieren lässt, wenn es in veränderter Gestalt wiederkehrt oder sich der aufgezwungenen Ordnung widersetzt, gilt Gewalt als die gewöhnlichste und auch rationalste Reaktion im Umgang mit dem Unbekannten, Katastrophischen, Wilden, Widerständigen oder Unbeherrschbaren. Die Zensur kann eine solche rationale Reaktion sein, genauso Lagerhaft, Gefängnis oder Tötung, individuell oder im Krieg. Es gibt aber noch eine dritte Reaktion auf das Chaos, von der mir niemand berichtet hat, nämlich das Verstummen. Dieses Verstummen kann bloße Passivität sein oder eine Schockstarre oder eine Folge lähmender Angst. Aber es kann auch eine künstlerische Haltung sein. Wer auch immer es auf sich nimmt, im Dunstkreis der Macht, sei es näher oder ferner von militärischer, wirtschaftlicher oder hegemonialer Gewalt, ein Gerüst von Sinn gegen das Chaos zu errichten, verdient Schutz und Unterstützung. Und wer sollte diesen Schutz initiieren, wenn nicht die Kollegen der bedrängten Autorinnen und Autoren? Ebenso wichtig aber ist es, nicht nur drangsalierte Schriftsteller zu retten, sondern auch uns selbst. Nur noch mit Grauen kann ich konstatieren, dass andere Stimmen ausradiert werden und Romane ungeschrieben bleiben; dass Gedichte nur geflüstert oder ganz verschluckt werden aus Angst, die falschen Ohren könnten sie hören; dass unerwünschte Sprachen nur noch im Untergrund blühen; dass kritische Fragen nicht gestellt werden und Theaterstücke nicht auf die Bühne oder Filme nicht mehr ins Kino kommen – und dieser Gedanke ist ein Albtraum. Als würde ein ganzes Universum mit unsichtbarer Tinte beschrieben.

Gewisse Wunden, die Bevölkerungsgruppen zugefügt werden, sind so tief, so grausam, dass nicht Geld und nicht Vergeltung und nicht einmal Gerechtigkeit und Sühne oder menschliche Güte, sondern nur die Werke von Schriftstellern das Trauma übersetzen und dem Leiden einen Sinn abgewinnen, das moralische Empfinden schärfen können.

Leben und Werk der Autoren sind kein Geschenk an die Menschheit; sie sind eine Notwendigkeit.

ERSTER TEIL

DIE HEIMAT DES FREMDEN

DIE TOTEN DES 11. SEPTEMBERS

Manche haben das Wort Gottes, andere Lieder des Trostes für die Hinterbliebenen. Ich möchte, wenn ich den Mut dazu aufbringe, direkt zu den Toten sprechen – den Septembertoten. Zu den Kindern von Ahnen, die aus allen Kontinenten des Planeten stammen, aus Asien, Europa, Afrika, den beiden Amerikas; Kindern von Vorfahren, die Kilts, Kimonos oder Saris trugen, Turbane, Strohhüte oder Kippas, Ziegenleder oder Holzschuhe, Federn oder Kopftücher auf ihren Häuptern. Aber ich möchte kein Wort sagen, ehe ich nicht alles vergessen habe, was ich über Nationen, Kriege, Regierende und Regierte und die Unregierbaren weiß oder zu wissen glaube; und was ich argwöhne über Panzer und Gedärm. Erst möchte ich meine Zunge säubern von Sätzen, die gebildet wurden, um das Böse zu verstehen – ob mutwillig oder absichtsvoll, ob explosiv oder von stillem Grauen, ob aus Übersättigung oder Hunger geboren, aus Rache oder dem schlichten Drang, sich zu erheben, ehe man fällt. Ich möchte meine Sprache reinigen von Übertreibungen, von ihrem Eifer, die Stadien der Verworfenheit zu analysieren, sie abzustufen, einen höheren oder niedrigeren Rang unter ihresgleichen zu bestimmen.

Zu den Zerschmetterten und Toten zu sprechen, ist zu schwierig für einen Mund voller Blut. Ein zu heiliger Akt für unreine Gedanken. Denn die Toten sind frei, sind absolut. Sind nicht verführbar durch Feuer.

Um zu euch, den Septembertoten, zu sprechen, darf ich nicht falsche Vertrautheit in Anspruch nehmen oder ein überhitztes Herz ausstellen, das pünktlich für die Kamera glüht. Ich muss behutsam sein und deutlich und immer wissen, dass ich nichts zu sagen habe – keine Worte, die stärker wären als der Stahl, der euch in sich verschlungen hat; keine Schrift, die älter oder eleganter wäre als die urzeitlichen Atome, zu denen ihr geworden seid.

Und ich habe auch nichts zu geben – außer dieser Geste, diesem Faden, der gespannt ist zwischen eurem Menschsein und meinem: *Ich will euch in meinen Armen halten*, und so wie eure Seele, gesprengt aus ihrem Fleischgehäuse, will ich mit euch den Geist der Ewigkeit verstehen: sein Geschenk befreiender Erlösung, die das Dunkel des Totengeläuts durchdringt.

DIE HEIMAT DES FREMDEN

Vom Höhepunkt des Sklavenhandels im neunzehnten Jahrhundert abgesehen, ist die Wanderungsbewegung der Völker in der zweiten Hälfte des zwanzigsten und zu Beginn des einundzwanzigsten Jahrhunderts größer als jemals zuvor. Es ist eine Wanderung von Arbeitern und Intellektuellen, von Flüchtlingen und Migranten, quer über Ozeane oder durch Kontinente, an Bord zerbrechlicher Boote oder in den Amtsstuben von Einwanderungsbehörden. Sie spricht in vielen Sprachen von Handel und politischer Intervention, von Verfolgung, Exil, Gewalt und Armut. Kein Zweifel, dass diese weltweite Umverteilung von Menschen (teils freiwillig, teils unfreiwillig) weit oben steht auf den Tagesordnungen der Regierungsämter und Vorstandsbüros, dass sie das Gespräch auf der Straße bestimmt, im eigenen Viertel und zu Hause. Politische Maßnahmen zur Eindämmung der Ströme beschränken sich keineswegs darauf, die Entwurzelten zu überwachen. Vieles an diesem Exodus kann als Wanderung der Kolonisierten in die Länder der Kolonialherren (die Sklaven verlassen die Plantage und ziehen in das Herrenhaus) und, häufiger noch, als Flucht von Kriegsopfern beschrieben werden, während die Versetzungen der Diplomaten und der Management-Eliten an immer neue Außenposten der Globalisierung und die mit der Errichtung neuer Militärbasen einhergehende Stationierung frischen Truppenmaterials für die Regierungen eine wichtige Rolle bei dem Versuch spielen, der Völkerwanderung Herr zu werden.

Das Schauspiel der Massenmigration lenkt den Blick unweigerlich auf die Grenzen, jene porösen und verletzlichen Membranen, an denen das Konzept der Heimat als von Fremden bedroht erlebt wird. Ein großer Teil der Alarmstimmung, die dort herrscht, wird meines Erachtens von zwei Faktoren angefacht: 1.) dem Globalismus, sowohl als Bedrohung wie als Chance; und 2.) einer heiklen Beziehung zu unserem eigenen Fremdsein, unserem immer rascher erodierenden Gefühl von Zugehörigkeit.

Lassen Sie mich mit der Globalisierung beginnen. Nach unserem derzeitigen Verständnis ist Globalisierung etwas grundlegend anderes als eine neue Version weltwirtschaftlicher Hegemonie nach dem Muster Großbritanniens im neunzehnten Jahrhundert – auch wenn postkoloniale Unruhen noch heute von der Dominanz künden, die eine Nation, Großbritannien, damals über die meisten anderen ausübte. Der Begriff «Globalisierung» zielt auch auf etwas durchaus anderes als den alten Vereinigungstraum des proletarischen Internationalismus – auch wenn der Präsident des Gewerkschafts-Dachverbands AFL-CIO auf einer Tagung von Gewerkschaftsführern ausdrücklich den Begriff «Internationalismus» gebrauchte. Natürlich hat diese Globalisierung auch nichts mit der Sehnsucht der Nachkriegszeit nach einer vereinten Welt zu tun, jener Rhetorik, die die fünfziger Jahre umtrieb und die UNO hervorbrachte. Und sie entspricht auch nicht dem «Universalismus» der sechziger und siebziger Jahre – sei es als Forderung nach dem Weltfrieden oder als Beharren auf kultureller Vorherrschaft. «Weltreich» oder «Vereinigung der Nationen», «Internationalismus» oder «Universalismus» – bei alldem scheint es sich weniger um historische Entwicklungsphasen als um den Ausdruck einer Sehnsucht zu handeln, der Sehnsucht, dem Planeten einen Anschein von Einheit und Beherrschbarkeit zu geben oder sich das Schicksal seiner Bewohner von einem ideologischen Einklang der Nationen geleitet vorzustellen. Der Globalismus folgt den gleichen Sehnsüchten und Hoffnungen wie seine Vorgänger. Auch er versteht sich als historischer Fortschritt, der zu Wachstum und Einheit führt, der eine Utopie verwirklicht, der vorbestimmt ist. Im engeren Sinn meint Globalismus ungehinderten Kapital-, Waren- und Datenverkehr in einem von politischen Einflüssen freien Rahmen, der von den Bedürfnissen multinationaler Konzerne gesetzt wird. Weit weniger unschuldig sind jedoch die Nebenwirkungen jenseits der Märkte, zu denen nicht nur die Dämonisierung ganzer Staaten durch Handelsembargos oder die Aufwertung von Warlords durch kommerzgeleitete Rücksichtnahme gehören, sondern auch der Bedeutungsverlust der Nationalstaaten unter dem Druck grenzenloser Ströme von Waren, Kapital und Arbeitsmigranten; der weltweite Anpassungsdruck der Wirtschaft und der Kultur des Westens; die Amerikanisierung der entwickelten und der Entwicklungsländer durch die Vorherrschaft amerikanischer Populärkultur; sowie die kommerzielle Ausbeutung der Kulturen der Dritten Welt in der Mode, in Filmen und selbst in den Essgewohnheiten des Westens.

Mit ähnlicher Begeisterung begrüßt wie einst die Vorstellung vom amerikanischen Erwähltsein oder wie der Internationalismus, spielt die Globalisierung in unserem Denken eine geradezu majestätische Rolle. Denn bei all ihren Versprechungen von Freiheit und Gleichheit spendet sie ihre Segnungen mit herrschaftlicher Willkür. Sie kann viel geben und viel verwehren, im Hinblick auf ihren Geltungsbereich (über Grenzen hinweg); in Bezug auf schiere Masse (die Zahl der Begünstigten oder Abgehängten); oder in puncto Wohlstand (endlose Geschäftsfelder für die Ausbeutung von Ressourcen oder das Angebot von Dienstleistungen). Doch so sehr der Globalismus mit geradezu messianischen Heilserwartungen befrachtet wird, so heftig wird er auch als ein Übel verteufelt, das einer gefährlichen Dystopie den Weg bereitet. Wir fürchten seine Gleichgültigkeit gegenüber Grenzen, nationalen Infrastrukturen, lokalen Verwaltungen, Datenschutz-Richtlinien, Zollbestimmungen, Gesetzen, Sprachen; seine Achtlosigkeit angesichts von Randbezirken und an den Rand Gedrängten; seine erstaunliche, alles ergreifende Fähigkeit zu einer ständig sich beschleunigenden Nivellierung, einem Kahlschlag aller nützlichen Differenzierungen im Dienste des Marketings – eine Antithese zu unserer Idee von Vielfalt. Wir denken an Gleichmacherei, befürchten das Verschwinden der Sprachen und Kulturen lokaler Minderheiten in seinem Gefolge. Oder wir malen uns mit Schrecken aus, wie die Wucht der Globalisierung die großen Sprachen und Kulturen einem unwiderruflichen, lähmenden Zwang zur Anpassung unterwerfen kann.

Weitere Gefahren, die der Globalismus mit sich bringt, sind die Verzerrung unseres Begriffs von Öffentlichkeit und die Zerstörung des Privaten. Was als öffentlich zu gelten hat, übernehmen wir zum größten Teil, wenn auch nicht ausschließlich, von den Medien. Vieles von dem, was einst privat war, verlangen uns die Datensammler aus Politik, Verwaltung, Wirtschaft und neuerdings auch der Sicherheitsdienste ab. Die Verunsicherung, die die poröse Grenze zwischen dem Öffentlichen und dem Privaten umgibt, hat eine ihrer

Ursachen sicher in der sprachlichen Verwilderung, die den Gebrauch der beiden Termini kennzeichnet. Wir haben «privatisierte» Gefängnisse, in denen eine privatwirtschaftlich organisierte Firma öffentliche Aufgaben wahrnimmt. Wir haben Privatisierung auch im staatlich verantworteten Schulwesen. Und wir haben das Privatleben, das in den Medien freigiebig mit der Öffentlichkeit geteilt oder von «Personen des öffentlichen Lebens» vor Gericht gegen Übergriffe ebendieser Medien verteidigt wird. Es gibt Rückzugsräume des Privaten (Innenhöfe, Gärten), zu denen die Öffentlichkeit Zutritt hat, und öffentliche Räume (Parks, Spielplätze, Badestrände in exklusiven Lagen), die privater Nutzung vorbehalten sind. Es gibt das Spiegelphänomen des für die Öffentlichkeit inszenierten häuslichen Lebens. Unsere Wohnumgebung gleicht einem Schaufenster (mit Regalmetern voller stolz präsentierter «Sammlungen»), und Schaufenster werden gestaltet wie private Räume. Von jungen Menschen heißt es, ihr Verhalten orientiere sich an Bildschirm und Leinwand, während von Film und Fernsehen behauptet wird, sie würden die Interessen und Verhaltensweisen der Jugend lediglich widerspiegeln und nicht erst erzeugen. Weil der Raum, in dem sich sowohl das bürgerliche wie das intime Leben abspielen, keine Unterscheidung von Innenwelt und Außenwelt mehr kennt, haben sich die beiden Sphären zu etwas Allgegenwärtigem vermengt, das unsere Vorstellung von Zuhause wie hinter einem Schleier verschwimmen lässt.

Ich glaube, dass es diese Unschärfe ist, die den zweiten Punkt bedingt: unser Unbehagen angesichts unserer Empfindung von Fremdheit, unser sich rasant zersetzendes Gefühl von Zugehörigkeit. Wem schulden wir die größte Loyalität? Unserer Familie, unserer Kultur, unserem Land, den Menschen gleicher Sprache, unseren Geschlechtsgenossinnen oder -genossen? Unserer Religion oder Ethnie? Und wenn gar niemandem oder nichts davon, sind wir dann urban, kosmopolitisch – oder nur einsam? Mit anderen Worten, wie entscheiden wir, wohin wir gehören? Was überzeugt uns von der Richtigkeit unserer Entscheidung? Oder, anders gefragt, woher rührt unser Gefühl des Fremdseins?

Ich möchte auf einen Roman zurückgreifen, der in den fünfziger Jahren von einem Autor aus Ghana verfasst wurde, um dieses Dilemma näher zu beschreiben – diese Unschärfe rund um Innen und Außen, die jede Form von Grenze, ob politisch, metaphorisch oder psychologisch, umgeben kann und unsere Suche nach Zugehörigkeit, unseren Umgang mit Begriffen wie Nation und Nationalismus, Rasse, Ideologie und dem sogenannten Kampf der Kulturen so sehr erschwert.

Afrikanische und afroamerikanische Schriftsteller sind nicht die einzigen, die sich dieser Themen annehmen, aber sie können auf eine besonders lange und unmittelbare Geschichte des Betroffenseins verweisen – nicht zu Hause in ihrem Heimatland, Exilanten am Ort ihrer Herkunft.

Ehe ich mich dem Roman als solchem widme, möchte ich etwas erzählen, das meiner Lektüre afrikanischer Literatur weit vorausging, aber bereits damals die Weichen stellte für meine Beschäftigung mit alldem, was unsere aktuellen Definitionen des Fremden so problematisch macht.

Mit Samt bezogene Tabletts wanderten von Hand zu Hand durch die Bankreihen der Kirche bei der sonntäglichen Kollekte. Eines davon, das letzte, war besonders klein und immer in Gefahr, ganz leer zu bleiben. Sein Rang und seine Größe waren typisch für die pflichtschuldigen, aber bescheidenen Erwartungen, die damals, in den dreißiger Jahren, in nahezu alles gesetzt wurden. Die Münzen, nie waren es Scheine, die den Samt sprenkelten, kamen meistens von Kindern, die ermahnt worden waren, ihre Pennys und Nickels für eine gute Sache zu opfern, für die Erlösung Afrikas. Auch wenn dieses Wort, Afrika, so einen schönen Klang hatte, war es beladen mit den widerstreitenden Gefühlen, die es hervorrief. Anders als das hungernde China, war Afrika ein Kontinent, der einerseits uns, andererseits aber auch anderen gehörte, der eng mit uns verbunden und uns gleichzeitig zutiefst fremd war. Eine riesige, bedürftige Urheimat, von der es immer hieß, dass dort unser eigentlicher Platz sei, die aber keiner von uns je gesehen hatte oder sehen wollte, bewohnt von Menschen, mit denen wir eine heikle Beziehung wechselseitiger Ignoranz und Ablehnung unterhielten und eine Mythologie passiver, traumatisierter Andersartigkeit teilten, die in Schulbüchern, Filmen, Comics und jener Schimpfwortkultur, die Kinder zu lieben lernen, zementiert wurde.

Als ich später begann, Romane zu lesen, die in Afrika spielen, stellte ich fest, dass jede dieser Erzählungen – von wenigen Ausnahmen abgesehen – immer wieder den Mythos zum Ausgangspunkt nahm und weiterspann, der jene samtbezogenen Tabletts auf ihren Reisen durch die Kirchenbänke umgeben hatte. Für Joyce Cary, Elspeth Huxley oder H. Rider Haggard war Afrika genau das, was die Missionskollekte stumm vorausgesetzt hatte: ein dunkler Kontinent, verzweifelt bedürftig des Lichts. Des Lichts der Christenheit, der Zivilisation, des Fortschritts. Des Lichts der milden Gaben, angeknipst mit ein wenig Gutherzigkeit. Es war eine Idee von Afrika, in der sich die Ahnung einer komplexen Nähe mit dem Akzeptieren einer nicht mehr aufhebbaren Entfremdung mischte. Diese schwer nachvollziehbare Fremdherrschaft über Grund und

Boden, die die lokale Bevölkerung enteignete, die Verdrängung der Sprecher einheimischer Sprachen aus ihren Lebensräumen, das Exil der indigenen Bevölkerung in ihrem eigenen Land, all dies legte einen Schimmer von Unwirklichkeit über die Erzählungen und verführte ihre Autoren, ein metaphysisch leeres Afrika zu entwerfen, das reif war, neu erfunden zu werden. Mit ein oder zwei Ausnahmen war das Afrika der Literatur eine unerschöpfliche Selbsterfahrungsarena für Touristen und ausländische Besucher. Ob von konventionellen westlichen Vorstellungen eines in Finsternis gehüllten Afrikas durchdrungen oder gegen sie anschreibend, haben Joseph Conrad, Tania Blixen, Saul Bellow und Ernest Hemingway die Protagonisten ihrer Bücher in einen Kontinent – den zweitgrößten dieser Erde – versetzt, der so leer ist wie das Samttablett jener Kollekte, ein Gefäß, das nur auf die Kupfer- und Silbermünzen warten kann, die die Vorstellungskraft zu spenden geruht. Als Korn für westliche Mühlen, gewährend stumm und angenehm leer, konnte Afrika zum Vehikel einer Vielzahl von literarischen und/oder ideologischen Anliegen werden. Es konnte sich zurücknehmen als Hintergrund jeglicher Großtat oder in den Vordergrund drängen und die Malaisen jedes fremdländischen Reisenden begründen; es konnte sich eine furchteinflößende, feindselige Gestalt verleihen, die westlichen Besuchern Gelegenheit gab, über das Böse zu meditieren; oder es konnte demütig auf die Knie sinken und sich von den Vertretern des Fortschritts wohlfeile Ratschläge erteilen lassen. Für alle, die diese buchstäbliche oder imaginierte Reise unternahmen, bot die Begegnung mit Afrika die erregende Gelegenheit, das Leben in einem primitiven, sich erst formenden Urzustand zu erleben. Die Folge war eine Erleuchtung – nämlich in Gestalt der Gewissheit, dass die europäische Vorherrschaft für den schwarzen Kontinent ein Segen war und man sich die Mühe, allzu viele Informationen über irgendeine der afrikanischen Kulturen einzuholen, getrost sparen konnte. So großherzig war dieses Afrika, dass ein wenig Geographie, viel Klimakunde, ein paar Gebräuche und Anekdoten ausreichten für die Leinwand, auf die das Porträt einer weiser oder betrübter gewordenen oder ganz mit sich selbst versöhnten Hauptfigur gepinselt werden konnte. Bis in die fünfziger Jahre des zwanzigsten Jahrhunderts hinein konnte der Kontinent Afrika in den Romanen westlicher Autoren mit dem Titel von Albert Camus als *«Der Fremde»* bezeichnet werden, der Einsicht ermöglicht, aber selbst undurchschaubar bleibt. In Joseph Conrads *Herz der Finsternis* beschreibt Marlowe Afrika als einen einst riesigen weißen Fleck, den ein Knabe mit stolzen Träumen füllen konnte, der inzwischen aber mit Flüssen und Seen und Namen ausgestattet und kein leerer Raum verlockender Geheimnisse mehr sei. «Er war zu einem Ort der Finsternis geworden.» Das wenige, das man wissen konnte, war rätselhaft, abstoßend oder hoffnungslos widersprüchlich. Afrika stellte sich der Imagination als ein Füllhorn von Unwägbarkeiten dar, die, wie der monströse Grendel im *Beowulf*, sich jeder Erklärung verweigerten. So lässt sich in der Literatur eine Vielzahl von Metaphern finden, die miteinander unvereinbar sind. Als Wiege der Menschheit ist Afrika altehrwürdig, doch unter der paternalistischen Herrschaft der Kolonialmächte erscheint es auch infantil, wie eine Art greisenhafter Fötus, der seit Ewigkeiten auf seine Geburt wartet, seine Hebammen aber immer wieder enttäuscht. Roman um Roman und Erzählung um Erzählung schildern Afrika als gleichzeitig unschuldig und korrupt, brutal und arglos, irrational und weise.

In diesem rassistisch grundierten literarischen Kontext auf Camara Layes *Der Blick des Königs* (*Le Regard du roi*, 1954) zu stoßen, war ein Schock. Plötzlich wird die klischeebeladene Reise in das finstere Bilderbuch-Afrika, um dort Erleuchtung zu spenden oder zu erfahren, vollkommen neu gedacht. Der Roman bietet nicht nur raffinierte, zutiefst afrikanische Sprachbilder auf, die in eine diskursive Beziehung zu der Welt des Westens gesetzt werden; er nutzt auch die Bilder von Heimatlosigkeit, die der Eroberer der indigenen Bevölkerung aufgebürdet hat: die gesellschaftlichen Verwerfungen, wie sie in Joyce Carys *Mister Johnson* dargestellt werden; die zwanghafte Beschäftigung mit Gerüchen, die wir in Elspeth Huxleys *Die Flammenbäume von Thika* finden; die europäische Fixierung auf die Bedeutung von Nacktheit in den Büchern von H. Rider Haggard oder Joseph Conrad oder so gut wie in allen Reiseberichten.

Die Hauptfigur in Camara Layes Roman ist ein Europäer namens Clarence, der aus Gründen, die er selbst nicht recht benennen kann, nach Afrika gekommen ist. Dem Glücksspiel verfallen, häuft er bei seinen weißen Landsleuten hohe Schulden an und versteckt sich nun in einer schmuddeligen Herberge unter den Einheimischen. Aus dem Hotel der Kolonialherren bereits vertrieben und nun auch von seinem afrikanischen Gastwirt mit dem Rauswurf bedroht, sucht Clarence den Ausweg aus seiner Mittellosigkeit, indem er seine Dienste dem König anbieten will. Doch eine undurchdringliche Menge von Dorfbewohnern hindert ihn daran, dem König nahe zu kommen, und seine Absichten erregen Unwillen. Er trifft auf ein Pärchen von zu jeder Schandtat bereiten Halbwüchsigen und einen gerissenen Bettler, die ihm helfen wollen. Von ihnen geführt, macht er sich auf den Weg nach Süden, wo der nächste öffentliche Auftritt des Königs erwartet wird. Durch diese – einer Pilgerfahrt nicht unähnliche – Reise gelingt es dem Autor, die unterschiedlichen Gefühlswelten Europas und Afrikas in Beziehung zu setzen und zu parodieren.

Die literarischen Topoi, deren er sich bei der Schilderung Afrikas bedient, entsprechen genau der Wahrnehmung von Fremdheit: 1.) Bedrohung; 2.) moralische Verderbtheit; 3.) Unbegreiflichkeit. Und es ist faszinierend zu beobachten, wie geschickt Camara Laye diese Blickwinkel handhabt.

Bedrohung. Sein Protagonist Clarence ist wie betäubt vor Angst. Er registriert zwar, dass «die Wälder der Herstellung von Beerenwein dienen», dass die Landschaft «kultiviert» wird, dass die dort lebenden Menschen ihm ein «herzliches Willkommen» entbieten, aber er empfindet nur Abschottung und «allgemeine Feindseligkeit». Während die Landschaft aufgeräumt und übersichtlich ist, befindet sich der bedrohliche Dschungel in seinem Kopf.

Verderbtheit. Clarence ist es auch, der der Lasterhaftigkeit verfällt, als er sich dem ganzen Horror dessen hingibt, was man sich im Westen unter «Leben wie ein Eingeborener» vorstellt – jene «unreine und räudige Schwäche», die der Fluch aller Männlichkeit ist. Die unverhüllte Freude und geradezu weibliche Willfährigkeit, mit der er in endloser Folge den Geschlechtsakt ausübt, spiegeln seine Vorliebe und seine bewusste Ignoranz wider. Als im Lauf der Zeit immer mehr Mischlingskinder das Dorf bevölkern, wundert sich Clarence, der einzige Weiße weit und breit, immer noch, wo sie wohl alle herkommen. Er weigert sich, das Offensichtliche zu glauben – dass er verkauft worden ist als Zuchthengst für den Harem.

Unbegreiflichkeit. Camara Layes Afrika ist nicht finster – es ist durchflutet von Licht: dem wässrig-grünen Licht der Wälder; den rubinroten Färbungen der Erde und der Häuser; dem «unerträglichen Azurglanz des Himmels»; und sogar dem Schimmer der Schuppen bei den Fischweibern, die «wie ein Gewand aus verlöschendem Mondlicht» leuchten. Verständnis für die Motive und Empfindsamkeiten der Afrikaner – seien sie böswillig oder wohlgesonnen – erfordert nicht mehr als einen Abschied vom Glauben an unüberbrückbare Unterschiede zwischen den Menschen.

Der Roman legt die verkrüppelten Diskurse des Fremdlings, der einem die Heimat raubt, der Delegitimierung der Indigenen, der Verkehrung des Anspruchs auf Zugehörigkeit offen und erschließt uns die Erfahrungswelt eines Weißen, der allein, ohne einen Broterwerb, ohne soziale Geltung, ohne eigene Mittel, ja sogar ohne einen Familiennamen nach Afrika auswandert. Aber er verfügt über einen Aktivposten, der in Ländern der Dritten Welt immer funktioniert (und nur dort funktionieren kann): Er ist weiß, was er auch betont, und deshalb ohne weitere Begründung fähig, als Ratgeber einem König zu dienen, den er niemals gesehen hat – in einem Land, das er nicht kennt, und unter Einheimischen, die er weder versteht noch verstehen will. Was als Streben nach gesellschaftlichem Rang, als Flucht vor der Verachtung durch seine weißen Landsleute beginnt, wird zu einem vernichtenden Prozess der Umerziehung. Im Denken dieser Afrikaner kommt es nicht auf das Vorurteil, sondern auf die Nuance an, auf die Fähigkeit und den Willen, zu sehen und zu erspüren. Die Weigerung des Europäers, sich umfassend auf irgendeinen Umstand einzulassen, der nichts mit seinem persönlichen Wohlergehen zu tun hat, gereicht ihm zum Verhängnis. Als ihm dies endlich zu dämmern beginnt, fühlt er sich förmlich ausgelöscht. Mit dem fiktionalen Exkurs über die beschränkte Wahrnehmung einer Kultur lässt Camara Laye uns am Scheitern des rassistischen Blicks teilhaben, den ein entwurzelter Weißer ohne Rückhalt, Protektion oder Weisung aus seiner europäischen Heimat auf Afrika wirft. Er ermöglicht es uns, neu zu entdecken, oder uns neu vorzustellen, wie es sich anfühlt, an den Rand gedrängt, ignoriert, überflüssig zu sein; nie beim Namen genannt zu werden; seiner Geschichte und Bedeutung verlustig zu gehen; nur noch verkaufte oder ausgebeutete Arbeitskraft zum Nutzen einer Herrscherfamilie, eines skrupellosen Unternehmers, eines Regimes zu sein.

Es ist eine verstörende Begegnung, die uns vielleicht im Umgang mit dem Druck und den destabilisierenden Kräften der transglobalen Völkerwanderung von Nutzen sein kann – dem Druck, der uns verführen könnte, uns an unsere eigenen Kulturen und Sprachen zu klammern und die anderen auszugrenzen; der unsere moralischen Maßstäbe dem täglich Opportunen unterwerfen könnte; der uns legalistisches Denken nahelegt, uns zu Vertreibung, Konformitätszwang, Säuberungen verleitet und uns bei Phantasiegebilden und Gespenstern Zuflucht suchen lässt. Vor allem aber kann dieser Druck dazu führen, dass wir den Fremden in uns selbst verleugnen und uns von der Idee einer gleichberechtigten Gemeinschaft aller Menschen verabschieden.

Nach vielen Prüfungen beginnt Camara Layes Europäer allmählich zu begreifen. Der Wunsch, den König zu treffen, wird Clarence erfüllt. Doch inzwischen haben er und seine Absichten sich gewandelt. Gegen den Rat der Dorfbewohner kriecht Clarence nackt vor den Thron. Als er den König, der sich als ein mit Gold behängter Knabe entpuppt, endlich zu Gesicht bekommt, fällt die «schreckliche Leere in ihm», die

Leere, die ihn bisher zu einem Unsichtbaren gemacht hat, von ihm ab und öffnet ihn für den Blick des Königs. Mit dieser Offenheit, diesem Zerbrechen des aus Angst vor Fremdheit angelegten kulturellen Panzers, diesem von einem bisher nicht gekannten Mut zeugenden Akt macht Clarence den ersten Schritt zu seiner Erlösung, in sein Glück, in seine Freiheit. Geborgen in der Umarmung des Knabenkönigs, das Pochen des jungen Herzens spürend, hört Clarence ihn diese wunderbaren Worte wahrer Zugehörigkeit flüstern, Worte, die ihn im Reich der Menschlichkeit willkommen heißen: «Wusstest du, dass ich auf dich gewartet habe?»

RASSISMUS UND FASCHISMUS

Wir dürfen nicht vergessen, dass es, ehe es zu einer Endlösung kommt, eine erste Lösung geben muss, eine zweite, sogar eine dritte. Der Weg zu einer Endlösung ist kein Sprung. Es braucht einen ersten Schritt und noch einen und noch einen. Eine Folge, etwa wie diese:

1. Konstruiere ein Feindbild, sowohl als Ziel wie zur Ablenkung.
2. Isoliere und dämonisiere diesen Feind, indem du offene und verhüllte Schmähungen in Umlauf bringst und für deren Weiterverbreitung sorgst. Nutze persönliche Angriffe als legitime Mittel im Kampf gegen den Feind.
3. Suche und schaffe Quellen und Verbreiter von Gerüchten, die den Prozess der Dämonisierung vorantreiben, weil es sich für sie lohnt, weil es Macht verleiht und weil es funktioniert.
4. Sichere deine Mittel; überwache, verjage oder diskreditiere alle, die die Prozesse der Dämonisierung oder der Verklärung in Frage stellen oder hintertreiben.
5. Unterdrücke und verleumde alle Repräsentanten und Sympathisanten deines konstruierten Feindes.
6. Gewinne Kollaborateure aus den Reihen des Feindes, die den Prozess der Verdrängung unterstützen und als gerechtfertigt erscheinen lassen.

7. Pathologisiere den Feind in wissenschaftlicher und in Unterhaltungsliteratur, z. B. durch Rückgriffe auf pseudowissenschaftlichen Rassismus und die Mythologie rassischer Überlegenheit, um das Krankhafte an ihm selbstverständlich werden zu lassen.
8. Kriminalisiere den Feind. Dann bereite alles – Geld, Planung, Begründung – für seine Internierung in geeigneten Lagern vor. Das gilt besonders für die Männer und unbedingt für die Kinder.
9. Belohne Gedankenlosigkeit und Trägheit mit großen Unterhaltungsspektakeln und mit kleinen Freuden, unmerklichen Verführungen: ein paar Minuten im Fernsehen; ein paar Zeilen in der Zeitung; einem kleinen Pseudo-Erfolgserlebnis; der Illusion von Macht und Einfluss; ein wenig Spaß, ein wenig Style, ein wenig Bedeutung.
10. Bewahre Stillschweigen, um jeden Preis.

1995 mag der Rassismus ein neues Kleid tragen und sich ein paar neue Stiefel kaufen, aber weder er noch sein dämonischer Zwilling Faschismus ist neu oder kann uns mit irgendetwas Neuem überraschen. Er kann nur das Umfeld reproduzieren, das ihn am Leben erhält: Angst, Verweigerung und ein Klima, in dem seine Opfer den Willen zum Widerstand verlieren.

Die Kräfte, die an faschistischen Lösungen nationaler Probleme interessiert sind, lassen sich nicht einer bestimmten politischen Partei oder dem einen oder anderen Flügel irgendeiner Partei zuordnen. Die Demokraten haben keineswegs eine makellose Geschichte des Egalitarismus vorzuweisen. Auch die Liberalen sind nicht frei von Dominanzgelüsten. Die Republikaner hatten sowohl Sklavereigegner wie auch glühende Anhänger der weißen Vorherrschaft in ihren

Reihen. Konservativ, gemäßigt, liberal; rechts, links, links- oder rechtsextrem; religiös, säkularisiert, sozialistisch – wir dürfen solchen Etiketten nicht trauen, denn das Genie des Faschismus besteht darin, dass sich das Virus in jede politische Struktur einnisten und so gut wie jedes entwickelte Land zu seinem Wirt machen kann. Der Faschismus spricht ideologisch, aber in Wahrheit ist er nichts als Marketing – ein Marketing von Macht.

Man erkennt ihn an seiner Sucht nach Reinheit, an den Strategien, die er bei seinen Säuberungen verfolgt, und an seiner Urangst vor wahrhaft demokratischen Entscheidungsprozessen. Man erkennt ihn an seiner Entschlossenheit, öffentliche Dienstleistungen zu privatisieren und alle gemeinnützigen Institutionen zu profitorientierten zu machen, auf dass der schmale, aber so überaus nützliche Graben zwischen staatlicher Verwaltung und Kommerz verschwinde. Er verwandelt Bürger in Steuerzahler, damit das Individuum auf Investitionen in das Gemeinwohl mit Argwohn reagiert. Er verwandelt Nachbarn in Konsumenten, auf dass nicht unsere Menschlichkeit, unsere Empathie, unser Großmut unseren Wert bestimme, sondern unser Eigentum. Er verwandelt Elternschaft in ein Angstregime, damit wir gegen die Interessen unserer Kinder stimmen, gegen gute Ausbildung, gute Gesundheitsvorsorge und Schutz vor allgegenwärtigen Waffen. Und durch all diese Verwandlungen bringt er den perfekten Kapitalisten hervor, der bereit ist, für ein Produkt (ein paar Sneakers, eine Jacke, ein Auto) einen Menschen zu opfern oder ganze Generationen zu opfern für den Zugriff auf Ressourcen (Öl, Drogen, Agrarprodukte, Gold).

Wenn unsere Ängste alle zu Fernsehserien, unsere Ideen zu Handelsware, unsere Rechte zu Ramsch geworden sind; wenn unsere Kreativität zensiert, unsere Intelligenz auf Leerformeln reduziert, unser politisches Gewicht entkräftet, unsere Privatsphäre verhökert worden ist; wenn das Leben gänzlich zu einer Inszenierung, einem Unterhaltungsspektakel, einer Konsumveranstaltung geworden ist, werden wir nicht mehr in einer Nation beheimatet sein, sondern in einem Firmenkonsortium, in dem wir von uns selbst nur noch wahrnehmen, was uns auf einem düsteren Bildschirm gezeigt wird.

HEIMAT

Voriges Jahr wurde ich von einer Kollegin gefragt, wo ich in meiner Kindheit zur Schule gegangen sei. In Lorain, Ohio, antwortete ich ihr. Sie erkundigte sich weiter: War die Rassentrennung an euren Schulen da schon aufgehoben? Wie bitte?, erwiderte ich. Es gab keine Rassentrennung in den dreißiger und vierziger Jahren – was hätte man da aufheben können? Nebenbei, wir hatten eine Highschool und vier Junior-High-Mittelschulen im Ort. Dann machte ich mir bewusst, dass sie um die vierzig Jahre alt war, als überall von der Aufhebung der Rassentrennung gesprochen wurde. Offenbar befand ich mich in einer Zeitschleife, und offenbar war die damalige bunte Gesellschaft des Städtchens meiner Jugend nicht so wie das übrige Land. Ehe ich Lorain verließ, um nach Washington D. C., dann Texas, dann Ithaca, dann New York City zu gehen, glaubte ich, dass es, von der unterschiedlichen Größe der Städte abgesehen, überall mehr oder weniger ähnlich aussah. Nichts konnte der Wahrheit ferner sein. Jedenfalls veranlassten mich ihre Fragen, noch einmal neu über diese Gegend von Ohio und meine Erinnerungen an meine Heimat nachzudenken. Der Landstrich rund um Lorain, Elyria, Oberlin ist nicht mehr so wie zu der Zeit, als ich dort lebte, aber darauf kommt es kaum an, weil die Heimat in der Erinnerung liegt und in den Gefährten, Freundinnen und Freunden, die diese Erinnerungen teilen. Ebenso wichtig wie die Erinnerungen und den Ort und die Menschen ist aber die Vorstellung, die man von Heimat hat. Was meinen wir eigentlich, wenn wir «Heimat» sagen?

Es ist eine virtuelle Frage, weil das Schicksal des einundzwanzigsten Jahrhunderts von der Möglichkeit oder dem Scheitern einer gemeinsam geteilten Welt bestimmt sein wird. Die Frage kultureller Apartheid und/oder kultureller Integration berührt den Kernbereich allen Regierungshandelns; sie bestimmt unsere Wahrnehmung der Art und Weise, wie Politik und Gesellschaft die (freiwilligen oder der Not gehorchenden) Migrationsbewegungen der Gegenwart bedingen, und sie hat unbequeme Fragen nach Vertreibung und Ankommen und der neuerlichen Zunahme einer Belagerungsmentalität im Gefolge. Wie widerstehen Individuen der Dämonisierung von Fremden, und wie werden sie zu Komplizen bei diesem Prozess, der den Zufluchtsort eines Migranten zu feindlichem Territorium machen kann? Indem sie Immigranten willkommen heißen – oder aus ökonomischen Gründen Sklaven in ihre Mitte holen und noch deren Kinder wie moderne Untote behandeln. Oder eine komplette Urbevölkerung, oft mit einer Jahrhunderte oder Jahrtausende alten Geschichte, zu verachteten Fremdlingen im eigenen Land erklären. Oder in der privilegierten Gleichgültigkeit einer Regierung der schier biblischen Flut, die eine ganze Stadt vernichtet, tatenlos zusehen, weil deren Bürger überflüssige Schwarze oder Habenichtse ohne Transportmittel, Trinkwasser, Nahrung und Hilfe sind, die man getrost sich selbst überlassen und in fauligem Wasser, in Dachkammern, Krankenhäusern, Gefängissen, Arrestzellen oder aller Öffentlichkeit schwimmen, um ihr Leben kämpfen und verrecken lassen kann. Solcher Art sind die Folgen beharrlicher Dämonisierung. Es ist eine Ernte der Schande.

Natürlich ist die Völkerwanderung der Bedrängten zu den Grenzen und über die Grenzen hinaus nichts Neues. Erzwungene oder von der Lust auf Neuland getragene Migration in geographisch oder psychologisch fremdes Territorium ist aus der Geschichte jedes Quadranten dieser Welt nicht wegzudenken, vom Zug der Afrikaner bis nach China und Australien über die Feldzüge der Römer, Türken, Europäer bis zu den merkantilen Raubzügen, die die Gelüste zahlloser Regime, Monarchien und Republiken gestillt haben. Von Venedig bis Virginia, von Liverpool bis Hongkong. Sie alle haben Reichtümer und Kulturen über die Grenzen getragen. Und sie alle haben eine Blutspur hinterlassen, auf fremdem Boden und/oder in den Adern der Eroberten. Während die Sprachen der Eroberten wie der Eroberer ihren Wortschatz in der Folge um wechselseitige Schmähungen erweitern.

Die Neuordnung politischer und ökonomischer Allianzen und die geschmeidige Anpassung der Nationalstaaten wirken sich ermutigend oder bremsend auf die Verschiebung ganzer Populationen aus. Vom Höhepunkt des Sklavenhandels einmal abgesehen, ist die Wanderungsbewegung der Völker heute größer als jemals zuvor. Es ist eine Wanderung von Arbeitern und Intellektuellen, von Flüchtlingen, Händlern, Migranten und Armeen, über die Meere oder durch Kontinente, auf heimlichen Pfaden oder durch die Amtsstuben von Einwanderungsbehörden. Sie spricht in vielen Sprachen von Handel und politischer Intervention, von Verfolgung, Exil, Gewalt, Armut, Tod und Schande. Kein Zweifel, dass diese weltweite Umverteilung von Menschen (teils freiwillig, teils unfreiwillig) weit oben steht auf den Tagesordnungen der Regierungsämter und Vorstandsbüros, dass sie das Gespräch bestimmt auf der Straße und im Viertel. Politische Maßnahmen zur Lenkung der Ströme beschränken sich keineswegs darauf, die Entwurzelten zu überwachen. Die Versetzung von Diplomaten und Managern an die Außenposten der Globalisierung sowie die Errichtung von Militärbasen und die Stationierung frischen Truppenmaterials rangieren weit oben im Arsenal der Mittel, mit denen die Regierungen der Völkerwanderung Herr zu werden suchen. Die Lawine von Migranten stellt unser Konzept von Staatsbürgerschaft auf die Probe und verändert unsere Wahrnehmung von Raum – öffentlich oder privat. Die allgemeine Verunsicherung hat zu einer Unzahl von hybriden, mit einem Bindestrich zusammengekoppelten Bezeichnungen nationaler Identität geführt. In Zeitungsartikeln ist die geographische Herkunft zu einem wichtigeren Merkmal geworden als die Staatsangehörigkeit, man liest von einem «deutschen Staatsbürger dieser oder jener Herkunft» oder einem «englischen Staatsbürger dieser oder jener Herkunft». Und all das, während gleichzeitig ein neues Ideal von Weltbürgertum, eine Bürgerlichkeit von bunter kultureller Vielfalt propagiert wird. Die Verpflanzung ganzer Völker hat den Begriff «Heimat» explosiv und unsicher gemacht, während sich die Definition von «Identität» von nationaler Zugehörigkeit hin zur Abgrenzung gegenüber Fremdem verschoben hat. «Wer ist der Fremde?» ist eine Frage, die uns empfinden lässt, dass in Verschiedenheit eine heimliche, aber wachsende Bedrohung lauert. Wir merken es an der Abgrenzung der Einheimischen von den Neuankömmlingen; an der Verunsicherung, die uns beim Gedanken an die eigene Zugehörigkeit beschleicht (bin ich ein Fremder im eigenen Land?); an der Empfindung ungewollter Nähe statt sicherer Distanz. Gut möglich, dass das treffendste Charakteristikum unserer Zeit darin besteht, dass Mauern und Waffen heute eine ähnlich bedeutende Rolle spielen wie einst im Mittelalter. Durchlässige Grenzen werden in manchen Kreisen als eine Zone der Bedrohung, des unvermeidlichen Chaos begriffen, gegen welches, ob real oder nur eingebildet, Abschottung das einzige Gegenmittel ist. Mauern und Munition – sie mögen funktionieren. Für eine Weile. Aber langfristig versagen sie total, denn die notdürftig Verscharrten, die Bewohner der Massengräber kehren wieder als jene Geister, die die ganze Geschichte der Zivilisation heimsuchen.

Betrachten wir eine weitere Konsequenz der eklatanten Gewalttätigkeit, der das Fremdsein ausgesetzt ist – ethnische Säuberungen. Wir wären nicht nur vergesslich, sondern verantwortungslos, würden wir nicht das Schicksal jener Millionen von Menschen erwähnen, die auf den Status von Ungeziefer oder Umweltschmutz reduziert werden von Staaten, die über eine uneingeschränkte und bedenkenlos ausgeübte Macht der Definition von Fremdheit verfügen und sich anmaßen, über Leben oder einen Tod fern der Heimat zu entscheiden. Ich habe bereits erwähnt, dass die Vertreibung und das Abschlachten von «Feinden» so alt sind wie die Geschichte selbst. Aber in diesem und dem vergangenen Jahrhundert hat sich etwas verändert, das die Seelen zerstört. In keiner anderen Epoche haben wir eine solche Unzahl von Aggressionen gegenüber Menschen erlebt, die als «nicht wie wir» stigmatisiert werden. Und Sie alle haben gesehen, dass die zentrale politische Frage in den beiden letzten Jahren so gelautet hat: Wer, oder was, ist ein Amerikaner?

Nach allem, was ich von den Historikern des Genozids – seiner Definition und Durchführung – gelernt habe, scheint sich ein Muster abzuzeichnen. Nationalstaaten, Regierungen auf der Suche nach Legitimation und Identität sind offenbar in der Lage und auch dazu entschlossen, sich durch die Vernichtung eines kollektiven «Anderen» zu stabilisieren. Als die europäischen Nationen unter dem Joch monarchischer Konsolidierung standen, konnten sie diese Schlächtereien in ferne Länder – Afrika, Südamerika, Asien – auslagern. Australien und die Vereinigten Staaten, die sich selbst zu Republiken erklärt hatten, mussten ihre indigenen Völker liquidieren oder zumindest ihrer Ländereien berauben, um den neuen, demokratischen Staat aufzubauen. Der Niedergang des Kommunismus brachte einen bunten Strauß neuer oder wiederbegründeter Staaten hervor, die ihre Unabhängigkeit daran maßen, wie weit die Säuberungen unter den Gruppen der Unliebsamen gediehen waren. Ob es Angehörige anderer Religionen, Ethnien, Kulturen waren – immer fand sich ein Grund, sie erst zu dämonisieren, um sie dann vertreiben oder liquidieren zu können. Um einer vermeintlichen Sicherheit willen, oder um die Vorherrschaft zu behaupten, oder um sich ihr Land unter den Nagel zu reißen, wurden die Fremdartigen zur Verkörperung all dessen stilisiert, was die werdende Nation bedrohte. Wenn meine Gewährsleute, die Historiker, recht behalten, werden wir immer neue Wellen von widersinnigen Kriegen erleben – nur dazu gedacht, den Herrschern dieser Staaten die Macht zu erhalten. Gesetze können sie so wenig stoppen wie irgendein Gott. Interventionen provozieren sie nur.

DIE SPRACHE DES KRIEGES

Will man sich mit dem Pro und Kontra des Globalismus befassen, muss man erkennen, dass der Begriff an seiner Vorgeschichte leidet. Es handelt sich nicht um Imperialismus, um Internationalismus oder gar Universalismus. Ein wesentlicher Unterschied zwischen dem Globalismus und seinen Vorgängern besteht sicher darin, dass Geschwindigkeit eines seiner Hauptmerkmale ist – die rasche Neuformierung von politischen und ökonomischen Allianzen und die fast sofortige Anpassung der Nationalstaaten. Beide Entwicklungen haben ihre – fördernden oder hindernden – Auswirkungen auf die Umsiedlung ganzer Massen von Menschen. Vom Höhepunkt des Sklavenhandels abgesehen, ist diese Wanderungsbewegung der Völker heute größer als jemals zuvor. Sie umfasst die Umverteilung von Arbeitskräften, Intellektuellen, Flüchtlingen, Händlern, Emigranten und Armeen quer über Ozeane und durch Kontinente, auf offiziellen wie auf geheimen Wegen. Sie spricht in vielen Sprachen von kommerziellen und von politischen Interessen, von Verfolgung und Exil, von Gewalt und von menschenunwürdiger Armut. Kein Zweifel, dass diese freiwilligen oder unfreiwilligen Migrationsströme weit oben stehen auf den Tagesordnungen der Regierungsämter und der Vorstandsbüros, dass sie Gesprächsstoff sind in den Wohnvierteln und auf den Straßen. Politische Maßnahmen zur Lenkung dieser Ströme beschränken sich keineswegs auf die Überwachung der Entwurzelten. Die Versetzungen von Diplomaten und Managern an die Außenposten der Globalisierung, aber auch die Entsendung von Truppen und die Errichtung von Militärbasen spielen eine wichtige Rolle bei den Bemühungen der Gesetzgeber, den stetigen Menschenstrom zu kanalisieren.

Das Konzept der Staatsbürgerschaft ist von diesen weltweiten Verfrachtungen verändert und belastet worden. In den Vereinigten Staaten hat die Presse ihre Aufmerksamkeit von der Staatsangehörigkeit auf die Herkunft verlagert und eine Vielzahl hybrider Benennungen hervorgebracht. Menschen werden als «deutsche Staatsbürger dieser oder jener Herkunft» oder als «britische Staatsbürger mit diesem oder jenem Hintergrund» bezeichnet, während gleichzeitig ein neues Weltbürgertum, eine Art von universaler kultureller Teilhabe propagiert wird. Die Völkerwanderung, die von der Globalisierung angestoßen wird, hat die Idee der Heimat beschädigt, sie geradezu zu einer Peinlichkeit gemacht und den Fokus der Identität von der Zuordnung zu einem Staat auf die Abklärung von Fremdheit verlagert. «Wer ist der Fremde?» lautet die Frage, die uns in der Andersartigkeit eine latente Bedrohung fühlen lässt. Freilich kann der Mechanismus der globalen Märkte all diese Unsicherheiten neutralisieren und die Ausdifferenzierung von Vielfalt zu einem Geschäftsmodell machen, bei dem jede Form von Andersartigkeit eine neue Zielgruppe bedeutet. Ein solcher Markt kann sich endlos an jedes erweiterte Konzept von Bürgerschaft, an immer zahlreichere und immer enger gefasste Identitäten und sogar an die Disruption eines globalen Krieges anpassen. Aber es schleicht sich ein Unbehagen angesichts dieser segensreichen Anpassungsfähigkeit ein, wenn man auf die andere Seite der

Konfliktlinie Staatsbürgerschaft blickt. Der chamäleonartige Charakter der globalisierten Wirtschaft führt zu einer Verteidigung des Lokalen und stellt die Frage nach Fremdheit neu – nach einer Fremdheit, die jetzt weniger Distanz signalisiert als eine Aufforderung zur Nähe (Ist er mein Nächster?) sowie eine tiefreichende Irritation bezüglich unseres eigenen Gefühls von Zugehörigkeit (Ist er wie wir? Bin ich der Fremde?). Solche Fragen problematisieren das Konzept von Zugehörigkeit, von Heimat und sind bezeichnend für die in vielen Milieus spürbare Sensibilisierung für die einschlägige Rolle von offiziellen, verbotenen, unregulierten, geschützten oder subversiven Sprachen.

Es kann einem den Atem verschlagen, wenn man hört, wozu Nordafrikaner im Umgang mit dem Französischen fähig waren oder noch sind; was Türken mit dem Deutschen gemacht haben; oder dass nicht wenige Katalanen sich kategorisch weigern, Spanisch zu sprechen oder auch nur zu lesen. In Schulen kommt das Keltische wieder zu Ehren, an Universitäten werden Indianersprachen erforscht, das Newyorican der in New York lebenden Puertoricaner erlebt eine poetische Blüte. Und es gibt zaghafte (und wie ich finde: irregeleitete) Versuche, etwas zu etablieren, das sich, von *ebony* wie Ebenholz, «Ebonics» nennt.

Je mehr der Globalismus sprachliche Differenzen durch Missachtung, durch Einverleibung, durch Angleichung einebnet, desto leidenschaftlicher werden diese Abgrenzungen und Selbstermächtigungen verteidigt. Denn die Sprache, die wir sprechen und in der wir träumen, diese Sprache ist unsere Heimat.

Ich glaube, dass es das Feld der Geisteswissenschaften und insbesondere der Literatur ist, wo solche Antagonismen einen fruchtbaren Boden für Kreativität bilden und für ein milderes Klima zwischen den Kulturen und den Grenzen überschreitenden Wanderern sorgen können. Schriftsteller spielen in diesem Prozess aus vielerlei Gründen eine Schlüsselrolle, zuvorderst deshalb, weil sie die Gabe haben, aus der Sprache und ihren Alltagsidiomen, ihrem porösen Wortschatz und den Hieroglyphen der elektronischen Medien neuen Sinn herauszukitzeln, neue Intimität und, nicht zuletzt, neue Schönheit. Diese Arbeit ist nichts Neues für Autoren, aber die Herausforderungen sind neu, weil alle Sprachen, die großen, dominanten ebenso wie die kleinen, beschützten, unter dem Druck des Globalismus ins Taumeln geraten.

Doch die Globalisierung muss nicht immer schädliche Auswirkungen auf die Sprachen haben. Sie kann auch Situationen herbeiführen, in denen Zufall und Notwendigkeit zu einer Eruption von Kreativität führen. Ich möchte ein Beispiel erwähnen, in dem die allgegenwärtige Kommunikationsüberflutung zu tiefgreifenden Veränderungen des öffentlichen Sprachgebrauchs geführt hat. Historisch hat sich die Rede vom Krieg stets eines hohen Tons bedient, sich an die erhebende Rhetorik literarischer Helden angelehnt – in der Beredsamkeit der Trauer um die Opfer, der Feier des Muts, der Ehrenhaftigkeit von Vergeltung. Diese heroische Sprache, wie wir sie von Homer und Shakespeare, aus Sagen und aus den Reden von Staatsmännern kennen, ist kraftvoll und wohlklingend wie sonst nur die religiöse Rede, mit der sie oft verschmilzt. In der langen Geschichte dieses erhabenen Sprechens vom Krieg, die vor Christi Geburt beginnt und sich bis ins zwanzigste Jahrhundert erstreckt, hat es jedoch Brüche gegeben. Ein solcher Augenblick des Argwohns, der Verachtung für diese Sprache kam unmittelbar nach dem Ende des

Ersten Weltkriegs, als Schriftsteller wie, unter anderen, Ernest Hemingway und Wilfred Owen die Unangemessenheit von Begriffen wie «Ehre», «Ruhm», «Mut» oder «Tapferkeit» angesichts der Realität des Krieges, ihre Obszönität angesichts des Blutbads der Jahre 1914 bis 1918 herausstellten.

«Mir war es immer peinlich», schrieb Hemingway, «wenn Wörter wie heilig, ruhmreich, Opfer oder vergebens benutzt wurden. Seit langem hatten wir diese Wörter gehört, manchmal fast außer Hörweite im Regen stehend ... und noch hatte ich nichts Heiliges gesehen, und was ruhmreich war, verbreitete keinen Ruhm, und die Opfer erinnerten nur an die Schlachthöfe von Chicago, wenn das Fleisch nicht verwendet, sondern nur begraben wurde. Es gab viele Wörter, die einem unerträglich waren, und am Ende besaßen nur die Ortsnamen Würde.»

Die Ereignisse von 1938 drängten diese Einsprüche wieder in den Hintergrund, und bald fand die Sprache des Krieges den neuen Anlass eines zweiten Weltkriegs. Die glanzvollen Bilder, die wir von Roosevelt, Churchill und anderen Staatsmännern vor Augen haben, beruhen wenigstens zum Teil auf ihren mitreißenden Reden und bezeugen die Macht militärischer Rhetorik. Doch nach dem Zweiten Weltkrieg vollzog sich eine interessante Entwicklung. In den späten fünfziger und in den sechziger Jahren kam es, wenig verwunderlich, zu weiteren Kriegen – heißen und kalten, großen und kleinen, auf der Nord- wie auf der Südhalbkugel –, die immer katastrophaler und herzzerreißender, weil so unnötig, waren – so gnadenlos gegenüber unschuldigen Zivilisten, dass man nur vor Kummer auf die Knie sinken konnte. Doch die Sprache, die diese jüngsten Kriege begleitete, wurde seltsam einsilbig. Die schwindende Überzeugungskraft der Kampfrhetorik mag mit der sprachlichen Verflachung in den kommerziellen Medien zu tun haben, ihrer Scheu vor komplizierten Sätzen und ungewöhnlichen Sprachbildern und der Dominanz der visuellen über die sprachliche Kommunikation. Vielleicht lag es auch an der Tatsache, dass all diese Kriege nur stumm sich vermehrende Kinder früherer Kriege waren. Jedenfalls ist das Reden über Kämpfe und Kämpfer, aus welchem Grund auch immer, kindlich geworden. Armselig. In gewisser Weise kindisch. Durch all die Reden, Bulletins, Rechtfertigungen, Aufsätze hört man das Gewinsel aus den Sandkästen hindurch: «Er hat mich gehauen.» «Hab ich nicht.» «Hast du doch.» «Das gehört mir.» «Nein mir.» «Nein mir.» «Ich hasse dich.» «Ich hasse dich.»

Mir scheint, dass dieser Niedergang, dieses Echo aufgeregter Kindersprache noch die höchsten Ebenen zeitgenössischen Redens über Kriege infiziert und sprachliche Klischees hervorbringt, die an Comics oder Actionfilme erinnern. «Ich kämpfe für die Freiheit!», «Wir müssen die Welt retten!», «Houston, wir haben ein Problem.» Eine inhaltsleere, schwächliche Suada, mit der politische und ökonomische Probleme angesprochen werden, die einem das Hirn zerspringen lassen könnten. Das Faszinierende ist jedoch, dass diese Sprache genau zu der Zeit ihren Tiefpunkt erreichte, als eine andere Sprache vernehmbar zu werden begann: die Sprache der Gewaltlosigkeit, des friedlichen Widerstands, der Verhandlungsethik. Die Sprache Gandhis, Martin Luther Kings, Nelson Mandelas, Vaclav Havels. Eine überzeugende Sprache, robust, motivierend, subtil, erhebend, intelligent und komplex. Während die Folgen von Kriegen immer grauenvoller wurden, hat das Sprechen darüber seine Glaubwürdigkeit verloren, ist vor lauter Panik immer kindischer geworden.

Ein Wandel, der genau in dem Augenblick erkennbar wurde, als die Sprache der Resolutionen, der Diplomatie ihr eigenes Idiom entwickelte – ein moralisches Idiom, das der menschlichen Intelligenz Ehre macht und den Nebel der Schwäche, der Abwiegelung vertreibt, der sie in der Vergangenheit stets umgeben hat.

Ich glaube nicht, dass dieser Wandel ein Zufall ist. Ich glaube, er belegt eine grundlegende Veränderung unserer Einstellung zum Krieg – eine nicht sonderlich geheime Überzeugung in allen möglichen Bevölkerungsgruppen, unterdrückten wie privilegierten, dass der Krieg, endlich, etwas Überholtes ist; dass er die wirklich ineffektivste Methode darstellt, langfristige Ziele zu erreichen. Trotz aller bezahlten Paraden, dem erzwungenen Applaus, der angezettelten Rebellionen, der organisierten Demos für oder wider, der staatlichen oder der Selbstzensur, der ganzen Propaganda; trotz der Gelegenheiten für riesige Renditen und Profite; unabhängig auch von der langen Geschichte der Ungerechtigkeit – zu guter Letzt ist es unmöglich, sich des Verdachts zu erwehren, dass die Idee des Krieges umso antiquierter erscheint, je raffinierter die für ihn ersonnenen Waffen werden. Je unverhohlener der Griff nach der Macht, je salbungsvoller die Rechtfertigung, je überheblicher die Ansprüche, desto barbarischer und unglaubwürdiger ist die Sprache des Krieges geworden. Führer, die im Krieg die einzige und unvermeidliche Antwort auf Zwistigkeiten, Vertreibung, Agression, Ungerechtigkeit oder menschenunwürdige Armut sehen, wirken nicht nur heillos altmodisch, sondern geistig minderbemittelt, was genau zu der comicartigen Schlagwortsprache passt, mit der sie sich ausdrücken.

Ich bin mir darüber im Klaren, dass meine Kommentare zum jetzigen Zeitpunkt, in diesem Jahr 2002, in dem Gesetzgeber, Revolutionäre und die Entflammten Krieg nicht «erklären», sondern einfach führen, unzeitgemäß erscheinen können. Aber ich bin davon überzeugt, dass die Sprache, die die größte Kraft hat, die am meisten Scharfsinn, Talent, Gnade, Genie und, ja, Schönheit erfordert, niemals in Hymnen auf glorreiche Kriege oder in brünstigen Schlachtgesängen zu finden war oder je zu finden sein wird. Die Macht dieser anderen Sprache entspringt nicht dem öden, sinnlosen Geschäft des Krieges, sondern der fordernden, glanzvollen Kunst des Friedens.

KRIEG DEM IRRGLAUBEN

Die Einladung, heute vor Vertretern von Amnesty International zu sprechen, habe ich mit spontaner Freude angenommen. Wie sollte ich auch Bedenken haben angesichts der Gelegenheit, zu einer so außergewöhnlichen Gemeinschaft aktiver Humanisten zu sprechen, deren Arbeit mir tiefen Respekt abnötigt. Ich fühlte mich geehrt und herausgefordert und ging davon aus, dass es ein Leichtes sein würde, etwas Erwägenswertes zu finden, das ich Ihnen mitteilen könnte. Monate später jedoch begann ich, meinen anfänglichen, unreflektierten Enthusiasmus mit wachsender Skepsis zu betrachten. Betäubt von Nachrichten über geschürtes Chaos, angezettelte Hungersnöte, Opferzahlen, Kriegsgelüste angesichts wehrloser Länder wurde ich buchstäblich sprachlos, in stumme Fassungslosigkeit getrieben, gelähmt von der Tatenlosigkeit schwerfälliger Parlamente und Institutionen, die ihren Geschäften nachgingen, als ginge es dabei um nichts anderes als um Geschäfte. Die Belanglosigkeit der etablierten Medien, garniert mit Sensationshascherei, ihr unbegreifliches Schweigen zu lebenswichtigen Themen, ihre als Journalismus ausgegebene Publicitysucht taten ihre Wirkung und verwirrten meine ziel- und hilflosen, unaussprechlichen Gedanken.

Zwar lag das für den Anlass typische Thema auf der Hand – die üblichen Glückwünsche und Komplimente für Amnesty –, aber obwohl mich die Dimensionen der Widerstandskraft von Amnesty wahrlich beeindrucken, kam ich zu dem Schluss, dass die Zeit für Komplimente vorbei ist. Es ist nicht mehr angesagt, sich auf die Schulter zu klopfen, obwohl es genug Gründe dafür gäbe – gute Gründe, sich die Bilanz der Aktivitäten von Amnesty International bewundernd in Erinnerung zu rufen, die Auswirkungen auf das Leben der Vergessenen, die Erfolge bei der Demaskierung der Mächtigen.

Keinem System zugehörig, auf noble Weise zur Einmischung bereit, weder von Nationalitäten tangiert noch von politischen Parteien, persönlichen Interessen oder dem Überdruss der Öffentlichkeit, sieht Amnesty International Staaten, Mauern und Grenzen als irrelevant für seine humanitären Ziele an, als Hindernis bei der Erfüllung seiner Aufgaben, dem Wecken von Verantwortungsgefühl und der Weigerung, kurzsichtigen Regierungen ihr Handlungsnarrativ abzunehmen.

Ich kann nachfühlen, wie es in Millionen von Menschen gärt, aber das bringt nichts voran. Wut hat einen begrenzten Nutzen und ernste Nachteile. Sie schaltet den Verstand aus und ersetzt konstruktives Handeln durch kopfloses Theater. Im Übrigen kann die Beschäftigung mit den offenen oder versteckten Lügen und Halbwahrheiten der Regierungen, mit ihrer Heuchelei, die so aalglatt ist, dass selbst die Entlarvung an ihr abperlt, nur zu einem zermürbten und verstörten Geist führen.

Wir leben in einer Welt, in der Gerechtigkeit mit Rache verwechselt wird. In der persönlicher Profit die Politik antreibt. In der die bürgerlichen Freiheiten, die Zelle um Zelle und Bein um Bein von den Tapferen und Toten erkämpft wurden, in der sengenden Hitze des «Einmal Krieg, immer

Krieg» verdorren und angesichts dieses ewigen Krieges die Achtung vor humanitären Lösungen, ja sogar das Interesse für sie, schwinden kann. Obwohl der Grundsatz, wonach «die Sicherheit jeder anderen Nation dieser Welt dem Wohlergehen der Vereinigten Staaten untergeordnet» ist, endlich in Frage gestellt wird, werden die Bürgerrechte und humanitäre Lösungen auch weiterhin im Namen dieses Grundsatzes mit Füßen getreten.

Lassen Sie mich ein paar Dinge schildern, die sich derzeit in meinem Land abspielen.

Die Befürworter der Todesstrafe festigen ihre Position, obwohl in Texas Tausende noch nicht vollstreckter Urteile überprüft werden müssen, nachdem haarsträubende Fehler bei DNA-Analysen festgestellt wurden.

Eine Gesetzesvorlage namens «Clear Skies Act» soll ein bestehendes Gesetz zur Luftreinhaltung, den «Clean Air Act», ersetzen und wird genau den gegenteiligen Effekt haben. Konzerne, der Bergbau, die Industrie können dann alle einschlägigen Umweltschutzmaßnahmen der Vorgängerregierung ignorieren oder verzögern und den «Tod durch Atmen» in Gold verwandeln.

Die verfassungsmäßigen Rechte werden ausgehöhlt oder abgeschafft, denn das ist die größte und die am wenigsten bekannte Story, die sich zurzeit in den USA abspielt: die drohende Entmachtung der Wähler. Es geht um den «Help America Vote Act», das neue Wahlgesetz von 2002, das neue elektronische Wahlmaschinen einführt, die angeblich nicht können, was jeder Geldautomat und jede Supermarktkasse könnte – nämlich eine Quittung über die erfolgte Wahlentscheidung ausgeben. Während sich umgekehrt jeder einigermaßen fitte Hacker Zugang verschaffen und der größte Hersteller dieser neuen Geräte die Ergebnisse von seinem Homeoffice aus kalkulieren (und womöglich manipulieren) kann.

Kündigung oder Umgehung von Verträgen, Destruktivität, Massenverhaftungen ohne Anklage oder Rechtsbeistand; Richter, die vom Justizministerium zu Maximalstrafen angehalten werden; Whistleblower, die ihren Job verlieren; drakonische Zensurmaßnahmen – all dies existiert in einer Atmosphäre voller Aggression, Panik, Gier und Böswilligkeit, die an das oppressive politische System erinnert, das wir überwunden zu haben glaubten. Natürlich wissen Sie das alles. Die Geschichte Ihrer Aktivitäten ist eine Dokumentation dieser grotesken Vorgänge und der Einsprüche dagegen.

Mir scheint, dass unter den diversen Kriegen, die derzeit auf diesem Planeten geführt werden, einer hervorsticht und an Dringlichkeit alle anderen übertrifft. Das ist der Krieg gegen den Irrglauben.

«Krieg gegen den Irrglauben» ist eine Formel, die ursprünglich die Bemühungen der institutionalisierten Religionen im fünfzehnten und sechzehnten Jahrhundert beschreiben sollte, Abweichungen vom rechten Glauben zu korrigieren. In einer Epoche und einem Weltteil, in dem der Staat eine Religion zur Norm erhebt, wird der Abfall vom Glauben buchstäblich zum Hochverrat. Unsere moderne Welt hat aus dieser Zeit «ein komplettes Arsenal von Verfolgungsmaßnahmen und eine geistige Tradition geerbt, die das Töten im Namen Gottes rechtfertigt». Der heilige Thomas von Aquin schrieb, Abtrünnige müssten «durch den Tod von dieser Welt geschieden» werden. Entscheidend war in diesem mittelalterlichen Krieg weniger das an sich Sündhafte des Zweifels oder Unglaubens, als vielmehr die Weigerung, seinen Irrtum zu bekennen. Die Lektion, die gelernt werden sollte, lautete: kuschen oder Tod. Eine strenge Erziehung in einer problematischen Schule, deren Tore auch heute wieder offen stehen – ehrfürchtig und freudig aufgehalten von Ungläubigen und Frommen gleichermaßen, von Politikern ebenso wie von Skandalkonzernen wie Enron, Halliburton oder WorldCom.

Nachdem diese mittelalterliche Schule den Lehrbetrieb wieder aufgenommen hat, werden alte Unterrichtspläne zeitgemäßen Anpassungen unterzogen. Begierig, möglichst bald ihre Lektionen zu erteilen, überbieten sich die Regierungen in hektischer Aktivität, schwanken zwischen dem Pragmatismus spickender Schüler und der Brutalität der Dummköpfe; zwischen Nachhilfe in fundamentalistischen Reichsideen und Seminaren in theokratischer Unterjochung. Nationen und Pseudostaaten nehmen sich bei der Ausbildung ihrer Zöglinge im Säubern, Reinigen und Abschlachten Freiheiten heraus, die Caligula ein zustimmendes Lächeln abgenötigt hätten. Es werden Abschlusspartys gefeiert, bei denen die Ausbeutung im verführerischen Kostüm des Globalismus mit jedem Partner tanzt, der ihr zu Willen ist. In ihrem Gefolge knallen Konzerne Niederlassungen in jeden Winkel des Erdballs, wo sie «Demokratie» verkaufen, als wäre das eine Zahnpasta, für die sie allein die Patentrechte besitzen.

Ich glaube, die Zeit ist reif für einen neuen Krieg gegen den Irrglauben. Einen mit gesteigerter Aufmerksamkeit geführten Kampf gegen gezüchtete Dummheit, erzwungenes Schweigen und metastasierende Lügen. Einen umfassenden Krieg, der tagtäglich von Menschenrechtsorganisationen geführt wird in Zeitschriften, Berichten und Statistiken, bei gefährlichen Lokalterminen, bei Konfrontationen mit Repräsentanten der Unterdrückung. Einen großzügig finanzierten und engagiert geführten Befreiungskampf gegen die Gewalt, die die Entrechteten verschlingt.

Haben wir psychologisch, wissenschaftlich, intellektuell, emotional keinen weiteren Weg zurückgelegt als den von 1492, als Spanien sich seiner Juden entledigte, bis 2004, als der Sudan Lebensmittellieferungen blockierte und seine Bevölkerung dem Hungertod preisgab? Als den von 1572, als Frankreich die Abschlachtung von zehntausend Hugenotten in der Bartholomäusnacht erlebte, bis 2001, als Tausende in New York zu Staub zermalmt wurden? Als den von 1692, als Salem seine Töchter, Ehefrauen und Mütter verbrannte, bis 2004, da ganze Städte von Sextouristen überschwemmt werden, die sich an Kinderkörpern verlustieren? Dann studieren wir, trotz unserer schimmernden neuen Kommunikationsspielzeuge, unserer atemberaubenden Saturnfotos, unserer raffinierten Transplantationsmedizin, die gleichen alten Lehrpläne, die Menschenleben entweder zerstören oder verschwenden. Wir begnügen uns mit Aberglauben, basteln uns Feindbilder in Gestalt von Fremden, Gegnern, Dämonen, «Ursachen», um zu lindern oder abzuwehren, was uns ängstigt – offene Tore, durch die die Barbaren einfallen, Sprachen, die uns entfremdet werden, Macht in den Händen von Unbekannten. Die Sehnsucht, das Mantra, das Motto dieses archaischen Erziehungssystems lautet: Zivilisation im Leerlauf und ein beherzter Tritt auf die Bremse. Und jeder, der anders denkt, ist naiv, denn schließlich ist die Welt voller Gefahren. Was natürlich stimmt. Genau deshalb ist ja ein Umsteuern notwendig – ein neuer Lehrplan mit visionären Überlegungen, wie ein moralisch gefestigtes Bewusstsein und ein freier, blühender Geist in einem Umfeld gedeihen können, das ihre Gesundheit immer größeren Risiken aussetzt.

Keine Entschuldigungen mehr für ein blutendes Herz, wenn die Alternative pure Herzlosigkeit ist. Der Gefahr, unsere Menschlichkeit einzubüßen, können wir nur durch mehr Menschlichkeit begegnen. Sonst stehen wir unterwürfig hinter Eris, der Göttin der Zwietracht, helfen Nemesis in den Mantel und beugen das Knie vor Thanatos.

Die Arbeit von Amnesty zu unterstützen, ist heute wichtiger als je zuvor, weil die Welt in einem verzweifelteren Zustand ist; weil die Regierungen machtloser, gleichgültiger, abgelenkter, unfähiger sind, es ihnen mehr denn je an kreativen Strategien und Ressourcen mangelt; weil die Medien immer mehr zu fröhlichen Helfershelfern der Finanzmärkte werden, zu Komplizen von Konzernen, die keine nationalen Interessen oder Loyalitäten kennen und keinem Gemeinwohl verpflichtet sind.

Was diese gesellschaftlichen Perversionen miteinander verbindet, ist, so sehe ich es, ein fundamentaler Irrglaube, der tiefer reicht als die Irrtümer in fragwürdigen, aber nicht in Frage gestellten Daten, in einseitigen «offiziellen» Stellungnahmen, bei der Zensur oder den Manipulationen der Presse – ein tief in unser Vorstellungsvermögen eingebetteter Denkfehler. Das beste Beispiel ist unser Unvermögen oder Unwillen, die Zukunft der Zukunft zu denken. Ein Unvermögen, oder ein Unwillen, uns auf eine Zukunft einzulassen, die weder ein Nachleben ist noch ein Fortleben in Gestalt unserer Enkel. Die Zeit selbst scheint keine Zukunft zu haben, deren Ausdehnung oder Horizont oder Reiz es mit der Vergangenheit aufnehmen könnte. Unendlichkeit scheint heute eine Eigenschaft der Vergangenheit zu sein. Und die Zukunft wird ein der Entdeckung harrender Außenraum, der sich faktisch als eine Entdeckung der Vergangenheit darstellt. Einer Vergangenheit, die nach Milliarden Jahren zählt. Gelegentliche Ausbrüche von Endzeit-Phantasien und eine beharrliche Sehnsucht nach der Apokalypse legen nahe, dass die Zukunft bereits vorbei ist.

Ausgerechnet im Westen, wo Fortschritt, Weiterentwicklung und Wandel primäre Werte sind, ist der Glaube an eine Fortdauer der Zukunft am schwächsten ausgeprägt. Seit 1945 steht das Konzept einer «Welt ohne Ende» zur Disposition. Sogar die Begriffe, die wir zur Definition unserer Gegenwart prägen, erhalten Vorsilben, die nach rückwärts weisen: postmodern, poststrukturalistisch, postkolonialistisch, postkommunistisch. Die Propheten unserer Gegenwart wenden sich um und blicken zurück auf das Gewesene.

Es gibt gute Gründe für diesen Rückgriff auf die Vergangenheit, wenn es um unsere Antworten auf die Probleme der Gegenwart geht. Der erste ist das Glücksgefühl, das ihre Erkundung, ihre Revision, ihre Dekonstruktion spenden. Ein weiterer Grund hat mit der Säkularisierung der Kultur zu tun, ein anderer mit deren Theokratisierung. In ersterem Fall wird es keinen Messias geben, und die Vorstellung eines Lebens nach dem Tode bleibt eine medizinische Absurdität. In letzterem Fall ist die einzige Existenz, auf die es ankommt, die nach dem Tod. In beiden Fällen jedoch liegt die Aufrechterhaltung des menschlichen Lebens auf diesem Planeten für weitere Jahrmillionen weit außerhalb unserer Vorstellungskraft. Wir werden davor gewarnt, uns den Luxus solcher Spekulation zu erlauben, weil es dabei um das Unbekannte geht, vor allem aber, weil Fragen der Gegenwart in den Hintergrund gedrängt werden könnten – ähnlich wie man einst den Missionaren vorwarf, ihre Konvertiten mit der Aussicht auf ein glückliches Jenseits von ihrem Elend im Diesseits abzulenken.

Ich möchte keineswegs den Eindruck erwecken, dass die aktuelle Debatte sich ausschließlich der Vergangenheit widmet und die Zukunft vollständig außer Acht lässt. Die Gesellschafts- und die Naturwissenschaften sind voll von Versprechungen und Warnungen, die uns über einen langen Zeitraum beschäftigen werden. Wissenschaftler entwickeln Theorien und Anwendungen, die Hunger und Schmerz zu besiegen und individuelle Lebensspannen zu verlängern versprechen, indem sie Mensch, Tier und Pflanze gegen Krankheiten immunisieren. Die neuen Kommunikationstechnologien ermöglichen es so gut wie jedem Erdbewohner, mit anderen zu «interagieren» und sich dabei die Zeit zu vertreiben oder sogar weiterzubilden. Man warnt uns vor dem Klimawandel und all seinen Folgeerscheinungen, die die Lebensbedingungen drastisch verändern werden. Man warnt vor der Ungleichverteilung der Ressourcen und den Folgen für das menschliche Überleben, und man warnt vor dem Bevölkerungswachstum mit der Folge schwindender Ressourcen. Wir investieren in die Versprechungen, und manchmal reagieren wir auch vernünftig auf die Warnungen. Aber die Versprechungen stürzen uns in ein ethisches Dilemma voller Horror, mit verbundenen Augen Gott spielen zu sollen, während die Warnungen uns immer unsicherer machen, was zu tun wäre und wie und warum. Die Prophezeiungen, die unsere Aufmerksamkeit finden, sind jene, hinter denen genügend Geld steckt, oder die hinreichend sensationelles Bildmaterial versprechen, um eine öffentliche Debatte über die erforderlichen Maßnahmen zu erzwingen und uns vor die Wahl zu stellen, welcher Krieg, welche Umweltkrise, welches politische Debakel unerträglich genug ist; welche Seuche, welche Naturkatastrophe, welche Institution oder Pflanze oder Fisch- oder Vogelart am meisten unserer Aufmerksamkeit bedarf. Keine Frage, dass dies ernsthafte Anliegen sind. Bemerkenswert an den Versprechungen und Warnungen ist jedoch, dass die Zukunft, abgesehen von Konsumartikeln und ein wenig mehr Lebenszeit und -qualität aufgrund medizinischer Fortschritte und einem Zuwachs an Geld und Freizeit zum Genuss der neuen Produkte und Möglichkeiten, offenbar wenig Substanzielles zu ihren Gunsten anzuführen hat. Wir werden verführt, an Geschäftsberichte erinnernde, kurzschlüssige Schrumpfversionen dessen zu akzeptieren, was einmal das große menschliche Ganze sein sollte.

Die lautesten Stimmen drängen ausgerechnet jene, die schon heute um ihre Zukunft fürchten müssen, sich diese Zukunft in militärischen Begriffen vorzustellen – als eine Form von Krieg und als einen guten Grund für Krieg. Man zwingt uns, das Projekt der Menschheit als Männlichkeitswettbewerb zu begreifen, bei dem Frauen und Kinder die entbehrlichste Nebensache sind.

Wenn der wissenschaftliche Diskurs von der Verlängerung des individuellen Lebens um den Preis eines ethisch fundierten Lebens handelt; wenn auf der politischen Agenda die fremdenfeindliche Abschottung weniger vor dem Unglück der vielen weit oben steht; wenn die Sprache der Religion als Missachtung der Nichtgläubigen diffamiert wird und die säkulare Sprache sich vor der religiösen Sphäre scheut; wenn die Sprache der Marktwirtschaft nur noch als Feigenblatt für das Anfachen von Gier dient; wenn das Wissen nicht mehr nach Weisheit, sondern nur noch nach einem «Upgrade» strebt – wo sollen wir dann die Zukunft der Menschheit suchen? Erlaubt uns unsere Vernunft nicht mehr die Annahme, dass eine Projektion unseres Lebens in eine ferne Zukunft vielleicht doch nicht zu dem Katastrophenfilm wird, den zu lieben wir gelernt haben, sondern zu einer Neuentdeckung dessen, wofür wir eigentlich existieren? Um das Leiden zu lindern, die Wahrheit zu verkünden, uns mit dem Erreichten nie zufriedenzugeben? Um an der Schwelle des idealen Augenblicks zu stehen wie ein Künstler, der den Gedanken Flügel verleiht, der die Phantasie befeuert, der sich vor den Mühen der Ebene nicht scheut und seine ganze Existenz in die Waagschale wirft? Um eine lebenswerte Welt zur Aufgabe unseres Lebens zu machen?

Für eine Zukunft, die sich vielleicht nur die Jungen werden vorstellen können, bietet dieser neue Krieg gegen den Irrglauben keine Erfolgsgarantie. Empathisches Leben folgt keiner Regel und kann sehr hart sein. Einer meiner Studenten, etwa zwanzig Jahre jung, schenkte mir kürzlich eine Collage. Gedruckt, ausgeschnitten und eingeklebt waren folgende Verse:

Keiner hat mir gesagt, dass es so sein würde.
Materie nur, getränkt mit purer Phantasie.
So steht denn auf, ihr kleinen Seelen – kämpft
mit der scheiternden Armee um den Sinn des Wandels.
Kämpft … kämpft … wagt das Sieglose.

Er scheint bereit zu sein. Und auch wir sind es. Oder?

Ich danke Ihnen.

«RASSE» IM HINTERKOPF

Der Auftrag der Presse

Die Vielfalt und die Allgegenwart der Presse können ihre Schatten auf unsere wechselseitige Abhängigkeit werfen – auf das Band, das zwischen den Profis der Presse und den Außenstehenden existiert. Ich wüsste keine andere Institution zu nennen, die der «freien» Presse vergleichbar wäre, und wenn ich das Wort «frei» hier in Anführungszeichen setze, so allein deshalb, weil dieses Signal der Ambivalenz und dessen Verwendung oder Nichtverwendung auch in der Presse seit Jahren ein Diskussionsthema ist. Und dieses Thema hätte es nicht werden können in einem System, das keine Freiheit der Debatte kennt.

Aber ich bin nicht gekommen, um Ihre Zeit mit Schmeicheleien zu verschwenden und dem Porträt Ihrer Profession als Glanz und Gloria demokratischer Freiheit noch leuchtendere Farben zu verleihen. Ich will über ernsthafte Probleme sprechen, die auch Sie an der Funktion der Presse als Mediator zwischen dem erlebten Leben und seiner schriftlichen und visuellen Darstellung wahrnehmen.

Die schärfsten Kritiker sehen in den Printmedien einen «geschlossenen Kreislauf der Sensationshascherei, die kein anderes Ziel kennt als die eigene, sensationelle Berichterstattung». Politikern nicht unähnlich, mobilisiert die Presse zu ihrer Verteidigung die eigenen Interessenvertreter und überlässt es Journalisten, die Fehltritte und Defizite des Journalismus zu erklären und zu beklagen. Abgestoßen fühlen sich diese Kritiker von dem Bild, das Journalisten abgeben, die sich in der selbst erschaffenen Arena der Sensationen wie unabhängige Experten gerieren, aber eigentlich nur daran interessiert sind, weitere Sensationen zu produzieren. Dabei geben sie vor, für ein Publikum zu sprechen, dem sie so fern sind, dass sie sich nur aus Meinungsumfragen eine Ahnung von dessen Leben verschaffen können, und Kritik wehren sie mit wenigsagenden, aber keinen Widerspruch duldenden Bemerkungen ab: «Wir werden von Tag zu Tag besser»; «dieses Stück wird man noch nach Jahrzehnten lesen»; «bei uns kommen beide Seiten zu Wort».

Ich mache mich mit einem so oberflächlichen Tadel nicht gemein, aber das beengende Gefühl, das man in der fürsorglichen Umarmung der Presse empfindet, scheint so dauerhaft wie verschwörerisch zu sein. Ungeachtet der ständigen Zunahme an Wahlmöglichkeiten – immer neue Zielgruppenpublikationen, zahllose Kabelkanäle – bleibt die Angst real, stets nur ewig Wiedergekäutes vorgesetzt zu bekommen. Ebenso groß ist andererseits die Sorge, dass das Publikum völlig unfähig ist zur Teilnahme am öffentlichen Diskurs. Diese Befürchtung – dass gesellschaftliche Debatten so gut wie gar nicht mehr stattfinden – drängt sich auf, weil es keine effektiven, kurzfristig wirksamen Reaktionen auf die systemischen Fehlentwicklungen der Presse gibt und weil unser Verständnis von «Öffentlichkeit» sich bereits so radikal gewandelt hat. Obdachlosigkeit und Kriminalität sind neu bewertet und ausgegrenzt worden mit der Folge, dass der «öffentliche Raum» zunehmend als geschützte Zone begriffen wird, zu der nur Zutritt hat, wer sich eines ordentlichen Berufs und eines einwandfreien Leumunds erfreut oder wenigstens so tun kann als ob. Die neuen Obdachlosen sind diejenigen, die aus dem öffentlichen Raum verbannt sind. Es sind nicht mehr die Armen ohne Wohnung, sondern Menschen, die zwar ein Dach über dem Kopf haben, aber keine Teilhabe am öffentlichen Leben. Und die Kriminalität wird als etwas gesehen, das im Wesentlichen nur eine Hautfarbe kennt: Schwarz. Keine dieser Sichtweisen ist neu. Aber beide beeinflussen den öffentlichen Raum, beide prägen den gesellschaftlichen Diskurs.

Wenn der Begriff «öffentlich» beschränkt wird auf Räume, zu denen nur ein Teil der Zivilgesellschaft Zutritt hat, wenn keine politische Partei mehr als Interessenvertretung der Armen fungiert, dann wird, das muss jedem klar sein, das Konzept der Öffentlichkeit selbst – also Ihr Geschäftsfeld, das Geschäftsfeld einer «freien» Presse – von Grund auf verändert. Und das ist längst geschehen. Die öffentlichen Interessen von Minderheiten, von Farmern, Arbeitern, Frauen und vielen anderen sind, wie es in oft gehörtem Politikersprech heißt, «Gruppeninteressen» geworden. Aus der Verfassungsformel «Wir, das Volk» ist ein «Wir Bessergestellten, das Volk» geworden.

Ich widme mich Begriffen wie «Öffentlichkeit», «Kriminalität», «obdachlos» oder «arbeitslos» (gleichbedeutend mit «arm»), weil sie zu meinen Beobachtungen zum Thema «Rasse» überleiten. Obwohl die Redaktionen auch andere Themenkreise anbieten, scheint mir der Umgang mit ethnischer Vielfalt symptomatisch für den vorherrschenden Argwohn, den Zorn, den intellektuellen Überdruss, den die Presse bei einem großen Teil unserer Bevölkerung erzeugt.

Ich möchte mit zwei Fragen beginnen. Erstens, warum ist die ethnische Zugehörigkeit für die Presse, für Radio- und TV-Nachrichten überhaupt von Bedeutung? Und zweitens, wenn sie von Bedeutung ist, warum wird sie dann im Augenblick ihrer Erwähnung so oft verschleiert oder missverständlich kommuniziert?

Ursprünglich waren es die Afroamerikaner selbst, die auf die Erwähnung ihrer Ethnie drangen oder sogar darauf bestanden, weil sie sicherstellen wollten, dass unsere Präsenz und unser Standpunkt zur Sprache kamen. Dabei gingen sie davon aus, dass unsere Sichtweise vom Gros der veröffentlichten Meinung abwich und dass wir ganz ohne Zweifel über Lebenserfahrungen verfügten, die sich von dem legendenumrankten Bild des Lebens in den USA, das in der Presse dominierte, grundlegend unterschieden. Der afroamerikanische Standpunkt sollte, ganz unabhängig vom Grad der Abweichung oder Übereinstimmung, nicht im Mainstream untergehen oder für etwas Selbstverständliches gehalten werden, das keiner gesonderten Erwähnung bedurfte. In der Theorie war das alles schön und gut, aber in der Praxis war die Wirkung eine ganz andere – eine Ausgrenzung, die zwei Formen annahm: 1.) Die ethnische Einordnung gerade zu dem Zweck, rassistische Stereotypen am Leben zu erhalten, die im Bewusstsein der Öffentlichkeit zu verblassen begannen; und 2.) ein Beharren auf der Unterstreichung ethnischer Unterschiede genau bei solchen Sachverhalten, bei denen es darauf am allerwenigsten ankam. Ein Beispiel aus der *New York Times*, wo im vergangenen Juni ein Reporter heroisch mit der doppelten Aufgabe kämpfte, in seinem Beitrag über die Einwanderung nach Florida sachlich korrekt zu sein und gleichzeitig den Rassenunterschied zu dramatisieren. Die Überschrift lautete: «Hispanische Zuwanderung sorgt für Ärger bei Schwarzen». Was kann «Schwarz» in dieser Formulierung anderes bedeuten als das allgemein akzeptierte Codewort für arm, prekär beschäftigt oder wirtschaftlich marginalisiert? Wir könnten annehmen, dass die in Frage stehenden Latinos ebenfalls arm, arbeits- und obdachlos sind, aber das wäre ein Irrtum, denn es geht hier um Kubaner, die aus Castros Reich in eine Stadt flüchten, die schon über eine umfangreiche kubanische Mittelschicht verfügt, den Neuankömmlingen also, anders als etwa den Haitianern, bereits ein soziales Netz bieten kann. Trotzdem stehen natürlich alle in einem Wettbewerb um Arbeitsplätze und Wohngelegenheiten. Es stellt sich also die Frage, warum die Schwarzen gesonderte Erwähnung finden. Warum ist nicht stattdessen von den «Bürgern Miamis» oder der «Stadtbevölkerung» die Rede? («Hispanische Zuwanderung sorgt für Ärger bei der Stadtbevölkerung»?) Außer als Soldaten werden Schwarze nie als amerikanische Staatsbürger betrachtet. Warum? Weil wir in der Sprache der Medien nicht Bürger einer Stadt oder eines Staates sind – wir sind diejenigen, die in prekären finanziellen Verhältnissen leben; die, deren Reaktionen schwer kalkulierbar sind («Ärger» – nicht Sorge). Wäre in der Schlagzeile von Bürgern oder der Bevölkerung die Rede, könnte der Leser, in Kenntnis des Codes, sehr wohl an die arbeitende weiße Unterschicht von Miami denken. Doch diese Möglichkeit wird durch das Vorwissen sofort ausgeschlossen, weil die in der Überschrift etablierte Konnotation der schwarzen Anti-Haltung genau das ist, was wir für die wahre, die gültige, die aufreizende Botschaft zu halten gelernt haben. Es gibt kein im Druck verwendbares Wort für «arm», bei dem nicht «Rasse» mitschwingt. Dergestalt werden, unter dem Vorwand des Engagements für die Interessen der schwarzen Bürgerschaft, die üblichen, stereotypen Gegensätze verfestigt und die eigentlich zu vermittelnden nützlichen Informationen geopfert.

Auch im weiteren Verlauf des Textes hat der Reporter schwer zu kämpfen. Man betrachte die bandwurmartigen Koppelungen, zu denen er greifen muss, um die Auswirkungen der jüngsten spanischsprachigen Einwanderung auf Miamis englischsprachige Bevölkerung zu schildern – was ja das eigentliche Thema des Artikels ist oder sein sollte. Folgende Bildungen tauchen auf: «Kubaner beider Hautfarben»; «nicht hispanische Weiße»; «nicht hispanische Schwarze»; «hier geborene, englischsprachige Schwarze»; «hispanische Weiße»; «haitianische und sonstige karibische Schwarze». Was sind «nicht hispanische Schwarze»? Afrikaner? Nein. Wer sind die «haitianischen und sonstigen karibischen Schwarzen»? Kubaner? Nein. Man stelle sich vor, wie unmissverständlich der Artikel gewesen wäre, hätten Nationalität und Sprache als Unterscheidungsmerkmal gedient. Dann hätten wir erfahren, dass amerikanische Staatsbürger nervös wurden angesichts einer Welle von Einwanderern, die kaum Englisch sprachen und ihnen ihre Arbeitsplätze streitig zu machen drohten. Aber Klarheit war zweitrangig gegenüber der Hautfarbe, und die ethnische Zugehörigkeit war wichtiger als die Sprache. Daraus resultiert eine Verwirrung, aus der nur die «Rasse» herausleuchtet. «Mechanismen der Einwanderung, gefolgt von weißen Absetzbewegungen.» Keine Rede von der schwarzen Mittelschicht.

Auch innerhalb der schwarzen Ethnie, wo Unterschiede in der Herkunft tatsächlich Informationen sind – so im Gewimmel von Crown Heights, wo die Einwohnerschaft überwiegend karibisch-stämmig ist und keinen Kontakt zu amerikanischen Schwarzen oder Beziehungen zur amerikanisch-jüdischen Gemeinde hat –, wurde jede Differenzierung ertränkt in allgemeiner Schwärze.

So verwirrend war dieser Rassenstress, dass er einen CNN-Reporter zu der Frage veranlasste, ob man nicht einen Haitianisch sprechenden Dolmetscher für einen haitianischen Piloten finden könne, der sein Flugzeug nach Miami entführt hatte. Dass es Französisch auch getan hätte, fiel ihm gar nicht ein.

Ich möchte den aufgeworfenen Fragen eine weitere folgen lassen. Nachdem es wichtig zu sein scheint, die Schwarzen auf irgendeine Art zu repräsentieren, müssen wir uns fragen, als was wir repräsentiert werden, und warum. Wie kann die Presse dazu gebracht werden, überhaupt eine Perspektive – weiß, schwarz, weder noch, beides – einzunehmen, die nicht in ein Zerrbild nivellierter Selbstzufriedenheit und allgemeiner Einigkeit darüber mündet, wer oder was der Feind sei? Als «Feind» kristallisiert sich entweder ein schemenhafter, irgendwie schwarzer Krimineller heraus, oder es sind die verbitterten, machtlosen Armen (ebenfalls von schwarzer Hautfarbe).

Bei der Betrachtung der Art, wie die Schwarzen dargestellt werden – ungeachtet geglückter Beispiele einer von Stereotypen freien Berichterstattung und einiger außerordentlich gelungener Reportagen über Rassenthemen (Hunter-Gault über die Nation der Zulus) –, und unter Berücksichtigung der höchst wechselhaften Wirkungen ethnisch voreingenommener Schilderungen auf das Publikum ist es durchaus von Interesse, einen Blick auf die Ursprünge zu werfen, denn so historisch bedingt das Rassenvorurteil auch ist, so wenig ist es unvermeidlich, absolut oder unveränderlich. Es hat einen Anfang, ein Leben, eine Geschichte wissenschaftlicher Aufarbeitung, und es kann ein Ende haben. Häufig genug wird darauf hingewiesen, dass die Popularisierung des Rassismus, seine landesweite Verbreitung nicht durch die Presse erfolgte (auch wenn die Zeitungen des neunzehnten Jahrhunderts wohl als Komplizen gelten dürfen), sondern durch das Theater, die Unterhaltungsindustrie, die Minstrel-Shows. Diese reisenden Theatertruppen erreichten alle Klassen und Regionen, alle Städte, Dörfer und Farmen. Ihre offensichtliche Aufgabe war Unterhaltung, aber die weniger offensichtliche Funktion bestand darin, gesellschaftliche Probleme teils zu verhüllen, teils bloßzustellen. Der entscheidende Punkt ist, dass die Minstrel-Shows so gut wie gar nichts damit zu tun hatten, wie die Schwarzen wirklich waren. Es handelte sich um ein ausschließlich weißes Konstrukt. Schwarze Darsteller, die an einer Minstrel-Show mitwirken wollten, wurden von der Bühne gejagt oder gezwungen, ihre ohnehin schwarzen Gesichter schwarz zu schminken. Die Stücke funktionierten im wörtlichsten Sinn als schwarze Fassade für Weiße: weiße Darsteller mit schwarz angemalten Gesichtern. Die schwarze Maskierung erlaubte es den Weißen, öffentlich Dinge zu äußern, die illegal, unüblich, aufwieglerisch oder sexuell anzüglich waren. Es handelte sich, kurz gesagt, um eine Art öffentlicher Pornographie, deren Hauptthemen sexuelle Rebellion und Freizügigkeit, Armut und Kriminalität waren. All die Ängste und Ambivalenzen der Weißen, die im öffentlichen Diskurs sonst peinlich vermieden wurden, konnten hier in der Maske eines Schwarzen artikuliert werden, der als ohnehin außerhalb der Gesetze stehend und daher für diesen Zweck geeignet begriffen wurde. Auf diese Weise gewährte die schwarze Maske Redefreiheit und schuf einen Ort für öffentlichen, landesweiten Dialog. Allerdings nur für Weiße. Auf der anderen Seite verbarg die Maske mehr als sie offenbarte. Sie verbarg die Wahrheit über das Leben der Schwarzen, über ihre Ansichten und ihre Denkweise, und, was am wichtigsten ist, sie verbarg die wahren Ursachen gesellschaftlicher Konflikte, indem sie diese Konflikte in die schwarze Bevölkerung auslagerte. Ohne auf die Popularisierung, die Wandlung und das Verschwinden der Minstrel-Shows einzugehen (wobei das Verschwinden eigentlich ein Aufgehen in anderen Formen der Unterhaltung – wie etwa dem Film – war), kann man feststellen, dass ihre Strategien sich noch immer als nützlich erweisen und ihre Nachwirkungen noch überall spürbar sind. Das Menetekel der durch Hautfarbe signalisierten Andersartigkeit, das einem ungebildeten weißen Publikum durch die Minstrel-Shows vermittelt wurde, sickerte mit Hilfe der Zeitungen auch in das gebildetere Bürgertum ein. Es war ein Prozess der Verwandlung naiver Ignoranz in bewusste Desinformation mit der Absicht und der Folge, dass eine politische Interessenvertretung der armen weißen Bevölkerungsschichten entbehrlich wurde und bis heute ist. Niemand braucht sich ernsthaft um die Bedürfnisse der Armen zu kümmern – rhetorische Floskeln des Mitgefühls genügen. Mein Argument ist, dass die Amerikaner afrikanischer Abstammung bis heute diesem Zweck dienen: die weiße Unterschicht aus der Wahrnehmung zu verdrängen, die Gesellschaft und die Nation dadurch zu homogenisieren und die wahren sozialpolitischen Konfliktlinien unkenntlich zu machen.

Die Rechtfertigung der Sklaverei wurde auf diese Weise zu akzeptiertem Allgemeinwissen, und eine ganze Ethnie wurde pauschal kriminalisiert. Diese Kriminalisierung ist so alt wie die Republik und stammt, unter anderem, aus dem Status des außerhalb der Gesetze Stehenden, der den Sklaven auferlegt wurde – und auch aus der Ehrlosigkeit, die der Sklaverei anhaftet. Bis heute lebt diese Kriminalisierung als Kriminalitätsverdacht fort, den dunkle Hautfarbe reflexhaft weckt. Wer anderer Meinung ist und auf eine überproportionale Kriminalitätsquote bei Schwarzen verweist, übersieht etwas – nämlich die skrupellose, moralisch indiskutable und hochgefährliche Behandlung der Schwarzen durch die Justiz und in der Presse. Sie ist skrupellos, weil es sich um rassistische Desinformation handelt. Es sei denn, man könnte ohne Verleugnung der Intelligenz zwischen Verbrechen unter Weißen und Verbrechen unter Schwarzen unterscheiden. Letztere Phrase wäre inhaltsleer und hätte einzig den Zweck, die Schwarzen zu Exoten zu erklären und die Gewalt, die sie einander antun, mit dem anthropologischen Rassismus des neunzehnten Jahrhunderts zu erklären, als man im «dunklen Kontinent» ein Reich der Brutalität sah, unerforscht und menschenleer (die Menschen, die dort lebten, sah man als Teil der Natur). Es war ein Schauplatz, wie ihn Joseph Conrad in *Herz der Finsternis* gezeichnet hat, für die Weißen ein Ort der Bewährung, der Selbstfindung und der Ausbeutung. Sind es «weiße Verbrechen», die in Nordirland, in Bosnien, im Zweiten Weltkrieg begangen wurden? (Man denke an Dan Rathers Reportagen aus Somalia.) In diesem mythischen Konstrukt sollte es kein Schock sein – als den ich es empfand –, dass das einzige angebliche Vergewaltigungsopfer, das meines Wissens jemals identifizierbar in Zeitungen oder dem Fernsehen abgebildet wurde, ein minderjähriges schwarzes Mädchen war. Kein weiteres solches Foto habe ich je gesehen. Aber wie kam es dazu? Weil schwarzen Frauen keine Würde und keine Intimsphäre zugestanden wird, wenn sie sich gegen sexuelles Fehlverhalten zur Wehr setzen, was sich auch bei den kürzlichen Senatsanhörungen im Fall des Richters Clarence Thomas wieder bestätigt hat.

Eine solche Behandlung ist unmoralisch, weil sie auf Korruption beruht – einer Korrumpierung von Genauigkeit, Information und sogar der Wahrheit im Interesse von Sensation und Auflage. Und sie ist gefährlich, weil sie nichts mit der realen Welt der Weißen oder der Schwarzen zu tun hat. Womit sie zu tun hat, ist die Verschleierung der Realität. Sie macht die Welt undurchschaubar und lässt reale Probleme als unlösbar erscheinen – zum Beispiel, wie man dem Verbrechen seinen Reiz und die Mittel zu seiner Ausführung nimmt; wie «sie, das Volk» Bildung und Arbeit und Brot erhalten; wie die häuslichen Waffenkammern abgerüstet werden können; wie unsere Gemeinden gesunden.

Wenn die Verschleierung des wirklichen Lebens vollendet ist, gibt es für die Medien nichts Neues, nichts die Zeit Kennzeichnendes mehr zu berichten. Sie werden bei aller Aktualität so archaisch, so todgeweiht und anachronistisch sein wie ein Federkiel, hinter der Zukunft herhinkend nur noch zu einem Zweck: Verarmung zu zelebrieren, indem sie den Mangel an Konsumartikeln zum einzigen Unglück machen, das berichtenswert ist. Wenn Armut und Kriminalität zu den Schwarzen abgeschoben werden können, wird die Illusion der Befriedigung und die Erregung der Jagd das Publikum vielleicht ruhigstellen und gefügig machen. Aber für wie lange? Wie lange kann Berichterstattung als linderndes Pflaster für Verzweiflung und als Umfeld für Produkte überleben? Es ist unendlich frustrierend und traurig, eine Zeitung aufzuschlagen und die Nachrichten buchstäblich an den Rand gedrängt zu sehen, wie einen gestickten Saum rund um das Eigentliche – die Werbung.

Die Welt der Medien muss sich von ihrer Harmoniesucht verabschieden und lieber mehr als zwei Meinungen zur Diskussion stellen; sie muss aufhören, Unwahrheiten ein Podium zu bieten; sie muss mehr sein als ein Marktplatz für Konsumartikel. Andernfalls werden die Medien nicht nur ihre eigenen Konsumenten verlieren, sondern bald ganz aus dem Geschäft sein. Wenn die Medienlandschaft im engsten Sinn des Wortes «öffentlich» wird, nämlich käuflich, kann die Welt Sie zwar kaufen, aber sie kann Sie sich nicht mehr leisten.

Nun habe ich zu Ihnen gesprochen, als wären Sie ein einziger, großer Organismus, der durch ein unveränderliches, von menschlichen Entscheidungen nicht beeinflussbares Naturgesetz zu seiner heutigen Gestalt herangewachsen ist. Tatsächlich sind Sie aber menschliche Individuen, mit allem, was dazugehört. Sie haben Gemeinsinn und träumen von einer gefestigten Demokratie, und Sie haben auch Vorurteile, die sich bemerkbar machen und die Mittel beeinflussen, mit denen Sie arbeiten. In den Gremien der Anteilseigner, in der Geschäftsführung, in den Redaktionen sitzen Menschen, die Profite erzielen, Profite erhalten und Profite steigern wollen. Gewiss ist das nicht einfach. Aber sobald Ihr Geschäftszweig für die Gesellschaft irrelevant ist, wird es unmöglich.

Ich gehe davon aus, dass eine nicht rassistische, nicht sexistische, einem Bildungsauftrag folgende Presse so profitabel sein kann wie eine, die das alles nicht ist. Ich gehe davon aus, dass die Erhellung komplexer Zusammenhänge ebenso unterhaltsam sein kann, wie es die Vernebelung und die Vereinfachung sind. Aber es bedarf mehr als nur einer Willensanstrengung, um eine solche Presse profitabel zu machen. Es bedarf der Phantasie, der Erfindungsgabe und eines Bewusstseins der Verantwortlichkeit, der Möglichkeit, zur Rechenschaft gezogen werden zu können. Ohne Sie, aus unserer eigenen Kraft, können wir nur rohe Daten aus unseren Computern zapfen, sie selbst gewichten, mit anderen darüber reden und streiten und so der Wahrheit auf die Spur kommen – oder auch nicht. Helfen Sie uns dabei, indem Sie den Raum der öffentlichen Diskussion neu für uns erfinden und dem Dialog ein Forum schaffen. Generationen von Studierenden, die ich unterrichtet habe (und übrigens auch meine beiden Söhne), machen es Ihnen vor.

Trotz Internet und CompuServe und den neuen Möglichkeiten der Vernetzung, der virtuellen Schwarzen Bretter und sonstiger Schmiermittel des Informationsaustauschs bleibt etwas, das nur die Presse und die Sprache leisten können, und die Gesellschaft nicht. Sie haben es bereits bewiesen. Bringen Sie uns voran auf dem Weg zu einer partizipatorischen Demokratie. Helfen Sie uns, zwischen Pseudoerfahrungen und echten Erlebnissen zu unterscheiden, zwischen einem Zusammentreffen und einer Begegnung, zwischen Theorie und Leben. Helfen Sie uns allen herauszufinden, was Menschsein im einundzwanzigsten Jahrhundert bedeutet.

MORALBEGABTE LEBEWESEN

In den *Historical Statistics of the United States, Kolonialzeit bis 1957*, finden sich gleich nach dem Stichwort «Reis» und vor «Teer» und «Terpentin» die Menschen. Der Reis wird in Pfund gemessen, die Einheit für Pech, Teer und Terpentin ist die Fassladung. Für die Menschen gab es keine Messung in Pfund oder Fässern, hier wurden die Köpfe gezählt. Viele faszinierende Fakten finden sich in diesem Nachschlagewerk, nicht zuletzt auf den Seiten Z 281 bis 303, wo in chronologischer Reihenfolge und nach Zielhäfen geordnet der Im- und Export von Menschen auf dem Gebiet der späteren Vereinigten Staaten in den Jahren von 1619 bis 1773 dokumentiert ist. Offenbar wurde keine Mühe gescheut, die Tabellen mit präzisen Angaben zu füllen. Unter den Zahlenkolonnen finden sich Fußnoten, die Vergebung für das gelegentliche Fehlen vollständiger Informationen zu erflehen scheinen. «Tut uns leid», scheinen die Statistiker sagen zu wollen, «dass keine genaueren Listen geführt oder uns zugänglich gemacht worden sind. Das Land war im Aufbau, und vieles ist suboptimal gelaufen, wir bitten um Verständnis.»

Auf jeder dieser Seiten spürt man das Walten von Vernunft und Berufsehre. Doch die Vernunft hat einen schweren Stand, denn schon die Sprache ächzt unter dem Gewicht dessen, was sie zu transportieren hat. Die Fußnote Nummer drei versucht beispielsweise zu präzisieren, was der Begriff

«Sklave» an dieser Stelle alles umfasst: «Laut Quelle 72 eingeführte indische Sklaven; 231 Sklaven verstorben und 103 in Gewahrsam für Wiederausfuhr.» «Verstorben» … «in Gewahrsam» – seltsame, gewalttätige Worte, die niemals in Bezug auf Reis, Teer oder Terpentin gebraucht werden könnten. Fußnote Nummer fünf, mit Abstand die kälteste in ihrer bürokratischen Nüchternheit, lautet wie folgt: «Anzahl der verschifften Neger, nicht der tatsächlich eingetroffenen.» Da war also ein Schwund eingetreten auf der Reise, und sofort fliegen die Gedanken zur ersten offenen Frage: Wie viele? Wie viele wurden an Bord gebracht? Wie viele kamen nie ans Ziel? Und weiter springen die Gedanken zur nächsten Frage – der entscheidenden, vor der alle anderen verblassen: Wer? Wer fehlte beim letzten Abzählen? War es das siebzehnjährige Mädchen mit der Narbe am Knie, die so aussah wie ein Baum? Und wie hieß das Mädchen?

Ich weiß nicht, warum es so schwierig ist, eine wahrhaft menschliche Gesellschaft zu entwerfen und entsprechend zu verwirklichen – mögen die Lösungen nun von der Naturwissenschaft, den Gesellschaftswissenschaften, der Theologie, der Philosophie oder sogar der Literatur kommen. Aber es ist eine Tatsache, dass die *Historical Statistics of the United States* ziemlich typisch sind für eine Vorgehensweise, die die akademische Wissenschaft von heute und von jeher kennzeichnet: Menschen werden als Dinge behandelt und in ein Ordnungssystem wie das Alphabet gezwängt – selbst wenn die dafür eingesetzte Sprache sich angesichts dieser schwerwiegenden, ungewohnten Verantwortung windet und zusammenbricht. Die schönen Seelen in der Statistik-Behörde, fleißige Beamte sie alle, erzeugen keine Fakten, sie zeichnen sie nur auf. Doch ihre Arbeit ist meiner Meinung nach bezeichnend für einen Grundfehler, der die Entwicklung einer phantasievollen, menschlichen Wissenschaft und die Verwirklichung einer humanen Gesellschaft behindert. Eine solche Wissenschaft würde ihr Augenmerk darauf legen, dass in der Gesellschaft Bürger herangebildet werden, die fähig sind, menschliche Entscheidungen zu treffen. Und die dies auch tun. Es wäre eine Wissenschaft, die sich weigert, Generation um Generation von Studierenden hervorzubringen, die darin geübt sind, die Unterprivilegierten zu sortieren in solche, die Hilfe verdienen, und solche, die man sich selbst überlässt – aber nicht den Unterschied sehen zwischen Reis und Menschen. Die differenzieren zwischen entbehrlichen Leben und unentbehrlichen, aber nicht zwischen Sklaven und Terpentin. Denen man beigebracht hat zu entscheiden, wer aufblühen darf und wer verdorren soll, aber nicht, dass der Inhalt eines Fasses etwas anderes ist als das Heiligtum eines Menschenhaupts.

Natürlich sind Tabellen so. Sie registrieren nicht die fächerförmige Flut von Reiskörnern, die aus einem geborstenen Jutesack quillt. Nicht das donnernde Rollen von Terpentinfässern, die über eine Ladeplanke taumeln. Und nicht das siebzehnjährige Mädchen mit der Narbe auf dem Knie, die aussieht wie ein Baum. Geschweige den Namen des Mädchens. Geschichte besteht aus Prozentwerten, aus den Gedanken großer Persönlichkeiten und der Beschreibung von Epochen. Weiß das Mädchen, dass es im Ozean ertrunken oder im Unterdeck eines Schiffes namens *Jesus* verschmachtet ist, weil das eben seine Epoche war? Oder dass ein paar große Persönlichkeiten ihm dieses Schicksal zugedacht haben, damit es Teil eines Prozentwerts des Sozialprodukts oder des Wirtschaftswachstums werde oder zur Erfüllung der Vorsehung bei der Kolonisierung der Neuen Welt beitragen kann?

Ungern ist man anderer Meinung als ein Großer, aber Tolstoi irrt. Könige sind nicht die Sklaven der Geschichte. Die Geschichte ist der Sklave der Könige.

Die Matrix, aus der solche weitreichenden Entscheidungen getroffen werden, wird manchmal Rassismus genannt, manchmal Sexismus oder auch nur «konservativ». Jeder dieser Begriffe ist zutreffend, aber jeder führt auch in die Irre. Der Grund ist die tragische Unfähigkeit zur Empathie, zur Identifikaton mit anderen, zur kreativen Leistung, sich in einen anderen Menschen hineinzuversetzen. Es ist ein intellektuelles Versagen und auch eines der Phantasie, und es offenbart eine Ignoranz, vor der es einem schaudert, aber zugleich auch einen wirklich lachhaften Mangel an Neugier. Natürlich können Historiker sich nicht mit jedem einzelnen Reiskorn befassen, sie müssen in größeren Einheiten rechnen. Aber dieses Prinzip kann nicht, darf nicht übertragen werden auf menschliche Beziehungen. Eines der wesentlichen Zeichen von Intelligenz ist es schließlich, Unterscheidungen treffen zu können, auch feine Unterscheidungen. Wir beurteilen einen Intellekt anhand der Leichtigkeit, mit der er zwischen einem Molekül und einem anderen zu unterscheiden weiß, zwischen dieser Zelle und jener, zwischen einem 57er Bordeaux und einem 68er, zwischen Malven und Orchideen, zwischen den Wörtern «reißen» und «hebeln», zwischen Sauermilch und Buttermilch, zwischen Chanel Nr. 5 und Chanel Nr. 19. Daran gemessen, ist die unbelehrbare Betrachtung ganzer Ethnien durch die Brille der Verallgemeinerung so gnadenlos dumm, so unheilbar blind, so bar jeder Vorstellungskraft, dass dieses festgefügte Bild von keiner Nuance, keiner Feinheit, keinem individuellen Unterschied mehr durchdrungen werden kann. Nur die großen Unterscheidungen bleiben übrig:

wer aufblühen und wer verdorren soll, wer staatliche Hilfen verdient hat und wer nicht. Was vielleicht erklären kann, warum wir 1977 mit fast demselben mentalen Rüstzeug dastehen wie anno 1776. Eine Intelligenz, die so verkrüppelt ist, dass sie – wie ein weißer Professor es 1905 fertigbrachte – W. E. B. Du Bois fragen konnte, «ob farbige Menschen auch Tränen vergießen», ist auch verkrüppelt genug, «genetische» Einflüsse auf die Intelligenz einer Ethnie zu studieren, die so gemischt ist, dass eine entsprechende Studie über Mäuse von vornherein wissenschaftlich disqualifiziert wäre.

Falls Bildung irgendein anderes Ziel hat als höhere Gehaltsschecks (was womöglich nicht der Fall ist), dann wäre dieses Ziel die Fähigkeit zu intelligenten Problemlösungen und konstruktiven zwischenmenschlichen Beziehungen. Doch unsere Bildungsinstitutionen und einige unserer anerkanntesten Theoretiker sind übereingekommen, solidarische menschliche Zusammenarbeit und beidseitig konstruktive Zielvorstellungen als etwas zu betrachten, das, wenn überhaupt, von viert- oder fünftrangiger Bedeutung ist. Sollte es hierfür eines Beweises bedürfen, so genügt ein Blick auf die Geschichte unseres Landes.

Niemand kann dem Eroberer vorwerfen, dass er Geschichte aus seinem eigenen Blickwinkel schreibt und das Wirken und Zusammenwirken der Menschen so wiedergibt, wie es seiner Sichtweise entspricht. Sehr wohl können wir ihm aber vorwerfen, dass er sich nicht dazu bekennt, einen höchst subjektiven Blickwinkel zu haben. In dieser Hinsicht kann es aufschlussreich sein, einige Äußerungen zu betrachten, die unsere Eroberer (unsere Vorväter), diese Männer im Vollbesitz von Visionen und von Macht, tatsächlich getätigt haben:

Andrew Jackson, 3. Dezember 1833:
Den Indianern ermangelt es sowohl an der Intelligenz wie auch am Fleiß, an der Sittlichkeit und am Streben nach höherer Entwicklung, was alles so nötig wäre, um ihre Umstände zum Besseren zu wenden. Umgeben von einer anderen, überlegenen Rasse und ohne die Gründe für ihre Unterlegenheit zu erkennen oder beseitigen zu wollen, müssen sie sich notwendigerweise der Macht der Tatsachen beugen und werden bald verschwunden sein.

Theodore Roosevelt zu Owen Wister, 1901:
Ich stimme vollkommen mit Ihnen überein, dass die Schwarzen als Rasse und in der großen Mehrheit den Weißen unterlegen sind. Vielleicht sollte ich mich scheuen zuzugeben, dass ich die westliche Sicht der Indianer teile. Ich gehe nicht so weit zu behaupten, dass nur ein toter Indianer ein guter Indianer ist, aber ich glaube, unter zehn Indianern findet man neun, für die das gelten mag, und beim zehnten sollte man lieber nicht so genau hinschauen. Der verkommenste Cowboy hat mehr moralische Prinzipien als der durchschnittliche Indianer.

General Ulysses S. Grant:
An General Webster
La Grange, Tennessee, 10. November 1862
Geben Sie allen Zugschaffnern Weisung, keinem Juden von keinem Haltepunkt aus die Reise nach Süden zu gestatten. Lasst sie nach Norden fahren und ermutigt sie dazu. Aber sie sind eine so unerträgliche Plage, dass die Region von ihnen gesäubert werden muss.

Holly Springs, Missouri, 8. Dezember 1862
Allgemeinerlass
Aufgrund der Lebensmittelknappheit werden alle Baumwollspekulanten, Juden und sonstigen Landfahrer, die über kein ehrliches Einkommen verfügen, sondern mit dem Elend der Bevölkerung Geschäfte machen …

Sam Houston im Senat der Vereinigten Staaten, 1848:
Der Angelsachse muss sich sämtliche südlichen Ausläufer dieses riesigen Kontinents zu eigen machen ... Die Mexikaner sind um keinen Deut besser als die Indianer, und ich sehe keinen Grund, warum wir nicht ihr Land in Besitz nehmen sollten.

Freeman's Journal, 4. März 1848:
Unsere Absicht ist es, einmal mehr zu zeigen, dass der Protestantismus weichlich und kraftlos und allein aufgrund seines sittlichen Verfalls zum Aussterben verurteilt ist, wohl wissend, dass sein letzter Augenblick gekommen sein wird, sobald er der katholischen Wahrheit ins aufrechte Auge blickt.

Richard Pike, Boston, 1854:
Der Katholizismus ist und war von jeher eine bigotte, unduldsame und abergläubische Religion. Es gibt keine Missetat im Buch der Infamie, deren er sich nicht schuldig gemacht hat; keine Versündigung gegen die Menschlichkeit, die er nicht begangen hat; keine Schmähung Gottes, die er nicht rechtfertigt. Er ist eine Macht, die sich nie gescheut hat, ihren so feierlich geschworenen Glauben zu verraten, wo immer dies zu ihrem Vorteil ist; eine Macht, die kein Gewissen hat; die der Kontrolle durch die Öffentlichkeit spottet; die unter den Völkern der Christenheit ihr Haupt reckt, von dem die Grausamkeiten von Millionen Morden triefen, gezeichnet von tausend Jahren der Ausschweifung, immer gierig, immer blutbesudelt, immer verlogen.

New York Tribune, 1854
Die Chinesen sind unzivilisiert, unsauber und über alle Maßen unflätig, bar jeder höheren häuslichen oder gesellschaftlichen Kultur, in ihren Neigungen der Lust und Sinnlichkeit verfallen. Jede Frau ist eine Dirne von niedrigster Gesinnung.

General William Sherman:
Wir müssen mit größter Entschlossenheit gegen die Sioux vorgehen, bis hin zu ihrer Auslöschung mit allen Männern, Frauen und Kindern. Nur so können wir das Übel bei der Wurzel packen. Je mehr wir dieses Jahr töten, desto weniger müssen wir nächstes Jahr umbringen, denn je mehr ich von diesen Indianern sehe, desto überzeugter bin ich, dass wir nur die Wahl haben, sie auszurotten oder auf ewig durchzufüttern.

Benjamin Franklin, 1751:
Warum die Söhne *Afrikas* mehren, indem wir sie nach *Amerika* pflanzen, wo wir doch selbst, wenn wir alle Schwarzen und Braunen aussperren, so gute Gelegenheit haben, die genehmen Weißen und Roten zu mehren?

William Byrd, Tagebuch, Virginia 1710–1712:
8/2/09: Jenny und Eugene wurden ausgepeitscht.
17/4/09: Anaka wurde ausgepeitscht.
13/5/09: Mrs. Byrd wurde ausgepeitscht.
23/3/09: Moll wurde ausgepeitscht.
10/6/09: Eugene (ein Knabe) wurde ausgepeitscht, weil er weggelaufen war; er bekam das Mundeisen.
3/9/09: Ich züchtigte Jenny.
16/9/09: Jenny wurde ausgepeitscht.
19/9/09: Ich züchtigte Anama.
30/11/09: Eugene und Jenny wurden ausgepeitscht.
16/12/09: Eugene wurde ausgepeitscht, weil er gestern faul war.
(Im April war ich in meiner offiziellen Eigenschaft als Beisitzer an einem Verfahren gegen Sklaven beteiligt, die «wegen Hochverrats angeklagt» wurden – zwei bekamen den Strick.)
1/7/10: Die Negerin ist abermals weggelaufen, mit dem Eisen im Mund.
8/7/10: Die Negerin wurde gefunden und gefesselt, aber in der Nacht lief sie wieder weg.

15/7/10: Gegen meinen Willen ließ meine Frau die kleine Jenny mit einem heißen Eisen züchtigen.
22/8/10: Ich hatte einen ernsten Streit mit der kleinen Jenny und schlug sie zu heftig, was mir leidtat.
31/8/10: Eugene und Jenny wurden gezüchtigt.
8/10/10: Ich peitschte drei Sklavinnen aus.
6/11/10: Die Negerin ist wieder weggelaufen.

Die Herausgeber des Tagebuchs beschreiben Byrd als den «geschliffensten und bestbestallten Gentleman von Virginia», einen «wohlmeinenden Gebieter, der in etlichen seiner Briefe gegen die Scheusale wetterte, die ihre Sklaven misshandeln».

So sehen die Sprache, die Vision, die Erinnerungen aus, die uns von dieser Gesellschaft hinterlassen wurden. Diese Männer haben auch andere Dinge gesagt und getan, darunter auch gute. Aber ebenso haben sie das Zitierte gesagt und, was wichtiger ist, sie haben es *empfunden*.

Unsere Vergangenheit ist finster und unsere Zukunft düster. Aber ich will nicht vernünftig sein. Ein vernünftiger Mensch passt sich seiner Umgebung an. Ein unvernünftiger tut das nicht. Daher ist jeglicher Fortschritt auf die Unvernünftigen angewiesen. Ich ziehe es vor, mich meiner Umgebung nicht anzupassen. Ich verweigere mich dem Gefängnis des «Ich» und wähle die offenen Räume des «Wir».

Mit einer Vergangenheit, wie wir sie haben, besteht wenig Anlass zum Optimismus, dass eine menschliche Gesellschaft, in der menschenfreundliche Entscheidungsfindung das wichtigste Bildungsziel ist, jemals imaginiert und in Konsequenz verwirklicht werden kann. Wir können nicht optimistisch sein, aber was wir uns sehr wohl leisten können, ist Entschiedenheit. Wir können den Feind identifizieren. Als Erstes können wir uns fragen, was das Richtige ist und nicht das Nützliche. Uns den Unterschied bewusst machen zwischen dem Fieber und der Krankheit. Zwischen Rassismus und Gier. Wir können entschieden sein und wachsam. Wachsam, damit wir dem Geist, der Seele und dem Willen von uns selbst und all jenen, mit denen wir zusammenleben, keine Grenzen setzen. Wir können wachsam sein, um nicht zweitrangige Ziele und Ideen aus zweiter Hand zu tolerieren.

Wir sind Menschen, und wir müssten eigentlich längst begriffen haben, was schon ein Kind erkennen kann: «Wie unbefriedigend, wie umständlich ist dieses ganze Geschäft von milliardenfachem Geborenwerden und Sterben.» Wir sind Menschen, keine Reiskörner, und deshalb «sind wir noch keinem Gott begegnet, der barmherziger wäre als ein Mensch, der einem auf dem Rücken liegenden Käfer wieder auf die Beine hilft. Es gibt kein Volk auf dieser Welt, das sich so übel benimmt wie eine Gottesanbeterin.» Wir sind die zu moralischem Handeln befähigten Lebewesen auf diesem Planeten.

Diese Tatsache zu leugnen bedeutet, sich selbst in Ketten zu legen – ungeachtet unserer bescheidenen Versuche, diesem Anspruch gerecht zu werden. Natürlich gibt es Grausamkeit. Grausamkeit ist ein Mysterium. Aber wenn wir die Welt als ein langes, gnadenloses Spiel betrachten, stoßen wir auf ein anderes Mysterium, das Geheimnis der Schönheit, des Lichts, des Kanarienvogels, der auf einem Totenschädel singt … Wenn die Menschheit nicht durch alle Zeiten und in allen Weltgegenden getäuscht worden ist … scheint es so etwas wie Gnade, wie Schönheit, wie Harmonie tatsächlich zu geben … Alles gratis und zum Greifen nah.

DER PREIS DES WOHLSTANDS UND DIE KOSTEN DES GEMEINWOHLS

Ich möchte über ein Thema sprechen, das jeden von uns betrifft und oft genug vor Probleme stellt. Ein Thema, das jeden Studierenden begleitet, das in allen Universitäten präsent ist und auch in allen sonstigen Gemeinschaften des Landes und der ganzen Welt. Ein Thema, das sich anbietet für eine Rede vor Studenten in diesen fordernden Zeiten der Unsicherheit.

Dieses Thema ist Geld.

Ob wir vor der Aufgabe stehen zu sichern, was wir bereits besitzen; oder ob wir unseren Besitz mehren wollen; oder ob wir gezwungen sind, unsere Schulden zu reduzieren, um ein produktives und halbwegs angenehmes Leben führen zu können; oder ob wir nichts anderes im Kopf haben, als so viel wie möglich zu verdienen – in jedem Fall ist das Geld die keineswegs heimliche Geliebte unseres Lebens. Und wie alle Geliebten, damit verrate ich Ihnen nichts Neues, geht sie Ihnen, wenn Sie nicht schon längst von ihr verführt worden sind, ständig im Kopf herum. Keiner von uns kann eine Zeitung lesen, eine Fernsehsendung anschauen oder eine politische Diskussion verfolgen, ohne das Thema Wohlstand im Hinterkopf zu haben. Die Einwanderungsdebatte, die Reform des Gesundheitswesens, das soziale Sicherungssystem, der Arbeitsmarkt – so gut wie alle persönlichen Probleme und staatlichen Aufgaben drehen sich ums Geld. Nationen,

Regierungen, Medien, die Gesetzgebung sind durchdrungen und überwältigt von diesem Narrativ des Wohlstands, das dessen Erreichbarkeit, Dynamik oder Verschwinden ausmalt; sein Fehlen oder seinen Missbrauch, der im schlimmsten Fall ganze Staaten gefährden, manipulieren oder zu Fall bringen kann; oder seine Bedeutung für die politische Stabilität und Sicherheit. Beschränkung oder Konsumreiz? Krieg oder Frieden? Ein Leben des Müßiggangs oder der Produktivität?

Die Fächer, die hier studiert werden – Kunst, Naturwissenschaften, Medizin, Wirtschaft, Jura –, sind alle mehr oder weniger dem Diktat des Geldes unterworfen, das sie einschränkt oder ihnen Möglichkeiten eröffnet. Dabei hat keines dieser Fächer Geld zum Gegenstand, sie handeln vielmehr vom Wissen und dessen Nutzbarmachung für ein gutes Leben. Künstler wollen Wahrheit entdecken und ans Licht bringen und erwecken dabei gern den Anschein, über den schnöden Mammon erhaben zu sein; Naturwissenschaftler wollen herausfinden, was diese Welt im Innersten zusammenhält, und sind dabei ebenso von der finanziellen Ausstattung ihrer Forschungsvorhaben abhängig wie Historiker oder Ökonomen. Die Medizin versucht, Leben zu retten oder zumindest erträglich zu machen, aber auch sie ist auf Mittel angewiesen, die anderswo erarbeitet werden.

All das ist offensichtlich, doch für den Fall, dass wir es vergessen haben, kann ein Rückblick auf die Geschichte des Wohlstands, auf seine Kosten, nicht schaden. Die Ursprünge seines Wachstums sind blutig und zutiefst grausam, und wie fast immer und bei fast allem spielt Krieg dabei eine wichtige Rolle. So gut wie kein Weltreich wurde groß ohne ein erschütterndes Ausmaß an Gewalt. Die Spanier bewahrten ihr Reich vor Abstieg und Zusammenbruch durch den Raub des südamerikanischen Goldes um den Preis von Massakern und Versklavung. Die Römer errichteten ihr Weltreich und bewahrten es über Jahrhunderte durch die Eroberung und Ausbeutung anderer Länder und durch Sklavenarbeit. Afrika wurde von immer weiteren Kriegen und Gewaltakten getroffen, weil es über Rohstoffe verfügte, die zahllosen Nationen Macht und Wohlstand sicherten. Gummi wurde beispielsweise in einem Land gewonnen, das buchstäblich der Privatbesitz des belgischen Königs Leopold war (offiziell die Kolonie Belgisch-Kongo). Zucker, Tee, Gewürze, Wasser, Öl und Erz, Opium, Landflächen, Lebensmittel, all dies diente dem Machterhalt von Nationen wie dem Vereinigten Königreich, den Niederlanden oder unseren Vereinigten Staaten. Hier in Amerika erforderte die Einführung der Viehwirtschaft das Abschlachten von Millionen von Bisons und, damit einhergehend, das Massaker an der indigenen Bevölkerung. Der neue Agrarstaat entwickelte sich mit Hilfe importierter Sklaven rasch zu einem Industriestaat weiter. In China vernichteten verschiedene Dynastien ganze Generationen von Mönchen, um an das Gold und das Silber zu gelangen, mit dem die Tempel und Götterbilder geschmückt waren. Alle diese Raubzüge geschahen im Rahmen von Kriegen, die ja selbst nichts anderes sind als eine den Wohlstand mehrende Industrie, ganz unabhängig von Sieg oder Niederlage.

Historisch betrachtet, bestand der Preis des Wohlstands aus Blut, Vernichtung, Tod und Verzweiflung.

Doch parallel zu diesem Preis entwickelte sich im späten siebzehnten und frühen achtzehnten Jahrhundert etwas Neues und Interessantes. Die Maxime des «Noblesse oblige», mit der sich der Adel selbst beschwichtigt und eingeredet hatte, dass Freigebigkeit nicht nur ehrenwert, sondern in seinem ureigenen Interesse und auch im Einklang mit religiösen Geboten war, verwandelte sich in die Überzeugung, dass Reichtum keine hinreichende Rechtfertigung der Existenz darstellte. Dem Midas-Effekt, dem Gatsby-Gen wurden moralische Zügel angelegt; die Vorstellung, durch mehr Besitz mehr wert zu sein und aus Eitelkeit geborene Projekte als ernsthaften Dienst an der Öffentlichkeit ausgeben zu können, erhielt etwas Schamvolles.

In den Vereinigten Staaten wurde dieser Bewusstseinswandel durch die Steuergesetzgebung und auch durch Streiks und gewerkschaftliche Organisation beträchtlich gefördert. Statt weiterhin Eisenbahnlinien mit Hilfe chinesischer Arbeitssklaven quer durchs Land zu bauen oder Rohrzucker für die Rumproduktion durch den ständigen Neu-Import afrikanischer Sklaven zu gewinnen (erforderlich, weil so viele von ihnen so rasch starben), verabschiedeten wir uns von der institutionalisierten Brutalität und kamen auf völlig neue, menschenfreundliche Ideen wie Elektrizität, Fernstraßen, öffentliche Krankenhäuser, Universitäten und so fort.

Den Bürgern leuchtete bald ein, dass die für das Gemeinwohl aufgebrachten Gelder gut investiert waren. Stiftungen, Subventionen, individuelles Mäzenatentum, der Dienstleistungssektor gewannen sprunghaft an Bedeutung und machten das Leben im Land angenehmer. Wie Sie aus der Geschichte Ihrer Universität selbst wissen, sind Zuwendungen zum Aufbau von Institutionen, Sozialfürsorge für Indigene, Kunstförderung oder ein öffentliches Bibliothekswesen beispielhaft für Projekte zur Mehrung des Gemeinwohls, deren Kosten man gerne in Kauf nimmt. Die Konsequenzen des finanziellen Engagements können kaum spürbar oder auch drückend sein – aber es wurde unvorstellbar, auf solche elementaren Bausteine der Daseinsfürsorge zu verzichten. Den Blutkreislauf institutionellen Handelns oder wissenschaftlicher Vorhaben mit Empathie zu infizieren, ist mehr als produktiv, zivilisierend, ethisch oder menschlich – es macht den Menschen erst seiner selbst würdig.

Das entschiedene, der Kosten nicht achtende Bekenntnis zum Gemeinwohl gerät heute unter den Druck einer Entwicklung, die so mitleidlos ist wie die Ursprünge des Wohlstands. Ich meine die Wanderungsbewegungen all der Menschen, die gezwungen sind, ihre Heimat zu verlassen, die an den Grenzen stehen und die Grenzen überqueren. Diese Bewegung ist heute größer als jemals zuvor, und sie kommt uns teuer zu stehen, sei es bei der Abwehr oder der Integration, der Eindämmung oder dem Schutz, der Kontrolle oder den Hilfsmaßnahmen. Es ist eine Wanderung von Arbeitern und Intellektuellen, von Flüchtlingen und Migranten, von Händlern und Unternehmen quer über Ozeane oder durch Kontinente, auf heimlichen Pfaden oder durch die Amtsstuben von Einwanderungsbehörden. Sie erzählt in vielen Sprachen von Handel und militärischer Intervention, von politischer Verfolgung, Rettung, Exil, Gewalt, Armut, Tod und Schande. Kein Zweifel, dass diese weltweite Umverteilung von Menschen (teils freiwillig, teils unfreiwillig) weit oben steht auf den Tagesordnungen der Regierungsämter, der Vorstandsbüros, der kommunalen Verwaltungen, dass sie das Thema setzt für die Debatten der Straße. Politische Maßnahmen zur Eindämmung der Ströme beschränken sich keineswegs darauf, die Entwurzelten zu überwachen. Die Versetzung von Managern und Diplomaten an die Außenposten der Globalisierung, die Entsendung von Truppen und die Errichtung neuer Militärbasen rangieren weit oben im Arsenal der Mittel, mit denen die Regierungen der Völkerwanderung Herr zu werden suchen. Diese Lawine von Heimatlosen hat unser Konzept von Staatsbürgerschaft unter Druck gesetzt und unsere Wahrnehmung von Raum, von öffentlich und privat, von Mauern und Grenzen verändert. Es kann gut sein, dass die definierenden Merkmale unserer Zeit wieder Waffen und Mauern sein werden, wie einst im Mittelalter. Durchlässige Grenzen werden in manchen Milieus als Bedrohung empfunden und sind tatsächlich bereits zu Zonen geworden, in denen das Chaos regiert.

All dies geschieht zu einer Zeit, da die Technologie die Distanz zwischen Menschen und Ländern aufzuheben beginnt. Die Technik hat es möglich gemacht, andere zu sehen, mit ihnen zu reden, sie zu unterstützen oder zu agitieren, egal wo auf der Welt sie sich befinden. Aber die Angst vor dem Ausgeschlossensein, vor dem Verlust der Zugehörigkeit bleibt bestehen. Wir erkennen es an der Inflation der Bindestriche, die plötzlich auftauchen, wo es um die Benennung einer nationalen Identität geht. In Presseartikeln und Dokumenten ist der Geburtsort aufschlussreicher geworden als die Staatsangehörigkeit, und Menschen werden als «Deutscher türkischer Herkunft» oder als «englischer Staatsbürger afrikanischen Ursprungs» beschrieben. Als Moslem bezeichnet zu werden ist, zumindest im Westen, bedeutsamer als die geographische Herkunft. Gleichzeitig wird eine kosmopolitische Haltung begrüßt, die Teilhabe an verschiedenen Kulturen als fortschrittlich und überlegen empfunden. Ganz offensichtlich gibt es eine erhöhte Sensibilität für das «Fremde». Man erkennt es auch an der Abwehrhaltung Alteingesessener gegenüber dem Außenseiter, gegenüber ungewollter Nähe statt sicherer Distanz.

Wenn die Unbehausten verdächtige Fremdlinge bleiben, die Verängstigten und Mittellosen sich in belagerten, verdreckten Zeltstädten auf fremdem Grund zusammendrängen müssen, «Identität» zum ausschlaggebenden Merkmal des Individuums wird, bedarf es grundlegender politischer Aufbauarbeit. Wo Inkompetenz und irrationales Denken sich rücksichtslos über die Gebote des Anstands hinwegsetzen, wo Menschen als zweitklassig abgestempelt werden und ihr Leben keinen Schutz genießt, wird uns die Verteidigung des Gemeinwohls teuer zu stehen kommen. Es sind Kosten, die wir tragen müssen, wenn uns unsere Zivilisation etwas wert ist.

Zur Ethik der Wohlstandsgesellschaft gehören bürgerliche Pflichten, und wenn wir diese Pflichten akzeptieren, zeigen wir nicht nur unseren persönlichen guten Willen, sondern erkennen an, dass wir auch selbst auf andere angewiesen sind. Sie hier, und wir alle, arbeiten daran, Daten in Information zu verwandeln und Information in Wissen und, im besten Fall, Erkenntnis. Ausnahmslos alles, was wir für diese Arbeit brauchen, verdanken wir anderen. Wir verdanken anderen unsere Sprache, unsere Geschichte, unsere Kunst, unser Überleben, unsere Nachbarschaft, unsere Beziehungen zur Familie und zu Kollegen, unsere Fähigkeit zur Missachtung oder zur Verteidigung gesellschaftlicher Konventionen. All das haben wir von anderen gelernt. Keiner von uns ist allein, jeder ist abhängig von anderen – und manche verdanken anderen sogar ihr Leben. Genau deshalb habe ich beschlossen, das großzügige Honorar für diesen Vortrag an Ärzte ohne Grenzen weiterzureichen – eine Organisation, die mit dem Friedensnobelpreis ausgezeichnet wurde für ihre Entschlossenheit und ihren Mut, an den gefährlichsten Orten dieser Erde den Bedürftigsten und Gequältesten medizinische Hilfe zu leisten.

Die Chancen, die sich Ihnen auf diesem Campus und in Zukunft bieten, sind unermesslich, fordernd und lebenswichtig. Sie sind befähigter, diese Chancen wahrzunehmen, als frühere Generationen, nicht weil Sie klüger wären (was durchaus sein mag) oder weil Ihnen bessere Werkzeuge zur Verfügung stehen als Ihren Vorgängern, sondern weil die Zeit auf Ihrer Seite ist. Sie können die berechtigte Hoffnung haben, an einer erstaunlichen Zukunft mitzuwirken. Genießen Sie das. Nutzen Sie es. Feiern Sie es.

Ich bin Schriftstellerin, und mein Glaube an die Welt der Kunst ist stark, aber weder irrational noch naiv. Die Kunst nimmt uns mit auf eine Reise, die über Kosten und Nutzen hinausgeht, die uns zur Zeugenschaft aufruft für die Welt, wie sie ist und wie sie sein sollte. Die Kunst lässt uns Schönheit erkennen noch unter den tragischsten Umständen. Sie macht uns bewusst, dass hier unser Platz ist. Und wenn wir dem gerecht werden, werden wir überdauern. Mein Glaube an die Kunst steht neben meiner Bewunderung für jede andere Form von Dialog. Der Austausch mit dem Publikum und zwischen den verschiedenen Gattungen der Kunst trägt entscheidend dazu bei, einen umfassenden Begriff von Gemeinwohl zu entwickeln und zu verstehen, was es heißt, ein ganzer Mensch zu sein. Das ist meine Überzeugung.

KUNST ALS LEBENSFORM

ArtTable stellt sich mit der Wahl dieser Preisträgerin selbst das schönste Zeugnis aus. So angesehen der Preis ist, seinen Glanz erhält er doch von jenen, die sich mit ihm schmücken dürfen. Die Wahl von Toby Lewis zeichnet einmal mehr den Preis aus und nicht weniger den Einsatz seiner Trägerin für so viele Zweige schöpferischer Tätigkeit und ganz besonders den Bereich der bildenden Künste.

Es ist diese Sparte, die bildende Kunst, die mich am meisten fasziniert. Toby Lewis hat die Kunstsammlung der Progressive Insurance kuratiert, und dort habe ich die Früchte ihrer Arbeit, ihrer Leidenschaft besichtigen können. Durch die Hängung verschiedenster, kraftvoller, schöner, provozierender, tiefsinniger Kunstwerke an den Arbeitsplätzen, wo die Angestellten jeden Tag und bei jedem Wechsel der Blickrichtung mit ihnen konfrontiert sind und mit Befremden oder Bewunderung reagieren müssen, hat sie diese Menschen dazu ermutigt, für sich selbst, in ihren Büroräumen, ihre eigene Kunst zu kreieren. Das intime Zusammensein mit Kunst, auf dem Toby und Peter Lewis bestanden haben, ließ mich begreifen, was die beiden längst begriffen haben: dass Kunst nicht Dekoration oder Ablenkung ist, sondern Bedeutung hat und dass wir dieser Bedeutung auf den Grund gehen müssen und wollen – ohne Scheu oder Abwehr oder jener oberflächlichen Kenntnisnahme, die uns von Autoritäten vorgeführt wird. Es war die Demonstration einer Tatsache, die ich für ebenso unabweisbar wie beweisbar halte: Der Impuls, Kunst auszuüben und zu verehren, ist ein urzeitliches Bedürfnis. Ob an den Wänden einer Höhle, am eigenen Körper, in einem Gotteshaus oder in Gestalt eines religiösen Ritus – wir sehnen uns nach einer Möglichkeit, zum Ausdruck zu bringen, wer wir sind und was in uns steckt.

Der Zugang zur Kunst ist ein Thema, über das viele schöne Worte geschrieben und gepredigt werden. Künstler und Kunstfreunde sehen gleichermaßen einen Abgrund klaffen zwischen «hoher» und «populärer» Kunst und geben sich redlich Mühe, ihn zu überbrücken oder zumindest auszuloten. Strategien, Kunst für größere und heterogenere Bevölkerungsgruppen bedeutsam zu machen, gibt es viele: breiter gestreute und gezielter angepasste Nutzung von Fördergeldern, freier Eintritt, projektbezogene Subventionierung u. v. m. Der Eindruck, dass die Kluft trotzdem fortbesteht, mag gewollt sein oder auf einer vorgefassten, von der Beschränktheit finanzieller Mittel nur bestätigten Meinung beruhen. Aber es ist ein unangemessener, ein geradezu unmoralischer Eindruck.

Ich möchte Ihnen einen Vorfall schildern, den mir ein begabter junger Schriftsteller berichtet hat:

Während der Jahre der Diktatur auf Haiti zogen die Tonton Macoutes, die Terrormilizen der Regierung, über die Insel und töteten Andersdenkende und auch unschuldige, einfache Leute nach Belieben. Weil es ihnen nicht reichte, Menschen aus welchen Gründen auch immer zu ermorden, führten sie eine besonders grausame, ergänzende Maßnahme ein: Es war niemandem erlaubt, die auf den Straßen, in Parks oder Hauseingängen herumliegenden Leichen zu bergen.

Wenn ein Bruder, ein Elternteil, ein Kind den Versuch wagte, einen Toten zu bestatten, ihm die letzte Ehre zu erweisen, dann wurde der Betreffende selbst niedergeschossen und getötet. Die Leichen mussten bleiben, wo sie eben lagen, bis ein Müllwagen der Regierung kam und sie aufsammelte und auf diese Weise deutlich machte, dass die Toten nicht mehr wert waren als Abfall. Man kann sich vorstellen, welches Grauen, welche seelische Verheerung, welche Traumata diese Vorschrift bei der Bevölkerung auslöste. Dann kam ein Dorflehrer auf die Idee, ein paar Leute aus der Nachbarschaft zu sich einzuladen, um mit ihnen in seiner Garage ein Theaterstück einzustudieren. Sie spielten es jeden Abend, und als ein Milizionär aus den Killerkommandos sie ausspionierte, sah er nur eine Gruppe harmloser Bürger bei einem harmlosen Hobby. Aber das Stück, das sie spielten, war *Antigone*, die zweieinhalb Jahrtausende alte Tragödie des Sophokles, in der verhandelt wird, was geschehen kann, wenn Menschen ihre Toten nicht ehren und nicht bestatten.

Man soll sich nicht täuschen, sagte der junge Schriftsteller zu mir: Kunst kann eine Waffe sein.

Eine weitere Episode möchte ich mit Ihnen teilen. Auf einer Konferenz in Straßburg unterhielt ich mich mit einer Autorin aus einem nordafrikanischen Land. Sie kannte meine Arbeiten; ich kannte nichts von ihr. Wir plauderten freundlich, als sie sich plötzlich nach vorne beugte und flüsterte: «Sie müssen uns helfen. Ich flehe Sie an.» Ich zuckte zusammen. «Wem helfen? Helfen wobei?», fragte ich. «Wir werden niedergeschossen, mitten auf der Straße», sagte sie. «Frauen, die schreiben. Sie ermorden uns.» Und warum? Frauen, die sich modernen Künsten widmen, waren eine Bedrohung für das Regime.

Was diese Geschichten zum Ausdruck bringen, ist das Doppelgesicht der Kunst. Sie kann heilen. Sie kann gefährlich sein.

Und nicht zuletzt sollen Ihnen diese furchtbaren Szenen deutlich machen, dass das, was Toby Lewis zeit ihres Leben getan hat und was Sie heute feiern, keine Kleinigkeit ist.

Ich möchte noch ein paar Worte über die Notwendigkeit von Organisationen wie dieser sagen. Wir leben in einer Welt, in der Gerechtigkeit gleichbedeutend ist mit Rache. In der privates Gewinnstreben die Politik vor sich hertreibt. In der die bürgerlichen Freiheiten, die so mühsam, Zelle um Zelle und Bein um Bein, von den Tapferen und den Toten erkämpft worden sind, in der sengenden Hitze allgegenwärtiger erklärter und unerklärter Kriege verdorren und in welcher der Respekt vor großer Kunst und sogar ein leidenschaftliches Interesse an ihr schwinden und zur Banalität einer Preisliste verkommen können. Man kann sich fragen, ob wir auch nur den geringsten psychologischen, intellektuellen und emotionalen Fortschritt gemacht haben von 1492, als Spanien sich seiner Juden entledigte, bis 2004, als der Sudan keine Hilfslieferungen ins Land ließ und ruhig zusah, wie seine Bevölkerung allmählich verhungerte. Oder von 1572, als in der Bartholomäusnacht in Frankreich zehntausend hingemetzelt wurden, bis 2001, als in New York City Tausende zu Staub zermahlen wurden. Oder von 1692, als Salem seine Ehefrauen, Mütter und Töchter auf den Scheiterhaufen schickte, bis zum Jahr 2007, in dem Städte von Sextouristen überrannt werden, die sich an den Körpern von Knaben und jungen Mädchen verlustieren. Man kann sich fragen, ob wir nicht, allem technologischen und wissenschaftlichen Fortschritt zum Trotz, in finsteren Aberglauben zurückfallen, wenn wir uns ein Gemenge aus Fremden, Feinden und Dämonen zusammenphantasieren, um die Ängste zu begründen, die uns angesichts offener Tore beschleichen, durch die die Barbaren einfallen; angesichts vertrauter Sprache in fremden Mündern; angesichts einer Verschiebung von Macht in fremde Hände. Eine Zivilisation, dic ausbricht in lähmende Gewalt und jäh zum Stillstand kommt. Damit Sie mich nicht missverstehen: Es gibt durchaus reale Gefahren in unserer Welt. Und genau deshalb sind Korrekturen angesagt. Neue Lehrpläne, die dem moralischen Bewusstsein mit handfest-visionärem Denken aufhelfen, und ein alerter, wendiger Geist können auch in einem gesundheitsgefährdenden Kontext wirken. Aber wenn die Sprache der Wissenschaft von der Verlängerung des Lebens und nicht vom richtigen Leben handelt, wenn die politische Agenda von fremdenfeindlichen Phantasien Weniger über das katastrophale Leben Vieler bestimmt wird, wenn die Sprache des Alltags vor dem Bereich des Heiligen zurückzuckt, wenn die Zukunft des Wissens nicht in Erkenntnis, sondern im «Upgrade» besteht, was können wir dann von der Zukunft der Menschheit erwarten? Oder gibt es vielleicht trotz allem Grund zu der Hoffnung, dass die Perspektive des menschlichen Lebens auf dieser Erde sich nicht in dem Katastrophenfilm erschöpft, den zu lieben wir ständig ermuntert werden, sondern zu einer Neubesinnung auf das führt, wofür wir eigentlich da sind? Um Leiden zu lindern, um Wahrheit zu erkennen und zu verkünden, um die Latte dessen, was vom Menschen erwartet werden darf, höher zu legen? Vielleicht sollten wir einen Schritt zurücktreten und es dem Künstler gleichtun, der sich eine Denkpause gönnt, die Phantasie füttert und genau weiß, dass es einen langen Atem braucht und die Bereitschaft, seine ganze Existenz einzusetzen (in Haiti oder in Nordafrika), wenn man an einer lebenswerten Welt mitwirken will.

Und nichts anderes, kurz gesagt, ist die Mission von Art-Table.

Einer meiner Studenten hat mir ein Bild geschenkt – eine Art Collage, geklebt, gedruckt und ausgeschnitten. Mittendrin standen folgende Verse:

Keiner hat mir gesagt, dass es so sein würde.
Materie nur, aber getränkt mit purer Phantasie.
So steht denn auf, ihr kleinen Seelen – kämpft
mit der scheiternden Armee um den Sinn des Wandels.
Kämpft … kämpft … wagt das Sieglose.

DER KÜNSTLER ALS EINZELKÄMPFER

Es sollte nicht allzu schwierig sein, die Probleme freischaffender Künstler zu beschreiben, ihre Bedeutung für das Leben in diesem Land und die wichtige Rolle, die eine staatliche Fördereinrichtung wie das National Endowment for the Arts für sie spielt. Aber dann fällt es doch nicht so leicht, weil schon der Begriff selbst – «freischaffender Künstler» – alle möglichen romantischen Bilder hervorruft – die Vorstellung eines einsamen Kämpfers gegen die Philister, der die Mauern von Ignoranz und Vorurteil überwindet, um bestenfalls von ein paar Auserwählten noch zu Lebzeiten gewürdigt zu werden und/oder postumen Ruhm, wenn nicht gar Klassikerstatus, zu einem Zeitpunkt zu erringen, zu dem er (oder sie) längst nichts mehr davon hat. Es ist eine Vorstellung, die wir hegen und pflegen, aber sie ist auch eine Art Prokrustesbett, eine intellektuelle Falle, weil sie ein verführerisch attraktives Bild eines Zustands malt, der längst überwunden sein sollte. Wir scheinen dem Künstler die Beine zu amputieren, damit er in unser viel zu kurzes Bett passt, und muten ihm Selbstausbeutung und materielle Not zu für den schalen Gegenwert des Nachruhms. Das Konzept des Künstlers als Einzelkämpfer ist uns so lieb und teuer, dass wir unser Augenmerk eher auf den Kampf richten als auf den Künstler, dass wir geradezu auf dem Kampf bestehen. Unser Begriff von Qualität scheint ihn manchmal zu erfordern. Es stimmt, und wir sind uns darin sicher alle einig, dass künstlerische Qualität etwas meint oder bedeutet oder zumindest auf etwas hinweist, das selten und sehr schwierig zu verwirklichen ist. Aber manchmal lässt sich das Wort «selten» mit «nur von sehr wenigen geschätzt» übersetzen, und die Wendung «schwierig zu verwirklichen» ist oft gleichbedeutend mit «Leidensweg».

Ich denke, es gibt eine gewisse Ambivalenz in unserer Wahrnehmung des einzelnen Künstlers und der individuellen Qualität seines Werks. Einerseits erkennen wir Letztere, gerade *weil* sie selten und oft nur wenigen zugänglich ist. Wir wissen, wie schwierig es ist, in den Künsten ein hohes Niveau zu erreichen (obwohl ich überzeugt bin, dass einem wirklichen Genie einfach und leicht vorkommt, was wir schwierig finden). Aber während wir Qualität gerade an ihrer Seltenheit erkennen, beklagen wir uns andererseits ständig darüber, dass die Herzen und Köpfe der Massen es an wünschenswerten Qualitäten fehlen lassen. Wir konstatieren einen Rückgang der Schreib- und Lesefähigkeiten; die Pop Art beunruhigt und verärgert uns; wir machen uns lustig über «Kunst am Bau»; wir sind, legitimerweise, genervt, wenn ein sensationelles Stück ein stilles von den Bühnen verdrängt. Jeder von uns hat Formulierungen parat, mit denen er das Mediokre in irgendeiner Kunstform dem Spott preisgibt.

Ich frage mich manchmal, ob wir all das wirklich so meinen. Glauben wir wirklich, dass die Welt ärmer ist, weil ihre subtilsten Hervorbringungen von zu wenigen geschätzt werden? Nehmen wir an, wir lebten in einer Welt, in der bei McDonald's über Kant und Descartes und Roy Lichtenstein diskutiert wird. Nehmen wir an, *Was ihr wollt* stünde auf der Bestsellerliste. Würden wir uns freuen? Oder würden wir denken, dass all dies nichts wert sein kann, wo doch Hinz und

Kunz es gut finden? Oder wenn ein Künstler nicht am Hungertuch genagt hat, nicht bis zu seinem Tod verkannt worden ist – könnte es dann nicht sein, dass seine Kunst nur den Massengeschmack bedient, keine eigene Qualität entwickelt hat? In manchen Kreisen scheint die Meldung, dass von den Abertausenden, die für die große Picasso-Ausstellung Schlange standen, nur vier oder fünf Prozent wirklich wussten, was sie da sahen, mit (sowohl publizierter wie auch gesprächsweise geäußerter) großer Erleichterung aufgenommen worden zu sein.

Erstlingsromane dürfen keinen Erfolg haben – es gehört sich so, dass nur wenige sie lesen. Sie dürfen auch keinen Profit abwerfen – kleine Auflagen sind der Ausweis des Besonderen! Wenn ein Roman-Erstling zu Bestsellerruhm gelangt, wird gleich unterstellt, dass es ihm an Kunstwert mangle. Ein Künstler, der sich diesem Spiel und diesem Klima der Ambivalenz verweigern will, muss sich entweder dem vorherrschenden ästhetischen Geschmack anpassen, oder er muss sich bis zum Erbrechen dafür rechtfertigen, dass er lieber nach seiner eigenen Melodie tanzt. Seine romantische Rolle als künstlerischer Einzelkämpfer zwingt ihn dazu. Er soll die arme Kirchenmaus sein, und wenn ihm ein Erfolg unterläuft, muss er sich schuldig fühlen und verteidigen.

Es gibt Gefahren, die der Existenz als Künstler eingeschrieben sind – die Gefahr des Scheiterns, die Gefahr, missverstanden zu werden. Es gibt aber auch Gefahren, die keineswegs zwingend dazugehören, die den Künstlern von außen aufgebürdet werden. Haben Sie einen Augenblick Geduld mit mir, während ich eine davon beschreibe, die mich besonders interessiert, weil sie mein Feld, die Literatur, betrifft. Zurzeit spielt sich an der Universität von Cambridge eine äußerst spannende Fehde, ein öffentlicher Kampf der Meinungen ab – eine Auseinandersetzung zwischen traditionellen Literaturwissenschaftlern und Verfechtern neuer Strömungen wie Postmodernismus oder Strukturalismus. Es ist ein wahres Feuerwerk, das da in den Spalten des *Times Literary Supplement* abgefeuert wird, und die Debatte geht unvermindert weiter. Ich will Ihnen Einzelheiten ersparen, aber in kaum zulässiger Vereinfachung steht ein Kern traditioneller Wissenschaftler, die den klassischen «Literatur-und-Leben»-Ansatz für die richtige Methode der Vermittlung der großen literarischen Werke halten, gegen eine neue, jüngere, in England manchmal als «Pluralisten» bezeichnete Gruppe, die die herkömmliche britische Schule der Literaturkritik attackiert und ignoriert. Dieser neueren Gruppierung wird vorgeworfen, obskur und schwer verständlich zu sein und den Fokus der Literaturwissenschaft zu verengen.

Was mich an diesem Zwist interessiert, ist die Tatsache, dass der Schriftsteller selbst darin gar nicht vorkommt. Strukturalisten, Verfechter der Semiotik, Anhänger der Dekonstruktion, sie alle nehmen zwar das geschriebene Werk als Phänomen zur Kenntnis, sehen es aber nicht als zentral an für den Akt der Kritik, die «Lektüre». Es ist interessant, dass sich diese Auseinandersetzung ausgerechnet in der Literaturwissenschaft abspielt und nicht in der Theologie, der Philosophie oder ähnlichen Gebieten, in die sie eher gehörte. Aber ich glaube, es gibt einen Grund dafür. In unserer modernen Welt der Künste und Wissenschaften dürfte die Literatur die einzige Disziplin sein, in der die Wissenschaftler nicht selbst produzieren, was sie analysieren. Chemiker, Sozialwissenschaftler, Historiker, Philosophen bringen alle selbst hervor, was sie lehren, sie erschaffen das, was sie in Frage stellen, sie erzeugen erst, was sie dann verändern. In der Literaturwissenschaft produzieren die Philologen mittlerweile die Wissenschaft, die sie auch lehren. Sie erzeugen ihr eigenes Fach, und der Gegenstand dieses Fachs, nämlich der literarische Text, ist zweitrangig geworden gegenüber der Theorie. Vielleicht ist tatsächlich zutreffend, was schon gewitzelt wurde – dass die Englischlehrer nämlich von jeher neidisch waren auf die Mathematiker mit all den kleinen Formeln, die sie auf die Tafeln kritzeln können. Und deshalb hätten die Philologen sich jetzt selbst einen Vorrat an Formeln geschaffen, mit denen sie Eindruck schinden können. Wo sich die Theorie aber selbst zur Kunstform aufschwingt – was nicht bedeuten soll, dass sie keine Kunst sei – und ihre Quellen und Grundlagen diskreditiert, gerät die legitime Vorherrschaft des schöpferischen Künstlers in Gefahr. Das ist bedeutsam, und es bleibt nicht ohne Einfluss auf die Künstler selbst, von denen heute etliche so vollständig vom akademischen Betrieb isoliert sind, wie es nie zuvor der Fall war. Es gab Zeiten, im Deutschland des vierzehnten Jahrhunderts oder im Italien des elften, als die Dichter die großen Übersetzer waren und die Schriftsteller die bedeutenden Theoretiker. Alles ging Hand in Hand. Heute ist alles getrennt, der schöpferische Künstler geht seinen Weg, und die Kritik geht einen anderen.

Weil der schöpferische Künstler, jedenfalls in der Literatur, keine Mitsprache bei dem hat, was an den Universitäten gelehrt wird (ebenso wenig übrigens an der Theoriebildung und der Entscheidung, was davon in die Lehrpläne gelangt), spielt das National Endowment for the Arts eine unvergleichliche Rolle in seinem Leben. Die Stiftung bietet das Forum für Künstler, um sich auszutauschen und Entscheidungen darüber zu treffen, was von Wert ist, was unterstützt und gefördert werden sollte. Ein Autor hat diese Mitsprache an Universitäten in den seltensten Fällen, bei den Verlagen gewiss nicht und in den Medien, mit denen er es zu tun hat, ebenfalls kaum. Aber er hat sie in einem Zusammenschluss von Gleichgesinnten, in einer Bruder- oder Schwesternschaft – einem Rahmen, wie er von den Diskussionsforen und Programmen der Nationalstiftung geboten wird. Die Stiftung nimmt dem jungen Talent, das etwas sehr Neues sehr gut gemacht hat, das Gefühl, etwas Unpassendes getan zu haben. Sie sagt laut und deutlich und in Form von Geld: «Was du brauchst, kannst du kriegen. Deine ersten Gehversuche sind aller Ehren und jeder Aufmerksamkeit wert, auch wenn du am Anfang stehst, auch wenn du deine Stimme noch nicht gefunden hast, auch wenn dein Durchbruch noch auf sich warten lässt.» Die Stiftung sagt: «Wir werden dich ein Stück auf deinem Weg begleiten. Deine Probleme mit dem Publikum, mit den Publikationsmöglichkeiten, mit Miete und Zeit und Raum und Daten sind keine Fixsterne. Man kann sie bewegen. Man kann sie lösen – und wenn nicht zur Gänze, so kann man sie zumindest lindern.»

Die Stiftung sagt durch ihre Gremien und Programme, und sie sagt es laut und deutlich und in Form von Geld, dass die Ästhetik deiner Ethnie *nicht in Frage gestellt werden darf* von Leuten, die keine Ahnung davon haben. Sie sagt, dass deine kulturellen Besonderheiten nicht herabgewürdigt werden dürfen, vor allem nicht von Menschen außerhalb deiner Kultur. Sie sagt, dass deine Herkunft aus der Arbeiterklasse kein Hindernis für die Ausformung deiner Kunst sein wird. Und zwar weil, unter anderem, dieses Land von Arbeitern und Farmern und kleinen Händlern und Sträflingen und Krämern und Piraten begründet wurde – daher kennen wir deine Herkunft aus der Arbeiterklasse, denn wir sind diese Herkunft.

In der Hälfte aller Förderungskategorien gibt es Raum für akute Nothilfe und weitere Unterstützungsmaßnahmen für diese bedrängte, von Schuldgefühlen heimgesuchte, frustrierte Spezies – Künstler und Künstlerinnen als Einzelkämpfer, denen wir, vielleicht unabsichtlich, das Schicksal von Kampf und Entbehrung aufgebürdet haben.

Freie Künstler sind naturgemäß kritische Geister, die Dinge in Frage stellen. Ihr Werk besteht aus diesen Fragen, dieser Kritik, und das bringt sie häufig in Konflikt mit dem Status quo. Aber sie können dem nicht ausweichen, sie müssen es in Kauf nehmen, wenn ihre Kunst wahrhaftig sein soll. Für die Stiftung verbieten sich Sanktionen, wenn geförderte Kunst zu Kontroversen führt, denn es ist ein Grundsatz, oder sollte es jedenfalls sein, dass eine angepasste Kunst und angepasste Künstler das Letzte sind, was wir wollen. Daher geht die Stiftung Risiken ein, nimmt sie selbst auf sich und unterstreicht und legitimiert dadurch die Notwendigkeit von Risiken, die Notwendigkeit von Innovation und Kritik. Und auf diese Weise entsteht das Klima, in dem sich Künstler entwickeln können.

Ich erinnere mich, wie ich vor Jahren einmal selbst in einem Auswahlgremium für ein Literaturstipendium saß. Das große Problem war, die Schriftsteller zu einer Bewerbung zu ermutigen. Sie wollten einfach nicht. Sie fürchteten, zensiert zu werden. Sie fürchteten, dass die Regierung bei ihren Projekten mitmischen wollte. Sie fürchteten, gewisse Dinge nicht sagen zu dürfen. Es lag ein Makel auf der Annahme der Stipendien und Zuschüsse, und die Jurys mussten hartnäckig bleiben, bis er überwunden war. Dank dieser Hartnäckigkeit konnten die Gremien der Stiftung zu einem Bruder Theo für den kleinen Vinnie van Gogh werden. Sie konnten ein Freund werden für den kleinen Jimmy Joyce. Sie sind eine Plattform für diesen schockierenden, umstrittenen, empörenden George Bernard Shaw. Aber zusätzlich sind wir auch ein Essen auf dem Tisch, eine bezahlte Miete und ärztliche Versorgung für diese hochmütige, anstrengende Zora Neale Hurston – die am Ende ihres Lebens nichts von alldem hatte. Wir haben die Chance, im Konzertsaal für Scott Joplin das Publikum zu sein – das ihm am Ende fehlte. Was wir tun, ist keine Petitesse. Es ist das erste von den vier – oder eher fünf – Beinen, auf denen die Stiftung steht. Und jeder Fußtritt dagegen, jede Verletzung wäre unerträglich, denn ohne dieses Bein kann die Stiftung nicht stehen.

Noch eine sehr persönliche Bemerkung: Ich möchte meinem Alter nicht entgegensehen ohne eine soziale Absicherung, aber ich könnte es. Ich möchte meinem Alter nicht entgegensehen ohne Medicare, aber ich könnte es, ich würde damit fertig. Die Vorstellung, es gäbe keine großartige Armee, die mich beschützt, gefällt mir nicht, aber ich würde damit fertig. Womit ich nicht fertig würde, ist ein Leben ohne meine Kunst. Wie so viele von Ihnen hier mit Ihrem je eigenen Hintergrund stamme ich aus einer Gruppe von Menschen, die sich immer geweigert haben, ohne ihre Kunst zu leben. Auf den Baumwollfeldern haben wir nicht ohne sie gelebt. In Ketten haben wir nicht ohne sie gelebt. Wir haben in diesem Land existiert *ohne alles*, aber nicht ohne unsere Musik, nicht ohne unsere Kunst. Und wir haben Giganten hervorgebracht. Wir, der National Council on the Arts, die Stiftung, sind die Bastionen. Wir werden die Gewähr dafür sein, dass der einzelne Mensch, der einzelne Künstler in diesem Land sein Leben leben kann und es fruchtbar macht.

FÖRDERUNG DER KÜNSTE

Wenn man über Kunstförderung nachzudenken beginnt, stößt man sofort auf ein heikles Paradox: Künstler haben die kontraproduktive Eigenschaft hoher Resilienz, und es ist diese Fähigkeit, widrigen Umständen zu trotzen, die uns zu der Annahme verleitet, sie würden sowieso ihr Bestes geben und die allerbesten ihrer besten Werke würden sowieso überdauern. Nichts, weder gesellschaftliche Ächtung noch persönliches Unglück, kann sie an der Produktion bedeutender Werke hindern, deren Nachruhm vorgezeichnet ist – so die öffentliche und sogar in akademischen Kreisen anzutreffende Wahrnehmung.

Chaucer schrieb inmitten der Pest.

James Joyce und Edvard Munch ließen sich von ihrem erblindeten beziehungsweise sehschwachen Auge nicht beirren.

Im Frankreich der vierziger Jahre schufen Schriftsteller unter dem Joch der Nazi-Okkupation die epochale Strömung des Existenzialismus.

Der größte aller Komponisten ertaubte, aber er komponierte weiter.

Künstler haben dem Wahnsinn, der Krankheit, der Armut, den Demütigungen politischen, kulturellen oder religiösen Exils widerstanden, um ihre Arbeit zu tun.

Wir aber haben uns an ihre Leiden, ihre einzigartige Begabung dafür und ihre verblüffende Widerständigkeit so gewöhnt, dass wir eines vergessen: Sie schaffen ihr Werk trotz all der Schwierigkeiten – nicht wegen ihnen.

Voriges Jahr unterhielt ich mich mit einem etablierten, auch sehr begabten Künstler, der mir erzählte, er habe sich gegen ein Stipendium für einen Kollegen ausgesprochen, weil er glaube, die Finanzspritze könne dem Empfänger – dessen Werk – schaden und der Bewerber sei «zu gut, um sich das Geld in den Schoß fallen zu lassen». Was mich an dieser Eröffnung am meisten schockierte, war die Tatsache, dass sie in manchen Kreisen nicht als schockierend empfunden worden wäre. Denn selbst wenn die Aufmerksamkeit auf schwierige, finanziell angespannte Lebensverhältnisse eines Künstlers gelenkt wird, bleibt die Frage der Bewertung: Welche Arbeitsumgebung halten wir für angemessen und nach welchen Prinzipien entscheiden wir, ob sie gewährt oder versagt wird?

Das bringt uns zu der Frage, wie willkürlich Kunstförderung sein darf. Soll sie ihre Prinzipien den Unwägbarkeiten einer Künstlerexistenz angleichen und selbst erratisch, unkalkulierbar werden? Soll sie die Lebensumstände der Künstler in Augenschein nehmen, die so häufigen schweren Belastungen registrieren, nur um diese dann, wie in der geschilderten Anekdote, zum Wohle des Künstlers gutzuheißen? Sollen Leid und Armut etwa Instrumente der Kunstförderung sein, damit die Werke, die unter diesen Umständen entstehen, auch in ferner Zukunft noch von der wertsteigernden Aura des der Not Abgetrotzten umgeben sind? Sollte nicht dem *Warum* ebenso viel Aufmerksamkeit gelten wie dem *Wie viel* und dem *Wie lange*?

Wenn Künstler keinerlei Beachtung finden, so sind sie immer verrückt genug gewesen, ihr Ding trotzdem durchzuziehen, also wozu die ganze Aufregung? Können sie nicht auf ein begeistertes Mäzenatentum bauen, wenn es sich ergibt – und selbst schauen, wo sie bleiben, wenn sich nichts ergibt? Können sie sich nicht am Kunstmarkt orientieren – also ihre Werke daran ausrichten, was gerade «geht» – und hoffen, dass sich der Geschmack nicht ändert, ehe sie ihr Werk vollenden? Oder verlassen sie sich doch auf öffentliche Förderung und vertrauen auf ihr Glück oder die Gesetze der Wahrscheinlichkeit, damit ihr Werk dem Dollarwert der Donation zumindest entspricht?

Das sind nur einige der Fragen, die sich auf dem Gebiet der Kunstförderung stellen. Aber es sind entscheidende Fragen, die umso wichtiger werden angesichts von Wirtschaftskrisen oder -katastrophen und politischem Ränkespiel. Und es sind Fragen, die Antworten erfordern, Strategien auf den Ebenen des staatlichen Kulturmanagements, des Bildungswesens, der Museen, Stiftungen, Kommunen bis hin zu Nachbarschaftsinitiativen und so weiter. Wir alle, Sie genauso wie ich, wissen, dass die Situation mehr als ernst ist – sie ist gefährlich.

Alle Kunstwerke aller vergangenen Zeiten können durch törichte Politik und/oder Kriegsspiele binnen weniger Minuten vernichtet werden. Und ebenso kann ein großer Teil der Kunstwerke der Zukunft durch Sorglosigkeit, Geringschätzung oder Leichtfertigkeit auf Seiten der Verbreiter wie der Verbraucher seiner Lebenschancen beraubt werden. Die Bedingungen und Mittel können ausgereizt sein oder schwanken; sich konzentrieren oder frei strömen. Es gab Zeiten, in denen die Unterstützung für junge und avantgardistische Kunst einer Flutwelle glich und den Aufwendungen für die traditionellen Institutionen gleichkam. Zu anderen Zeiten herrschte Dürre – so wie jetzt. Diese Unsicherheit kann ganze Generationen von Künstlern zum Schweigen bringen und die Nation um Unwiederbringliches ärmer machen. Es gibt Staaten, in denen dieser Prozess zu beobachten ist. Es wird großer Klugheit und weit vorausschauender Planung bedürfen, um nicht einer dieser Staaten zu werden. Eine dieser Nationen, die sich auf die Leidenschaft längst verstorbener Künstler verlassen, die diese Leidenschaft, diese Hingabe für sich vereinnahmen und ihre eigenen, zeitgenössischen Künstler sich selbst überlassen. Oder eine jener Nationen, deren Kulturbegriff sich daran ablesen lässt, wie viele ihrer Künstler dem Land den Rücken gekehrt haben. Wenn man eine Gesellschaft nicht an der hehren Gesinnung misst, mit der sie die Künste betrachtet, sondern vielmehr, wie ich es für richtig halte, an der Ernsthaftigkeit, mit der die Künste die Gesellschaft betrachten, so erkennt man, wie dringlich es ist, dass wir die Alarmsignale wahrnehmen und gewisse Probleme endlich mit Nachdruck angehen.

Die öffentliche Wahrnehmung eines Künstlers und seine Wahrnehmung innerhalb des Kunst- und Kulturbetriebs klaffen oft so weit auseinander, dass kaum eine Verständigung möglich ist. Aber die Bemühung um einen Dialog, um einen Austausch auf Augenhöhe zwischen Exponenten der Kulturszene und der Öffentlichkeit, zwischen Künstlern und ihrem Publikum, kann in ihrer Bedeutung kaum überschätzt werden. Es ist auch möglich und notwendig, zu einem Gesprächsmodus zu kommen, in dem sich der Künstler nicht als Bittsteller fühlt und sein Unterstützer nicht als derjenige, der die Macht in Händen hält. Es ist möglich, ein Forum zu schaffen, in dem kulturinteressierte Bürger und Studenten das Gefühl haben, mehr zu sein als nur Ticketkäufer und Applausspender. Es ist wichtig, vor allem die junge Generation in diese Projekte einzubeziehen, sie aktiv zu beteiligen und die Diskussion nicht abreißen zu lassen über die Probleme, die den gesamten Kulturbetrieb betreffen und uns allen auf den Nägeln brennen – den Institutionen ebenso wie Förderern, Künstlern, Lehrern und Vermittlern.

REDE VOR ABSOLVENTEN AM SARAH LAWRENCE COLLEGE

Es ist mir ein außerordentliches Vergnügen, bei einem so besonderen Anlass zu Ihnen zu sprechen und meine Wertschätzung zum Ausdruck zu bringen für eine Gemeinschaft von Gelehrten, Lehrern, Verwaltungsmitarbeitern, Eltern, Kuratoriumsmitgliedern und Studenten an einer so herausragenden Institution. Ich entbiete meinen Respekt. Die vergangenen Jahre können nicht einfach gewesen sein. Die Eltern und Verwandten der Absolventen schließe ich in meinen Glückwunsch ein. Dass Ihr Sohn, Ihre Tochter, Ihr Familienmitglied das Studium erfolgreich abgeschlossen hat, ist ein guter Grund für eine große Feier, sei es im Stillen oder mit Pauken und Trompeten. Genießen Sie diesen Tag, denn schon bald werden Sie sich um den nächsten Schritt Ihrer Tochter oder Ihres Sohnes sorgen, die nächste Phase der Einnistung in die Welt der Erwachsenen, wie sie Ihnen vertraut ist, und gerade, weil sie Ihnen vertraut ist, empfinden Sie eine gewisse Beklommenheit. Ich kann sie Ihnen nicht nehmen, aber ich kann Sie daran erinnern, dass Jugend ein robuster Zustand ist, dem es Generation um Generation gelingt, uns nicht nur zu überleben und zu ersetzen, sondern über uns zu triumphieren.

Euch aber, den Absolventen, möchte ich mehr bieten als eine Respektsbekundung und Glückwünsche. Ich möchte euch provozieren. Angesichts des Rufs, den eure Fakultät und die Alumni dieses Colleges genießen, nehme ich an, dass eure Ausbildung in diesen Mauern kein Spaziergang und keine Liebhaberei war, sondern ein ernsthaftes Unterfangen. Ich hoffe, dass das, was ich zu sagen habe, der Ernsthaftigkeit eures Studiums nahekommt.

Was also habe ich dem Jahrgang 1988 des Sarah Lawrence College mitzugeben? Die letzte Rede aus einem solchen Anlass habe ich 1984 gehalten, in einem Jahr, das überfrachtet war von der Symbolik, die George Orwell auf ihm abgeladen hatte. Ehrlich gesagt weiß ich nicht, was vier Jahre nach 1984, für welchen Absolventenjahrgang auch immer, von Bedeutung sein könnte.

Klar ist, dass ich etwas über die Zukunft sagen muss – wie leuchtend sie sein kann …, vorausgesetzt, dass es sie geben wird. Wenn nur die Möglichkeit, die Zeit im buchstäblichen Sinn totzuschlagen, nicht so real wäre, real deshalb, weil wir, wenn wir nur wollen, es leicht bewerkstelligen könnten, dass niemand mehr übrig ist, der sich vorstellen oder sich erinnern könnte, was diese menschliche Erfindung «Zeit» einmal war. Ihr Verschwinden, die Abwesenheit von Zeit, ist während der gesamten Spanne eures bisherigen Lebens eine Denkmöglichkeit gewesen. Wie gerne würde ich über die Zukunft sprechen, wenn sie ein zusammengerollter Teppich zu euren Füßen wäre, den ein beherzter Tritt endlos vor euch ausrollt.

Ebenso klar ist, dass von Verantwortung die Rede sein muss. Immerhin wende ich mich an brillante, unternehmungslustige, bestens ausgebildete junge Leute, die im Begriff sind, das erhebliche Gewicht eines Lebens als Erwachsener in herausgehobener Position zu schultern. Eure Verantwortung muss ein Thema sein – die Notwendigkeit und das damit verbundene Risiko, die Bürde des eigenen Lebens anzunehmen und im Zuge dessen auch die Sorge um das Leben anderer zu akzeptieren, sei es ein Kind, ein Freund, ein Partner, ein Elternteil, eine Bekanntschaft, vielleicht sogar ein Fremder.

Und sollte ich nicht auch das Thema Güte streifen? Die Ethik der Entscheidungen? Ich sollte es, denn menschliche Güte ist nicht nur gut und heilsam für euch, sondern auch interessanter, komplexer, fordernder, abenteuerlicher und unkalkulierbarer als das Gegenteil. Das Böse ist einfach nur langweilig. Aufregender vielleicht, aber nicht wirklich interessant. Ein primitives Treiben, das Massen oder Einzigartigkeit oder Geschrei oder schreiende Schlagzeilen braucht, um überhaupt auf sich aufmerksam zu machen. Güte dagegen braucht gar nichts.

Und wie könnte ich das Gefühl weglassen, das man Glück nennt? Wie könnte ich auf diese geheimnisvollen Zutaten verzichten, deren Zusammenwirken Lebensglück ermöglicht, wenn nicht sogar garantiert? Ein wenig Entschiedenheit, ein Stückchen Mut, ein paar glückliche Zufälle und eine große Portion Selbstachtung. Dann ruht Segen auf einem Leben, und man wird geliebt und liebenswert.

Die Zukunft, Verantwortung, Güte – gerne würde ich über all das sprechen, aber nicht über den letzten Punkt, das Glück. Ich fühle mich unbehaglich dabei. Ganz und gar nicht wohl. Ich bin an euren Glücksempfindungen nicht interessiert. Ich habe meine Zweifel, ob das Glück hält, was sein Ruf verspricht. Natürlich weiß ich, dass unsere Verfassung das Streben nach Glück, wenn schon nicht das Erreichen dieses Zieles, ausdrücklich gutheißt. Ich weiß, dass ganze Industrien damit befasst sind, es euch erkennen, erreichen und spüren zu lassen. Noch mehr Klamotten, das ultimative Telefon, das am besten ausgerüstete Boot, eine klassische Kamera für Hunderte von Bildern, die Belangloses für die Ewigkeit festhalten, die schnellste Diät, der perfekte Eiscreme mit allen Wonnen von Zucker und Fett ohne die damit verbundenen Gefahren. Ich weiß auch, dass Glücklichsein das wahre, wenn auch verheimlichte, Ziel eures ganzen Strebens an diesem College war, bei der Wahl eurer Gefährten wie bei der Wahl des Berufs, den ihr eventuell ausüben werdet. Und natürlich will ich, dass ihr dieses Ziel erreicht, ihr habt es wirklich verdient. Jeder hat das Glück verdient. Und ich hoffe, dass es fortbesteht oder kommt, mühelos, schnell, immer. Aber trotzdem interessiere ich mich nicht dafür. Nicht bei euch, nicht bei mir, bei keinem. Ich glaube nicht, dass wir es uns noch leisten können. Ich glaube nicht, dass es liefert. Und am wichtigsten: Es steht allem im Weg, was zu tun wirklich lohnenswert ist. Für die längste Zeit in der Geschichte der Menschheit war das Nachdenken über das Glück, das Streben nach Glück von zentraler, von ausschlaggebender Bedeutung. Aber sich heute darauf zu konzentrieren, ist, davon bin ich überzeugt, Schnee von gestern. Das ganze Konzept ist korrumpiert, sein Vokabular einfach furchterregend: Geld, Besitz, Protektion, Macht, Geschwindigkeit und dergleichen mehr.

Ich möchte die Suche nach dem Glück durch etwas anderes ersetzen. Etwas Dringliches, das nicht nur ihr, sondern die ganze Welt braucht, um weiterzukommen. Ich gehe davon aus, dass man euch beigebracht hat, wie man denkt, wie man die Intelligenz einsetzt, um Probleme zu lösen. Schließlich wird das in Zukunft von euch erwartet. Aber ich möchte über den Schritt sprechen, der vorher kommt. Das Vorspiel zum Problemlösen. Ich möchte über die Tätigkeit sprechen, vor der ihr immer gewarnt wurdet, weil sie nutzlos, müßig, verwerflich sei. Ich meine das Träumen. Nicht das Träumen im Schlaf, sondern eine Aktivität des aufgeweckten, hellwachen Gehirns. Keine Tagträume nach dem Muster «wenn ich König wär», sondern engagiertes, zielgerichtetes visionäres Denken. Ein Weg in das Universum eines Anderen, die Lebenssituation, die Sphäre eines Anderen. Eine Projektion, wenn ihr so wollt. Im Träumen ermöglicht sich das Ich eine Nähe zum Anderen ohne das Risiko, dieser Andere zu sein. Und diese Nähe, das Produkt eines klug gesteuerten Vorstellungsvermögens, sollte unserer Entscheidungsfindung, unserem Wägen und Wagen, unseren Handlungen vorausgehen. Wir stecken im Schlamassel, das wisst ihr. Wir müssen einen Ausweg finden, und das Einzige, was uns helfen wird, ist diese alte Definition des Begriffs «träumen», die ich gefunden habe: «imaginieren; geistige Bilder entwerfen, die von *ungewöhnlicher Lebendigkeit, Klarheit, Ordnung und Bedeutsamkeit* sind». Ungewöhnlich. Klarheit. Lebendigkeit. Ordnung. Bedeutsamkeit. Wenn wir in solchen Kategorien träumen, vermeiden wir, das Einfache kompliziert zu machen oder das Komplexe zu simplifizieren, zu lähmen statt zu lösen, zu schädigen, was wir schätzen sollten. Wir vermeiden es, Leerformeln wie «der Wille der Nation» zu gebrauchen, wenn es um die Intelligenz und das Problembewusstsein der Nation geht. Nationaler Wille, was soll das sein? Beruht er auf Information oder Desinformation? Ist es ein widerspenstiger Wille zur Rettung der Apartheid wie in Südafrika? Ein Wille, wie er Anfang der vierziger Jahre in Deutschland herrschte? Soll man destruktive Konzepte beibehalten, nur weil man sie vor einem halben Jahrhundert entwickelt hat? Das sind Lösungen wie aus einem Comicbuch für biblische Plagen des Nuklearzeitalters. Wir müssen jede Anstrengung auf uns nehmen, uns in andere hineinzuversetzen, ehe wir es wagen, die Probleme zu lösen, vor die uns Arbeit und Leben stellen.

Träumt die Welt so, wie sie sein sollte, stellt euch vor, wie es wäre, in einer Welt zu leben, die nicht vollgestopft ist mit tödlichen Waffen in der Hand von Menschen, die bereit sind, sie einzusetzen, sie zu entwickeln, sie anzuhäufen für Geld oder Macht oder Daten, die aber nichts für euer Leben tun und nichts für meins. Wie wäre es, in einer Welt zu leben, in der ernsthafte, gebildete Menschen die Lösung für praktisch jedes große Problem nicht darin sehen, jemanden zu töten? Rauschgifthandel? Wen sollen wir umbringen – oder wegsperren? Krankheiten? Wen sollen wir sterben lassen – oder wegsperren? Autonomie für ein benachbartes (oder sogar ein fernes) Land? Wen sollen wir liquidieren? Hungersnot? Welcher Prozentsatz an Opfern geht in Ordnung? Arbeitslos? Kein Dach über dem Kopf? Welcher Prozentsatz an Verhungerten ist akzeptabel? Zu viele Babys von lauter ungeeigneten Müttern? Zu viele Alte, die zu lange leben? Sogar unsere Spendenaktionen laufen auf den Tod zu. Man fordert uns auf, Millionen von Dollars für «Feed the Children» zu spenden, aber wenn diese Kinder älter werden und Forderungen stellen, die in ihrem eigenen und nicht in unserem Interesse sind, geben wir ein Vielfaches aus, um sie in Schach zu halten und ihnen notfalls das Hirn aus dem Kopf zu blasen. Wenn sie jung sterben, sterben sie allemal rechtzeitig. Irgendwann stirbt schließlich jeder, auch wir selbst. All die Babys, die Alten, die Behinderten und Unerlösten, die Kranken und die Faulen, genau wie wir. Vielleicht vor uns, vielleicht nach uns, vielleicht auch wegen uns, aber irgendwann sind wir alle vereint.

Wenn das die Konsequenzen unseres ach so aufgeklärten

Denkens, unserer Expertise im Problemlösen sind, dann ist es höchste Zeit, einen Schritt zurückzutreten und den Prozess zu verfeinern, der vorher kommt: tastende, Nähe suchende, weit ausgreifende Tageslichtvisionen, die sich nicht scheuen zu träumen, den Anderen zu imaginieren.

Stellt euch vor, betrachtet mit dem inneren Auge, wie ihr euch fühlen würdet, wenn ihr wüsstet, dass euer Komfort, euer Vergnügen, eure Sicherheit nicht mit den Entbehrungen anderer erkauft wären. Und das ist möglich. Aber nicht, solange wir an überlebten Denkmustern, an todesverliebten Denkfiguren festhalten, denen kein Träumen, keine Buntfärbung vorausgeht. Es ist möglich, und jetzt ist es auch nötig. Denn wenn ihr den Hungrigen nicht zu essen gebt, dann fressen sie euch, und zwar auf vielerlei und sehr wilde Arten. Sie werden euch eure Häuser nehmen, eure Viertel, eure Städte. Sie werden in euren Vorzimmern und euren Gärten schlafen, auf euren Straßen und euren Kreuzungen. Sie werden euren Staatshaushalt auffressen, denn es wird nie genug Gefängnisse und Psychiatrien und Krankenhäuser und Obdachlosenasyle geben, um sie alle aufzunehmen. Und bei ihrer Suche nach eurer Art von Glück werden sie euch auch eure Kinder nehmen, werden sie verschreckt und verängstigt zurücklassen, gierig nur noch nach dem betäubten Leben, das Rauschmittel bescheren. Wir haben womöglich schon zwei Drittel der kreativen Intelligenz einer ganzen Generation an diesen vergifteten, gewaltsamen Schlaf verloren – eine Betäubung, die so brutal ist, dass man nicht daraus erwachen will vor lauter Angst, sich an sie zu erinnern; ein Schlaf von so bewusstlosem Übermut, dass er unsere Wachsamkeit in Furcht verwandelt.

Es ist möglich zu leben, ohne Besitz verteidigen oder aufgeben zu müssen, aber dahin werden wir nie kommen, wenn wir unser Denken nicht mit Träumen nähren. Und das ist heute nötiger denn je, denn wenn ihr all jene, die keinen Zugang zu Bildung und Schule hatten oder wollten, nicht mit allen euren besten Kräften fördert und bildet, wenn ihr ihnen nicht die Hilfe, die Achtung, die Anerkennung entgegenbringt, die ihr selbst im Lauf eurer Erziehung erfahren habt, dann werden sie sich selbst erziehen, und die Dinge, die sie lehren und lernen werden, können alles ins Wanken bringen, was ihr kennt. Und mit fördern und bilden meine ich nicht die Zurichtung des Geistes, sondern seine Befreiung; ich meine nicht das Vortragen von Monologen, sondern die Bereitschaft zum Dialog. Zum Zuhören, wobei ich mir gelegentlich die Annahme erlauben darf, selbst eine Geschichte, eine Sprache, eine Meinung, eine Idee, eine Eigenart zu haben. Dinge zu wissen, die nützlich sein können, die euer Wissen vertiefen und erweitern und vervollständigen können. Mein Gedächtnis ist so wichtig für das eure wie euer Gedächtnis für meins. Ehe wir uns um den «Nutzen der Historie» kümmern, sollten wir uns um eine umfassende Kenntnis der Historie bemühen. Ehe wir uns auf irgendein historisches «Vermächtnis» berufen, sollten wir uns gründlich anschauen, worum es sich bei diesem Vermächtnis der Vergangenheit genau handelt und woher es stammt. Im Bildungswesen gibt es keine Minderheiten, es gibt nur minderes Denken. Wenn Bildung nur Wissen ohne Verständnis bedeutet, wenn sie auf nichts anderes abzielt als auf Karriere, wenn es ihr um nichts anderes geht als um den schönen Schein, das in Besitz gebrachte Objekt, das Privileg des Reichtums für die wenigen, dann können wir den Bildungsprozess nach der sechsten Klasse oder dem sechsten Jahrhundert abbrechen, denn das dafür Nötige ist dann erreicht. Der Rest ist Durchsetzung. Die Aufgabe der Bildung im zwanzigsten Jahrhundert muss darin bestehen, menschliche Menschen hervorzubringen – und nicht immer neue Generationen, die nur darauf gedrillt werden, effektive Entscheidungen zu treffen statt humane.

Ah, wie wäre das Leben ohne diese Fäulnis des Hasses, der angeblich, so hat man es uns erzählt und gelehrt, unvermeidlich ist unter den Menschen. Unvermeidlich? Eine Naturgewalt? Nach fünf Millionen Jahren Menschheit, nach einer viertausendjährigen Geschichte der Zivilisationen sollen wir uns nichts Besseres vorstellen können als das? Wer von uns wurde so geboren? Wer von uns zieht das vor? Hassen, Zusammenraffen, Verachten? Rassismus ist etwas, das gelehrt und gelernt wird, so war es immer. Er ist nicht die Schwerkraft oder eine Springflut. Er ist die Erfindung unserer kleinen Denker, unserer kleinen Führer, unserer kleinen Lehrer und unserer großen Unternehmer. Er ist eine Erfindung, die rückgängig gemacht, die dekonstruiert werden kann, und seine Abwicklung beginnt mit der Imaginierung seines Verschwindens, seiner Ablösung, und wenn wir ihn nicht sofort abschaffen, uns von ihm lossagen können, dann müssen wir uns zumindest so verhalten, als hinge unser freies Leben davon ab, was auch der Fall ist. Wenn ich mein Leben damit zubringe, dich wegen deiner Ethnie, deiner Klassenzugehörigkeit oder deiner Religion zu verachten, werde ich dein Sklave. Wenn du dein Leben damit zubringst, mich aus den gleichen Gründen zu verachten, dann deshalb, weil du mein Sklave bist. Deine Energie, deine Ängste, deine Gedanken gehören mir. Ich bestimme, wo du lebst und wie du lebst, was für eine Arbeit du hast und was deine Wertmaßstäbe sind, und ich bestimme die Grenzen deiner Liebesfähigkeit. Ich werde dein ganzes Leben geformt haben. Das ist das Geschenk deines Hasses: Du gehörst mir.

Na schön, werdet ihr euch vielleicht fragen: Was soll das Ganze? Ich kann die Welt nicht retten. Was ist mit meinem Leben? Ich habe nicht darum gebeten, geboren zu werden, oder? Aber ich sage euch ins Gesicht, dass ihr darum gebeten habt. Ihr habt nicht nur darum gebeten, geboren zu werden, ihr habt auf eurem Leben bestanden. Deshalb seid ihr hier. Aus keinem anderen Grund. Es wäre zu einfach gewesen, nicht zu leben. Und nachdem ihr jetzt hier seid, müsst ihr etwas tun, das die Sache wert ist. Eure Eltern haben euch nicht erträumt – das wart ihr selbst. Ich fordere euch nur auf, den Traum, den ihr begonnen habt, auch fortzuführen. Zu träumen ist nichts Leichtfertiges. Es ist eine erstrangige, urmenschliche Aktivität. Es ist nicht Weltflucht, sondern Arbeit. Als Martin Luther King sagte: «Ich habe einen Traum», war es kein Spiel; es war ihm ernst. Als er es sich vorstellte, es imaginierte, es in seinem Geist erschuf, wurde es wirklich, und wir müssen seinen Traum weiterträumen, um ihm das Gewicht, die Weite, die Langlebigkeit zu verleihen, die er verdient. Lasst euch von niemandem einreden, dass die Welt eben so ist, wie sie ist, und dass sie deshalb so sein muss. Sie muss so sein, wie sie sein sollte. Vollbeschäftigung ist möglich. Für die Zukunft eine Beschäftigungsquote von zwanzig bis dreißig Prozent der arbeitsfähigen Bevölkerung zu prophezeien, ist Ausweis eines von Gier gelenkten Denkens und kein Diktat der Ökonomie.

Alle staatlichen Schulen können einladende, gastliche, sichere Orte des Lernens sein. Niemand, kein Lehrer und kein Schüler, zieht Verwahrlosung vor, und an manchen Orten gibt es bereits Schulen, deren man sich nicht schämen muss.

Die Versuchung zum Selbstmord kann beseitigt werden. Kein Drogenabhängiger, kein Verzweifelter will wirklich tot sein.

Feinde, Ethnien und Nationen können zusammenleben. Ich habe in den letzten vierzig Jahren selbst erlebt, dass tödlich verfeindete Nationen zu Freunden wurden, die sich gegenseitig unterstützen, und ich habe erlebt, dass aus vier befreundeten Nationen Feinde wurden. Und es braucht keine vierzig Jahre, um diese Erfahrung zu machen. Jeder, der mehr als acht Jahre alt ist, hat selbst gesehen, wie interessengeleitet, vorteilsbedacht, manchmal auch launisch der Umgang befreundeter Nationen miteinander sein kann. Ich habe erlebt, dass glücklose Nationen, die im Abseits standen, die keine Bürgerrechte kannten, Entwicklungshilfe erhielten – aber ehe wir die Früchte dieser Unterstützung ernten konnten, ehe der in Gang gesetzte demokratische Prozess greifen konnte (eine Zwanzigjahresfrist?), wurde alles abgebrochen. Ähnlich wie 1796 der Ausbau der Union, weil es Probleme gab. Als würde man eine Brücke nur bis zur Flussmitte bauen und dann sagen, das andere Ufer ist unerreichbar.

Solches Engagement muss neu geträumt werden, neu durchdacht, neu aktiviert – von mir und von euch. Wenn nicht, dann werden wir es, angesichts der Verfestigung von Rassismus und Nationalismus, der Verwandlung unserer Küsten und Städte in Zonen des Aufruhrs und Unfriedens, der gleichermaßen gierigen Blicke von Falken und Tauben auf die verbliebenen Bodenschätze dieser Erde, des Vorrangs im Welthandel von Waffen, Gold und Kokain vor Getreide, Medizin und Technologie, mit einem Planeten zu tun bekommen, auf dem niemand mehr leben und träumen will.

Durch uns selbst sind wir erwählt zum Leben. Zum

Menschsein, und so weit wir wissen, gibt es keine Menschen außer uns. *Wir* sind die zur Moral befähigten Lebewesen in dieser Galaxie. Warum sollten wir diese großartige Verpflichtung auf den Müll werfen, nachdem wir im Mutterleib so viele Mühen auf uns genommen haben, um sie schultern zu können? Ihr werdet Positionen einnehmen, in denen ihr etwas bewegen könnt. Positionen, in denen ihr Einfluss habt auf die Lebensumstände, die Lebensqualität anderer Menschen. Ihr könnt Fehler begehen, die nicht wiedergutzumachen sind. Also träumt ein wenig, sobald ihr diese Positionen des Vertrauens oder der Macht erreicht habt, träumt, ehe ihr nachdenkt, damit eure Gedanken, eure Lösungen, eure Absichten, eure Entscheidungen darüber, wer leben soll und wer nicht, wem es gutgeht und wem nicht, sich würdig erweisen des sehr kostbaren Lebens, für das ihr euch entschieden habt. Ihr seid nicht hilflos. Ihr seid nicht herzlos. Und ihr habt die Zeit.

DIE SKLAVEN UND DIE SCHWARZEN

1988, im gleichen Jahr, in dem James Cameron, selbst Überlebender eines versuchten Lynchmords, das *America's Black Holocaust Museum* hier in Milwaukee eröffnete, stand ich einem Interviewer Rede und Antwort. Weil ich einen Roman veröffentlicht hatte, der die Lebensumstände einer in die Sklaverei hineingeborenen Familie untersuchte, wurde ich nach der Notwendigkeit und dem Zweck der Beschäftigung mit diesem unsäglichen Teil der amerikanischen Geschichte gefragt: der Notwendigkeit, an die Männer, Frauen und Kinder zu erinnern, die die circa dreihundert Jahre weltumspannenden Handels mit ihren Körpern überlebten oder auch nicht überlebten, in denen ihre Seelen, ihre Fähigkeiten, ihre Kinder, ihre Arbeitskraft in Geld verwandelt wurden – Geld, auf das sie selbst keinen Anspruch hatten. Wenn die Meinung so vorherrschend war, üble Erinnerungen sollten am besten verdrängt oder aber sublimiert werden, und diese Ansicht in manchen Kreisen nicht nur als fortschrittlich, sondern auch als gesund galt, warum sollte ich dann die Narben, die mühsam verheilten Wunden wieder aufreißen, die der Bürgerkrieg, die Bürgerrechtsbewegung und die Zeit selbst zugedeckt hatten? Das große Kollektiv der Sklaven war tot und vergangen, oder etwa nicht? Die Schwarzen dagegen lebten, oder etwa nicht? Sie arbeiteten und redeten und bewegten und vermehrten sich nicht nur, nein, sie blühten auf, erfreuten sich ihrer uneingeschränkten Bürgerrechte, genossen die Früchte ihres Fleißes. Die Frage schien zu unterstellen, dass es wenig hilfreich sein musste, ein Buch zu schreiben, ganz unabhängig davon, wie gelungen es war, in dem das Narbengewebe abgeschält wurde, dass der schwarze Körper gebildet hatte, um den darunterliegenden Sklavenkörper zu verbergen, wenn nicht auszulöschen.

Meine Antwort war sehr persönlich. Sie kam aus einer gewissen Erschöpfung, die auf die Fertigstellung meines Romans gefolgt war. Eine Reizbarkeit. Ein Kummer.

«Es gibt keinen Ort», begann ich, «den Sie oder ich aufsuchen können, um der Sklaven zu gedenken, um uns Gedanken über sie zu machen oder auch nicht, um uns ihre Anwesenheit zu vergegenwärtigen oder ihre Abwesenheit zu spüren. Nichts, um uns an die zu erinnern, die die Reise machten, und jene, die sie nicht vollendeten. Es gibt keine angemessene Gedenkstätte, keine Tafel und keinen Kranz an einer Wand, keinen Park und keine Hochhauslobby und keinen dreihundert Fuß hohen Turm. Auch keine kleine Bank am Straßenrand. Es gibt nicht einmal einen Baum mit eingeritzten Initialen, den Sie oder ich in Charleston oder Savannah oder New York oder Providence besuchen könnten, oder besser noch am Ufer des Mississippi.»

«Jemand hat mir von einem Unternehmer in Washington erzählt», fuhr ich fort, «der Busrundfahrten zu den Sehenswürdigkeiten der Stadt veranstaltet und sich beklagt hat, weil er seinen Kunden nichts zeigen könne, was irgendeinen Bezug zu Schwarzen hat. Ich kann Ihnen nicht erklären, warum, aber ich finde so etwas sehr wichtig. Ich finde, es wäre eine Auffrischung. Mehr als das, und nicht nur für die schwarze Bevölkerung. Es würde auch an die moralische Entschiedenheit der Weißen in ihrer besten Phase erinnern, als sie etwas riskierten, was sie nicht hätten riskieren müssen, weil sie einfach hätten schweigen können. Auch dafür gibt es keinen Erinnerungsort.» Es gibt nur die Namen von Institutionen, die nach weißen Persönlichkeiten benannt sind, die sich für die Schwarzen eingesetzt haben, Joel Spingarn, General Howard, die Spelmans und so weiter. «Ich habe keine genaue Vorstellung», sagte ich, «mir schwebt keine bestimmte Person vor, auch keine bestimmte Kunstgattung. Ich habe einfach diese Sehnsucht nach einem festen Ort. Es braucht kein riesiges, in einen Berg gehämmertes Gesicht zu sein. Es kann etwas ganz Kleines sein, ein Platz, an dem man die Füße hochlegen kann. Es kann ein Baum sein. Es braucht keine Freiheitsstatue.»

Wie Sie merken, fühlte ich mich ziemlich überrumpelt, als ich diese Antworten gab.

Wenn ich vom Kollektiv der Sklaven spreche und einen Unterschied zur Gesamtheit der Schwarzen mache, so möchte ich die Tatsache unterstreichen, dass Sklaverei und Rassismus zwei verschiedene Phänomene sind. Die Ursprünge der Sklaverei haben nicht notwendigerweise (und auch nicht üblicherweise) mit Rassismus zu tun. Menschen zu verkaufen, sie als Besitz zu betrachten, ist ein uraltes Gewerbe. Es gibt in diesem Auditorium wahrscheinlich niemanden, der unter seinen Ahnen oder in seinem Volksstamm keine Sklaven findet. Wenn Sie Christen sind, so gab es Sklaven unter Ihren Vorfahren; wenn Sie Juden sind, gab es Sklaven unter Ihren Vorfahren; sind Sie muslimischen Glaubens, so hatten Sie Ahnen, die versklavt waren. Wenn Ihre Vorfahren aus Europa stammen, lebten sie vielleicht als Leibeigene im Zarenreich, unter dem englischen Feudalismus, im westgotischen Spanien oder im Venedig oder Genua oder Florenz des fünfzehnten oder sechzehnten Jahrhunderts. Das römische Weltreich, das antike Griechenland waren Gesellschaften, die auf der Sklavenarbeit eines Großteils der Bevölkerung beruhten, ebenso das mittelalterliche Ghana, das Reich der Songhai in Mali, die Königreiche der Aschanti und in Dahomey. Sklaverei spielte eine wichtige Rolle in der Welt des Islams und war eine feste Institution in den Ländern des fernen Ostens, allein in Korea für ein ganzes Jahrtausend. Wir alle sind auf die eine oder andere Weise in diese unselige Tradition verstrickt. Die Kolonisten der Neuen Welt, die ihre Wirtschaft am Muster ihrer Heimatländer ausrichteten, versuchten, die indigene Bevölkerung zu versklaven, und waren bereit, Menschen jeder Herkunft zu importieren, wenn sie nur verfügbar, belastbar und überlebensfähig waren. Afrikaner erfüllten diese Bedingungen – verfügbar, weil die gut organisierten afrikanischen Königreiche den Europäern Arbeitskräfte bereitstellten; belastbar, weil sie klug, stark und anpassungsfähig waren; und überlebensfähig, weil sie kreativ, spirituell orientiert und leidenschaftlich am Wohlergehen ihrer Kinder interessiert waren.

Nicht nur die Ursprünge, sondern auch die Folgen der Sklaverei sind nicht immer rassistisch. Was die Sklaverei der Neuen Welt so bemerkenswert macht, ist nicht ihre pure Existenz, sondern die Tatsache, dass sie sich in einen zählebigen Rassismus umgewandelt hat. Der gesellschaftliche Makel, versklavt worden zu sein, verurteilt die Nachfahren keineswegs unweigerlich dazu, dämonisiert, kriminalisiert und gekreuzigt zu werden. Es ist erst der Rassismus, der solche Folgen zeitigt. Zu einem großen Teil lassen sich die Besonderheiten der Sklaverei und ihrer Konsequenzen in der Neuen Welt auf die leicht erkennbaren ethnischen Merkmale ihrer

Population zurückführen. Der Unterschied in der Hautfarbe war der wesentliche (wenn auch nicht der einzige) Grund, warum die Folgegenerationen der befreiten Sklaven nicht spurlos in der weißen Mehrheitsgesellschaft aufgehen konnten. Sie hatten buchstäblich keine Chance, sich zu verbergen, den früheren Sklavenstatus zu verheimlichen. Ihre Sichtbarkeit verfestigte die Kluft zwischen den ehemaligen Sklaven und den Nicht-Sklaven, die die Geschichte zu schließen versucht hatte, und etablierte eine ethnische Hierarchie. Der Übergang von der Ehrlosigkeit, die dem Sklavenstatus zugeschrieben wurde, zur Verachtung, die den befreiten Schwarzen entgegenschlug, erfolgte so gut wie nahtlos, weil der Bewusstseinswandel der Aufklärung – wiewohl ursächlich für die Sklavenbefreiung – zu einer Verschwisterung von Wissenschaft und Ästhetik mit einem Kult um die Transzendenzfarbe Weiß führte. In diesem Rassismus verschwindet das Bild des Sklaven, aber das Bild des Schwarzen besteht fort und wird umgedeutet zu einem Synonym für Armut, für Kriminalität, für ein soziales Konfliktpotenzial, das politische Wachsamkeit erfordert. Denn es gibt keine öffentliche Debatte, weder in der Wirtschaft noch im Erziehungs- oder Wohnungs- oder Gesundheitswesen, der Religion, der Unterhaltungsindustrie, der Strafgerichtsbarkeit, der Sozialfürsorge, der Beschäftigungspolitik oder bei irgendeiner anderen der drängenden Fragen, die uns alle beschäftigen, in der die Schwarzen nicht der sprichwörtliche «Elefant im Raum» sind, der Geist aus der Flasche, das Subjekt, wenn nicht das Thema der Verhandlungen.

Die Projekte dieses Museums können enorme Wirkungen haben. Zunächst ist da natürlich die Erinnerung. Der Impuls, sich an bestimmte Ereignisse, Personen, Bevölkerungsgruppen zu erinnern, tritt in bestimmten Situationen auf. Wenn etwas Vergangenes endlich verstanden worden ist oder als Bestätigung persönlichen oder nationalen Stolzes empfunden werden kann, werden Grabdenkmäler und Paläste errichtet, Blumen aufgehäuft, Statuen aufgestellt, Archive und Museen gewidmet, Krankenhäuser und Parks benannt. Dafür muss Zeit vergangen sein, und keiner der Widmungsträger oder der Beteiligten an den erinnerten Ereignissen hat noch etwas von der späten Würdigung. Allerdings ist das Wachstum dieses Landes im sechzehnten, siebzehnten und achtzehnten Jahrhundert, das ganz entscheidend von der Verfügbarkeit kostenloser Arbeit abhing, kompliziert und außergewöhnlich. Letzteres wegen der Dauer dieser Phase und ihrer engen Verbindung mit Sklavenarbeit; Ersteres wegen der komplexen Wechselwirkungen zwischen den kulturellen, den wirtschaftlichen und den geistigen Entwicklungen im Land. Auch diese Zusammenhänge bedürfen der Erinnerung. Eine weitere Wirkung, die dieses Museum haben soll, ist die Bewusstmachung der stets flexiblen, geschmeidig sich anpassenden, nie ganz fassbaren Erscheinungsformen des modernen Rassismus, durch die die Sklavenidentität wiederbelebt und den Schwarzen von heute untergeschoben wird. Es ist eine amerikanische Form von ethnischer Säuberung, die eine monströs große Anzahl von schwarzen Männern und Frauen in Gefängnisse spült, wo sie wieder zu kostenlosen Arbeitskräften werden, abermals ihrer Freiheit beraubt im Dienste des Profits. Man lasse sich nicht täuschen: Die Privatisierung des Strafvollzugs hat weniger mit der Entlastung der Steuerzahler zu tun als mit der Schaffung einer Geldquelle für bankrotte Kommunen und vor allem der Versorgung gewinnorientierter Privatunternehmen mit Gefangenen, die als unbezahlte Arbeitskräfte zur Verfügung stehen.

Die dritte Wirkung, die das Projekt dieses Museums haben wird, die vielleicht wichtigste, vor allem aber die befriedigendste, ist das Schlaglicht, das es auf die positiven Entwicklungen, die Triumphe in der Geschichte dieser Republik wirft – in Schwarz und in Weiß. Denn das spüre ich: Trotz all der kommerziellen und politischen Versuche, uns zu trennen, zu spalten, einander zu entfremden, scheint die Jugend es sattzuhaben, dass der Rassismus ihr Leben beherrschen soll. Die Kunstszene ist seiner Beschränkungen überdrüssig. Menschen mit bescheidenem Einkommen, denen bewusst wird, wie gefesselt und unterdrückt sie im Griff seiner ökonomischen Spaltungsstrategie sind, verabscheuen ihn. Wissenschaftler, die sich von seiner Zählebigkeit nicht einschüchtern lassen, legen ihn auf ihren Seziertisch. Wir werden gründlicher, wenn es darum geht, Genauigkeit, alternative Sichtweisen, andere Erzählungen an die Stelle historischer Phantome, vergifteter Politik, medialer Manipulation zu setzen.

Ich freue mich, dass mein Besuch bei Ihnen mit einer Ausstellung afroamerikanischer Künstler zusammentrifft, die aus eigener Anschauung Zeugnis ablegen können von der Stereotypisierung, der visuellen Degradierung, die ringsum und auf allen Ebenen vorherrscht. Durch ihre Kunst, ihre Stilsicherheit, ihr Genie sehen wir die Afroamerikaner als Individuen, die verstanden und geschätzt werden. Diesen Beweis ihrer Kraft, ihrer lebenspendenden Energien, ihrer Menschlichkeit, ihrer Lebenslust, ihres Willens zu sehen, sollte ausreichen, um den Fangarmen des Rassismus zu entgehen. Sollte genug sein, um uns gegen dessen unwissende, banausische, unweigerlich vergiftende Berührung zu immunisieren. Wozu auch das Engagement Ihrer Gemeinschaft ausreichen sollte. Sie sind einverstanden? Ich danke Ihnen.

HARLEM ON MY MIND

Kampf um die Erinnerung – eine Betrachtung über Museen, Kultur und Integration

Die aktuelle Diskussion über die Stellung, die Wirkungsmacht und den Sinn von Museen als Speicher des kulturellen Gedächtnisses und/oder als Integrationsfaktor auf kommunaler Ebene ist von kaum zu überschätzender Bedeutung. Dabei handelt es sich um Debatten, mit denen Museen von jeher konfrontiert sind. Auch der Louvre hat eine Geschichte, die von radikaler Infragestellung und leidenschaftlicher Verteidigung zeugt, aber er überlebt als bewundertes Ideal und unverzichtbares Beispiel eines breitgefächerten Universalmuseums. Wie Neil Harris schreibt, hatten «die Größe, der Reichtum, die innere Struktur und die Architektur der Museen sowie die ihres ursprünglichen Kontexts beraubte Präsentation der Ausstellungsstücke bereits im neunzehnten und umso mehr im frühen zwanzigsten Jahrhundert feindselige Reaktionen hervorgerufen. Die gargantuesken Tempel, die kurz nach der Jahrhundertwende entstanden, wurden von manchen Kritikern als ‹majestätische Missgeburten› geschmäht, die Darbietung ihrer Bestände mit dem ‹Labyrinth des Minotauros› verglichen. Die Sammlungspolitik der Museen verurteilte man als sozial abgehoben und beliebig. Manche Exponenten der Bildungsbewegung empörten sich über die mangelnde Aufgeschlossenheit der Museen für zeitgenössische Anliegen und Interessen, andere verdammten das Zusammenraffen riesiger

Bestände als eine vergiftete Frucht des Kapitalismus.» Harris bemerkt weiter, Museen seien wahlweise als «rassistisch, revisionistisch, hegemonial, elitistisch, politisch überkorrekt, käuflich, unersättlich und selbstbezogen» bezeichnet worden. Man fragt sich angesichts solcher Verdikte, warum Museen heute etwas erleben, das man nur einen Boom nennen kann. Immer größere Publikumskreise werden erschlossen, die Nebengeschäfte im Rahmen der großen «Blockbuster»-Ausstellungen bringen immer höhere Einnahmen mit sich, die Förderer und Geldgeber wetteifern um ihre Position und überbieten sich an Großzügigkeit. Ein Wandel findet statt, zu dem nicht zuletzt die Erkenntnis gehört, dass «der Fremde längst heimisch ist». Und es ist eine Aufgabe der Museen von heute, die Ansprüche der «Fremden» ernst zu nehmen.

Kuratoren, Künstler, Kunstkritiker und -historiker haben erkannt, wie dringlich es ist, diese Überlegungen weiterzuführen. Ihre Artikel füllen Zeitschriften; die Gremien traditioneller Museen stellen Bestände und Präsentation auf den Prüfstand; Neugründungen in der Museumslandschaft richten ihre Ankaufspolitik an den Forderungen neuer oder unterrepräsentierter Publikumsschichten aus.

Die Geschichte einer solchen Forderung, in den Vereinigten Staaten repräsentiert zu sein, kann als Beispiel dienen, das sowohl die Empfindlichkeiten wie auch die Chancen demonstriert, die sich mit unserem Diskussionsgegenstand verbinden.

Als die New Yorker Kunstszene in den sechziger Jahren von neuen Strömungen wie dem abstrakten Expressionismus und der Pop Art aufgewühlt wurde, bekam das Metropolitan Museum of Art einen neuen Direktor, Thomas P. F. Hoving. Ursprünglich Mediävist, hatte Hoving die Verwaltung der städtischen Parkanlagen geleitet und war nun voller Tatendrang, eine Institution, die viele als todgeweiht betrachteten, mit neuem Leben zu erfüllen. Eines seiner Projekte war eine Ausstellung, die die Kultur von Harlem zum Thema haben sollte – jenem von Afroamerikanern geprägten Bezirk von New York City, der für seine Schriftsteller, Dichter, Maler, Musiker und sein Nachtleben berühmt ist. 1968 unter dem Titel *Harlem on My Mind* angekündigt, eröffnete die Ausstellung 1969 in fünfzehn Sälen des Metropolitan Museums. Sie war als umfassendes Porträt der Geschichte, der Identität und der kulturellen Traditionen Harlems in den Jahren von 1900 bis 1968 angelegt und zeigte Fotografien, Wandbilder, Diashows, Filme, dokumentarische Tonaufnahmen, Musik und Memorabilien aller Art. Von dem Kurator Allon Schoener, dem für die bildenden Künste zuständigen Abteilungsleiter am New York State Council on the Arts, beraten und ermutigt, kreierte Hoving einen damals völlig neuen Ausstellungstypus, den er und Schoener als *«total ethnic environmental show»*, eine alle Lebensumstände einer Ethnie an einem definierten Ort umfassende Ausstellung, bezeichneten. Die für die damalige Zeit radikal neue Ausstellungsarchitektur, die raumfüllende Fotovergrößerungen an den Wänden und Decken, Klanglandschaften und audiovisuelle Medien umfasste, griff auf ein Vorbild zurück, an dem ebenfalls Schoener beteiligt gewesen war: die Ausstellung *Die Lower East Side: Das Tor zum Leben in Amerika* im Jüdischen Museum, die die Einwanderung in die USA gefeiert hatte. So groß die Begeisterung über die Harlem-Ausstellung in vielen Kreisen und auch bei den Geldgebern war, so wurden doch schon vor der Eröffnung kritische Stimmen laut. Die Ausstellungsmacher wurden beschuldigt, Hinweise und Ratschläge aus der Bevölkerung Harlems zu wenig berücksichtigt zu haben und die Schwarzen nur als «Schaufensterdekoration» zu gebrauchen. Nach der Eröffnung verschärfte sich der Ton, und nicht nur in der schwarzen Gemeinschaft, sondern auch bei zahlreichen anderen Gruppen bis hin zu Direktoren und Förderern des Metropolitan Museums wurde Empörung laut. Konservative Kunstkritiker wie Hilton Kramer waren der Ansicht, eine solche Ausstellung gehöre nicht in ein Kunstmuseum. «Mit der Inszenierung dieser Ausstellung», schrieb er, «hat Hoving das Metropolitan zum ersten Mal politisiert und damit Anlass zum Zweifel an der zukünftigen Integrität einer Institution gegeben, die mehr als allem anderen der Bewahrung unseres künstlerischen Erbes vor den launischen Übergriffen der Geschichte geweiht ist.» Jüdische, irische und hispanische Interessengruppen empfanden Candice Van Ellisons Einführungstext im Katalog als offen rassistische Verunglimpfung, hatte sie sich doch zu folgender Aussage verstiegen: «Psychologisch betrachtet, liegt für Schwarze der Gedanke nahe, dass antijüdische Gefühle sie wenigstens auf diesem einen Sektor zu einem Teil der Mehrheit machen. In der Verachtung des Juden fühlen wir uns als vollständigere Amerikaner, weil wir ein nationales Vorurteil teilen.» Offene rassistische Verunglimpfung. Hoving selbst geriet unter Beschuss, weil er sich herablassend über sein schwarzes Dienstpersonal äußerte (seine «sonnige» Haushaltshilfe, seinen «strengen» schwarzen Chauffeur) und behauptet hatte, ebenbürtige Beziehungen zwischen den Ethnien seien «lächerlich». Ähnlich erging es Schoener wegen seiner Bemerkung, Harlem sei «die Hauptstadt der schwarzen Kultur. Weiße Sitten und Werte sind nicht universal.» Hovings populistische Absichten hatten gravierende Klassenkonflikte zur Folge. Natürlich trugen die gesellschaftlichen

Turbulenzen der sechziger Jahre zur Verschärfung der Kontroverse bei, aber die Implikationen dessen, was bei Hovings Multimediashow schiefging, beschäftigen uns bis heute. Im Spektrum zwischen Beleidigung und kultureller Diskriminierung konnten Künstler, Politiker, Wissenschaftler und Journalisten ernsthafte Argumente gegen die ästhetischen und intellektuellen Prämissen der Ausstellung ausmachen. Einige der Kritikpunkte: keine afroamerikanische Vertretung im Auswahlkomitee; weitestgehende Beschränkung auf Fotografien, meistens aus dem Schaffen von James Van Der Zee, und bewusster Verzicht auf Maler und Bildhauer; eine als Ergänzung in Aussicht gestellte separate (und separierende) Ausstellung kam nicht zustande; der thematische Fokus lag mehr auf Entertainment als auf Kunst – ein weiteres Beispiel für weißen Voyeurismus, am besten illustriert durch eine in der 125. Straße in Harlem installierte Fernsehkamera, deren Livebilder die Ausstellungsbesucher im Museum betrachten konnten wie das Geschehen in einem Zoo.

Der Verzicht auf Künstler wie Norman Lewis, Jacob Lawrence, Romare Bearden, Cliff Joseph, Elizabeth Catlett, Raymond Saunders und viele weitere, darunter etablierte Größen ebenso wie Nachwuchshoffnungen, rief eine Protestinitiative auf den Plan und veranlasste Roy de Cavara dazu, seine Arbeiten zurückzuziehen, und Romare Bearden zum Rückzug aus dem Organisationskomitee. Ohne die Teilnahme all dieser Künstler verlagerte sich der Fokus der Ausstellung auf ein irreführendes, sentimentalisiertes und karikierendes Bild des schwarzen Lebens als ärmlich, kriminell und lüstern. Ein weiterer Affront wurde in der Entscheidung gesehen, die einführenden Worte des Katalogs nicht einem anerkannten Wissenschaftler oder Künstler, sondern einer afroamerikanischen Highschool-Absolventin anzuvertrauen. Und auch der Titel der Ausstellung, den Schoener ausgewählt hatte, provozierte die schon wunden Seelen. Einem Song von Irving Berlin entlehnt, entsprach er genau dem Muster, dem auch Schoener gefolgt war – ein Weißer äußert sich mit der gönnerhaften Attitüde des Wissenden über die Kultur Harlems. Irving Berlins Songtext porträtiert ein schwarzes Showgirl, das in Paris lebt (mutmaßlich als ausgehaltene Geliebte) und sich nach dem «fiesen» (*low-down*), ungezügelten Leben der urbanen Schwarzen sehnt. «Ich wär so gern mal richtig fies / und mein *Parlez-vous* passt nicht dazu / wenn ich an Harlem denk.» Ohne die Teilnahme in Harlem arbeitender Künstler, ohne afroamerikanische Vertretung im Leitungsgremium, ohne einen Kunsthistoriker für die Katalog-Einführung und ohne Bezugnahme auf das prosperierende bürgerliche Leben im Bezirk war alles auf arrogante Art getilgt, was der in Harlem lebenden Gemeinschaft als wichtiger, bedeutungsvoller Aspekt ihres kulturellen Lebens erschien. Viele fanden, dass *Harlem on My Mind* im Grunde ein ethnographisches Projekt war, das sich in eines der führenden großen Kunstmuseen verirrt hatte. Das verärgerte alle, die eine völkerkundliche Ausstellung im Metropolitan Museum fehl am Platz fanden, und enttäuschte gleichzeitig jene, die gerade dort gerne Arbeiten afroamerikanischer Künstler gesehen hätten. Der entscheidende Punkt bei diesen Fehden und Frustrationen dürfte darin bestanden haben, dass das Metropolitan die schwarze Kultur als etwas Außenstehendes begriff, als ein Produkt von Fremden, deren Wohnquartier die Ausstellung erst in Besitz nahm, um es dann nach eigenem Gutdünken selektiv zu feiern. Eine Art von Petrischale für die Neugierigen.

Die Folgen der Auseinandersetzung um *Harlem on My Mind*

erwiesen sich jedoch als fruchtbar. Als verärgerte Minderheiten waren die Bewohner von Harlem und die afroamerikanischen Künstler keineswegs allein. Ihre Erfahrung, von einer Ausstellung, die angeblich ihnen gewidmet war, mundtot gemacht worden zu sein, hat sich an vielen Orten wiederholt und dazu beigetragen, dass die Vorstellung von einer Hierarchie der Kulturen ein Auslaufmodell ist. Keine Gruppe lässt es sich mehr gefallen, passiver Gegenstand musealer Aktivitäten zu sein. Das Studio-Museum in Harlem, das sich auf afroamerikanische Kunst konzentriert, ist eine der Erfolgsgeschichten, die unmittelbar aus den Nachwehen der Kontroverse hervorgegangen sind. Auch die vielen Neugründungen ethnischer Museen in New York und andernorts zählen dazu. Und es war noch kein Jahr seit dem Ende der Ausstellung vergangen, als sich die schwarzen Künstler, die als «Black Emergency Cultural Coalition» gegen *Harlem* protestiert hatten (Norman Lewis, Romare Bearden, Raymond Saunders, Vivian Browne, Cliff Joseph und andere), im Whitney Museum of American Art mit Vertretern des Museums trafen, um Verhandlungen über dessen Diskriminierung schwarzer Künstler aufzunehmen. 1971 rief die BECC zu einem Boykott der Whitney-Ausstellung *Zeitgenössische Schwarze Künstler in Amerika* auf, weil die afroamerikanische Mitsprache in der Museumsorganisation beschränkt war. Fünfzehn der fünfundsiebzig Künstler, die der Kurator Robert M. Dory für die Teilnahme ausgewählt hatte, zogen daraufhin ihre Teilnahme zurück, und die Reaktion der Kritik auf die verbliebenen konzentrierte sich, wie gehabt, auf die politische Reaktion der schwarzen Gemeinschaft und nahm die Kunstwerke nur am Rande wahr.

Als das New Yorker Guggenheim Museum 1996 die Überblicksausstellung *Abstraktion im 20. Jahrhundert: Volles Risiko,*

Freiheit, Disziplin zeigte, war kein einziger farbiger Künstler vertreten. Fast achtundzwanzig Jahre nach *Harlem on My Mind* schloss ein führendes amerikanisches Kunstmuseum afroamerikanische Maler und Bildhauer von einer wichtigen Ausstellung aus und brachte damit die Frage nach dem Zusammenhang von Ethnie, Politik und Ästhetik einmal mehr auf die Tagesordnung. Aber die Stoßrichtung der Kritik hatte sich verlagert. Fragte man das Kunstmuseum immer noch danach, ob wohl das Figurative oder das Abstrakte die eigentliche Domäne der bildenden Kunst der Schwarzen sei, so beschäftigten sich die Künstler und auch einige Kritiker eher damit, ob ethnisch definierte Kunst sich nicht selbst einschränkte und ob nicht schon die Frage das Problem war – was die auf Politik statt der Kunstwerke fokussierte Reaktion der Kritik ja bereits bestätigte. Was aber war die ästhetische Einschätzung der bildenden Kunst der Schwarzen von Seiten des Museums? Cliff Joseph tastete sich in einem Interview an die Frage heran: «Ich würde nicht behaupten, dass es eine schwarze Kunst per se gibt ... Es gibt aber eine schwarze Erfahrungswelt in der Kunst. Ich denke, jede Kultur hat ihre spezifischen Erfahrungen, die die Künstler aus dieser Kultur in ihrem Schaffen widerspiegeln.»

Viele junge schwarze Künstler von heute teilen Cliff Josephs Ansicht und finden ethnische Definitionen von Kunst herablassend und beklemmend – als das eigentliche Problem. Immer mehr von ihnen bestehen darauf, dass ihre Arbeiten nur nach ästhetischen Maßstäben beurteilt werden, und fragen sich, ob ihre Kunst, wenn sie nicht schon in der Schublade der schwarzen Kultur steckte, als afroamerikanisch bezeichnet würde. Wenn die Künstler nicht mehr als Angehörige einer bestimmten Ethnie präsentiert würden, hätte dann das

Abklopfen ihrer Werke auf politische oder ethnische Inhalte ein Ende? Diese und ähnliche Fragen haben bei der jüngeren Künstlergeneration zu der Begriffsprägung *postblack* geführt – eine Signatur, die die ethnische Identität betont und gleichzeitig deren tradierte Einschränkungen verweigert.

Die Kontroversen, die die *Harlem*-Ausstellung begleiteten und auf sie folgten, sind eine Blaupause für die aktuelle Diskussion über die Rolle der Museen, berühren sie doch die Frage nach der Heimat im Fremden. Und vieles, was man neuerdings hört, klingt gut. Mag das Guggenheim die farbigen Bildhauer und Maler in Amerika missachtet haben, so wurden andere Gelegenheiten genützt. Die kürzlich von Kellie Jones kuratierte Ausstellung *Energie und Experiment: Schwarze Künstler und die Abstraktion, 1964–1980* im Studio-Museum in Harlem ist eine deutliche Antwort auf die klaffende Lücke in der Guggenheim-Ausstellung über die Abstrakten im 20. Jahrhundert. Seit *Harlem on My Mind* 1969 seine Tore geschlossen hat, sind neue Generationen von Ausstellungsmachern, Kunsthistorikern und Wissenschaftlern auf den Plan getreten, die neue, umfassendere Konzepte sowohl für kunst- wie für kulturhistorische Museen entwickelt haben. Im Metropolitan Museum hatte 1968 der ethnographische Aspekt den künstlerischen verdrängt, die beiden Bereiche wurden als weitgehend getrennt wahrgenommen. In den neunziger Jahren begann eine Annäherung, und es bildete sich das neue Fach einer integrierten gobalen Kunstgeschichte heraus, die zunehmend anerkannt wurde, aber auch Kontroversen auslöste. Im Museum für zeitgenössische Kunst in Baltimore brachte Fred Wilson 1992 eine Ausstellung unter dem Titel *Mining the Museum*, «Expeditionen im Museum», heraus, in die er Bilder aus den Sammlungen der Maryland Historical

Society integrierte. Seine Absicht war es, den figurativen Gemälden und Porträts weißer Künstler der amerikanischen Frühzeit durch neue Hängung und neuen Kontext auch neue Informationen über das damalige Leben der Schwarzen abzugewinnen. Es wurde immer deutlicher, dass museologische und kuratorische Entscheidungen nicht nur unter ästhetischen, sondern auch unter ideologischen Gesichtspunkten getroffen werden und immer mit Macht zu tun haben. Yves Le Fur schreibt, meiner Meinung nach durchaus zutreffend, dass das Kunstmuseum des einundzwanzigsten Jahrhunderts nicht länger ein Ort der Kulturvermittlung sein kann, «an dem nichtwestliche Kunst nach den Maßstäben der modernen Kunst beurteilt wird».

Zwischen der Kunst der europäischen «Hochkultur» und dem «Kunsthandwerk» fremder Kulturen hat die Archäologie eine Brücke geschlagen, indem sie Artefakte vergangener Kulturen ausgrub und in die Museen Europas verschiffte. Dort erfolgte ein Prozess der Umbewertung und Rekontextualisierung, vorgenommen von Gelehrten, die es keineswegs problematisch fanden und noch immer nicht finden, dass Ausstellungen mit dem Anspruch auftreten, authentische Darstellungen fremder Völker und Kulturen zu bieten und gültig zu definieren, was afrikanisch und was europäisch sei – dabei jedoch von hegemonialem Denken geprägt sind und die Werte und Privilegien historisch längst überlebter Kolonialmächte perpetuieren.

Zum Glück nimmt der Dialog Fahrt auf: in der Entwicklung künstlerischer Techniken; über Fragen kulturspezifischer Ästhetik; über die Unsichtbarkeit der «Fremden» in den etablierten Institutionen und den Lehrplänen der kunsthistorischen Fakultäten. Die Kunst der nicht zur westlichen Welt gehörenden Völker findet neue Heimstätten, und die Kunst der Moderne gelangt auch in Sammlungen weit außerhalb der großstädtischen Kulturzentren.

Museen und Galerien sind die Heimstätten der Künstler und Künstlerinnen. Hier erobern sie sich ihren Platz in der Kunst- und Kulturgeschichte, wo nationale Identitäten geformt und neu gedacht werden. Zunehmend öffnen diese Orte der Kunstvermittlung sich der Außenwelt, setzen ihre Exponate dazu in Beziehung. Zunehmend bereichert der einstmals Fremde unser aller Heim.

FRAUEN, «RASSE» UND GEDÄCHTNIS

1868 forderte eine fünfundvierzig Jahre alte Frau vom Senat der Vereinigten Staaten eine Nachzahlung ihres Lohns aus drei Jahren. Sie war im Sezessionskrieg angeheuert worden und hatte in Personalunion drei Tätigkeiten ausgeübt: als Krankenschwester, als Köchin und als «Anführerin mehrerer Männer». Die Herren im Kapitol brauchten dreißig Jahre, um in dieser Sache, in der Geld, Geschlechtszugehörigkeit, Ethnie und soziale Schicht so hoffnungslos verquickt waren, zu einer Entscheidung zu gelangen. Seit der Anfrage dieser Frau sind einhundertundfünfzehn Jahre verstrichen, aber die Kombination der Problemfelder, die ihre Forderung berührt, ist bis heute ein von Angst, Aggression, Ahnungslosigkeit, Konfusion und Böswilligkeit verremintes Gelände. Was ihrem im neunzehnten Jahrhundert geführten Kampf um einen Veteranensold zugrunde liegt, ist nichts anderes als die brennende Frage, die den Feminismus des zwanzigsten Jahrhunderts umtreibt: Wie können Frauen es schaffen, als menschliche Wesen betrachtet und respektiert zu werden, ohne sich dabei selbst zu vermännlichen oder aber von Männern dominieren zu lassen.

Aus einer Vielzahl komplexer Gründe ist die endgültige Antwort noch nicht gefunden, aber man kann sich der bitteren Schlussfolgerung kaum entziehen, dass eine der wichtigsten Ursachen unsere (der Frauen) bewusste und unbewusste

Komplizenschaft mit den Mächten ist, die den Sexismus zur ältesten und beständigsten Form von Unterdrückung in der Sozialgeschichte dieser Welt gemacht haben. Dieser fahrlässige oder absichtliche Verrat an uns selbst steckt wie ein Knochen in der Kehle jeder Frau, die die gegenwärtigen Lebensumstände der Frauen zur Sprache bringen will, und solange dieser Knochen nicht entfernt ist, wird er uns würgen und womöglich bald erstickt haben, was die erste erfolgreiche unblutige Revolution in Amerika hätte werden können.

Dass Frauen einen fatalen Hang zur Selbstsabotage haben, ist kein Geheimnis. Weniger klar ist der Grund, warum wir auf unseren Ketten bestehen. Angesichts der Tatsache, dass Sexismus kein auf Männer beschränktes Phänomen ist, wurden die Psychologie, die Erziehung und sogar die Theologie bemüht, um die Ursache im Unterdrücker zu finden. Aber der zuverlässigste und effektivste Saboteur ist die Frau selbst, und sie braucht keine Anleitung.

Amerikanische Frauen fallen in eine von drei übergeordneten Kategorien: Feministinnen, Antifeministinnen und neutrale Humanistinnen. In jeder dieser zugegebenermaßen grob definierten Gruppen entwickelt sich Feindseligkeit gegenüber zumindest einer der anderen Fraktionen, und in jeder gibt es wiederum Untergruppen, die ihre eigene Missionsarbeit bei den anderen betreiben.

Bekennende Feministinnen, die ihr Bewusstsein genügend geschärft haben, um sich aktiv für Frauenrechte einzusetzen, gibt es nicht erst seit gestern. Der Feminismus ist so alt wie die sexuelle Unterdrückung. In diesem Land trug die Frauenbefreiung ihre besten Früchte auf dem Boden, den die Befreiungsbewegung der Schwarzen bereitet hatte. Aus der Bewegung, die Mitte des neunzehnten Jahrhunderts zur Sklavenbefreiung führte, gingen die Suffragetten hervor; die Bürgerrechtsbewegung Mitte des zwanzigsten Jahrhunderts hatte die Frauenbefreiung im Gefolge. Beide Bewegungen wurden von schwarzen Männern begeistert unterstützt (kein weißer Mann hat sich dabei ähnlich ausgezeichnet), aber beide haben die Bürgerrechte der Schwarzen aus dem Blick verloren und die Verlagerung weg vom Rassenproblem für eine unvermeidliche und notwendige Entwicklung gehalten, die die Gelegenheit bot, sich ausschließlich auf sexistische Themen zu konzentrieren. Beide Male markierte diese Verlagerung das erste Stadium einer Spaltung, die auf eine Zukunft der Splittergruppen und der Selbstsabotage vorauswies.

Im modernen Feminismus folgte dieser ersten Spaltung rasch eine zweite, aus der zwei maßgebliche Gruppierungen hervorgingen: die sozialistisch geprägten Feministinnen, die den Kapitalismus für die grassierende sexuellen Unterdrückung verantwortlich machen; und der radikale Feminismus, der den Männern die Schuld gibt. Die Empörung gilt bei beiden Fraktionen den jeweils vermuteten Ursachen, aber bei der Verfolgung dieser Feinde trifft ein Teil der emotionalen Gewalt auch deren Opfer. Unabhängig davon, wie der Gegner definiert wird (die Männer oder das «System»), erkennen beide Lager die Notwendigkeit, das destruktive Verhalten der Frauen untereinander – gegenüber Schwestern, Müttern, Töchtern, Freundinnen, Mitarbeiterinnen – zu neutralisieren. Sie sehen den Verrat der Frauen an ihren Geschlechtsgenossinnen als Folge der mangelnden Selbstachtung einer unterdrückten Minderheit sowie der Konkurrenzsituation auf dem Heiratsmarkt. Allerdings kann das Nebeneinander eines erwachten und eines unterdrückten Bewusstseins zu schweren inneren Konflikten führen. Es ist erschreckend, Andrea

Dworkins Bericht über ihren Versuch zu lesen, mit Lebensrechtlerinnen in Houston ins Gespräch zu kommen. Simone de Beauvoirs Erinnerungen an die Rivalität mit ihrer Mutter sind buchstäblich vergiftet. Selbst unter fortgeschrittenen Feministinnen bleibt Sabotage eine Bedrohung, mit der zu rechnen ist. Ein kollektiv geführter feministischer Buchladen in Kalifornien, er nannte sich *Women's Place*, endete vor Gericht, als die Separatistinnen die Integrationistinnen aussperrten.

Den Antifeministinnen, deren beste Unterstützer die Männer sind, sagen Feministinnen gerne nach, ihr ganzes Leben drehe sich um Schwangerschaft und Laktation und jedes politische, ökonomische oder kulturelle System sei ihnen recht, solange es den Männern zu tun gibt, ihnen die Verantwortung zuschiebt und sie ansonsten auf Distanz hält. Den Feminismus verdammen sie als kommunistisch unterwandert und gottlos, und die männliche Rolle als Vater und Versorger halten sie für den Gipfelpunkt zivilisatorischer Entwicklung. Es kümmert sie nicht, dass die Anthropologie sich an der Männerrolle abarbeitet; dass zwar die «Natur» ein offensichtliches Rollenmodell für Frauen anbietet, das Rollenmodell für Männer aber von der Gesellschaft definiert werden muss. Will man herausfinden, wofür Männer, abgesehen von Vaterschaft und Versorgungsauftrag, gut sein sollen, gerät man in den Gesamtzusammenhang unserer Zivilisation und ihrer männlich dominierten Positionen. Weil es Männer nicht ausfüllt, ihren Kindern ein verantwortungsvoller Vater zu sein, sehen sie sich als Macher, Führer und Erfinder, und es bedarf keiner überragenden Intelligenz, um zu dem Schluss zu kommen, dass Frauen, wenn sie nur von ihren Haushalts- und Erziehungpflichten entlastet würden, wohl ebenso gut machen, führen und erfinden könnten. Über einen solchen radikalen

Wandel der Erwartungen nachzudenken, kann Beklommenheit, ja Panik auslösen. Antifeministinnen sind nicht bedingungslos dagegen, dass Frauen Tätigkeiten ausüben, die als typisch männlich gelten – sie glauben lediglich, dass die Freiheit dazu entweder zweitrangig, oder aber alles andere als ein Fortschritt ist, beraubt sie sie doch ihres schwer erkämpften Schutzgehäuses. Daher ihr Abscheu vor einer Freigabe des Schwangerschaftsabbruchs, vor einer Ratifizierung des immer noch nicht rechtsgültigen Verfassungszusatzes zur Gleichberechtigung der Geschlechter und vor vielen weiteren feministischen Zielen.

Die Agnostikerinnen, die keiner Seite zuzuordnenden Humanistinnen, bilden wahrscheinlich die größte der drei Gruppen, und obwohl Feministinnen wie Antifeministinnen sie umwerben, um die jeweilige Gefolgschaft zu mehren, schlagen ihnen von beiden Seiten Misstrauen und Verachtung entgegen. Die Feministinnen betrachten sie als Parasiten und Opportunisten, die vom Feminismus profitieren, aber nichts dazu beitragen – oder ihn sogar verspotten. Es sind Frauen, wie man sie in der akademischen Welt findet: Ihnen ist durchaus bewusst, dass sie ihre Position dem Feminismus verdanken, und sie begreifen sich auch selbst als Repräsentantinnen weiblicher Emanzipation, gleichzeitig aber gehen sie auf Distanz zu einer «nur» feministischen Wissenschaft («mein Thema ist Milton»). Aus Sicht der Antifeministinnen sind sie Feiglinge und Profiteure, die sich im Windschatten des Feminismus etabliert haben, ihn aber leugnen, wo er ihnen eher schaden als nützen würde. Als Ehefrauen hadern sie mit ihrer Rolle und stellen feministische Ansprüche, was Haushalt, Kindererziehung und sexuelle Freiheit angeht, ohne die damit einhergehende Verantwortung tragen zu wollen. Ihre ganze

Energie fließt in den Kampf um körperliche Attraktivität. Sie dekorieren sich und tragen ihre Haut zu Markte wie ein Pin-up der fünfziger Jahre, halten Männer für hoffnungslose Fälle und betrachten sich selbst und andere Frauen trotzdem als Mangelwesen, wenn sie keinen Partner abbekommen haben. Radikale Feministinnen erscheinen diesen in unentschiedener Neutralität verharrenden Frauen als unattraktive, vermännlichte Amazonen, deren unkonventionelles, oft aggressives Auftreten ihnen nur noch peinlich ist. Ebenso verächtlich finden sie die Antifeministinnen, deren verbale Ausfälle sie aber eher amüsieren; sie halten sie für ignorante religiöse Fanatiker oder einfach für bigotte Kriecher. Den Konvertiten von rechts oder links dagegen kommt die «vernünftige» Neutralität der unparteiischen Humanistinnen vor wie Verrat an der jeweils guten Sache.

Zwischen diesen drei Gruppen erstreckt sich eine weite Kampfzone, die mit Waffen gespickt ist. So bedauerlich die trennenden Gräben sein mögen, so ernst sind die Anliegen, die dahinterstecken – drängende, offene Fragen zwischen Biologie und Bigotterie.

Das biologische Dilemma, ob Fluch oder Segen, ist unabweisbar. Jede Frau, egal, wie sie zum Feminismus und seinen Zielen steht, wird gnadenlos gezwungen, ihre Vagina und ihre Gebärmutter als Handels- oder Tauschobjekt einzusetzen. Bei der sozialen Klasse der «unfreiwilligen», ihr biologisches Schicksal nicht reflektierenden Mütter bedeutet das, für ein Produkt, das nur ihr Körper herstellen kann, nämlich Kinder, Schutz einzuhandeln. Bei «bewussten» Müttern wird die Gebärmutter zum Dreh- und Angelpunkt für die politische Forderung, deren Tätigkeit selbstbestimmt unterbinden zu können. Als Geliebte, Prostituierte, Nur-Hausfrauen oder Pornodarstellerinnen haben Frauen es direkt mit dem Tauschwert ihrer Geschlechtsorgane zu tun und müssen sich damit abfinden oder auch nicht abfinden, dass die Welt so ist, wie sie ist, und nicht so, wie sie sein sollte. Weil der Lebensunterhalt der Frau immer mit ihrer Sexualität verknüpft war, egal ob als Jungfrau, Geliebte, Ehefrau oder Prostituierte, ist sexuelle Treue das Arbeitsfeld der Frauen – nicht der Männer. «Sich mit Männern im Bett und in der Ehe zu arrangieren, ist der übliche Weg zu einer normalen Weiblichkeit.» Und es obliegt der Frau, ihre Treue zu demonstrieren und die seine zu erhalten. Die Last dieser Verpflichtung, gekoppelt mit der ökonomischen Dimension der Sexualität, bringt heterosexuelle Frauen in einen direkten Konflikt mit homosexuellen Frauen.

Homosexuelle, mit ihren Geschlechtsgenossinnen solidarische Frauen, die die Männer und deren Dominanz aus ihrem persönlichen und sexuellen Leben zu verbannen suchen, sind der Überzeugung, dass ihre Lebensweise es den Frauen als einzige erlaubt, ihr volles Potenzial auszuschöpfen. Viele sehnen sich nach einer zukünftigen Welt ohne Geschlechtsunterschiede, wobei nicht ganz klar ist, wo die Lesbierinnen von morgen ohne zumindest marginalem Kontakt mit Männern oder wenigstens deren tiefgefrorenem Sperma herkommen sollen. Im Augenblick zwingt ihre Position sie dazu, den fröhlichen Optimismus männlicher Wissenschaftler zu teilen, die auf dem Feld fickfreier In-vitro-Vermehrung forschen. Die weiblichen Homosexuellen sind freilich nicht allein mit ihren Träumen von einer friedlichen, geschlechterlosen Zukunftswelt, wie die wachsende Anzahl weiblicher Science-Fiction-Autoren zeigt. Die Geschlechterbarriere ist so problembeladen, dass viele feministische Schriftstellerinnen sich der Science-Fiction zugewandt haben, um ein Grenzen überschreitendes Universum zu ersinnen, das frei ist von den Beschränkungen der Biologie.

Das zweite Problemfeld, auf dem Gräben zwischen den Frauen aufbrechen, hat mit der Zählebigkeit männlicher Doppelmoral und deren fataler Wirkung auf das Leben aller Frauen zu tun, egal welchem Lager sie angehören. Männer bestimmen noch immer über die Ziele, die die Gesellschaft in der Wissenschaft, der Politik und auf dem Arbeitsmarkt verfolgt. Die Eingriffe der Wissenschaft in das Fortpflanzungsgeschehen haben sich als durchaus zweifelhafter Segen erwiesen. Es war eine Frau, Margaret Sanger, die die Idee hatte und das Geld auftrieb, damit ein Mann, Dr. Pincus, ein «einfaches, sicheres, billiges Verhütungsmittel» entwickeln konnte, das «in den Slums der Armen, im Urwald und bei den ungebildeten Bevölkerungsschichten eingesetzt» werden sollte. Die genaue Zielvorgabe bei diesem Auftrag ist bezeichnend, belegt sie doch, dass der Argwohn weiblicher Minderheiten gegenüber allen Kampagnen zur Geburtenkontrolle nicht unbegründet ist. Trotz dieser ursprünglichen Absichten gilt die «Pille» als der wesentlichste Faktor für die Befreiung der Frauen aller Hautfarben seit 1960. Doch der dramatische Rückgang der Geburtenzahlen und der Todesfälle während der Schwangerschaft ist mit einer beunruhigenden Zunahme der Nebenwirkungen bis hin zur Unfruchtbarkeit erkauft. Das Kontrazeptivum, das Geburten verhütet, tötet auch Frauen, aber weil den Kampagnen zur Geburtenkontrolle immer auch ethnische und schichtenspezifische Hintergedanken beigemischt sind, gibt es keine Garantie, dass diese Gefahren eingedämmt werden, sobald die Frauen ihre Fruchtbarkeit, hier und bei den Schwestern im «Dschungel», selbst kontrollieren. Das Bild von immer neuen Wellen nichtweißer Babies, die heranwachsen und ebenso laut wie hungrig werden, gehört zum gerne wiederholten Repertoire von Feministinnen, die andere von ihrer Sichtweise überzeugen wollen.

Trotz progressiver Ansätze in der Gesetzgebung und einer wachsenden Anzahl von politisch aktiven Frauen, und ungeachtet des Prozentsatzes registrierter weiblicher Wähler, zweifelt niemand daran, dass Politik von Männern und für Männer gemacht wird. Niemand stellt sich auch nur die Frage, warum so viele Frauen in der Politik zur konservativen Seite des Spektrums tendieren. Die Sehnsucht nach politischen Heldinnen ist so groß, dass man Rechtfertigungsversuche für reaktionäre Frauen getrost den Linken überlassen kann. Aber solche Entschuldigungen können den Graben nicht zuschütten, der die Frauen der Linken von ihren Schwestern der Rechten trennt. Zum Beweis genügt ein Blick in ein beliebiges Diskussionsforum, sei es zum Thema Rassentrennung in Schulen, Recht auf Abtreibung, Schulgebet und vieles mehr.

Die Kontrolle, die Männer über den Arbeitsmarkt ausüben, ist gnadenlos – heute mehr denn je, weil emanzipierte Frauen für den neoliberalen Kapitalismus der Konzerne entbehrlich sind. Es gibt zu wenig Arbeit und zu viel Arbeitskraft. Zu wenig Arbeit und zu viele Arbeitswillige. Teenager, Angehörige von Minderheiten, Frauen, aktive Ruheständler, Farmer, Fabrikarbeiter und arbeitsfähige Behinderte bilden eine Reservearmee von Arbeitskräften, die für den sich ständig ändernden Bedarf bereitsteht. Eingewebt in dieses System von Angebot und Nachfrage ist ein brutaler Kampf um Jobs und Aufstiegsmöglichkeiten, der in allen Büros und Fabriken ausgefochten wird. Aufgrund ihrer Abhängigkeit sind Frauen auf diesem Kampfplatz die geborenen Verlierer.

Biologie und Bigotterie sind die historischen Feinde, die die Frauen seit langem als Ziel erkannt haben, wenn es darum geht, den Sexismus auszurotten. Jüngeren Datums und womöglich noch beunruhigender ist die Zunahme an weiblicher Sabotage, die die Bewegung als Ganzes bedroht: das interne Hickhack, das Verrennen in Sackgassen und auf Nebenschauplätzen, das den Feminismus zerrissen hat, ihn von seinen Anfängen als ernst zu nehmende politische Revolution entfernt und fast bis zur Unkenntlichkeit trivialisiert hat. Warum haben Anliegen wie das Recht auf Leben und das Recht auf Schwangerschaftsabbruch Frauen zu Antagonistinnen ihrer selbst werden lassen? Warum werden Pornogegnerinnen von Prostituierten als unnötig obstruktiv betrachtet? Warum sind schwarze Frauen und Frauen anderer Minderheiten so schnell bereit, weiße Feministinnen aus einer Führungsrolle zu drängen? Warum reden Frauen öffentlich so gerne über Solidarität, feuern aber ihre Assistentinnen, sobald die schwanger werden, oder stimmen gegen die Ernennung von weiblichen Dekanen und Vorständen oder behandeln Hausmädchen wie Einrichtungsgegenstände oder schieben die schwarzen Kinder anderer Mütter in gesonderte Schulbusse ab? Im schlimmsten Fall bringen solche Scharmützel die Bewegung in die gefährliche Nähe einer Selbstzerfleischung unter Frauen hassenden Frauen, im besten Fall führen sie zu einer wirkungslosen Verzettelung in Kleinkram und aussichtslosen Initiativen – was alles nur die primitivste aller männlichen Erwartungen bestätigen würde: dass jede Selbstorganisation von Frauen in einem Zickenkrieg endet, der so unterhaltsam und so irrelevant ist wie die Schaukämpfe von Schlammcatcherinnen.

Wie kann sich die Frauenbewegung würdig und verantwortungsvoll revitalisieren und ihren Weg weiterverfolgen, ohne angesichts all dieser Klagen zu einer Frauenbeschämung zu werden? Vielleicht können wir, wenn wir uns an die wütende Energie, die Eloquenz, die fordernde Entschiedenheit erinnern, die der Sache der Frauen gewidmet wurden, eine andere Botschaft heraushören, die den Klagen zugrunde liegt: dass Männlichkeit, ein männliches Verhalten, immer noch als ein überlegenes Konzept gilt. Dass über das ganze Spektrum hinweg, von den radikalen Feministinnen, die Männer in puncto Männlichkeit für Versager halten, bis hin zu den «weiblichen» Frauen, die Männer rückhaltlos akzeptieren, die Vorstellung von Männlichkeit mit Abenteuer, Integrität, Intellekt, Freiheit und, am wichtigsten, mit Macht verbunden wird. Dass der Mensch das Maß aller Dinge sei, ist ein heutzutage oft missachteter Grundsatz, aber unbestritten gilt, dass Männlichkeit ein Maß des Erwachsenseins, der persönlichen Reife ist. Sie bestimmt die Wünsche der Frauen, die glauben, sie seien nur dazu da, um Männer zufriedenzustellen, und ebenso die Wünsche derer, die haben wollen, was die Männer für sich in Anspruch nehmen. Sie inspiriert die Motivation von Frauen, die als kompetent, geistreich, durchsetzungsstark, gründlich, gerecht und vernunftgesteuert wahrgenommen werden wollen. Kühler Intellekt, obwohl oft als männliche Domäne betrachtet, war nie den Männern vorbehalten – wurde aber immer als männlicher Charakterzug empfunden. Die Familienplanung dem lieben Gott zu überlassen, bedeutet de facto, sie den Männern zu überlassen. Die Kontrolle über den eigenen Körper und dessen Empfängnisbereitschaft zu übernehmen, bedeutet eine Selbstermächtigung, die in die männliche Souveränität einbricht und sich aneignet, was für die Männlichkeit selbstverständlich ist: Herrschaft.

Statt die Definition des Weiblichen an einem kleinen

Chromosomenunterschied festzumachen, sollten wir den Blick weiten. Keine Kinder zu wollen oder zu brauchen, muss nicht bedeuten, dass wir einer Neigung zum Nährenden abschwören. Warum nutzen wir sie nicht, um dem Feminismus eine neue Bedeutung zu geben – eine, die ihn wegführt von Frauenverehrung und Männerehrfurcht? Die Wahrheit ist, dass Männer kein überlegenes Geschlecht sind. Und Frauen sind es ebenso wenig. Männlichkeit dagegen, als Konzept, wird von beiden Seiten begehrt. Das Problem ist also Folgendes: Das stillschweigende Einverständnis, dass Männlichkeit vorzuziehen ist, bedeutet auch ein stillschweigendes Akzeptieren männlicher Vorherrschaft, egal ob diese in Männern, in männlich denkenden Frauen oder in männliche Dominanz akzeptierenden Frauen personifiziert ist. Aber die männliche Vorherrschaft kann nicht existieren ohne ihre genitale Komponente. Jede sexistische Kultur hat ihre eigene sozio-genitale Verfassung, und in den Vereinigten Staaten ist diese Verfassung der Rassismus und die Hierarchie der sozialen Schichten. Wenn beides abgetrennt wird, bricht die männliche Vorherrschaft zusammen und der Ozean des Zanks unter den Frauen wird austrocknen.

So zu tun, als wären die rassistischen Elemente der männlichen Vorherrschaft gegenüber dem Sexismus nur sekundär, heißt einmal mehr, die Gelegenheit zur Auslöschung des Sexismus verstreichen zu lassen. So wenig sie von den Abolitionisten des neunzehnten Jahrhunderts genutzt wurde, so sehr wird sie vom Feminismus des zwanzigsten Jahrhunderts ignoriert. Die ständige Weigerung, sich dieser Frage zu stellen, nützt nicht nur der Vorherrschaft der Männer, sondern erzeugt eine Frontlinie mit vierzig Millionen Frauen auf der einen Seite und sechzig Millionen auf der anderen.

Die von Männern definierte und von Männern abgesegnete Klassengesellschaft zu akzeptieren, bedeutet eine Strangulierung der feministischen Bewegung und macht uns zu Gefangenen eines fruchtlosen Krieges, in dem jede von uns die Rolle eines weiblichen Saboteurs spielt.

Komplizenschaft mit der Unterdrückung von Ethnien und sozialen Schichten liegt einem erheblichen Teil der Selbstsabotage zugrunde, der die Frauen zum Opfer fallen, denn genau aus dieser Unterdrückung sind etliche Mythen erwachsen, unter denen die Frauen leiden. Einer ist der Mythos von der böswilligen Matriarchin, eine Denkfigur von so großer Macht, dass Daniel Patrick Moynihans These vom Matriarchat als der Ursache schwarzer Pathologien sich in der Literatur schwarzer wie weißer Männer und Frauen wiederfindet. Und dies trotz des Faktums, dass für lediglich sechzehn Prozent aller Haushalte Frauen als alleinige Versorger gemeldet sind (die Verwaltung besteht darauf, dass ein Haushalt einen «Vorstand» hat, und ist alarmiert, wenn es sich dabei nicht um einen Mann handelt). Nichts im Leben der Schwarzen unterstützt die Annahme, dass schwarze Männer von ihren Frauen «verweiblicht» werden, aber alles weist darauf hin, dass die Unterdrückung durch weiße Männer die schwächende Kraft ist. Und doch findet dieser Fehlschluss immer weitere Verbreitung. Italiener, Juden, Latinos, Angelsachsen – alle haben ihre sozialen Anpassungsprobleme zumindest teilweise mit ihren Erfolgen oder Misserfolgen bei der Zähmung einer furchteinflößenden Matriarchin zu erklären versucht.

Ein weiterer Mythos, unter dem Frauen zu leiden haben, ist die angebliche Klassenlosigkeit des ungezügelten Kapitalismus wie des Sozialismus. Im klassischen Kapitalismus haben Frauen keine wirtschaftliche Autonomie und sind abhängig von ihrem «ungewissen, von Männern bestimmten Schicksal als Ehefrauen, Mütter und Haushälterinnen». In marxistischen Gesellschaften, wo die sozialen Klassen nach ihrem Verhältnis zur Produktion definiert werden, lässt die Einheit der Familie mit ihrer internen sozialen Schichtung (also dem Mann als «Vorstand») keine adäquate Beschreibung dessen zu, was die unbezahlte Kraft, die Hausfrau, produziert.

Die Klassengesellschaft verschärft und politisiert den Kampf um Güter und Status. Neben all den anderen Konflikten, die er erzeugt, vergrößert der Klassenunterschied die Kluft zwischen schwarzen und weißen Frauen, armen und reichen Frauen, alten und jungen Frauen, alleinerziehenden Müttern mit und ohne Erwerbseinkommen. Er spielt Frauen gegeneinander aus, wenn es um von Männern ersonnene Streitfragen geht – Fragen, von denen es abhängt, wer Arbeit bekommt, wer eine gute Ausbildung erhält, wer die Kontrolle über Schoß und Scheide ausübt; wer in den Knast kommt; wer wo wohnen darf.

Die Bereitwilligkeit, mit der arg- oder ahnungslose oder auch berechnende Frauen die Konsequenzen des Klassenvorurteils ignorieren und Rollen übernehmen, die den männlich definierten Interessen des Staates dienen, produziert und perpetuiert eine reaktionäre Politik – eine langsame und subtile Art von Schwesternmord.

Niemand kann uns davor retten – niemand außer uns selbst. Und deshalb suchen wir nach Spuren von Leben in dem Trümmerfeld, das einst eine vitale Befreiungsbewegung war. Drei Leuchtfeuer blinken in der Wüstenei: die hartnäckige, oft kaum gewürdigte Arbeit einer immer geringer werdenden Zahl von Feministinnen an der Reform schikanöser Gesetze; die unterfinanzierten Selbsthilfezentren und

Netzwerke ehrenamtlicher Helferinnen und Helfer; und am hellsten die wahrhaft blendenden Erfolge weiblicher Kunst und Wissenschaft. Nichts erscheint mir erfrischender und auf dramatische Weise aufschlussreicher als das aktuelle Geschehen in der Kunst- und Wissenschaftsszene. Zwar ist das alte Schubladendenken, das Künstlerinnen und Wissenschaftlerinnen etwa in den obligatorischen Jahresrückblicken der Medien getrennt von ihren männlichen Kollegen aufführt, nicht gänzlich überwunden, aber es liegt in den letzten Zügen. Vielleicht erleben wir in Kunst und Wissenschaft den Vorschein des möglichen Triumphs, endlich als menschliche Wesen gesehen und respektiert zu werden, ohne dafür den Männern gleich werden zu müssen oder uns von ihnen dominieren zu lassen. Vielleicht ist es der Vorschein einer Welt, in der Selbstsabotage schwieriger durchzuhalten ist; in der die Verehrung von Männlichkeit als einer Idealvorstellung ausstirbt; in der ein durchdachtes Mitgefühl mit Frauen, die nicht so sind wie wir, zutage treten kann; in der Rassismus und Klassendünkel keine Rolle spielen bei Betrachtung und Beurteilung; in der endlich unsere Taten sprechen können und Schwesternmord ebenso wie Brudermord indiskutabel machen.

Dreißig Jahre, nachdem Miss Harriet Tubman – schwarz, weiblich, Mutter, Krankenschwester, Köchin, Ehefrau und «Anführerin mehrerer Männer» – eine Versammlung sexistischer, bigotter, klassenbewusster weißer Herren um ihren ausstehenden Sold gebeten hatte, bekam sie die Zahlung bewilligt. Ich lasse diesen Text nicht mit ihrer Forderung beginnen und enden, um eine bittere Anekdote zu erzählen, sondern weil die Antwort, die sie erhielt, ein Schlüssel ist zur Geschichte der Unterdrückung der Frauen. Es ist eine Antwort, die alles verbindet, was das besondere Markenzeichen des amerikanischen Rassismus und Sexismus ausmacht.

Und glaubt nicht, dass sie das nicht erkannt hätte. Die Herren aus dem Kapitol sprachen ihr zwanzig Dollar pro Monat zu, als Rente auf Lebenszeit. Sie war, nachdem sie dreißig Jahre auf die Antwort gewartet hatte, fünfundsiebzig, und vermutlich waren die Herren davon ausgegangen, dass die Rente nicht sehr lange gezahlt werden müsste. Aber störrisch, wie eine Frau sein kann, lebte Harriet Tubman noch volle dreizehn Jahre.

LITERATUR UND ÖFFENTLICHES LEBEN

An den Schauplatz des eigenen Studiums zurückzukehren, birgt immer die Gefahr, wieder in die Rolle zu schlüpfen, die man einst an diesem Ort spielte, wo Fragen gestellt werden, wo Probleme auftauchen, wo man Hilfe braucht, um all die Schwierigkeiten zu bewältigen, bis eine klare und überzeugende Argumentation vorgetragen werden kann. Genau so fühle ich mich jetzt, nach so vielen Jahren: Vielleicht sitzt irgendwo ein Prüfungsausschuss, der mir Fragen stellen wird, nachdem er sich dieses Referat angehört hat. Es ist eine zweckmäßige Erinnerung, denn ich möchte diesen Anlass und diesen inspirierenden Ort nützen, um ein paar Gedanken zu überprüfen (oder zumindest in Umlauf zu bringen), die ich bisher nur in meinen Romanen artikulieren konnte. Und ich will herausfinden, wie sich diese Überlegungen in meinem Werk widerspiegeln.

Das Problem, dem ich mich heute Abend widmen will, ist ein Phänomen, das ich als den Verlust des öffentlichen Lebens bezeichnen möchte, noch verschärft durch den Niedergang des Privatlebens. Und als Gegengift zu dieser Krise schlage ich die Literatur vor, in einem Umfang, den die Literatur selbst sich nicht auszumalen wagte.

Während der achtziger und neunziger Jahre haben die Technologie und die Herrschaft der visuellen Medien die Wahrnehmung der öffentlichen Sphäre und unseren zwischenmenschlichen Erfahrungsraum verändert. (Wir leben in einem Zeitalter des Spektakels, das uns Intimität und Universalismus im globalen Dorf versprach. Bekommen haben wir eine grauenhafte Verwirrung von privater und öffentlicher Existenz.) Nach dem Abgesang auf die vielgescholtenen sechziger und siebziger Jahre, in denen es ein wirkliches, streitbares, er- und be- und umkämpftes öffentliches (und in aller Öffentlichkeit ausgetragenes) Leben gab, scheint es unwahrscheinlich, dass es jemals wieder ein Jahrzehnt wie jene beiden geben wird: mit Diskussionen über Fragen des Gewissens, der Moral, der Gerechtigkeit, der Ethik, die in einem liberalen Geist geführt werden und nicht in einem Klima der Unterdrückung. Und interessanterweise kann man feststellen, dass diese beiden Dezennien, anders als alle zuvor, sich selbst peinlich zu sein schienen. Ein öffentliches Leben wie damals, mit der Bürgerrechtsbewegung und vielem mehr, wurde keineswegs als Medienspektakel erlebt, das durch «die schiere Wucht von Werbung und fiktiven Inhalten die Realität von sozialer Spaltung und Ausbeutung verdrängt und die Trennung von privater und öffentlicher Existenz übertüncht». Die Konsequenzen können in Apathie bestehen, in Ekel, in Resignation oder in einer Art von innerem Vakuum, einer Betäubung, einer «Traumwelt voller künstlicher Stimuli und elektronischen Erfahrungssurrogaten», in der, wie F. Jameson formuliert hat, «die großen metaphysischen Themen, die fundamentalen Fragen des Daseins und der Sinn des Lebens so entlegen und sinnlos scheinen wie in keiner Zivilisation zuvor». Es war 1971, als dieser Kommentar verfasst wurde, und mehr denn je gilt er heute, wo die Gesetze des Marktes und der Medien mehr zählen als soziale Verantwortung oder Gerechtigkeit.

Wir leben im Zeitalter des Spektakels. Das Spektakel verspricht, uns zu fesseln, zwischen uns und der objektiven Realität auf eine Weise zu vermitteln, die sich jedes Urteils enthält. Das erinnert an das Versprechen der Atomenergie: Sie sollte sicher, sauber und billig sein und erwies sich als gefährlich, schmutzig und teuer. Das Spektakel hat sein Versprechen ebenso wenig erfüllt. Wir werden nicht gefesselt, sondern zerstreut, bis wir völlig unfähig sind zu unterscheiden, zu beurteilen, Schock oder Mitgefühl einzuordnen. Die «Herrschaft des Visuellen ist eine Zwangsbeglückung mit Bildern nach dem Rhythmus einer Stoppuhr», die uns ihre Struktur als Abklatsch der Wirklichkeit überstülpt.

Die Nachrichten versprechen, uns zu informieren. Aber «die Promiskuität der abendlichen Nachrichtensendungen – das Zusammenkippen von Tornados in Pennsylvania, Schießereien in Bosnien, streikenden Lehrern in Manchester, einer Kinderherzverpflanzung in Kalifornien – wird von den Taktvorgaben des Mediums diktiert». Vorgeführt wird diese Mixtur von Ereignissen dem Betrachter, als handle es sich um eine Repräsentation der Promiskuität der äußeren Welt, die wir folglich als unzusammenhängend empfinden.

«Millionen Menschen starren auf den Bildschirm und suchen Signale ihrer kollektiven Identität als nationale Gesellschaft und als Weltbürger. Die Medien spielen inzwischen die entscheidende Rolle für die Herausbildung einer ‹imaginären Gemeinschaft› von Nation und übriger Welt.» Auf diese Weise werden «die Nachrichten als Autorität beglaubigt, als eine nationale Institution mit einer privilegierten Rolle, in der sie der Nation Identität spenden und ihren Pulsschlag messen».

Die jüngste Entwicklung lässt freilich vermuten, dass da

etwas schiefgegangen ist. Die Formel, die Autorität, das Paradigma, die Ziele des Spektakels scheinen nicht zu funktionieren. Einstmals eine «Kirche der modernen Autorität», pflegte das Fernsehen Nachrichten als sakrales Spektakel zu präsentieren: Das Begräbnis von John F. Kennedy, die Hochzeit von Prinz Charles, die Amtseinführung amerikanischer Präsidenten, der Tod von Diana – alles wurde mit dem Anspruch zelebriert, von größter nationaler und internationaler Bedeutung zu sein. Erst seit der Verschmelzung von Nachricht (die nur Nachricht ist, wenn es Bildmaterial dazu gibt) und Spektakel im Dienst einer profitorientierten Unterhaltungsindustrie haben bestimmte elektronische Erzählweisen, einst als offizielle oder nationale Verlautbarungen konzipiert, nicht mehr die versprochene nationale Identität bezeugt, sondern die Bruchlinien darin. Krieg wird eine zeitlich getaktete und zugespitzte «Story», in der die elektronische Frage zu einer politischen wird: Wann ziehen wir uns zurück? Wann kehren die Truppen heim? Wann ist der Diktator tot? In anderen nationalen Erzählungen – den Anhörungen im Berufungsverfahren des Verfassungsrichters Clarence Thomas, dem O.J. Simpson-Prozess, der Whitewater-Affäre, den Impeachment-Hearings – werden Zeit, Erzählstruktur und der dramaturgische Aufbau den Programmschemata des Fernsehens untergeordnet. Es ist faszinierend, sich in Erinnerung zu rufen, dass so gut wie alle dieser kürzlichen Fernsehereignisse unterfüttert waren von «Rasse» und/oder Sex sowie der Macht, die damit ausgeübt oder abgewehrt werden kann.

Diese nationalen Spektakel konnten Gräben nicht, wie erhofft, verbergen, sondern vertieften sie noch. Wir dürfen nicht damit rechnen, dass das Medienspektakel einen gesellschaftlichen Konflikt befriedet oder völlig von ihm ablenkt. Eher wird es Sprache, Zeitempfinden, Vorstellungen von Moral und Freiheit sowie den Zugang zu Wissen und Information beschädigen, verändern oder verfälschen, weil es unser Bewusstsein auf einen Selbstbestätigungsmechanismus reduziert. Unter dem Druck der Medien, die die Grenze zwischen privat und öffentlich in unserer Wahrnehmung verwischen, werden wir zu Werbeträgern für uns selbst. Es stellt sich die Frage, wie und wo wir Öffentlichkeit in Zeit und Sprache, als Affekt und im Kontext so erleben können, dass wir mit unserem individuellen, einzigartigen, womöglich auch erfundenen Leben teilhaben am Leben der verschiedenen Gemeinschaften, zu denen wir zu gehören glauben oder gehören wollen.

Was ist der Grund für diese verwischte Wahrnehmung von privater und öffentlicher Sphäre? Zum Teil mag die Verwirrung auf die gedankenlose Verwendung der Begriffe zurückgehen: hier das Privatleben, dort aber die Privatisierung von Gefängnissen, dem Gesundheitswesen, den sogenannten *public schools*. Ersteres beruht auf Garantien der Verfassung und einem persönlichen Anspruch. Letzteres ist das gewinnorientierte Investment eines Wirtschaftsunternehmens, das öffentlich agiert.

Ersteres (der persönliche Anspruch auf Privatsphäre) kann aufgegeben werden (z. B. in einer Talkshow) oder vor Gericht aberkannt werden (bei Prominenten oder «Persönlichkeiten des öffentlichen Lebens»), aber in jedem Fall sind solche Sonderfälle von Privatheit einer ständigen Beobachtung unterworfen. Letzteres, die Privatisierung von ursprünglich öffentlichen Institutionen, kann ebenfalls vor Gericht angefochten werden, wird uns aber als etwas angepriesen, das dem «öffentlichen» Wohl dient (weil der Wettbewerb gestärkt wird und angeblich höhere Qualität bei niedrigeren Kosten dabei herauskommt). Gern wird das «öffentliche Wohl» so umdefiniert, dass es speziellen Einzelinteressen dient.

Die Unschärfe dieser Definitionen hat die Grenzen zwischen dem Individuum und seiner vermeintlichen Gemeinschaft so aufgeweicht, dass es uns weder überrascht noch empört, im öffentlichen Leben die Inszenierung eines Narrativs zu erkennen, in dem Sex, ethnische Zugehörigkeit und die Bedrohung der Familie als landesweit interessierende und marktgängige Themen ausgeschlachtet und skandalisiert werden. Dieses chaotische In-eins-Fallen von privat und öffentlich – das pausenlos überwachte Privatleben – und die öffentliche Sphäre, über die wir keine Kontrolle haben, begünstigen einen Rückzug in den Narzissmus der Abkapselung, eine Preisgabe an die schalen Freuden des Entertainments. Oder an die Zugehörigkeit zu einer vollkommen illusorischen Gemeinschaft, die zusammengehalten wird von Angst und unstillbarer Sehnsucht.

Angesichts dieser längst realen Zerrüttungen, denen womöglich weitere folgen, scheint mir die Literatur eine spezielle Linderung anzubieten. Betrachtet man die Gründe, weshalb sich die Beschäftigung mit Literatur lohnt, so schälen sich drei wesentliche Vorzüge heraus: 1.) Die Literatur kann moralische Maßstäbe transportieren, den Charakter bilden; 2.) sie eignet sich für gehobene, politikfreie Freizeitgestaltung; 3.) sie kann «Phantasiekräfte freisetzen, die wesentlich sind für das Leben als Staatsbürger». Während eine Weiterbildung als Staatsbürger sicher erstrebenswerter ist als eine Fortbildung als Konsument, hat die Ausrichtung bürgerlicher Existenz auf den Staat eine heikle, nationalistische Note. «Das Problem beim Nationalismus ist nicht der

Wunsch nach Unabhängigkeit, sondern die eigentümliche epistemologische Illusion, dass man nur unter seinesgleichen verstanden werden, sich heimisch fühlen kann. Das wirklich Schlimme am Nationalismus ist nicht der Wunsch, Herr im eigenen Haus zu sein, sondern die Überzeugung, dass nur Menschen wie man selbst es verdient haben, sich in diesem Haus aufzuhalten.» Gleichgültig ob es nun die charakterbildenden Eigenschaften der Literatur sind, ihr rigoroser, politikfreier Intellektualismus oder ihre Nützlichkeit bei der Formung guter, mitsorgender Staatsbürger; oder ob ihr Anspruch bei den Lesern noch Widerhall findet (und ich bin nicht sicher, ob die Argumente pro Literatur sich seit Emersons *American Scholar* oder den Einlassungen von F. R. Leavis wesentlich verändert haben), in jedem Fall kommt dem Studium und der Produktion von Literatur heute ein Maß an Dringlichkeit zu, wie es bisher nicht für möglich gehalten wurde: Fiktionale Literatur könnte der letzte und einzige Weg der Erinnerung sein (ich persönlich glaube: Sie ist es), das letzte Bollwerk gegen den verheerenden Schwund von Gewissen und Gedächtnis. Fiktionale Literatur kann eine alternative Sprache sein, die Widerspruch einlegen, Analyse leisten, Flucht ermöglichen kann angesichts des Regimes, der Macht der elektronischen Bilder, der Verführungskraft des Virtuellen. Die Lektüre von Romanen kann ein Reparaturmechanismus sein, der die Brüche zwischen dem Öffentlichen und dem Privaten kittet.

Es gehört zu den Eigenschaften von Literatur, die Erfahrung von Öffentlichkeit zu ermöglichen, frei von Zwang und ohne Unterwerfung. Literatur verweigert und stört den passiven oder von außen gelenkten Konsum des Spektakels, das darauf getrimmt ist, persönliche Identität in einen nationalen Rahmen zu stellen, um uns auf diese Weise Produkte zu verkaufen. Literatur erlaubt uns – nein, sie fordert von uns – die Erfahrung unserer selbst als multidimensionale Persönlichkeiten. Und dadurch ist sie wichtiger geworden, als sie es jemals war. Als Kunstform handelt sie von den menschlichen Konsequenzen der anderen Disziplinen: Geschichte, Rechtsprechung, Natur- und Wirtschaftswissenschaften, Soziologie und Medizin. Als Erzählung ist ihre Form das Werkzeug, durch welches Wissen erworben und übertragen wird. Als simultane Erfassung des menschlichen Charakters in der Zeit, in einem Kontext, im Raum, in metaphorischer und expressiver Sprache ordnet sie die chaotische Überwältigung durch den Exzess der Realitäten, die mega oder hyper oder cyber sein mögen, überhöht oder virtuell, mehrdeutig, durchlässig oder nostalgisch. Und schlussendlich kann sie einen Ausblick in eine erträglichere Zukunft gewähren.

Diese theoretischen Überlegungen (über die besondere Eignung des Romans für die Erfahrung eines schwindenden öffentlichen Lebens) werden zu einer bewussten Strategie in meinen drei jüngsten Büchern. *Menschenkind*, *Jazz* und *Paradies* haben eine strukturelle Anomalie gemeinsam – eine postnarrative, außertextliche, im Buch selbst nicht enthaltene Coda, die sich nicht auf die Handlung oder den zugrunde liegenden Konflikt des Buches bezieht, sondern auf die Erfahrung dieses Konflikts; nicht auf die Bedeutung der Handlung, sondern auf die Erfahrung, dieser Handlung eine Bedeutung abzugewinnen. Diese Coda spielt die Rolle eines Anwalts, der auf den Konsequenzen der Lektüre besteht, der in die gewohnte Intimität zwischen Leser und Text einbricht und, wenn er Erfolg hat, eine Meditation, eine Debatte, eine Denkbewegung anstößt, die Gesprächspartner braucht, um ihr volles Potenzial zu entfalten. Kurz gesagt: Soziale Akte vervollständigen den Lektüreprozess.

In *Menschenkind* endet die Erzählung mit Sethes Frage nach ihrer Individualität. Was außerhalb der Erzählung zu leisten bleibt, ist die neue Vergegenwärtigung ihrer Heimsuchung, die sich jetzt als furchtbarer entpuppt, als man anfangs ahnen konnte und als sie ursprünglich angelegt schien: ein frustriertes Kind, bockig und boshaft aus verständlichen Gründen. Sethes Lebensschicksal, von Auslöschung bedroht zu sein, tritt hinter die Gestalt von «Menschenkind» zurück, die im «Jenseits» des Buches beschworen und der Verantwortung jener übergeben wird, die sich auf die Handlung eingelassen, an ihr teilgenommen, sich zu Zeugen gemacht haben. Eine persönliche Verantwortung, hinter der sich eine öffentliche, die Gemeinschaft betreffende Verpflichtung verbirgt: «Dies ist keine Geschichte zum Weitererzählen.» «Sie könnten den Finger darauf legen, wenn sie wollten.» «Sie vergaßen sie.» «… eine Einsamkeit, mit der kann man sich wiegen» (im privaten Raum), «eine andere Einsamkeit, die umherschweift» (in der Öffentlichkeit).

In *Jazz* sind die über das Buch hinausweisenden Gesten deutlicher: Die Figuren selbst entfliehen den Prognosen des Romans, sind anders und komplizierter, als das Buch es je für möglich gehalten hat. So werden die letzten Absätze zu einem Plädoyer nicht nur für das empathische Verständnis einer irreführenden, ihrer selbst unsicheren Erzählung, sondern auch für eine außergewöhnliche, stark erotisierte, wechselseitige Beziehung zwischen Leser und Text. Sie aktivieren diese Komplizenschaft auch durch drängende, geradezu aggressive Hinweise auf die Lektüre als einen Akt, der öffentliche Konsequenzen hat und sogar öffentliche Verantwortung einfordert. Aus dem «… schau, schau. Schau, wo deine Hände sind. Jetzt» kann man schließen, dass etwas getan, neu gedacht, verändert werden muss, und dieses Etwas hält der Leser buchstäblich in den Händen.

Bei *Paradies* endet (oder schließt) der Roman mit Aktivitäten, die für die Erzählung fast irrelevant sind. «Fast» deshalb, weil sie gewisse Spekulationen darüber erlauben, was nun tatsächlich mit den Frauen in dem ehemaligen Kloster geschehen ist. Überwiegend aber dienen sie dazu, die Anspielungen auf das Evangelium mit den «Heimsuchungen» und «Erscheinungen» des Neuen Testaments zu vervollständigen und die Bildwelt des Paradieses zu erneuern. Und das Paradies kann alles sein, nur nicht eine isolierte Existenz. Es ist, in welcher subjektiven Sicht auch immer, eine Gemeinschaft mit einem von allen geteilten öffentlichen Leben.

Ich glaube, dass der Roman Möglichkeiten eröffnet – und zu ihrer Nutzung ermutigt –, Öffentlichkeit zu erleben: sofort, mit emotionaler Beteiligung, in einem gemeinschaftlichen Raum, zusammen mit anderen Menschen (Figuren) und in einer Sprache, die auf persönlicher Anteilnahme besteht. Und er versucht, das Verhältnis zwischen Literatur und öffentlichem Leben zu erhellen und zu revitalisieren.

DIE NOBELVORLESUNG IN LITERATUR

«Es war einmal eine alte Frau. Blind, aber weise.» Oder war es ein alter Mann? Ein Guru, vielleicht? Oder ein Griot, der zappelige Kinder zur Ruhe singt. Ich habe diese Erzählung, oder eine ganz ähnliche, in den Überlieferungen verschiedener Kulturen gehört.

«Es war einmal eine alte Frau. Blind und weise.»

In der Version, die ich kenne, ist die Frau eine Tochter von Sklaven, schwarz, Amerikanerin, und sie lebt allein in einem kleinen Haus außerhalb des Ortes. Ihr Ruf als Wissende steht außer Frage und kennt keine Konkurrenz. In ihrer Gemeinschaft ist sie das Gesetz und zugleich dessen Überwindung. Ehrerbietung und Ehrfurcht, die ihr entgegengebracht werden, reichen weit über ihre Nachbarschaft hinaus, reichen bis in die Stadt, wo die Intelligenz ländlicher Propheten gern belächelt wird.

Eines Tages wird die Frau von einer Gruppe junger Leute aufgesucht, die anscheinend darauf aus sind, ihre hellseherischen Fähigkeiten zu widerlegen und sie als die Betrügerin zu entlarven, für die sie sie halten. Ihr Plan ist einfach: Sie treten ins Haus und stellen der Frau eine einzige Frage, deren Beantwortung von dem abhängt, was sie von ihnen unterscheidet und was die jungen Leute für einen Makel halten: ihre Blindheit. Sie stehen vor ihr, und einer von ihnen sagt:

«Alte Frau, in meiner Hand halte ich einen Vogel. Sag mir, ist er lebendig oder tot?»

Sie antwortet nicht, und die Frage wird wiederholt. «Ist der Vogel, den ich in der Hand habe, lebendig oder tot?»

Immer noch schweigt sie. Sie ist blind und kann ihre Besucher nicht sehen, geschweige das, was sie in Händen halten. Sie kennt weder ihre Hautfarbe noch ihr Geschlecht, noch ihre Herkunft. Sie kennt nur ihr Motiv.

Das Schweigen der alten Frau dauert so lange, dass die jungen Leute sich kaum noch das Lachen verkneifen können.

Endlich spricht sie, und ihre Stimme ist leise, aber ernst. «Ich weiß es nicht», sagt sie. «Ich weiß nicht, ob der Vogel in deiner Hand tot oder lebendig ist, aber ich weiß, dass du ihn in Händen hältst. Du hast es in der Hand.»

Ihre Antwort kann bedeuten: Wenn er tot ist, hast du ihn entweder so gefunden, oder du hast ihn umgebracht. Wenn er lebendig ist, so kannst du ihn immer noch töten. Wenn er am Leben bleiben soll, so ist das deine Entscheidung. Was auch immer, du hast die Verantwortung.

Weil sie ihre Macht gegen die Hilflosigkeit der Frau ausgespielt haben, werden die jungen Besucher getadelt, wird ihnen bedeutet, dass sie Verantwortung tragen, nicht nur für ihren Spott, sondern auch für das kleine Bündel Leben, das sie zu opfern bereit sind, um ihr Vorhaben zu verwirklichen. Die blinde Frau verlagert die Aufmerksamkeit, weg vom Machtgehabe, hin zu dem Wesen, an dem die Macht demonstriert wird.

Darüber zu spekulieren, wofür (außer seiner zarten Körperlichkeit) der Vogel in der Hand stehen mag, hat mich von jeher gereizt, besonders aber jetzt, nachdem ich über meine Arbeit nachgedacht habe, die mich hier in diesen Kreis geführt hat. Daher entscheide ich mich, den Vogel als ein Bild für die Sprache zu lesen und die Frau als eine versierte Autorin. Sie ist besorgt darüber, dass die Sprache, in der sie träumt, die ihr bei ihrer Geburt geschenkt wurde, für schändliche Zwecke missbraucht, ihr geradezu geraubt wird. Als Schriftstellerin sieht sie Sprache teils als Zeichensystem, teils als lebendes Wesen, das einem gehorcht, zum größten Teil aber als eine wirkende Kraft – als Handlung mit Folgen. Die Frage, die die Kinder ihr stellen, «lebendig oder tot?», ist aber keineswegs irreal, weil sie die Sprache als gefährdet erlebt, dem Tod oder der Auslöschung unterworfen, zu retten nur durch eine Anstrengung des Willens. Sie findet, wenn der Vogel in den Händen ihrer Besucher tot ist, so tragen die, die ihn in ihrer Obhut hatten, die Verantwortung für den Leichnam. Für sie ist eine tote Sprache nicht nur die, die nicht mehr geschrieben und gesprochen wird, sondern jede unfruchtbare Sprache, die nur noch ihre eigene Lähmung bespiegelt. Die Sprache totalitärer Regime zum Beispiel, zensiert und selbst zensierend. Skrupellos in der Verfolgung ihres politischen Auftrags, hat sie nur das Ziel und den Zweck, sich den Freiraum ihrer eigenen, narkotischen Selbstbezüglichkeit zu erhalten, ihre Exklusivität und Dominanz. Obwohl tödlich krank, ist sie nicht wirkungslos, denn sie konterkariert den Intellekt, würgt das Gewissen ab, unterdrückt menschliche Potenziale. Unerreichbar für jede Form von Infragestellung, kann sie keine neuen Ideen ausdrücken oder tolerieren, keine fremden Gedanken aufnehmen, keine andere Geschichte erzählen, keine Augenblicke ratlosen Schweigens füllen. Verlautbarungssprache, geschmiedet zum Lob der Dummheit und dem Erhalt von Privilegien, ist eine blankpolierte Rüstung, eine Hülle, aus der der Ritter längst entschwunden ist. Aber sie besteht fort, dumpf, räuberisch und gefühlig, erweckt Ehrerbietung bei Schulkindern, bietet den Despoten ein Schutzschild, ruft falsche Erinnerungen wach an Harmonie und Sicherheit beim Volk.

Wenn die Sprache stirbt, davon ist die alte Frau überzeugt, wenn sie stirbt an Sorglosigkeit, an Missbrauch, an mangelnder Wertschätzung, an Gleichgültigkeit oder per Dekret, dann wird nicht nur sie selbst, sondern jeder, der Sprache genutzt und geprägt hat, für ihren Tod haftbar gemacht werden. In dem Land, in dem sie lebt, haben Kinder sich die Zunge abgebissen und greifen zu Waffen, um das Vakuum der Sprachlosigkeit zu füllen, der verkrüppelten und verkrüppelnden Sprache, der Sprache, die die Erwachsenen aufgegeben haben als ein Medium der Suche nach Sinn, nach Wegweisung, nach dem Ausdruck von Liebe. Aber die blinde Frau weiß, dass nicht nur Kinder den Mord an ihren Zungen verüben. Ebenso gebräuchlich ist er bei den infantilen Staatenlenkern und den Krämern der Macht, deren entleerte Sprache ihnen keinen Zugang mehr eröffnet zu dem, was von ihren menschlichen Instinkten übrig ist, denn sie wenden sich nur an die, die gehorchen, und sprechen nur, um Gehorsam zu erzwingen.

Die systematische Ausplünderung von Sprache erkennt man an der Neigung dieser Benutzer, ihren Nuancenreichtum, ihre Komplexität, ihr Hebammenpotenzial zu missachten zugunsten von Drohgebärden und Gesten der Entwertung. Unterdrückende Sprache ist nicht nur ein Zeichen von Gewalt, sie ist Gewalt. Sie repräsentiert nicht nur Grenzen des Wissens, sie setzt dem Wissen Grenzen. Ob die verhüllende Sprache staatlicher Instanzen oder die Pseudosprache hirnloser Medien; ob die pompöse, aber verkalkte Sprache der Akademie oder die nur zweckbestimmte Sprache der Wissenschaft; ob die bösartige Sprache einer Justiz ohne Ethik oder eine Sprache, die der Ausgrenzung von Minderheiten dient und ihren rassistischen Schrott mit literarischem Gewand verkleidet – all dies muss zurückgewiesen, behoben, bloßgestellt werden. Es ist die Sprache, die Blut säuft, die Verwundbarkeit sucht, die ihre faschistischen Stiefel unter Krinolinen der Ehrbarkeit und des Patriotismus versteckt auf ihrem Weg zu einem Tiefpunkt, den ihre Nutzer noch unterbieten. Sexistische Sprache, rassistische Sprache, fundamentalistische Sprache – alle sind typische, maßregelnde Herrschaftssprachen, die keine neuen Gedanken aufnehmen, keinen Austausch neuer Ideen fördern können.

Der alten Frau ist vollkommen klar, dass ihre Gedanken keinen intellektuellen Söldner oder unersättlichen Diktator, keinen käuflichen Politiker oder Demagogen, keinen manipulativen Journalisten überzeugen werden. Immer wird es aufwiegelnde Sprache geben, die Menschen zu den Waffen greifen lässt, sie tötet und töten lässt in Einkaufszentren, Gerichtssälen, Postämtern, Schlafzimmern, auf Spielplätzen und auf den Straßen – aufrührerische, einpeitschende Sprache, die sich dazu hergibt, den ganzen Jammer dieses sinnlosen Gemetzels zu verbrämen. Immer wird es die Sprache der Diplomaten geben, die Folter, Mord und Vergewaltigung in höfliche Formeln kleidet. Es wird immer neue, verführerische Mutationen von Sprache geben, geprägt, um Frauen zu würgen, sie wie Stopfgänse bei der Kehle zu packen mit ihren eigenen, unsagbaren, tabuisierten Worten. Es wird neue Sprachen der Überwachung geben, getarnt als Forschung, neue Sprachen der Politik und der Geschichtsschreibung, dazu bestimmt, dem Leiden von Millionen die Stimme zu rauben; Sprache im Prachtkleid, um die Unbefriedigten und

Beraubten mitzureißen zum Angriff auf ihre Nachbarn; arrogante, pseudo-empirische Sprache, so gedrechselt, dass sie schöpferische Menschen in Käfige der Zweitrangigkeit und Hoffnungslosigkeit sperrt.

Unter all der Eloquenz, dem Glanz, der Gelehrsamkeit, wie bewegend und verführerisch all dies auch sein mag, bleibt das Herz solcher Sprache kalt, hat vielleicht schon aufgehört zu schlagen – wenn der Vogel schon tot ist.

Die Frau hat sich überlegt, wie die Geistesgeschichte in allen denkbaren Disziplinen wohl verlaufen wäre, hätte das oberste Ziel, freiwillig oder unter Zwang verfolgt, nicht immer in Rationalisierung oder Ausübung von Dominanz bestanden – eine Verschwendung von Lebenszeit und Leben an tödliche Diskurse der Ausgrenzung, die nicht nur den Ausgesperrten, sondern auch den Torwächtern den Zugang zur Erkenntnis verwehrt.

Die übliche Lesart der biblischen Erzählung vom Turmbau zu Babel will, dass das Scheitern des Vorhabens auf die Last der vielen Sprachen, das Verständigungsproblem zurückzuführen ist. Dass eine monolithische Sprache den Baufortschritt gewährleistet und der Turm den Himmel erreicht hätte. Wessen Himmel, fragt sich die Blinde. Was für eine Art von Himmel? Vielleicht war der Blick ins Paradies ein Schnellschuss, ein wenig übereilt, wenn keinem die Zeit blieb, andere Sprachen verstehen zu lernen, andere Ansichten, andere Erzählungen. Hätten sie sich die Zeit genommen, hätten sie den Himmel, von dem sie träumten, vielleicht zu ihren Füßen entdeckt. Auch nicht einfach, auch eine Herausforderung, aber es wäre ein Bild des Himmels im Leben gewesen und nicht des Himmels nach dem Leben.

Die Frau möchte bei ihren jungen Besuchern nicht den

Eindruck hinterlassen, die Sprache müsse mit Gewalt am Leben erhalten werden, um ihrer selbst willen. Die Vitalität von Sprache liegt in ihrer Fähigkeit, das tatsächliche, vorgestellte, mögliche Leben ihrer Sprecher, Leser und Schreiber abzubilden. Obwohl sie manchmal an die Stelle der Erfahrung tritt, ist sie kein Ersatz dafür. Sie reckt sich hin zu dem Ort, wo ein Sinn liegen mag. Wie bei jenem Präsidenten der Vereinigten Staaten, der über den Friedhof nachdachte, zu dem sein Land geworden war. In seiner Rede sagte er: «Die Welt wird wenig Notiz davon nehmen, noch sich lange an das erinnern, was wir hier sagen, aber sie kann niemals vergessen, was jene hier taten.» Gerade weil sie darauf verzichten, die Realität von sechshunderttausend Todesopfern eines umstürzenden Krieges zur Befreiung der Sklaven in Sprache fassen zu wollen, bejahen diese schlichten Worte auf erfrischende Weise das Leben. Sie verweigern das große Pathos, wollen kein «letztes Wort» sein, keine große Abrechnung veranstalten, erkennen ihre «schwachen Kräfte, etwas hinzuzufügen oder wegzunehmen» an und erweisen dadurch der Unfassbarkeit des Lebens, dessen Verlust sie betrauern, ihre Ehrerbietung. Es ist diese Ehrerbietung, die die alte Frau bewegt, die Erkenntnis, dass Sprache dem Leben niemals ganz gerecht werden kann und es auch nicht soll. Niemals wird Sprache in der Lage sein, Sklaverei, Völkermord, Krieg «auf den Punkt zu bringen». Und sie sollte nicht hochmütig sein und so tun, als könnte sie es. Ihre Kraft, ihr Segen liegt im Sich-Recken nach dem Unsagbaren.

Ob mit großer Geste oder bescheiden, ob bohrend oder auftrumpfend, ob unnachgiebig oder lauthals lachend oder als stummer Schrei, immer hebt sich das getroffene Wort, das bewusste Schweigen, die unbeschädigte Sprache dem Wissen entgegen und nicht der Verdummung. Und doch kennt jeder die Literatur, die verbannt wurde, weil sie Fragen stellte; die verleumdet wurde, weil sie kritisch war; die ausgelöscht wurde, weil sie abwich. Und wie viele sind entsetzt bei dem Gedanken an eine Zunge, die sich selbst zensiert?

Die Arbeit am Wort ist kostbar, denkt die alte Frau, weil sie fruchtbar ist. Sie erschafft Bedeutung, die den Unterschied festschreibt – das, was uns Menschen von allen anderen Formen des Lebens unterscheidet.

Wir müssen sterben. Darin mag der Sinn des Lebens liegen. Aber wir *schaffen* Sprache. Das mag der Maßstab sein für unser Leben.

«Es war einmal…» eine alte Frau, der Besucher eine Frage stellten. Wer sind sie, diese Kinder? Was haben sie mitgenommen aus dieser Begegnung? Was haben sie herausgehört aus diesen letzten Worten: «Du hast es in der Hand.» Einen Satz, der Möglichkeiten aufschließt, oder einen, der die Tür zuschlägt?

Vielleicht haben die Kinder Folgendes gehört: «Das ist nicht mein Problem. Ich bin alt, schwarz, blind, eine Frau. Alles, was ich weiß, ist, dass ich euch nicht helfen kann. Die Zukunft der Sprache gehört euch.»

Sie stehen vor ihr. Angenommen, sie haben gar nichts in der Hand? Angenommen, ihr Besuch war nur ein Vorwand, ein Trick, damit jemand mit ihnen spricht, sie ernst nimmt, wie es bisher noch niemand getan hat? Eine Gelegenheit, die Erwachsenenwelt aufzubrechen, den Schwall der Worte, die über sie und für sie gesprochen werden, aber nie zu ihnen? Drängende Fragen sind zu verhandeln, darunter die, die sie gestellt haben: «Ist der Vogel, den ich in der Hand habe, lebendig oder tot?» Vielleicht bedeutete die Frage: «Kann uns jemand erklären, was das Leben ist und was der Tod?» Ganz ohne Trick, ohne Kinderei. Eine direkte Frage, würdig der Aufmerksamkeit einer Weisen. Einer Alten. Und wenn die Alten und Weisen, die ihr Leben gelebt und dem Tod ins Auge geschaut haben, weder das eine noch das andere beschreiben können, wer dann? Aber die alte Frau antwortet nicht. Sie behält ihr Geheimnis für sich, bleibt bei ihrem Selbstbewusstsein, bei ihren Rätselworten, bei ihrer Kunst ohne Verbindlichkeit. Sie bleibt auf Distanz, verstärkt sie noch, zieht sich zurück in die Einzigartigkeit der Isolation, in einen uneinnehmbaren, privilegierten Raum.

Nichts, kein einziges Wort, folgt auf ihre Ansage, die Fragenden hätten es in der Hand. Dieses Schweigen ist tief, tiefer als der Sinn, der aus den Worten zu schöpfen ist, die sie gesprochen hat. Ein Schweigen, das schaudern lässt, und die Kinder, darüber verärgert, füllen es mit den erstbesten Worten, die ihnen einfallen.

«Gibt es nichts zu sagen», fragen sie die Frau, «hast du keine Worte für uns, die uns helfen, aus deinem Dossier des Versagens auszubrechen? Aus der Lehre, die du uns erteilt hast und die gar keine Lehre ist, denn wir achten nicht nur auf das, was du gesagt hast, sondern auch auf das, was du tust. Auf die Barriere, die du aufgerichtet hast zwischen Großmut und Weisheit.

Wir haben keinen Vogel in unseren Händen, weder lebendig noch tot. Wir haben nur dich und unsere wichtige Frage. Ist das Nichts in unseren Händen etwas, worüber nachzudenken, es auch nur zu erraten, unerträglich war für dich? Erinnerst du dich nicht an deine Jugend, als die Sprache Magie war ohne Bedeutung? Als das, was du zu sagen vermochtest, nichts bedeuten konnte? Als es das Unsichtbare war, was die

Phantasie zu sehen versuchte? Als Fragen und das Bedürfnis nach Antworten so heiß in dir brannten, dass du vor Wut über dein Unwissen gezittert hast?

Muss unser Bewusstsein mit einem Kampf beginnen, wie du ihn bereits gekämpft und verloren hast, sodass wir dastehen mit nichts in den Händen außer dem, was du dir dort vorgestellt hast? Deine Antwort ist listig, aber ihre Raffinesse missfällt uns und sollte auch dir missfallen. Deine Antwort ist unanständig in ihrer Selbstzufriedenheit. Ein Spruch wie fürs Fernsehen, der sinnlos ist, wenn wir nichts in unseren Händen halten.

Warum hast du nicht die Hände nach uns ausgestreckt, uns berührt mit deinen weichen Fingern, den lauten Biss, die Lektion, so lange aufgeschoben, bis du wusstest, wer wir sind? Hast du unseren Trick, unsere Finte zu sehr verabscheut, um zu erkennen, dass wir ratlos waren, wie wir deine Aufmerksamkeit gewinnen sollten? Wir sind jung. Unreif. Unser ganzes kurzes Leben hindurch haben wir gehört, dass wir verantwortungsvoll sein sollen. Was soll das wohl heißen angesichts der Katastrophe, zu der diese Welt geworden ist, in der ‹nichts aufgedeckt zu werden braucht, weil alles sich selbst schamlos darbietet›, wie ein Dichter gesagt hat. Unser Erbteil ist eine Beleidigung. Du willst, dass wir mit deinen alten, blinden Augen sehen, und was wir dann sehen, ist nur Grausamkeit und Mittelmaß. Glaubst du, dass wir dumm genug sind, uns immer wieder das Trugbild der nationalen Einheit vorzulügen? Wie kannst du es wagen, uns von Pflichten zu erzählen, wenn wir bis zur Hüfte im Giftmüll deiner Vergangenheit stecken?

Du machst uns klein und unbedeutend, genau wie den Vogel, den wir nicht in unseren Händen halten. Gibt es denn keinen Nährboden für unser Leben? Kein Lied, kein Buch, kein Gedicht voller Vitamine, kein erlebtes Stück Geschichte, das du an uns weitergeben kannst, damit wir gestärkt beginnen? Du bist erwachsen. Du bist die Alte, die Weise. Hör auf, nur daran zu denken, wie du dein Gesicht wahrst. Denk an unser Leben und erzähl uns von deiner eigenen Welt. Erfinde eine Story. Erzählen ist die Wurzel, was aus ihr wächst, lässt uns wachsen. Wir sind dir nicht böse, wenn du mehr willst, als du vermagst, wenn Liebe deine Worte so entflammt, dass sie niederbrennen und nur ihre Asche bleibt. Oder wenn deine Worte, behutsam wie die Hände eines Chirurgen, nur offene Wunden vernähen, damit kein Blut fließt. Wir wissen, dass du es nie recht machen kannst – ein für alle Mal. Leidenschaft ist nicht genug. Können ist nicht genug. Aber versuch es. Denk nicht an deinen guten Ruf, um unseret- und um deinetwillen. Erzähl uns, wie die Welt für dich war, im Dunkeln und im Licht. Erzähl uns nicht, was wir glauben oder fürchten sollen. Zeig uns den weiten Rock des Glaubens und die Naht, die den Saum der Angst löst. Du, alte Frau, mit Blindheit gesegnet, sprichst die Sprache, die uns lehrt, was nur Sprache lehren kann: ohne Bilder zu sehen. Die Sprache allein schützt uns vor der Bedrohlichkeit der Dinge, die keinen Namen haben. Die Sprache allein ist Meditation.

Erzähl uns, wie es ist, eine Frau zu sein, damit wir lernen, wie man lebt als Mann. Erzähl von dem, was sich an den Grenzen bewegt. Wie es ist, kein Heim zu haben an diesem Ort. Weggeschickt zu werden von dem, den man kannte. Wie es ist, am Rand von Ortschaften zu leben, die deine Nähe nicht ertragen.

Erzähl uns von den Schiffen, die an Ostern nicht anlegen durften. Von der Nachgeburt, die auf dem Feld im Dreck liegt. Erzähl uns von einer Wagenladung Sklaven, die so leise sangen, dass ihr Atem nicht zu unterscheiden war vom fallenden Schnee. Die am Zucken der Schulter des Nebenmanns erkannten, dass der nächste Halt ihr letzter sein würde. Die, ihre Hände über dem Geschlecht gefaltet, von Wärme träumten, von Sonnen. Die die Köpfe hoben, als wäre der Moment der Übergabe gekommen. Sich umwandten, als würden sie jetzt überstellt. Aber sie halten vor einem Gasthaus. Der Kutscher und sein Kumpel gehen mit der Laterne hinein und lassen die summenden Männer und Frauen im Dunkel zurück. Der Auswurf des Pferdes dampft im Schnee zwischen den Hufen, und das Zischen und Schmelzen macht die bibbernden Sklaven neidisch.

Dann geht die Gasthaustür auf: Ein Mädchen und ein Knabe treten heraus aus dem Licht. Sie klettern hinauf auf die Ladefläche. Der Knabe wird in drei Jahren einen Revolver tragen, aber jetzt hält er eine Laterne in der Hand und einen Krug mit warmem Apfelwein. Sie reichen den Krug von Mund zu Mund. Das Mädchen gibt ihnen Brot und Fleischbrocken und mehr: einen Blick in die Augen eines jeden, den sie versorgt. Eine Portion für jeden Mann, zwei für jede Frau. Dazu der Blick, den sie erwidern. Der nächste Halt wird ihr letzter sein. Aber nicht dieser. Dieser ist jetzt warm.»

Stille kehrt ein, als die Kinder verstummen, bis die Frau das Schweigen unterbricht.

«Endlich», sagt sie. «Ich vertraue euch jetzt. Ich vertraue euch bei dem Vogel, den ihr nicht in euren Händen haltet, weil ihr ihn wirklich gefangen habt. Schaut nur. Schaut, wie schön das ist, was wir getan haben – gemeinsam.»

ASCHENPUTTELS STIEFSCHWESTERN

Begleiten Sie mich zunächst zurück in Ihre Vergangenheit, in die Zeit vor dem College. Ihre Kindergartenzeit wahrscheinlich, jenes Es-war-einmal, als Sie zum ersten Mal von Aschenputtel hörten oder das Märchen lasen oder, wie ich vermute, den Zeichentrickfilm *Cinderella* sahen. Denn das ist die Gestalt, über die ich sprechen möchte, deren Schicksal mich umtreibt. Das Verstörende an diesem Märchen ist die Tatsache, dass es im Wesentlichen die Geschichte eines Haushalts – einer Welt, wenn Sie so wollen – darstellt, in dem Frauen durch die Absicht, und zu dem Zweck, miteinander verbunden sind, eine andere Frau zu misshandeln. Natürlich gibt es auch noch einen schemenhaften, abwesenden Vater und einen Deus-ex-Machina-Märchenprinzen mit einem Fußfetisch, aber beide bleiben eher blasse Figuren. Und es gibt die Ersatzmütter (Patin und Stiefmutter), die beide zu Cinderellas Leid und auch zu ihrer Erlösung und ihrem Glück beitragen. Aber es sind die Stiefschwestern, die mich interessieren. Wie schädlich muss es für diese jungen Mädchen gewesen sein, mit einer Mutter aufzuwachsen – diese Mutter zu beobachten, ihr nachzueifern –, die ein anderes Mädchen zu einer Sklavin machte.

Ich wüsste gerne, was nach dem Ende des Märchens aus ihnen geworden ist. Denn anders als in vielen neueren Versionen waren die Stiefschwestern keineswegs hässliche, plumpe, dumme Gören mit übergroßen Füßen. Bei den Brüdern Grimm sind sie «schön und weiß von Angesicht» – gutaussehende, elegante Frauen der Oberschicht, und ganz offensichtlich Frauen mit Macht. Nachdem sie die brutale Unterdrückung einer anderen Frau miterlebt und daran teilgenommen haben, werden sie dann auch nur um einen Deut weniger grausam sein, wenn sie in die Lage kommen, andere Kinder zu versklaven? Oder gar, wenn sie sich um ihre alte Mutter kümmern müssen?

Das ist kein Märchenproblem, sondern eine durchaus aktuelle Fragestellung: Weibliche Macht über andere Frauen wurde historisch immer auf eine Weise ausgeübt, die als «maskulin» galt. Sie alle werden bald in einer Position sein, in der Sie genau das tun können. Wie auch immer Ihre Herkunft (reich oder arm), was auch immer Ihr Bildungshintergrund (fünf Generationen oder eine), Sie haben die Chancen genutzt, die ihnen das Barnard College bietet, und werden folglich den wirtschaftlichen und den gesellschaftlichen Status der Stiefschwestern haben – und somit ihre Macht.

Ich möchte Sie nicht bitten, sondern ich *fordere Sie auf*, nicht an der Unterdrückung Ihrer Schwestern mitzuwirken. Mütter, die ihre Kinder misshandeln, sind Frauen, und eine andere Frau, nicht irgendeine Behörde, muss den Willen haben, ihnen Einhalt zu gebieten. Mütter, die Schulbusse anzünden, sind Frauen, und eine andere Frau, nicht irgendeine Behörde, muss ihnen die Hände binden. Frauen, die die Beförderung anderer Frauen im Berufsleben verhindern, sind Frauen, und eine andere Frau muss den Opfern zu Hilfe kommen. In der Sozialarbeit, bei der Sozialhilfe arbeiten Frauen, die ihre Klientinnen womöglich demütigen, und die Kolleginnen müssen ihnen Frust und Ärger abnehmen.

Ich bin zutiefst beunruhigt von der Gewalt, die Frauen einander antun: Gewalt im Beruf, Gewalt im Wettbewerb, Gewalt der Gefühle. Ich bin beunruhigt von der Bereitwilligkeit der Frauen, andere Frauen zu versklaven. Ich bin beunruhigt vom zunehmenden Schwinden des Anstands auf dem Schlachtfeld, zu dem die weibliche Berufswelt geworden ist. Sie hier, Sie sind die Frauen, die einen Platz in der Welt einnehmen werden, auf dem *Sie* entscheiden können, wer gedeiht und wer verdirbt; *Sie* werden die Unterscheidung treffen zwischen den Notleidenden, die Unterstützung erhalten, und den Notleidenden, die leer ausgehen. *Sie* werden darüber befinden, welches Menschenleben entbehrlich ist und welches nicht. Und weil Sie die Macht dazu haben, werden Sie vielleicht auch glauben, dass Sie das Recht dazu haben. Hier zu unterscheiden, ist die wichtigste Aufgabe für Sie als Absolventinnen dieses Colleges.

Mein Vorschlag ist, dass wir unserer Begabung zur Fürsorglichkeit ebenso viel Aufmerksamkeit schenken wie unserem Ehrgeiz. Sie stehen vor einem Schritt in die Freiheit, und die Funktion dieser Freiheit ist es, andere zu befreien. Sie sind auf dem Weg der Selbstverwirklichung, und die Konsequenz dieser Selbstwerdung sollte in der Entdeckung bestehen, dass anderes ebenso wichtig ist wie Sie selbst. Und dieses andere könnte ein Aschenputtel sein – oder Ihre Stiefschwester.

Hüten Sie sich auf Ihrer Regenbogenreise zur Verwirklichung Ihrer persönlichen Ziele vor Entscheidungen, die nur auf Ihre Sicherheit, auf die Vermeidung von Risiken abzielen. Nichts ist ohne Risiko. Weder war es das je, noch sollte es das je sein bei den Dingen, um die zu kämpfen sich lohnt. Es ist nicht ohne Risiko, ein Kind zu bekommen. Es ist nicht ohne Risiko, Dinge verändern zu wollen. Es ist nicht ohne

Risiko, Dinge in Angriff zu nehmen, an die sich noch niemand gewagt hat. Oder etwas Altvertrautes auf neue Weise anzugehen. Es wird immer jemanden geben, der Ihnen Steine in den Weg legt.

Aber lassen Sie es bei der Verwirklichung Ihrer Ziele niemals zu, dass Ihr Bedürfnis nach Sicherheit der Sicherheit Ihrer Stiefschwester abträglich ist. Lassen Sie es nicht zu, dass die Gestaltungsmacht, die Sie sich redlich erworben haben, der Versklavung Ihrer Stiefschwestern dient. Lassen Sie Ihre Macht und Ihre Kraft von jenem Fleck in Ihrem Inneren ausgehen, der einfühlsam und sorgend ist.

Frauenrechte sind nichts Abstraktes, nicht nur ein politisches Projekt. Sie sind auch etwas zutiefst Persönliches. Es geht nicht nur um «uns» – es geht auch um Sie und mich. Nur um uns beide.

DIE ZUKUNFT DER ZEIT. LITERATUR UND SCHWINDENDE ERWARTUNGEN

Die Zeit, so scheint es, hat keine Zukunft. Will sagen, die Zeit scheint kein endloser Strom mehr zu sein, in dem sich die Gattung Mensch im Vertrauen auf ihre positive Entwicklung und ihren Wert bewegt. Zumindest scheint sie keine Zukunft mehr zu haben, die es in Länge oder Weite oder Schwung oder hinsichtlich ihrer Faszination mit der Vergangenheit aufnehmen könnte. Das Unendliche ist offenbar zu einer Domäne der Vergangenheit geworden. Trotz fiebernder Vorfreude auf den nahen Eintritt in ein neues Jahrtausend nimmt die Betrachtung der menschlichen Existenz über die volle Lebensspanne nur sehr geringen Raum in der öffentlichen Debatte ein. Zwanzig oder vierzig Jahre weit reicht der Blick ins einundzwanzigste Jahrhundert, mehr an realer Zeit scheint unserem Vorstellungsvermögen nicht mehr fassbar zu sein. Natürlich ist «Zeit» ein von Menschen gemachtes Konzept, doch im späten zwanzigsten Jahrhundert scheint es, anders als in früheren Jahrhunderten, keine Zukunft bereitzuhalten für die Spezies, die es organisiert und anwendet und darüber meditiert. Der Lauf der Zeit scheint sich auf einen Endpunkt zuzubewegen, jenseits dessen die Menschheit weder existiert noch existieren will. Dieses reduzierte, bereits welkende Verlangen nach Zukunft ist ein singuläres Phänomen.

Obwohl gelegentliche Ausbrüche von Endzeitstimmung und eine konstante Spur apokalyptischer Sehnsüchte den als kontinuierlich erlebten Lauf der Geschichte immer wieder unterbrochen haben, ist es die Vergangenheit, die länger und länger geworden ist. Vom siebzehnten Jahrhundert, als man der Erde ein Alter von ungefähr 4000 Jahren zubilligte, über eine Theorie des achtzehnten, die bereits auf 168 000 Jahre kam, bis zur schier grenzenlosen irdischen Vergangenheit des neunzehnten Jahrhunderts, in dem Charles Darwin bei einer bestimmten Landformation bereits mit dreihundert Millionen Jahren spekulierte, haben wir wenig Grund, uns nicht dem Bild von Henri Bergson anzuschließen, wonach «die Vergangenheit sich in die Zukunft nagt und immer dicker wird, je weiter sie fortschreitet».

Paradoxerweise ist es ausgerechnet der moderne Westen, wo Fortschritt und Veränderung als Ideale gelten, dem das Vertrauen in eine fortdauernde Zukunft am deutlichsten fehlt.

Die Pharaonen haben ihre Gräber vollgepackt, um für eine Ewigkeit gerüstet zu sein. Den Gläubigen von einst war ein Jahrhundert nicht zu lang, um ihre Kathedralen zu vervollkommnen. Heute dagegen, mindestens seit 1945, ist die beruhigende Versicherung einer «Welt, die niemals endet» Gegenstand des Zweifels, und wir stehen vor dem Jahr 2000, ohne dass auch nur im fernsten Winkel unseres Bewusstsein ein Gedanke an das Jahr 4000 oder 5000 oder 20 000 lauert.

Unendliche Weiten, Stoff für unsere Vorstellungskraft, für Forschung, Abenteuer und Kreativität, scheinen wir nur in der Vergangenheit zu finden. Selbst die Bezeichnungen, die wir für unsere Gegenwart ersinnen, tragen eine Vorsilbe, die rückwärts weist: postmodern, poststrukturalistisch, postkolonial, postkommunistisch. Unsere zeitgenössischen Prophezeiungen wenden sich rückwärts, beziehen sich auf Vergangenes. Es stimmt natürlich, dass es kein Wissen gibt ohne einen Begriff von dessen Vorgeschichte. Trotzdem ist es bemerkenswert, wie oft Ausflüge der Phantasie in eine ferne oder fernste Zukunft nur und ausschließlich dazu gedient haben, ein Bild unserer Gegenwart als Vergangenheit zu entwerfen oder neu zu erfinden. Und dieser Blick zurück, den erst die Technik der Zukunft ermöglicht, bietet keinerlei Trost, was die Zukunft der Menschheit angeht. Die Plattform, von der aus der Blick in die Vergangenheit geworfen wird, ist umgeben von abstoßender Öde.

Vielleicht ist es die disruptive Wirkung der neuen Techniken der Telekommunikation, die unsere Wahrnehmung von Zeit verändert und Sehnsucht nach jenen vergangenen Tagen weckt, als das Tempo geringer, weniger hektisch, unserem Herzschlag näher war. Als Zeit noch etwas anderes war als Geld. Vielleicht haben Jahrhunderte imperialistischer Übergriffe auf die Zukunft anderer Länder und Kontinente den Glauben an unsere eigene Zukunft erschöpft. Vielleicht hat das Bild der Zukunft, das H. G. Wells sah – eine unbewegte Wasserfläche, die nie von einer Brise gekräuselt wird –, eine solche Macht über uns gewonnen, dass wir in eine Ewigkeit flüchten, die bereits stattgefunden hat.

Es gibt gute Gründe für diese Flucht in die Vergangenheit und für die Befriedigung, die deren Erforschung, Umdeutung und Dekonstruktion spenden. Einer dieser Gründe hat mit der Säkularisierung der Kultur zu tun. Wo es keinen Messias mehr geben wird, wo ein Leben nach dem Tod als medizinische Unmöglichkeit gilt, wo die Vorstellung einer «unsterblichen Seele» nicht nur unglaubhaft, sondern in intellektuellen und literarischen Zirkeln zunehmend unvermittelbar ist, wo gelebte, tiefe Frömmigkeit bestenfalls mit Ignoranz, schlimmstenfalls mit unbelehrbarer Intoleranz assoziiert wird und «das Leben in der Historie das ewige Leben ersetzt», wird der Blick – mangels einer Hoffnung auf Auferstehung oder Reinkarnation – auf die biologische Spanne des individuellen Menschenlebens gelenkt. Ohne ein «ewiges Leben», das den Menschen alle künftige Zeit bescheren würde, erscheint die Zukunft als ein zu entdeckender Raum, eine Art Weltraum der Zeit, was de facto die Eroberung immer neuer Vergangenheit bedeutet. Die Entdeckung von Milliarden von vergangenen Jahren. Und es ist ein Damals, das sich vor uns entfaltet wie ein Geflecht, dessen Ursprünge sich im Dunkel verlieren.

Ein weiterer Grund für diese Bevorzugung der Vergangenheit liegt sicher in dem halben Jahrhundert, das wir bereits im Nuklearzeitalter verbracht haben, in dem ein Ende aller Zeit (jedenfalls soweit es die Existenz der Menschheit angeht) eine sehr reale Möglichkeit war und immer noch ist. Es musste sinnlos erscheinen, sich die Zukunft einer Gattung auszumalen, deren Überleben einem ziemlich unwahrscheinlich vorkam. So wurde die Beschäftigung mit schon verbrachter Zeit nicht nur attraktiv, sondern zu einer psychischen Notwendigkeit. Und die bedrückende Zukunftslosigkeit, die der Kalte Krieg mit sich brachte, hat sich im Zuge der diversen Abrüstungs- und Nichtverbreitungsverträge und Moratorien keineswegs gewandelt, sondern lediglich in den Untergrund verlagert. Wir sind sehr vorsichtig, wenn wir Gedanken artikulieren, die weit in die Zukunft unseres Planeten reichen. Darüber nachzudenken, gilt uns als gefährlicher und schädlicher Luxus, der nur von aktuellen Problemen ablenkt. Vielleicht fürchten wir, mit den Missionaren verglichen zu werden, die die Bekehrten mit den Verheißungen des Lebens nach dem Tod nur von ihrem irdischen Elend abzulenken suchten. Lieber nehmen wir mit einer drastisch beschnittenen Zukunft vorlieb.

Ich will keineswegs den Eindruck erwecken, alle gegenwärtigen Debatten wären unweigerlich auf die Vergangenheit fixiert und gleichgültig gegenüber der Zukunft. Die Sozial- und die Naturwissenschaften sind voll von Versprechungen und Warnungen, die uns über weite Strecken der näheren Zukunft beschäftigen werden. Die Wissenschaft entwickelt Anwendungen, die Hunger und Schmerz besiegen sollen, Genmanipulationen sollen die Lebenserwartung erhöhen und Nutzpflanzen widerstandsfähig machen. Die neuen Kommunikationstechniken ermöglichen es schon heute, dass so gut wie jeder Erdbewohner mit jedem anderen «interagieren» und dabei seinen Spaß haben und sich vielleicht sogar weiterbilden kann. Man warnt uns vor globalen Klima- und Umweltveränderungen, die einen radikalen Wandel der Lebensbedingungen mit sich bringen können. Man warnt uns vor den Folgen der ungleichen Verteilung von Ressourcen für das menschliche Überleben und vor den Folgen allzu zahlreichen menschlichen Lebens für die endlichen Ressourcen. Wir geben große Stücke auf diese Versprechungen und lassen uns von den Warnungen manchmal auch zu intelligenten und mitfühlenden Reaktionen bewegen. Aber die Versprechungen bringen uns in ethische Zwangslagen und nötigen uns, mit verbundenen Augen Gott zu spielen, während die Warnungen uns immer weniger Alternativen und Gewissheiten übrig lassen. Die Prophezeiungen, die unsere Aufmerksamkeit finden, sind jene, hinter denen genügend Geld steckt oder die hinreichend sensationelles Bildmaterial versprechen, um eine öffentliche Debatte über die erforderlichen Maßnahmen zu erzwingen und uns vor die Wahl zu stellen, welcher Krieg, welche Umweltkrise, welches politische Debakel unerträglich genug ist; welche Seuche, welche Naturkatastrophe, welche Institution oder Pflanze oder Fisch- oder Vogelart am meisten unserer Aufmerksamkeit bedarf. Keine Frage, dass dies ernsthafte Anliegen sind. Bemerkenswert an den Versprechungen und Warnungen ist jedoch, dass die Zukunft, abgesehen von Konsumartikeln und ein wenig mehr Lebenszeit und -qualität aufgrund medizinischer Fortschritte und einem Zuwachs an Geld und Freizeit zum Genuss der neuen Produkte und Möglichkeiten, offenbar nichts Substanzielles zu ihren Gunsten anzuführen hat.

Worüber werden wir während dieser längeren, gesünderen Leben nachdenken? Über die Richtigkeit unserer Entscheidungen, wessen Gene wir optimiert haben und wer uns das nicht wert war?

Kein Wunder, dass niemand über mehr als die kommenden zwei oder vier Jahrzehnte nachdenken will. Spekulationen über die Zukunft zukünftiger Entwicklungen erfordern visionäre Überlegungen darüber, wie das geistige Leben in einer Welt funktionieren kann, die der Gesundheit immer gefährlicher wird. Sie erfordern ein Nachdenken über künftige Generationen als neue Lebensformen, die mindestens ebenso wichtig sind wie ein kathedralengleicher Hochwald oder feuchtglänzende Robben. Sie erfordern ein Nachdenken über künftige Generationen als einen Jahrhundertschritt der eigenen Familie, der Gesellschaft, der Sexualität, der Geschlechterbeziehungen, der Ethnien, der Religion. Ein Nachdenken darüber, wie wir reagieren würden, hätten wir Gewissheit, dass unsere Nachkommen in direkter Linie noch zweitausend oder zwölftausend Erdenjahre vor sich haben. Ein Nachdenken nicht nur über die Dauer des menschlichen Lebens, sondern über seine Qualität. Über die Bedingungen intelligenten Lebens, nicht nur über seine Fähigkeiten zur Anpassung. Über ethische Normen für ein moralisch integeres Leben, was mehr bedeutet als nur eine Ad-hoc-Fähigkeit zum Mitleid.

Es ist schreiend offenkundig, dass sich die Zukunft im Reich der Politik schon heute als Katastrophe darstellt. Für den politischen Diskurs gilt «Zukunft» als etwas, das man «unseren» Kindern oder, mit einer gewaltigen Portion Zukunftsgläubigkeit, «unseren» Enkeln überlassen oder andienen kann. Wir sollten unser Augenmerk auf das Pronomen richten: Man fordert uns nicht auf, uns für *die* Kinder einzusetzen, sondern für *unsere*. «Unsere Kinder» beschränkt unsere Anteilnahme auf zwei oder vielleicht fünf Generationen. «Die Kinder» würde auf eine weite Zukunft der vielfältigen, glänzenden Möglichkeiten deuten – genau das, was uns die Politik verschleiert. Stattdessen wird die politische Rede von der Verherrlichung aller möglichen vergangenen Jahrzehnte dominiert: Sie beschwört die Vitalität der angeblich so goldenen Zwanziger – einem Jahrzehnt voller lokaler Kriege und des Raubbaus an der Dritten Welt. Sie dichtet den Dreißigern Schlichtheit und ländlichen Frieden an – dem Jahrzehnt der großen Depression, der weltweiten Streiks und eines Elends, dem die Betrachtung kaum gerecht zu werden vermag. Sie feiert die Vierziger als das rechtschaffene Jahrzehnt, in dem der «gute Krieg» gewonnen wurde und Abermillionen von Unschuldigen starben, die sich vorher noch überlegen konnten, was dieses Wort «gut» wohl zu bedeuten hatte. Die besonders beliebten Fünfziger werden mit einem Zuckerguss von selbstgewählter Wohlanständigkeit und ethnischer Harmonie überzogen, obwohl es sich um ein Jahrzehnt empörender politischer und ethnischer Unterdrückung handelt. Spätestens hier wird einem klar, dass die Wendigkeit der politischen Sprache ebenso verblüffend wie schamlos ist. Sie glorifiziert die fünfziger Jahre als ein Musterjahrzehnt voller Musterpatrioten und lässt die Patrioten im Stich, die diese Jahre mit behelfsmäßiger, mangelhafter oder überteuerter Gesundheitsversorgung und mageren Renten durchleben mussten, als Obdachlose endeten oder den Freitod wählten.

Worüber werden wir während dieser längeren, gesünderen Leben nachdenken? Über den Erfolg unserer Bemühungen, unsere Kinder davon zu überzeugen, wie gleichgültig es doch ist, dass die Annehmlichkeiten ihres Lebens anderen Kindern abgepresst und vorenthalten werden? Über unser Geschick, den Alten ein Leben in Würdelosigkeit und Armut schönzureden, als Belohnung dafür, dass sie gute Bürger waren?

Im Reich der Kulturkritik fehlt nicht nur jedes Interesse an einem erweiterten Begriff von Zukunft, die Geschichte selbst steht an ihrem Endpunkt. Überall im Land erscheinen moderne Versionen von Oswald Spenglers *Untergang des Abendlandes* – allerdings ohne Spenglers Überzeugung, der modernen Welt eigne ein «unhemmbarer Wille zur Zukunft». Der «Erdrutsch» begann 1973, so jedenfalls Eric Hobsbawm. Und dieses Post-Sechziger-Datum ist mehr oder minder die allgemein akzeptierte Markierung für den Anfang vom Ende. Sie treibt die Sechziger aus, erklärt dieses Jahrzehnt zu einem Irrweg, einer exotischen Krankheit voller Exzesse, Drogen und Unbotmäßigkeiten und legt es darauf an, all seine Errungenschaften rückgängig zu machen – Emanzipation, Toleranz, politische Wachheit und den Sinn für Gemeinschaft und geteilte gesellschaftliche Verantwortung. Man will uns einreden, dass alle aktuellen Probleme auf Fehlentwicklungen der sechziger Jahre zurückgehen. Die amerikanische Kultur der Gegenwart wird als so reparaturbedürftig dargestellt, dass sie unsere ganze Energie benötigt, um ihre lebenserhaltenden Systeme vor dem gänzlichen Erlöschen zu bewahren.

Durch diese verzerrende Linse der Vergangenheit betrachtet, wird die Zukunft fadenscheinig, ihres Versprechens beraubt, beschränkt auf den Zeitraum einer dreißigjährigen Staatsanleihe. In der Folge wenden wir uns nach innen, klammern uns an ein Kinderbuchideal von Familie – unzerstörbar, schützend, heil. Eine kleine Zuflucht, aber vom Gesetz begünstigt und befestigt mit den «großen Erwartungen» des neunzehnten Jahrhunderts. Wir suchen Zuflucht in Verschwörungstheorien, phantasieren uns ein Gemisch aus Fremden, Pseudofeinden, Dämonen, vermeintlichen Ursachen zurecht zur Linderung und Abwehr unserer Ängste vor Toren, durch die die Barbaren einfallen, vor Sprachen, die uns entfremdet werden, vor Macht in den Händen von Unbekannten. Unsere Zivilisation wird in den Leerlauf geschaltet, und es folgt ein erbärmlicher, machtloser Tritt auf die Bremse. Die lautesten Stimmen drängen jene, die bereits in Angst vor der Zukunft leben, von der Kultur in militärischen Begriffen zu sprechen – eine Vorform von Krieg und ein Grund für Kriege. Wir werden aufgefordert, die Vielfalt und die Kreativität unseres alltäglichen Lebens einem kulturellen Kahlschlag zu opfern. Wir werden verleitet, in leidenschaftlichen Debatten über kontroverse Themen ein Symptom für den Niedergang bürgerlicher Normen und Werte zu sehen. Wir werden aufgestachelt, das öffentliche Bildungswesen zu skandalisieren und es lieber zu gefährden als zu schützen. Wir werden verführt, kurzfristige, wie aus einer Vorstandssitzung hervorgegangene Schrumpfversionen einer Zukunft zu akzeptieren, die das ganze Reich des Menschlichen umfassen sollte. Unsere tägliche Lebensrealität mag von Tragödien gesäumt, von Enttäuschung und Mangel gezeichnet sein, aber ihr bleibt immer das Potenzial zum entschlossenen Widerstand gegen die Trivialisierung und Enthumanisierung, auf denen der polit-kulturelle Betrieb und die profitgetriebenen Medien beruhen.

Was uns beispielsweise bis zur Lähmung oder zur blanken Panik ängstigt, ist Gewalttätigkeit – unsere eigene Anfälligkeit dafür und nicht minder die unseres Nachbarn. Ob diese Sorge nun von den Gewaltphantasien der Unterhaltungsindustrie genährt wird, ob die Statistiken als Sündenbock herhalten müssen, ob es das fatale Lächeln eines telegenen Gurus ist oder der Waffennarr im harmlosen Tarnzelt oder in einer bukolischen Jagdhütte, wir lassen uns in jedem Fall davon gefangen nehmen, ähnlich jenen Schurken, die der boomenden Gefängnisindustrie mit der Verbreitung eines perfekten Konsumartikels in die Hände spielen. Ich meine Waffen, und ich nenne sie perfekte Konsumartikel, weil sie zwar von den Herstellern als Mittel zur Selbstverteidigung und als Fetische der Männlichkeit angepriesen werden, ihr wahrer Nutzen jedoch darin besteht (und das gilt für die einzelne Patrone wie für tausend Tonnen Dynamit oder eine Armada von Raketen), dass sie sich im Gebrauch selbst zerstören und sofort den Bedarf für neue Waffen wecken. Dass sie auch Leben vernichten, ist so gesehen nur ein Nebeneffekt.

Worüber werden wir während dieser längeren, so viel komfortableren Leben nachdenken? Vielleicht darüber, dass wir es unserer Mutlosigkeit und testosterongesteuerten Kalkülen erlaubt haben, uns die Zukunft zu rauben und uns in die

Sackgasse zu manövrieren, in die gebilligte, verherrlichte, legitimierte und zur Ware gewordene Gewalt führt? Dass wir unsere Strategien zur Lösung sozialer Probleme aus Computerspielen übernommen haben, uns Punkte oder Wählerstimmen gutschreiben ließen für die Zahl der Unglücklichen und Wehrlosen, die wir eliminieren konnten? Dass wir Kabinettsposten errungen haben mit der Spekulation auf die niederen Instinkte derer, die die Todesstrafe befürworten? Gelder und Aufmerksamkeit gewinnen konnten mit der Neuauflage soziologischer Theorien von 1910, die Gewalttätigkeit für angeboren und Gefängnishaft ab Geburt für das probate Gegenmittel hielten? Kein Wunder, dass unsere Vorstellungskraft jenseits von 2030 zu straucheln beginnt – ab einem Zeitpunkt, zu dem wir für die Generationen, die auf uns folgen, vielleicht als Monster gelten werden.

Wenn der wissenschaftliche Diskurs von der Verlängerung des individuellen Lebens handelt, im Tausch gegen ein ethisch gefestigtes Leben; wenn die fremdenfeindliche Abschottung einiger weniger Familien vor den vielen Benachteiligten weit oben steht auf der Tagesordnung der Politik; wenn religiöse Sprache in der säkularen Welt als Affront betrachtet wird und säkulare Sprache ängstlich vor der Sphäre des Sakralen zurückschreckt; wenn die Sprache der Wirtschaft nur noch ein Vorwand ist für die Entfesselung von Gier; wenn die Zukunft des Wissens auf das Wort «Upgrade» zusammenschrumpft, wo sonst sollen wir dann nach einem Hoffnungsschimmer suchen, wenn nicht in der Zukunft der Zeit?

Ich interessiere mich hier nicht für das, was man Fortschritt nennt – ein Konzept, das seine Zeit hinter sich hat. Es ist untergegangen mit der implodierten Zukunft des so monolithischen kommunistischen Blocks; hat sein Gesicht verloren, als der Kapitalismus seine Maske der Freiheit, der Grenzenlosigkeit, des Progressiven ablegte; wurde unglaubwürdig, je mehr das kapitalistische System zur Verarmung ganzer Völker führte; und konnte auch den Glaubwürdigkeitsverlust phallozentrischer «Nationalismen» nicht überleben. Aber es war bereits desavouiert, als Deutschland seine erste Gaskammer in Betrieb nahm, oder als Südafrika die Apartheid legalisierte und seine Landeskinder niederschoss auf Straßen, deren Staubschicht zu dünn war, um ihr Blut darin versickern zu lassen. Der Fortschritt war tot, war gestorben in den Geschichten von so vielen Staaten, die ihre Grenzen durch die Massengräber ihrer Nachbarn zogen, die ihre Felder und Weiden mit den Nährstoffen aus den Skeletten ihrer Bürger düngten, die ihre Bauten auf dem Rückgrat ihrer Frauen und Kinder errichteten. Nein, der Fortschritt interessiert mich nicht. Ich interessiere mich für die Zukunft der Zeit.

Weil Kunst sich im Medium der Zeit abspielt und ich einschlägige Interessen habe, liegt es nahe, dass ich mich der Literatur im Allgemeinen und erzählenden Texten im Besonderen zuwende. Mir ist bewusst, dass die Literatur keine Schlüsselrolle als Erkenntnisinstrument mehr spielt, dass sie in der gesellschaftlichen Diskussion an den Rand gedrängt worden ist und auch in den Diskursen von Wissenschaft und Wirtschaft bestenfalls als schmückendes Beiwerk erscheint. Aber genau in der Literatur, im Herzen dieser Kunstform, finden die ernsthaften ethischen Debatten und Erkundungen statt. Was hat uns die Erzählkunst über die Krise der immer kleineren Erwartungen zu sagen?

Ich könnte mich an Edith Whartons Ausruf halten: «Nimm dein Leben!» – im Sinne von: Nimm dein Leben an! Ich könnte bei Henry James nachschlagen, der sich in *The*

Sense of the Past von einem alten Schloss entsetzt zeigt, das seinen Besitzer umschließt und verschlingt. Oder bei William Faulkner, der eine postnukleare menschliche Stimme, wie schwach auch immer, in den Blick nimmt. Oder bei Ralph Ellison, der eine Frage in der Gegenwartsform stellt und damit einen listigen und lächelnden Ausblick gibt auf eine eben erst gesichtete, sichtbare Zukunft. Oder bei James Baldwin, der seine schonungslose Ehrlichkeit mit dem unverbrüchlichen Glauben koppelt, dass das Ticket bereits voll bezahlt ist und die Reise begonnen hat. Diesen Stimmen sind andere gefolgt, haben sie vielleicht ersetzt mit einer anderen, neuen Antwort auf die Fragen unseres Menschseins. Es sind ganz außergewöhnliche konzeptuelle und strukturelle Innovationen, die diese zeitgenössischen Expeditionen in die Vergangenheit hervorgebracht haben.

Wie aufregend es sein kann, eine Zukunft vorwegzunehmen – einst ein weitverbreitetes Thema der Literatur des neunzehnten und zwanzigsten Jahrhunderts –, hat Umberto Eco mit seiner großartigen *Insel des vorigen Tages* gezeigt. Und dieser Titel enthält bereits das, worauf es mir ankommt. Der geniale erzählerische Kniff des Romans besteht darin, einen Protagonisten des siebzehnten Jahrhunderts in die Zukunft blicken zu lassen, sodass wir das paradoxe Vergnügen haben, seine Visionen mit unserem Wissen über diese bereits vergangene Zukunft abzugleichen. Als «Palimpsest eines wiederentdeckten Manuskripts» gibt der Autor diesen außergewöhnlichen Roman aus, dessen Lekrüre uns in der Zeit voranschreiten und dabei in der Vergangenheit ankommen lässt. Viele der besten Autoren des späten zwanzigsten Jahrhunderts haben, wenn sie einen Kommentar zu unserer aktuellen Befindlichkeit abgeben wollten, eine Visite in der

Vergangenheit gemacht, um dort die tiefgründigsten Erkenntnisse über die Gegenwart zu gewinnen, und die Bilder, die sie uns Lesern schenken, sind aufschlussreich.

Peter Høeg, dessen erster Roman uns gnadenlos in der Gegenwart festgehalten hat, wendet sich in *Vorstellung vom zwanzigsten Jahrhundert* einer Art von Zeitreise zu (vergleichbar, aber nicht identisch mit Ecos Variante), in der aus Regression schließlich Fortschritt resultiert:

«Wenn ich daran festhalte», heißt es gegen Ende von Hoegs Roman, «dass ich die Geschichte meiner Familie schreiben will, dann aus Notwendigkeit. Die Gesetze und Regeln und Systeme und Muster, die meine Vorfahren und meine Familie und alle anderen in Dänemark übertreten und nach denen sie sich gerichtet, die sie angeschubst und unter denen sie sich zweihundert Jahre lang gewunden haben, sind jetzt nämlich in brodelnde Auflösung geraten ... die Zukunft liegt vorn, und ich weigere mich, sie so zu betrachten wie Carl Laurids, nämlich über einen Gewehrlauf, oder wie Anna durch ein Vergrößerungsglas, ich will ihr Auge in Auge gegenübertreten, aber ich bin sicher, dass wir keiner Zukunft ins Auge sehen können, wenn nichts getan wird, denn das meiste ist zwar unsicher, aber auf die kommende Katastrophe und den Untergang scheint Verlass zu sein, und deshalb habe ich Lust, um Hilfe zu rufen ... Deshalb habe ich nach der Vergangenheit gerufen.

... ab und zu kommt mir der Gedanke, dass ich vielleicht nie richtig die Erwartungen anderer, sondern immer nur meine eigenen gesehen habe, und der einsamste Gedanke der Welt ist der, dass unser Blick nicht auf andere, sondern nur auf uns selbst gefallen ist, aber jetzt ist es zu spät, so zu denken, und irgend etwas muss getan werden, aber bevor wir etwas tun können, müssen wir uns eine Vorstellung vom zwanzigsten Jahrhundert machen.»

Nicht vom bevorstehenden einundzwanzigsten, sondern vom fast vergangenen zwanzigsten Jahrhundert eine Vorstellung zu gewinnen, ist in diesem Roman also das Zukunftsprojekt.

William Gass liefert mit dem Roman *Der Tunnel* eine meisterhafte Betrachtung über jene Phase der jüngeren Vergangenheit, die für immer durch das nationalsozialistische Deutschland geprägt sein wird. Der Protagonist und Ich-Erzähler ist ein Historiker, der eine «ausgewogene», moralisch ambivalente Geschichte des deutschen Faschismus mit dem Titel *Schuld und Unschuld im Deutschland Adolf Hitlers* geschrieben hat, es nun aber nicht fertigbringt, ein Vorwort zu diesem Buch zu verfassen. Seine Schreibhemmung ist so dauerhaft und unlösbar, dass er sich der Aufarbeitung seiner eigenen Vergangenheit zuwendet, die von einem komplizenhaften Verhältnis – «einem Faschismus des Herzens» – zum Gegenstand seiner wissenschaftlichen Arbeit bestimmt ist. Gass schließt seinen Roman mit herzzerreißenden Bildern des Verlusts. «Nimm nur einmal an», so schreibt er,

> dass sich die Zwiebel, anstatt Blumen hervorzubringen, in eine frühere Zeit kurz vor dem Austreiben zurückzöge, der Blütenstaub in die Brise zurückwehte, die ihn zu seinem Stempel getragen hat; nimm an, das Blatt wendete sich, was den Tod angeht, er würde genötigt, alles zu beginnen und seine Kinder rückwärts zu gebären, sodass der erste Atemzug die Lunge nicht schwellte, sondern stattdessen darauf drückte wie ein schwerer Fuß auf ein Pedal; dass es … ein Aufbegehren in den niederen Rängen gäbe und das Leben sich dafür entschiede, lieber in der Vergangenheit zu sein, als einen weiteren Kreis-

lauf leerer Klickgeräusche namens Gegenwart zu absolvieren … Ich habe … einen Versuch gemacht. Ich habe in meiner Jugend die Dichtkunst für die Geschichte aufgegeben.
Doch was für eine Reise, zuerst in die Erde zu kriechen, dann in Dreck zu schwimmen; sich durch die eigenen Rohrleitungen zu wühlen, drinnen den Würmern zu begegnen. Und sich klarzumachen. Dass man darunter war. Unter aller Welt. Als Kind habe ich eine Kanalisation zusammengelogen. Ich erzählte meinen zeitweiligen Freunden, ich wäre dort gewesen. Im Reich der Schatten. Und hätte riesige Hallen gesehen, die vielen Kammern endloser Höhlen, Zauberteiche, bewacht von Merlins, die in Maulwurfsfell und Spinnweben gekleidet waren, Truhen, überquellend von fraglos billigem Schmuck, Räume voller Dublonen und plötzlich, durch eine Öffnung, so gezackt wie ein Riss in verrottendem Tuch, eine neue, hell scheinende Sonne, Wiesen voller gesunder Blumen, buntstiftfarbene Bäche, oh, die Fluren von Eden in uns …
In der Zwischenzeit weitermachen, ohne zu klagen. Kein hocherhobener Arm mit Armbinde. Keine dröhnenden Musikkapellen mehr, keine von Suchscheinwerfern erhellten Himmel. Oder soll ich mich, wie die Flüsse, erheben? Ah. Ist sich erheben klug? Revolver wie der Führer in Ohrnähe. Oder meinen Verstand an Leides Seite niederlegen.

Dies ist kein erwartbarer apokalyptischer Reflex, der aus dem Nebel des Jahrhunderts auftaucht wie eine Loch-Ness-Erscheinung. Dies ist eine Klage, ein Requiem, in dem die Zeit ihre eigene Zukunft abräumt.

Am überzeugendsten geraten also die Schauplätze und Stimmen, bei denen die Reise in die Verliese der Zeit zu einer Art Rettungsmission wird, einer Ausgrabung zum Zweck des Aufbaus, der Entdeckung, des Entwerfens von Zukunft. Natürlich will ich keinem Happy End das Wort reden, sei es gewaltsam oder aufrichtig empfunden, und auch tragische

Enden, die Warnung oder Korrektiv sein sollen, nicht in den Himmel heben. Ich will nur die Aufmerksamkeit darauf richten, ob die Metaphern eines Buches in einer Hand liegen, die offen ist oder zur Faust geballt.

Toni Cade Bambara beginnt ihren brillanten Roman *The Salt Eaters* mit einer verblüffenden Frage: «Bist du sicher, mein Schatz, dass du gesund sein willst?» Bist du sicher, dass du gesund sein willst? Was aus dieser vollkommen ernst gemeinten Erkundigung folgt, ist ein Heilungsprozess, für den eine verängstigte moderne Demeter die Tiefen und Untiefen ihres Lebens, ihrer Vergangenheit und ihres sozialen Umfelds ausloten, neuerlich durchleben und neu durchdenken muss, nur um die Ausgangsfrage beantworten zu können. Der Erfolg ihrer Ausgrabungen wird folgendermaßen geschildert:

«Was Velma gedrängt hatte, ihren Kopf in den Herd zu legen … war gar nichts, verglichen mit dem, was ihr bevorstand … Natürlich würde sie dagegen ankämpfen, Velma war eine Kämpferin. Natürlich würde sie von sich weisen, was nicht mit Wörtern, Noten oder den anderen Systemen erklärt werden konnte, deren Wurzeln tief in den Untergrund getrieben worden waren … Velmas nächste Prüfung konnte zu einer Tat führen, die viel zerstörerischer war als Gewalt gegen den Körper oder das Einatmen von Gas …

Gewandt drehte die Patientin sich auf dem Stuhl um, warf den Kopf zurück, war im Begriff aufzujauchzen, zu lachen, zu singen. Kein Bedarf jetzt mehr für Minnies Hände, so viel steht fest. Der Glanz, der von Velma ausgeht, leuchtet hell und zwei Meter um sie her in ungestreiftem Weiß und Gelb. Ihre Augen fixieren die Luft rund um Minnie, blicken dann prüfend auf ihre eigenen Hände, deren Finger ausgestreckt sind, und strahlen. Kein Bedarf mehr für Minnies Hände, und so zieht die Heilerin sie zurück, lässt sie in ihren Schoß sinken, gerade als Velma, die sich auf standfesten Beinen erhebt, den Schal von sich wirft, der wie ein abgeplatzter Kokon auf dem Stuhl landet.»

Der Titel des Romans von Salman Rushdie, *Des Mauren letzter Seufzer*, lässt vermuten, dass die Erzählung auf dem Totenbett oder auf einem Friedhof enden wird. Tatsächlich kommt es auch so. Der Erzähler und Protagonist Moraes Zogoiby entführt uns auf eine abenteuerliche Reise, um seine «Bündel beschriebener Blätter» an Wände und Türen zu nageln. Blätter, die das Ergebnis seines «täglichen, stummen Singens um sein (tägliches) Leben» sind. Er erzählt, er schreibt, er zeichnet auf, was sich in vier Generationen seiner Familie und in der Nationalgeschichte Indiens ereignet hat – ein Bericht von zerstörerischen Liebschaften und grenzüberschreitendem Hass, von grenzenlosem Ehrgeiz und heillosem Müßiggang, von unfassbaren Loyalitäten und unvorstellbaren Betrugsmanövern. Als jeder Schritt und jedes Atemholen auf diesem phantastischen Parcours vor uns ausgebreitet sind, endet der Roman wie folgt:

> Das harte Gras auf dem Friedhof ist hoch gewachsen und drahtig, und während ich auf dieser Grabplatte sitze, scheine ich auf den gelben Spitzen der Gräser zu ruhen, schwerelos, bar aller Bürde, getragen von einem dichten Büschel wie durch ein Wunder unbiegsamer Halme. Ich habe nicht mehr lange. Meine Atemzüge sind gezählt, umgekehrt wie die Jahre der antiken Welt, und der Countdown bis zur Null ist weit fortgeschritten. Ich habe den letzten Rest meiner Kraft dazu benutzt, diese Pilgerfahrt zu machen …
>
> An der Kopfseite dieser Grabplatte stehen drei verwitterte Buchstaben; meine Fingerspitzen vermögen sie noch zu lesen.

RIP. Nun gut: Ich werde ruhen und auf Frieden hoffen. Die Welt ist voller Schläfer, die auf den Augenblick ihrer Rückkehr warten ... irgendwo in einer Dornenhecke wartet ein schönes Mädchen in einem gläsernen Sarg auf den Kuss eines Prinzen. Sehen Sie: Hier ist mein Fläschchen. Ich werde einen Schluck Wein trinken; und dann werde ich mich wie ein moderner Rip van Winkle – ganz der Tradition unserer Familie gemäß, in schweren Zeiten erst einmal zu schlafen – auf diese Grabplatte legen, den Kopf auf die Buchstaben RIP betten, die Augen schließen und darauf hoffen, in einer besseren Zeit erfrischt und freudig zu erwachen.

Die Ruhe, der Frieden, werden zwei Mal betont, aber ebenso die Hoffnung. Auf ein erfrischtes Erwachen, auf Freude, vor allem aber auf eine «bessere Zeit».

1991 beendete Ben Okri seinen Roman *Die hungrige Straße* mit einem Traum, der so tief empfunden war, dass er die ganze Erzählung überstrahlt:

Die Luft im Zimmer war unbewegt, es gab keine Turbulenzen. Seine (des Vaters) Anwesenheit beschützte den Raum unserer Nacht. Keine Gestalten drangen ein in unsere Luft, lasteten auf unserem Dach, wanderten durch die Dinge. Die Luft war klar und weit. Im Schlaf entdeckte ich offene Räume, in denen ich schwebte ohne Angst ... Die Frische löste alle meine Ängste. Ich hatte keine Angst mehr vor der Zeit.
Und dann kam ein neuer Morgen.
Ein Traum kann der Höhepunkt eines Lebens sein.

Als er die Geschichte dieses hellsichtigen Kindes 1993 mit *Songs of Enchantment* fortsetzte, schloss Okri mit einem deutlicheren Verweis auf die Zukunft: «Eines Tages werden wir vielleicht die Berge vor uns sehen. Eines Tages werden wir vielleicht die sieben Berge unserer geheimnisvollen Bestimmung erblicken. Eines Tages werden wir vielleicht erkennen, dass jenseits unseres Chaos immer neues Sonnenlicht und Klarheit herrschen können.»

Der Symbolismus der Berge, auf den er sich hier bezieht, prägt bereits den Beginn des Buches:

> Wir sahen die sieben Berge, die vor uns lagen, nicht. Wir sahen nicht, dass sie immer vor einem liegen. Immer nach uns rufen, uns immer daran erinnern, dass es mehr Dinge zu tun, Träume zu verwirklichen, Freuden wiederzuentdecken, vor der Geburt gemachte Versprechungen einzulösen, Schönheit und Liebe zu leben gibt.
> Wir erkannten nicht, wie sie uns zeigen wollten, dass nichts jemals beendet ist, dass Kämpfe nie zu einem echten Abschluss kommen, dass wir unser Leben manchmal von Anbeginn neu träumen müssen und dass das Leben immer genützt werden kann, um mehr Licht in die Welt zu bringen.

Die Erwartung in diesen Zeilen ist spürbar, das Bestehen auf der Möglichkeit «einer großen Aktion, die uns bis an den Ozean führt und die Weltgeschichte verändert».

Leslie Marmon Silko schlägt in ihrem *Almanach der Toten* eine Schneise durch die amerikanische Geschichte beider Hemisphären und eines ganzen Jahrtausends, von Jahrhunderten vor dem ersten Auftauchen der Conquistadoren an diesen Stränden bis zum heutigen Tag. Der Roman erzeugt ein Gefühl von Zeitlosigkeit, das nicht nur die Vergangenheit, sondern auch die Zukunft umfasst – wahrhaftig eine Zeit ohne Ende. Das letzte Bild dieses erzählerischen Marathons gehört dem Geist der Schlange, der «gen Süden weist, in die Richtung, aus der die Menschen kommen werden». Die Zukunft wird hier mit einer Himmelsrichtung verknüpft, die sich von den geläufigen, aus denen wir traditionell Ankünfte erwartet haben, unterscheidet: dem Süden. Und wir können unmöglich die Tatsache ignorieren, dass es ebendieser Süden ist, wo genau jetzt Mauern und Grenzzäune hochgezogen werden, wo bewaffnete Wachen aufmarschieren, wo eine schäumende Hysterie tobt.

Kokons, aus denen sich geheilte Frauen entpuppen, Träume, die der Zeit den Schrecken nehmen, Grabsteinhoffnungen auf eine bessere Zeit, eine Zeit jenseits des Chaos bei den sieben Schicksalsbergen, Schlangengötter in Erwartung der Menschen, die aus dem Süden kommen werden – diese Schlussbilder, die auf Expeditionen in die Vergangenheit folgen, lassen mich die Vermutung wagen, dass es durchaus einige Autoren gibt, die sich der vorherrschenden Stimmung der Zukunftsverweigerung widersetzen. Die nicht nur ganz eindeutig eine Zukunft haben, sondern auch auf ihr bestehen. Dass die Geschichte für sie, für uns, neu beginnt.

Keineswegs suche ich hier mit der Lupe nach zaghaften Zeichen eines Hoffnungsschimmers, nach Spuren von widerborstigem Optimismus in der zeitgenössischen Erzählliteratur. Ich glaube vielmehr, dass ich eine wohlbegründete Vision beschreibe, die auf quälender Erfahrung beruht, aber gleichwohl auf eine befreiende Zukunft vorausdeutet. Und ich erkenne ein spezifisches Milieu, aus dem diese Vision hervorgeht. Es hat mit Ethnien zu tun, mit dem Geschlecht, mit kolonialem Hintergrund, mit Minderheitserfahrung und mit Vertreibungsschicksal.

Es zeigen sich hochinteressante, divergierende Pfade der Phantasie, einerseits voller Trauer über die verschwundene Zukunft, über das Schmerzliche einer Zeit im Rückwärtsgang, die nur noch die Vergangenheit kennt, eine Zeit, die gleichsam selbst von geborgter Zeit lebt; und andererseits mit immer konkreter werdender Zukunftserwartung ohne einengenden zeitlichen Horizont. Man betrachtet die Geschichte, um ein Gefühl für das Vergehen von Zeit oder für ihre reinigende Wirkung zu bekommen; man blickt durch die Brille der Kunst, um die Zeichen ihrer Erneuerung zu sehen.

Empfindlich wie eine Stimmgabel, ist die Literatur eine nie die Augen verschließende Zeugin für das Licht und den Schatten in der Welt, die wir bewohnen.

Jenseits der Welt der Literatur gibt es jedoch eine andere Welt – die Welt der Deutung, die die Dinge oft anders sieht: als Januskopf, der sein der Zukunft zugewandtes Gesicht verhüllt hat und uns zu überzeugen versucht, dass der Blick nach vorn der Mühe kaum wert ist. Vielleicht ist es die Realität einer Zukunft, so dauerhaft und weitreichend wie die Vergangenheit, einer Zukunft, die von jenen gestaltet werden wird, die an den Rand gedrängt, dämonisiert, als unbedeutende Minderheit abgetan wurden, vielleicht ist es der Gedanke an diese Zukunft, der hinter dem Erzittern jener Propheten der letzten Tage steckt, die befürchten, dass die derzeitigen Turbulenzen ein Anschüren sind und kein Ersticken. Dass die Geschichte nicht am Ende, sondern im Begriff ist, ihren ersten befreiten Atemzug zu tun. Nicht morgen, vielleicht noch nicht in dreißig oder fünfzig Jahren, weil solch ein Atemholen, solch ein umfassendes Atemschöpfen, seine Zeit braucht. Aber es wird kommen. Und wenn dem so ist, dann sollten wir den Gedankenspielen der Literatur Beachtung schenken. William Gass hat recht. Es gibt «Fluren von Eden in uns». Die Zeit hat Zukunft. Eine Zukunft, die länger ist als ihre Vergangenheit und unendlich gastfreundlicher – für die Gattung Mensch.

ZWISCHENSPIEL

SCHWARZE ANGELEGENHEITEN

VERBEUGUNG VOR MARTIN LUTHER KING JR.

Bei seiner Sammlung von Erinnerungen verschiedener Zeitzeugen an seinen Vater kam Martin Luther King III. kürzlich auch auf mich zu. Und eine der Fragen, die er mir stellte, war zu erwarten, sollte sie doch dazu dienen, eine subjektive Reaktion zu provozieren. Er sagte: «Wenn Sie sich mit meinem Vater unterhalten könnten, was würden Sie ihn dann gerne fragen?» Und aus irgendeinem unerfindlichen Grund stockte mein Herzschlag, und ich jammerte förmlich ins Telefon hinein: «Ach, ich hoffe nur, dass er nicht enttäuscht ist. Glauben Sie, dass er enttäuscht ist? Irgendetwas hier muss ihn doch zufriedenstellen.» Dann verstummte ich, um zu verbergen, was mir plötzlich klarwurde – dass ich in Wahrheit meinte: «Ich hoffe, er ist nicht enttäuscht von mir.»

Ich begann zu überlegen, welche Frage ich ihm gerne stellen würde, und schob erst einmal beiseite, was ich über den aktuellen Stand der Dinge beim Thema der sozialen Ungleichheit dachte: einige Fortschritte, aber auch eine Reihe historischer Rückschritte; ein paar große Sprünge, aber viel allmähliches Absinken in einen Sumpf der Verzweiflung.

Doch im Hinterkopf ging mir ständig der Gedanke herum: Wäre er enttäuscht von mir? Und das war seltsam, denn ich hatte Reverend King nie persönlich kennengelernt. Meine Erinnerungen an ihn stammen aus Büchern, aus Fernseh- und

Radiowellen, aus den Erzählungen anderer Menschen. Und trotzdem fühlte ich mich ihm persönlich verantwortlich. Das war die Wirkung, die er auf Menschen hatte. Später wurde mir bewusst, dass es etwas anderes, etwas Beständigeres als die vielschichtige Persönlichkeit Kings war, worauf ich reagierte. Nicht auf den Prediger, der er war, nicht auf den Gelehrten, der er war, oder auf den Menschen in seiner Verletzlichkeit, nicht auf den politischen Strategen, den Redner, den brillanten, Risiken nicht scheuenden Aktivisten. Ich reagierte auf seine Mission. Seine, wie er selbst es nannte, tollkühne Zuversicht. Seine Erwartung, ein kosmisches Klagelied in einen Psalm der Brüderlichkeit verwandeln zu können. Ich reagierte auf sein Vertrauen, dass wir edler waren als wir selbst dachten, dass es moralische Grundsätze gab, die wir nicht verraten, Grenzen der Zivilität, die wir niemals überschreiten würden. Dass es Dinge gab, die wir für das Wohl der Gemeinschaft zu opfern bereit waren, und dass ein angenehmes Leben auf Kosten der Verelendung anderer ein Skandal war, den dieses Land, mehr noch als andere Länder, nicht hinnehmen konnte.

Ich weiß, dass die Welt besser, freundlicher geworden ist, weil er in ihr gelebt hat. Meine Sorge war ein persönliches Problem. War ich besser geworden, freundlicher? Ich hatte in einer Welt gelebt, die imaginär ist. Wäre er enttäuscht von mir? Auf die Antwort kommt es nicht an. Sehr wohl aber auf die Frage, und das ist das Vermächtnis von Martin Luther King jr. Er hat die Entscheidung, persönlich Verantwortung zu übernehmen für die Beseitigung sozialen Unrechts, zu etwas Normalem, etwas Selbstverständlichem, etwas Unvermeidlichem gemacht. Ich verbeuge mich vor ihm aus tiefer Dankbarkeit für das Geschenk, das sein Leben im wahrsten Sinne des Wortes war.

THEMA «RASSE»

Seit meinen Anfängen als Autorin war ich auf der, weitgehend vergeblichen, Suche nach einer Souveränität und Autorität, wie sie mir beim Schreiben belletristischer Texte zu Gebote stand – allerdings nur dort und nirgendwo sonst. Nur beim Schreiben fühlte ich mich ganz bei mir und völlig frei. Nur dort konnte ich mich der Illusion, der Selbsttäuschung hingeben, die Dinge unter Kontrolle zu haben und mich immer näher an einen Sinn heranzupirschen. Dort war (und ist noch immer) die Lust der Erlösung zu finden, die Verführung des Einfalls. Freilich habe ich in den vergangenen neunundzwanzig Jahren oft genug erfahren, dass diese Lüste und Verführungen eher mehr als weniger bewusste Fiktionen sind, die es braucht, um die Arbeit zu tun und ihr gleichzeitig ihr Geheimnis zu bewahren. Dabei wurde mir immer deutlicher bewusst, dass die Sprache sowohl befreiend als auch ein Gefängnis sein kann. Wohin auch immer die Ausflüge der Phantasie führten, immer war der Gefängniswärter, war das Klirren seiner Schlüssel in Hörweite. Der Name dieses Wärters ist: Rasse.

So wenig wie Sie habe ich jemals in einer Welt gelebt, in der «Rasse» kein Thema war. Eine solche Welt, eine Welt frei von ethnischen Hierarchien, wird oft als ein Traumland beschrieben oder imaginiert, eine Art Paradies, ein Utopia, so gering sind die Chancen ihrer Verwirklichung. Von der Hoffnung evozierenden Sprache Martin Luther Kings bis zu Doris Lessings viertoriger Stadt, vom heiligen Augustinus bis zu Jean Toomers «American» ist die Welt ohne Rassenschranken als ein endzeitliches Ideal dargestellt worden, vorstellbar erst, wenn der Messias wieder auf Erden wandelt oder allenfalls in einem geschützten Reservat, einer Art Naturschutzgebiet.

Im Rahmen dieser Veranstaltung und auch, weil ich mit einschlägigen Projekten befasst bin, ziehe ich es jedoch vor, mir eine Welt, in der es *nicht* auf Ethnien ankommt, weder als Reservat noch als gescheiterten und immer wieder scheiternden Traum, noch als das Vaterhaus der vielen Wohnungen vorzustellen. Ich möchte diese Welt als meine Heimat denken. Aus drei Gründen.

Erstens, weil mir eine radikale Unterscheidung zwischen dem Bild des Hauses und dem Bild der Heimat, des *Zuhauses*, dabei hilft, meine Gedanken über die Konstruktion von «Rasse» zu ordnen. Zweitens, weil das Projekt der Verabschiedung des Rassenbegriffs durch dieses Bild von Sehnsucht und Wunschdenken befreit, aus einer unmöglichen Zukunft oder einer unwiederbringlichen Vergangenheit herausgelöst und in eine realistisch zu verwirklichende Aktivität übergeführt wird. Und drittens, weil die Eliminierung der Macht rassistischer Konstrukte in der Sprache eine Arbeit ist, die ich leisten kann. Ich kann nicht auf die endgültige Befreiungstheorie warten, um sie dann in Praxis zu übersetzen und zu verwirklichen. Außerdem spielen die Themen der ethnischen Zugehörigkeit und der Heimat eine herausragende Rolle in meiner Arbeit, und beide haben, auf die eine oder andere Weise, meine Suche nach Souveränität zunächst angestoßen und später zu deren Beendigung geführt, nachdem ich erkannt hatte, was sich dahinter verbirgt.

Als eine von jeher und immer ethnisch verortete Autorin war mir von Anfang an klar, dass ich die Stimme des Sklavenhalters und seinen Glaubensgrundsatz vom allwissenden Gesetz des großen weißen Vaters nicht nachahmen konnte und wollte. Ebenso wenig wollte ich seine Stimme durch die seiner gurrenden Geliebten oder seines ehrenwerten Gegenspielers ersetzen, weil ich mich bei beiden Standpunkten (Geliebte oder Gegenspieler) auf sein eigenes Terrain, seine eigene Arena beschränkt fühlte und die Hausordnung für dieses Dominanzspiel hätte akzeptieren müssen. Wenn ich in einem Haus leben muss, in dem «Rasse» eine Rolle spielt, dann möchte ich es wenigstens so umbauen, dass es kein fensterloses Gefängnis ist, in das ich gesperrt werde, kein undurchdringliches Gehäuse mit dicken Mauern, die keinen Laut nach außen dringen lassen. Es soll ein offenes Haus sein, fest gegründet, aber großzügig ausgestattet mit Fenstern und Türen. Im Idealfall hätte ich das Haus völlig umgebaut. Ich war versucht, es in einen Palast zu verwandeln, in dem der Rassismus weniger schmerzlich empfunden würde, in dem ich mich in eins der vielen Zimmer kauern könnte, in denen das Zusammenleben den Trugschluss des Fortschritts erlaubte. An einem gewissen Punkt versuchte ich, das Rassenhaus als eine Rampe zu nutzen, um ein fliegendes Fest zu starten, das an beliebigen Orten stattfinden, gefeiert werden konnte. Hier spürte ich die Autorität, den schimmernden Trost, die erlösende Macht, die Freiheit, die das Schreiben mir anfangs zu versprechen schien. Aber in dieser Freiheit lag, wie in allen Freiheiten (besonders den erschlichenen), eine Gefahr. Konnte ich das Rassenhaus neu dekorieren, umbauen, sogar völlig umfunktionieren, ohne mir dadurch den Weg zu einem eigenen Zuhause zu versperren? Würde diese willentlich fabrizierte, falsche Freiheit eine selbstverschuldete Heimatlosigkeit zur Folge haben? Mich zu ewigen Anfällen von Heimweh nach dem Zuhause verdammen, das ich niemals hatte und nie kennenlernen würde? Oder würde sie eine unerträgliche Wachsamkeit erfordern, eine Selbstzensur, die mich nur umso enger an das ursprüngliche Rassenkonstrukt fesseln musste? Kurz gesagt, war ich nicht (und zwar für immer) in eine todestrunkene Ideologie verstrickt, obwohl (oder gerade: weil) ich meine ganze Intelligenz aufbot, um sie zu unterwandern?

Diese Fragen, von denen auch viele andere umgetrieben werden, haben mein ganzes bisheriges Werk bestimmt. Wie kann man sowohl frei sein wie auch geerdet? Wie verwandelt man ein vom Rassismus bewohntes Haus in ein ethnisch spezifisches, aber nicht rassistisches Zuhause? Wie spricht man von «Rasse» und befreit dieses Wort gleichzeitig von seinem mörderischen Unterton? Es sind Fragen der Strategie, der Sprache, des Standpunkts, der Zielgruppe, des Kontexts, und obwohl ich mich diesen Fragen leidenschaftlich, rastlos und, wie ich finde, mit wachsender Kompetenz gewidmet habe, bleiben sie für mich ästhetisch und politisch ungelöst. Offen gestanden hoffe ich sogar, dass meine Leser innerhalb und außerhalb der Texte zu Einsichten gelangen, durch die vieles noch besser verstanden werden kann. Trotzdem glaube ich, dass meine literarischen Versuche und mein Gebrauch des Haus/Heimat-Antagonismus für die Themen, die im Lauf der kommenden zwei Tage diskutiert werden sollen, von Bedeutung sein können. Denn vieles, was im Diskurs über Rassenprobleme unbearbeitet zu bleiben scheint, betrifft Fragen der Legitimität, der Authentizität, der Gemeinschaft, der Zugehörigkeit – handelt de facto also von Heimat. Von einer geistigen Heimat, einer spirituellen Heimat, von Familie und Gemeinschaft als Heimat; von der Zerstörung von Heimat durch Zwangsarbeit und Wanderarbeit; der Entrückung und Entfremdung von der Heimat der Vorfahren; den kreativen Antworten auf die Erfahrung des Exils; den Verheerungen, Versuchungen und Zwängen der Heimatlosigkeit, wie sie sich in den Diskussionen über Globalismus, Diaspora, Migration, Vermischung, Lenkung und Unlenkbarkeit, Assimilation und Ausgrenzung manifestiert. Der enteignete Körper, der verwaltete Körper, der Körper als Heimat. Auf so gut wie allen diesen Feldern, egal in welchem Zusammenhang, spielt «Rasse» die Rolle einer Lupe, die genau das vergrößert, was weh tut.

Nach der Veröffentlichung von *Menschenkind* hatte ich ein interessantes Erlebnis, das auch meine nachträgliche Reflexion des Schreibprozesses beeinflusste. Es war ein Erlebnis, das ein Schlaglicht auf ein Teilgebiet dessen wirft, was auf dieser Konferenz umrissen werden soll. Es geht dabei um den komplexen Prozess, eine Erzählsprache zu entwerfen, die sowohl ethnisch konkret als auch in ihrer Bildhaftigkeit folgerichtig ist.

Jemand hatte den letzten Satz von *Menschenkind* gesehen, so wie ich ihn ursprünglich geschrieben hatte. Genau genommen war es der vorletzte Satz, wenn man das letzte Wort – die Wiederauferstehung des Titels, der Figur, des Mottos – als einen komprimierten Satz begreifen will. Jedenfalls war der Satz «Bestimmt kein Schrei nach einem Kuss», der im gedruckten Buch steht, nicht der, mit dem ich das Manuskript ursprünglich abgeschlossen hatte, und dieser Bekannte war über die Veränderung verblüfft. Ich erzählte ihm, dass mein Lektor an dieser Stelle eine Änderung angeregt hatte, ohne allerdings konkret vorzuschlagen, wie diese lauten könnte. Mein Bekannter war empört, sowohl über die Dreistigkeit des Lektors, eine Änderung zu wünschen, wie auch über meine Bereitschaft, sie tatsächlich in Erwägung zu ziehen, geschweige denn vorzunehmen. Ich holte dann ziemlich weit aus, um zu erklären, warum ich die Änderung gemacht hatte, landete aber immer wieder dabei, was der ursprüngliche Satz bedeutet hatte, oder vielmehr, was dessen letztes Wort mir bedeutet hatte. Wie lange es gedauert hatte, es zu finden, und wie es mir als das perfekte letzte Wort erschienen war. Wie es alles miteinander verband, vom Motto und der vielschichtigen Handlung bis zu den Kämpfen der Figuren um die Erinnerung, die Vergegenwärtigung des Körpers und der Körperteile, der Familie, der Nachbarschaft ... und der Geschichte unserer Nation. Und dass dieses letzte Wort diese Vergegenwärtigung reflektierte, deren Notwendigkeit offenbarte und die Brücke bildete, die ich vom Anfang zum Ende dieses Buches spannen wollte und weiter zum Anfang des Buches, das als nächstes folgen sollte. Je länger ich von der Bedeutung dieses letzten Wortes sprach, desto größer wurde die Verärgerung meines Bekannten. Trotz allem, versuchte ich ihn zu beschwichtigen, war da etwas dran am Einwand des Lektors – denn es war nur ein Einwand, keine Weisung. Er fragte sich, ob nicht ein besseres Wort für das Ende der Erzählung zu finden wäre, weil das von mir gewählte zu dramatisch, zu theatralisch sei. Erst widersprach ich ihm. Es war ein ganz einfaches, geläufiges Wort, aber im Kontext der vorangegangenen Sätze stach es heraus wie ein schlimmer Finger – genau so hat er es, glaube ich, gesagt.

Ich weigerte mich ziemlich lange – sehr lange, wenn man bedenkt, dass wir schon bei der Fahnenkorrektur waren. Oder in den letzten Stadien des Manuskripts, ich weiß es nicht mehr genau. Jedenfalls ging ich nach Hause und dachte darüber nach. Dachte jeden Tag darüber nach, ob ich bei meiner ursprünglichen Fassung bleiben oder etwas ändern sollte. Ich beschloss schließlich, die Entscheidung davon abhängig zu machen, ob mir tatsächlich ein besseres Wort einfiel. Ein Wort mit der gleichen Wirkung.

Wochenlang fand ich keine befriedigende Alternative. Und ich gab mir wirklich Mühe, denn mir war klargeworden, dass das ursprünglich gewählte Wort zwar das absolut richtige sein mochte, aber trotzdem etwas nicht stimmte, wenn es so aus dem Text herausstach und die Aussage nicht abrundete, sondern aus dem Gleichgewicht brachte. Es ging also nicht einfach darum, für ein Wort ein anderes mit der gleichen Bedeutung, ein Synonym, einzusetzen oder zu beurteilen, ob mein ursprüngliches Wort wirklich das treffende war. Womöglich würde ich einiges umformulieren müssen, um mich zu vergewissern, dass das ursprüngliche letzte Wort funktionierte.

Ich beschloss, dass es nicht funktionierte. Ich kam zu dem Schluss, dass es ein anderes Wort gab, das mit weniger Mystifikation das Gleiche leistete. Dieses Wort war «Kuss».

In der Diskussion mit meinem Bekannten wurde mir dann aber klar, dass ich immer noch nicht glücklich damit bin, weil «Kuss» auf einer Ebene funktioniert, die ein wenig zu oberflächlich ist. Ein Wort wie «Kuss» zielt auf eine Qualität, eine Handlungsebene des Romans, die nicht sein zentrales Thema ist und auch niemals war. Das zentrale Thema ist nicht Liebe oder die Erfüllung körperlichen Begehrens. Das Thema war Notwendigkeit – etwas, das der Liebe vorausgeht, das der Liebe folgt, das die Liebe beseelt, die Liebe formt und dem die Liebe untertan ist. Notwendig war in diesem Fall das Herstellen einer Verbindung, eine Anerkennung, ein Erweisen von Ehre, das noch ausstand.

Ich neigte zu der Annahme, dass es schlecht ausgeleuchtete Passagen im Vorfeld jenes ursprünglichen Wortes gegeben haben musste, wenn es so missverstanden werden und so große und unerwünschte Widerstände auslösen konnte. Ich habe einige Studien über Bearbeitungen alter, nicht mehr vom Urheberrecht geschützter Texte gelesen und mir Gedanken darüber gemacht, dass Bücher nicht nur immer wieder neu gelesen, sondern auch neu geschrieben werden – nicht nur in der eigenen Sprache aufgrund der Unsicherheit des Autors und des Austauschs zwischen Autor und Lektorat, sondern auch beim Prozess des Übersetzens. Es gibt Freiheiten, die einen Text verbessern, und Freiheiten, die ihm schaden. Und mir bleibt dabei die Sorge. Immer besteht die Gefahr, nicht ernst genommen zu werden, ein Werk auf Klippschulniveau zurechtgestutzt zu sehen, erleben zu müssen, dass ein sprachlicher oder fremdsprachlicher Gestaltungsanspruch in Konflikt gerät mit dem Gestaltungsanspruch des Autors.

Mein persönlicher Anspruch im Umgang mit dem amerikanischen Englisch bestand nicht darin, das übliche Standardenglisch zugrunde zu legen und mit schichtenspezifischen und umgangssprachlichen Elementen lediglich zu dekorieren und zu übermalen. Vielmehr wollte ich die Wucherungen von Täuschung, Blindheit, Lähmung, Dummheit und schierer Boshaftigkeit von ihm abschälen, sodass bestimmte Wahrnehmungen nicht nur möglich, sondern unvermeidlich wurden. Genau das glaubte ich mit meinem ursprünglichen letzten Wort erreicht zu haben – dann wurde ich überzeugt, dass dem nicht so war, und jetzt tut es mir leid, die Änderung vorgenommen zu haben. Die Mühen, die es braucht, um auch nur ein Wort zu finden und zu wissen, dass dieses Wort und kein anderes den Zweck erfüllt, können ein außerordentlicher Kampf sein. Es gefunden und wieder verloren zu haben, ist im Rückblick einfach bitter. Einerseits, was konnte es ausmachen? Kann ein Buch wirklich scheitern wegen eines einzigen Wortes, auch wenn es an exponierter Stelle steht? Doch wohl kaum. Andererseits vielleicht doch, wenn die Schreibweise darauf abzielt, in ethnischer Hinsicht konkret und in der Bildlichkeit kohärent zu sein. In diesem Fall beschied ich mich mit dem Letztgenannten. Ich tauschte ein Wort, das in ethnischer Hinsicht beziehungsreich und auf der metaphorischen Ebene des Buches folgerichtig war, gegen ein anderes, für das nur Letzteres galt, weil mein ursprüngliches Wort so offensichtlich aus der Reihe tanzte – ein «schlimmer Finger», ein kreischender Missklang, der zwei Funktionen erfüllte, die linguistisch unvereinbar waren, es sei denn, um ethnischen Exotismus zu signalisieren.

Tatsächlich glaube ich, dass mein Lektor recht hatte. Das ursprüngliche Wort war das «falsche» Wort. Aber ich weiß auch, dass mein Bekannter ebenfalls recht hatte: Das «falsche» Wort war in diesem Fall das einzige Wort. Wie Sie sehen, verwandelte sich mein Bestehen auf Handlungsmacht außerhalb des Rassenhauses in einen Kniefall in dessen vertrautem (wohnlicherem) Garten.

Die Erfahrung des Bedauerns bekräftigt mir, wie wichtig es ist, neu über die subtilen, aber allgegenwärtigen Bande nachzudenken, die womöglich jeden von uns an das Konstrukt «Rasse» fesseln. Wir müssen darüber nachdenken, was es bedeutet und was es erfordert, in einem neu gestalteten Haus der Ethnien zu leben und es trotzig, wenn auch fahrlässig, «Diversität» oder «Multikulturalismus» – oder Heimat zu nennen. Wir müssen klären, wozu theoretische Arbeiten, darunter auch die besten, gut sein können, wenn sie sich nur mit der Fassade befassen. Und wir müssen uns auf neue Gefahren gefasst machen, die auftauchen können, wenn die Flucht oder die bewusst gewählte Emigration aus diesem Haus gelingt.

Ich nehme hier das Risiko in Kauf, des Eskapismus bezichtigt zu werden, der Anstiftung zu aussichtslosen Versuchen, ethnische Herkunft hinter sich zu lassen, oder zum fatalen Versuch, sie zu trivialisieren, und ich fände es höchst bedauerlich, wenn meine Anmerkungen und das Projekt, an dem ich gerade arbeite, so total missverstanden würden. Meine Absicht ist, das zu nehmen, was als kaum fassbare Zukunftsvision artikuliert wird, und es zu domestizieren; das zu konkretisieren, was außerhalb von Science-Fiction nur in politischer Sprache verhandelt und für einen nicht auf Dauer realisierbaren Traum gehalten wird. Ich werde mein Projekt in kleinen Schritten angehen, sehr langsam, denn anders als das Vorbringen eines Arguments erfordert literarisches Erzählen eine Komplizenschaft der Neugier zwischen Autor und Leser. Und es gibt keine Bilder, um die Sache zu vereinfachen.

Bei meinen bisherigen Romanen bestand das Abenteuer für mich darin, vermeintlich undurchdringliche, vom Rassenbegriff verzerrte und überwucherte Themenkomplexe zu erforschen – beginnend mit meinem Erstling, bei dem mich der Rassismus als Ursache, Folge und Erscheinungsform individueller und gesellschaftlicher Psychosen interessierte, und fortgesetzt beim nächsten Buch, in dem mein Hauptaugenmerk der Kultur des sozialen Geschlechts und der Erfindung von Identität galt, was beides erstaunliche Aufschlüsse ergab, sobald der ethnische Kontext hinzukam. Weiter ging es mit *Solomons Lied* und *Teerbaby*, wo ich mich für die Auswirkungen von «Rasse» auf die Romanze der Individualität mit der Gemeinschaft interessierte; und mit *Menschenkind*, wo der mögliche Erkenntnisgewinn historischen Erzählens im Fokus stand, wenn die Antinomien von Körper und Geist, Subjekt und Objekt, Vergangenheit und Zukunft durch eine ethnisch informierte Perspektive aufgehoben und in ein Kontinuum übergeführt worden sind. In *Jazz* versuchte ich, im Modernismus eine Antwort auf das Rassenhaus zu finden, indem ich dessen alles umgreifende Mauern, dessen Allwissenheit und dessen Anspruch auf Kontrolle sprengte. Und aktuell, bei *Paradies*, geht es mir darum, den auf «Rasse» fixierten Blick erst herbeizuzitieren, um ihn dann restlos zu verunsichern.

Bei *Jazz* wurde der Sprengsatz unter einer Erzählstimme gezündet: der Stimme, die den Roman als Wissende, als Besitzerin von Insiderwissen und mit unbezweifelbarer Autorität eröffnen konnte – «die Frau, die kenne ich» – und ihn beseligt, mit einer Epiphanie ihrer Menschlichkeit und ihrer eigenen Bedürfnisse schließt.

Bei meinem aktuellen Projekt möchte ich herausfinden, ob eine nicht rassenspezifische, von ethnischen Bezügen freie Erzählsprache möglich und sinnvoll ist oder nicht. Und ich möchte mich dabei an einem erzählerischen Ort aufhalten, in ihm herumspazieren, der frei ist von rassistischem Schutt. Einem Ort, an dem die ethnische Zugehörigkeit Gewicht hat, aber keine Macht. Einem Ort, «der schon für mich hergerichtet ist, kuschelig und weit offen zugleich. Mit einer Tür, die man nie schließen muss, einem Blick, der dem Licht und den bunten Herbstblättern zugewandt ist, aber nicht dem Regen. Wo man mit Mondlicht rechnen kann, wenn der Himmel klar ist, und mit Sternen, egal, welches Wetter ist. Und darunter, gleich da drüben, ein Fluss namens Verrat, auf den man sich verlassen kann.» Ich möchte mir nicht das Bedrohliche der Freiheit ausmalen, auch nicht ihre tastende, den Atem anhaltende Fragilität, sondern den konkreten Reiz der Grenzenlosigkeit – eine Art Sicherheitszone im Draußen, wo «eine Frau, die keinen Schlaf fand, jederzeit aufstehen, sich einen Schal um die Schultern legen und sich im Mondschein auf die Stufen vor der Haustür setzen konnte. Und wenn ihr danach war, konnte sie auch in den Garten oder auf die Straße hinausgehen. Ohne Lampe und ohne Angst. Ein Zischen oder Rascheln am Straßenrand ließ ihr Herz nicht schneller schlagen, denn was immer es auch sein mochte, das dieses Geräusch verursachte, es war nicht hinter ihr her. Nichts im Umkreis von neunzig Meilen sah in ihr ein mögliches Opfer. Sie konnte so langsam dahinschlendern, wie sie wollte, und dabei an Kochrezepte denken oder an den Krieg oder an Familiendinge, oder sie wandte den Blick zu den Sternen und dachte an gar nichts. Ohne Lampe und ohne Angst konnte sie ihrer Wege gehen. Und wenn aus einem Haus abseits der Straße ein Licht leuchtete und das Geschrei eines von Magenkrämpfen geplagten Babys ihre Aufmerksamkeit erregte, so konnte sie zu dem Haus hingehen und leise nach der Frau rufen, die drinnen das Kind zu beruhigen suchte. Zu zweit mochten sie dann des Babys Bauch massieren, es abwechselnd schaukeln oder versuchen, ihm ein wenig Sprudel einzuflößen. Sobald das Kind ruhiger geworden war, saßen sie vielleicht noch einen Augenblick beisammen und tauschten den neuesten Klatsch aus, wobei sie ihr Kichern unterdrückten, um niemanden aufzuwecken.

Danach konnte sich die Frau entscheiden, ob sie, erholt und zum Schlafen bereit, in ihr Haus zurückkehren wollte, oder ob sie lieber immer weiter die Straße hinunterging …

Immer weiter, über die Grenzen des Dorfes hinaus, denn nichts da draußen sah sie als mögliches Opfer an.»

Die überwältigendste Veränderung der modernen Welt kommt nicht von der Technologie, sondern von der Massenwanderung der Völker, beginnend mit der größten erzwungenen Verschiebung von Menschenfracht in der Geschichte dieser Welt: der Sklaverei. Die Konsequenzen dieser Verschiebung sind spürbar in allen Kriegen, die folgten, auch in jenen, die zurzeit auf allen Kontinenten geführt werden. Die Welt der Gegenwart ist mit Überwachung beschäftigt, entwickelt ihre Politik im Hinblick auf die stete Wanderung der Menschenströme und in der Hoffnung, sie unter Kontrolle zu bringen. Die Konzepte von Nationalität und Staatsbürgerschaft stehen unter dem Druck von Exil und Flucht, von Arbeitsmigranten und Einwanderern, von Vertriebenen, Asylsuchenden und Belagerten. Der Hunger nach Heimat liegt verschüttet unter den Sprachschablonen der Diskurse über Globalismus, Nationalismus, Transnationalismus, die Krise der Nationalstaaten, die Fiktionen der Souveränität. Doch diese Träume von einem Zuhause sind oft nicht minder vom Rassenbegriff belastet wie das ursprüngliche Rassenhaus, das sie geprägt hat. Wenn nicht, so sind sie, wie ich schon angedeutet habe, Außenwelt und niemals Innenwelt – ein Utopia, aber keine Heimat.

Ich begrüße die Arbeiten – denen ich auch verpflichtet bin – der Wissenschaftler hier und andernorts, die das (theoretische) Feld bereitet haben, auf dem Rassenkonstrukte gezwungen werden, ihre Streben und Bolzen, ihre innere Technik und ihre Panzerung preiszugeben, sodass Analyse, politische Aktion und kulturelle Auseinandersetzung folgen können.

Die Verteidiger der westlichen Hegemonie merken, was

sich da anschleicht, und haben die Möglichkeit, sich ethnische Vielfalt ohne Hierarchie und Dominanz vorzustellen, bereits als «Barbarei» beschrieben, benannt und definiert – als eine Zerstörung der viertorigen Stadt, ein Ende der Geschichte. Was man nur als Schrott bezeichnen kann, als Folge fehlgeleiteter Wahrnehmung, als Zukunftsbild ohne Wert. Wenn die politischen Konsequenzen theoretischer Arbeit wieder einmal als Katastrophe bezeichnet werden, ist es dringender denn je, eine nichtmessianische Sprache zu entwickeln, um die in «Rassen» zergliederte Gemeinschaft neu wahrnehmen und das Programm der Befreiung der Welt vom Rassenbegriff entziffern zu können. Es ist dringender denn je, Erkenntnisinstrumente zu entwickeln, die weder intellektueller Voyeurismus noch selbstzufriedene Nabelschau sind. Durch Ihre Arbeit wird das Feld für eine kritische Auseinandersetzung abgesteckt, die im Rassenhaus nicht nur eine Quelle von Authentizität und Insiderwissen sieht, ihm aber auch sein bezeichnendes Auftrumpfen nicht durchgehen lassen darf. Wenn die Welt-als-Heimat, auf die wir hinarbeiten, im Rassenhaus bereits als kultureller Niedergang verunglimpft wird, ist wissenschaftliche Arbeit, wie sie hier geleistet wird, mehr als nur interessant – sie kann lebenswichtig für uns sein.

Die Hochschulen, an denen die meisten von uns arbeiten und an denen wir uns treffen, werden kein exterritoriales Gebiet mit befestigten Grenzen bleiben, innerhalb welcher wir als Übersetzer oder eingeborene Führer zwischen ethnisch separierten Gemeinschaften vermitteln. Sie werden keine isolierten Burgen bleiben, von deren Zinnen wir die Heimatlosen beobachten, vielleicht sogar in unsere Mauern einladen. Sie werden keine Marktplätze bleiben, auf denen wir zulassen, dass wir selbst versteigert, gekauft, zum Schweigen gebracht und restlos kompromittiert werden, je nach Lust und Laune der Herrschaft und dem aktuellen Kurs.

Das Misstrauen, das ethnischen Studien von Seiten ihres Gegenstands außerhalb des Campus entgegenschlägt, ist nur dann berechtigt, wenn die Wissenschaftler nicht auch ihr eigenes, akademisches Zuhause im Blick haben; wenn sie nicht selbstbewusst darauf bestehen, dass die wertvolle Arbeit, die sie leisten, an keinem anderen Ort geleistet werden kann; wenn sie ihre Forschungsarbeit weder als Schlingerkurs zwischen konträren Welten noch als Flucht aus beiden begreifen. W. E. B. Du Bois' Bemerkung ist weder Prophezeiung noch Therapie, sondern ein strategischer Hinweis. Jenseits des gespaltenen Bewusstseins von Außen- und Innenwelt postuliert dieser neue Erfahrungsraum die innere Wirkungskraft des Äußeren, imaginiert eine Sicherheit ohne Mauern, die es uns ermöglicht, eine – wenn Sie mir die Formulierung gestatten – dritte Welt zu entwerfen, die «schon für mich hergerichtet ist, kuschelig und weit offen zugleich. Mit einer Tür, die man nie schließen muss.»

Heimat.

SCHWARZE ANGELEGENHEITEN

Schon seit geraumer Zeit denke ich über die Triftigkeit oder Fehlerhaftigkeit etlicher Annahmen nach, die unter Literaturwissenschaftlern als gesichertes Wissen zirkulieren und akzeptiert werden. Zu diesem «gesicherten Wissen» gehört, dass die traditionelle, kanonisierte amerikanische Literatur frei, unbeeinflusst und nicht bereichert ist von der vierhundertjährigen Anwesenheit von zunächst Afrikanern und dann Afroamerikanern auf dem Gebiet der heutigen Vereinigten Staaten. Diese Lesart nimmt an, dass die schwarze Präsenz – die im politischen Leben, in der Verfassung und in der ganzen Kulturgeschichte ihre Spuren hinterlassen hat – keinerlei erwähnenswerte Rolle bei der Formierung und Entwicklung der Literatur dieser Gesellschaft gespielt hat. Schlimmer noch, geht sie davon aus, dass die Charakteristika unserer nationalen Literatur aus einer spezifisch amerikanischen Befindlichkeit hervorgehen, die von der schwarzen Präsenz im Land völlig separiert und ihr in keiner Weise rechenschaftspflichtig ist. Es scheint ein mehr oder weniger stillschweigendes Übereinkommen unter Literaturwissenschaftlern zu geben, wonach die amerikanische Literatur von jeher ein Reservat weißer männlicher Definitionsmacht, Genialität und Herrschaft war. Wozu also sollte solche Macht, Genialität und Herrschaft ein Verhältnis oder auch nur Kontakt zum schwarzen Bevölkerungsanteil dieses Landes suchen? Einem Bevölkerungsanteil, wohlbemerkt, der lange vor jedem weißen Autor von Bedeutung in diesem Land lebte und unterschwellig den vielleicht radikalsten Einfluss auf die amerikanische Literatur ausübte.

Eine Beschäftigung mit dieser schwarzen Präsenz ist unumgänglich für jedes Verständnis unserer nationalen Literatur und sollte keine Randerscheinung des Literatur- und Wissenschaftsbetriebs sein. Es ist durchaus möglich, dass die amerikanische Literatur sich gerade wegen und in Abgrenzung zu diesem unruhigen und Unruhe stiftenden Teil der Bevölkerung zu ihrer kohärenten Gestalt entwickelt hat. Ich frage mich, ob die wesentlichen, die berühmt-berüchtigten Themen der amerikanischen Literatur – Individualismus, Männlichkeit, der Konflikt zwischen gesellschaftlichem Engagement und historischer Isolation – weniger einen empfundenen moralischen Zwiespalt widerspiegeln, als vielmehr eine Reaktion darstellen auf eine dunkle, beständige, dem Land ihren Stempel aufdrückende Präsenz Afrikas. Die kodierte Sprache und die bewusste Selbstbeschränkung, die die frischgebackene Nation sich in ihrer tiefsitzenden Befangenheit in ethnischer und ihrer Unsicherheit in moralischer Hinsicht auferlegte, wirken in der Literatur bis in das zwanzigste Jahrhundert hinein nach. Eine reale oder herbeifabulierte afrikanische Präsenz war die entscheidende Kontrastfolie, vor der die Autoren sich ihrer amerikanischen Identität versicherten. Man merkt es an bedeutsamen, oft demonstrativen Lücken, an verblüffenden Widersprüchen, an vielfältig nuancierten Konflikten und an der reichlichen Bestückung ihrer Werke mit Artefakten und Figuren afroamerikanischen Ursprungs.

Meine Neugier veranlasste mich zu einer zunächst unsystematischen Untersuchung dessen, was ich amerikanischen Afrikanismus nennen möchte. Es ist eine Erforschung zum einen der Mechanismen, durch die eine nichtweiße pseudoafrikanische Präsenz in den Vereinigten Staaten konstruiert wurde, und zum anderen der imaginativen Zwecke, denen diese herbeiphantasierte Präsenz dient. Ich verwende «Afrikanismus» als Begriff sowohl für die denotative Bedeutung wie für die konnotativ mitschwingenden Assoziationen der Schwärze, für die afrikanische Völker zeichenhaft geworden sind, sowie für das ganze Spektrum von Ansichten, Vermutungen, Lesarten und Missverständnissen, die diese Völker aus eurozentrischer Sicht kennzeichnen. Man muss sich darüber im Klaren sein, dass der Umgang mit dieser Bildlichkeit nicht von Zurückhaltung geprägt ist. Als toxisches Virus im literarischen Diskurs fungiert der Afrikanismus in der eurozentrischen Tradition, die das amerikanische Bildungswesen bevorzugt, sowohl als Modus des darüber Redens wie als Strategie der Bändigung, wenn es um Klassenunterschiede, um sexuelle Freizügigkeit und Unterdrückung, um die Gewinnung und Ausübung von Macht, um Moral und Verantwortlichkeit geht. Durch das simple Mittel, das Spektrum der Hautfarben zu beschränken und zu dämonisieren, macht der amerikanische Afrikanismus es möglich, etwas zu sagen und nicht zu sagen, etwas zuzuschreiben und abzusprechen, sich zu- und abzuwenden, zu agieren und sich abzureagieren, etwas zu historisieren und für zeitlos zu erklären. Er liefert ein Denkmuster, das auf Chaos und Kultur passt, auf Sehnsucht und Angst, auf die Auseinandersetzung mit den Problemen und den Segnungen der Freiheit.

Wie sich der Afrikanismus entwickelte und wie er die literarischen Schaffensprozesse beeinflusste, ist von überragendem Interesse, weil ein genauer Blick auf den Gebrauch des Topos der Schwärze, des Schwarz-Seins, es uns ermöglichen könnte, auch das Wesen und vielleicht sogar den Ursprung des komplementären Topos, des Weiß-Seins, zu verstehen. Wozu dient es? Welche Rolle spielen die Erfindung und Entwicklung der weißen Identität bei der Konstruktion dessen, was als «amerikanisch» umschrieben wird? Wenn meine Beschäftigung mit diesem Thema je zu Ergebnissen führt, wird sie mir vielleicht ein ganzheitliches Verständnis der amerikanischen Literatur ermöglichen, ein Verständnis, zu dem mir im Augenblick wesentliche Facetten fehlen – nicht zuletzt, wie ich vermute, aufgrund der gelehrten Gleichgültigkeit, die die Literaturwissenschaft bei diesem Gegenstand an den Tag legt.

Ein plausibler Grund für den Mangel an kritischem Material zu diesem umfangreichen und faszinierenden Komplex liegt darin, dass das Reden über Literatur traditionell verstummt oder zu Ausflüchten greift, sobald «Rasse» zur Sprache kommt. Die Ausflüchte haben einen eigenen Jargon der Umschreibung hervorgebracht, der die Probleme verhüllt und der offenen Diskussion unzugänglich macht. Verschärft wird die Situation dadurch, dass Gespräche über «Rasse» angstbesetzt sind – dies umso mehr, als es als angemessen, liberal, ja großherzig gilt, die ethnische Zugehörigkeit zu ignorieren. Sie zu registrieren, bedeutet, eine bereits negativ besetzte Differenz anzuerkennen. Ihre Unsichtbarkeit durch Schweigen zu bekräftigen, erlaubt dem Korpus der Schwarzen eine schattenlose Teilnahme am dominierenden Korpus der Kultur. Folgt man dieser Logik, spricht jeder wohlerzogene Instinkt gegen das Registrieren der Differenz und verhindert eine erwachsene Debatte. Es ist genau dieses Konzept literarischer und akademischer *bienséance* (die in der Literaturwissenschaft glänzend funktioniert, in anderen Disziplinen dagegen auf wenig Nachfrage und Notwendigkeit stößt), die etliche sehr angesehene amerikanische Autoren aus den Bücherregalen verbannt und den Zugang zu den bemerkenswerten Einsichten blockiert hat, die in einigen ihrer Werke zu finden sind.

Ein weiterer Grund für diese umschriebene Leerstelle im literarischen Diskurs ist der Umstand, dass über Rassismus asymmetrisch, nur im Hinblick auf die Folgen für die Opfer, nachgedacht wird. Viel Zeit und Intelligenz sind aufgewendet worden, um Rassismus und dessen grauenhafte Folgen für die Betroffenen ins Bewusstsein zu rücken. Das Ergebnis waren regelmäßig wiederholte, wenn auch unsystematische Versuche, präventive Maßnahmen in der Gesetzgebung zu verankern. Es gab auch überzeugende, energische Ansätze, den Ursprung des Rassismus zu analysieren und der Annahme entgegenzutreten, er wäre ein unvermeidlicher, ständig präsenter Bestandteil aller gesellschaftlichen Milieus. Ich möchte diese Untersuchungen keineswegs geringschätzen. Ohne sie hätte es überhaupt keinen Fortschritt im ethnischen Diskurs gegeben. Aber mir liegt daran, diesem gut bestellten Feld der Forschung ein weiteres, ebenso wichtiges, hinzuzufügen: eine Untersuchung der Auswirkungen, die der Rassismus auf jene hat, die ihn predigen. Ich finde es sowohl schmerzlich wie bezeichnend, dass die Folgen des Rassismus für das Subjekt unerwähnt und unerforscht geblieben sind. Wissenschaft, die sich mit dem Erleben, dem Denken und dem Verhalten von Sklaven beschäftigt, ist wichtig. Ebenso wichtig ist eine ernsthafte intellektuelle Auseinandersetzung mit dem, was die rassistische Ideologie im Erleben, im Denken und im Verhalten der Sklavenhalter angerichtet hat und weiterhin anrichtet.

Nationalliteraturen entwickeln sich, ebenso wie die Autoren, ohne Plan und aus zufälligem Material. Trotzdem erreichen sie irgendwann ein Stadium, in dem sie beschreiben und auch beeinflussen, was die Gedanken der Nation bewegt. Zum überwiegenden Teil hat sich die Literatur der Vereinigten Staaten die Erschaffung eines *neuen weißen Menschen* zur Aufgabe gemacht. Wenn ich desillusioniert bin von einer Literaturwissenschaft, die der Untersuchung dieses Phänomens gleichgültig gegenübersteht, so bleiben mir als letzte Zuflucht die Autoren selbst.

Schriftsteller und Schriftstellerinnen gehören zu den empfindlichsten, den intellektuell unerschrockensten, den am intensivsten widerspiegelnden und forschenden unter allen Künstlern. Die Fähigkeit des Autors, sich etwas vorzustellen, was außerhalb seiner selbst liegt, sich das Fremde anzuverwandeln und das Vertraute als rätselhaft zu empfinden, ist der Maßstab seiner Macht. Die Sprachen, deren er sich bedient (bildlich, strukturell, erzählend), und die gesellschaftlichen und historischen Zusammenhänge, in die diese Sprachen eingebettet sind, zeugen unmittelbar und mittelbar von dieser Macht und ihren Grenzen. Von ihnen also, den Schöpfern der amerikanischen Literatur, erhoffe ich mir Aufschlüsse über die Erfindung und die Wirkung des Afrikanismus in den Vereinigten Staaten.

Welche Gestalt nimmt das literarische Sprechen an, wenn es versucht, sich ein afrikanistisches Gegenüber vorzustellen? Was sind die Zeichen, die Codes, die literarischen Strategien, die diese Begegnung abbilden sollen? Kurz gesagt, was passiert da? Was macht die Einbeziehung von Afrikanern und Afroamerikanern mit dem Text, was leistet sie für ihn? Als Leserin war ich immer davon ausgegangen, dass nichts «passiert». Dass Afrikaner und deren Nachkommen auf eine Weise anwesend sind, die sie entbehrlich macht. Dass sie, wo sie vorkommen, lediglich dekorative Demonstrationen der handwerklichen Professionalität eines oberflächlichen Autors sind. Eines Autors ohne afrikanischen Hintergrund, weshalb ich annahm, dass das Auftauchen afroamerikanischer Figuren, Erzählelemente oder Idiome keine andere Funktion haben konnte als die «normale», nichtrassistische, weiße Phantasiewelt, die den Hintergrund des Romans bildet. Mit Sicherheit ist kein amerikanischer Text von der Sorte, die ich hier diskutiere, jemals *für* die schwarze Bevölkerung geschrieben worden, so wenig wie *Onkel Toms Hütte* geschrieben wurde, um von Onkel Tom gelesen oder für gut befunden zu werden. Als lesende Autorin erkannte ich das Offensichtliche: Das Subjekt des Traums ist der Träumer. Die Fabrikation einer afrikanistischen Persona war selbstbezüglich, war eine außergewöhnliche Meditation über das eigene Ich, eine mutige Erforschung der Ängste und Sehnsüchte, die in der Autorenseele (wie auch in anderen Seelen) schlummern, eine verblüffende Offenbarung von Unbehaustheit, Schrecken, Scham, Verwirrung und Großmut.

Diese Texte mit den Augen einer Schriftstellerin zu lesen, ermöglichte mir einen tieferen Zugang. Es war, als blickte ich in ein Goldfischglas, als sähe ich das Gleiten und Glitzern der schimmernden Schuppen, die grüne Schwanzspitze, den weißen Blitz, der von den Kiemen wegzuckt, die Burgen auf dem Grund, umgeben von Steinchen und winzigen, ziselierten grünen Wedeln, das fast unbewegte Wasser, die Stäubchen von Auswurf und Futter, die stillen Blasen, die zur Oberfläche emporstrebten – und plötzlich erfasste ich das Glas als Ganzes, das Gehäuse, transparent und unsichtbar, das es dem geordneten Leben, das es enthielt, erst erlaubte, in einer größeren Welt zu existieren. Mit anderen Worten, ich besann mich meiner Kenntnisse, wie Bücher geschrieben werden, wie Sprache ihren Gegenstand findet, wie und warum Schriftsteller bestimmte Aspekte ihres Projekts fallenlassen oder vorantreiben. Ich besann mich meines Wissens, was der Kampf mit der Sprache vom Autor fordert und was man aus den Überraschungen machen kann, die eine unvermeidliche, notwendige Begleiterscheinung jedes schöpferischen Aktes sind. Was mir deutlich wurde, war die selbstverständliche Art, in der die Amerikaner über sich selbst durch und innerhalb einer manchmal allegorischen, manchmal metaphorischen, aber immer geknebelten Repräsentation einer afrikanistischen Präsenz sprechen.

Das junge Amerika zeichnete sich durch die Energie und die Bewusstheit aus, mit der es einem Zukunftsideal von Freiheit und Menschenwürde entgegenstrebte, das man für einzigartig in der Weltgeschichte hielt. Eine ganze Tradition «universeller» Sehnsüchte schnurrte zu der gern wiederholten Formel vom «amerikanischen Traum» zusammen. Während die Träume der Einwanderer die ausführliche und gründliche Beachtung verdienen, die sie in den einschlägigen Wissenschaftsdisziplinen und den Künsten gefunden haben, ist es ebenso wichtig, sich nicht nur vor Augen zu führen, was sich diese Menschen erhofften, sondern auch, wovor sie flohen. Die Neue Welt nährte ihre Träume, aber was war die Realität der Alten Welt, die den Appetit geweckt hatte? Und wie mochte diese Realität die Gestaltung einer neuen beflügeln und formen?

Die Flucht aus der Alten Welt in die Neue wird im Allgemeinen als eine Flucht vor Unterdrückung und Einschränkung an einen Ort der Freiheit und Entfaltung verstanden. Für manche bedeutete die Auswanderung aber auch eine Flucht vor Freizügigkeit – vor einer Gesellschaft, die als unerträglich permissiv, als gottlos und undiszipliniert erlebt wurde. Für all jene, die aus anderen als religiösen Gründen flohen, waren es jedoch Zwang und Unfreiheit, die sie zur Auswanderung bewegten. Die Alte Welt hatte diesen Emigranten nichts als Armut, Ächtung, Kerker und nicht selten den Tod zu bieten. Natürlich gab es auch eine Gruppe von Übersiedlern, denen es um das Abenteuer ging, eine Kolonie aufzubauen – nicht *gegen*, sondern *für* ihr Heimat- oder Vaterland. Und immer gab es die Kaufleute, deren Interesse der Profit war.

Für alle diese Menschen lag der Reiz in der Jungfräulichkeit des Neuanfangs, der einmaligen Gelegenheit, nicht nur neu geboren zu werden, sondern das neue Leben gleichsam in neuen Kleidern zu beginnen: Die neue Umgebung verlieh dem alten Ich neue Statur. Die Neue Welt ermöglichte die Vision einer grenzenlosen Zukunft, die nur umso verführerischer leuchtete, wenn man die Beschränkungen, die Enttäuschungen, die Wirren dagegenhielt, denen man entronnen war. Eine Aussicht, wie sie aussichtsreicher nicht sein konnte. Mit Glück und Ausdauer konnte man sich Freiheit erobern, ein gottgefälliges Leben führen oder reich werden wie ein Fürst. Die Sehnsucht nach Freiheit geht aus Unterdrückung hervor; der Wunsch nach einem gottgefälligen Leben aus dem Abscheu vor Ausschweifung und Verderbtheit; die Verlockung des Reichtums aus Armut, Hunger, Schulden.

Aber es gab noch viel mehr, was die Risiken der Reise aufwog. Der Zwang, das Knie zu beugen, wurde abgelöst von dem wohligen Kitzel, Herr zu sein. Macht – die Kontrolle über das eigene Schicksal – trat an die Stelle der Machtlosigkeit vor sozialen Schranken, Kastendenken und Verfolgung. Man tauschte Disziplin und Bestraftwerden gegen Disziplinieren und Bestrafen, gesellschaftliche Ausgrenzung gegen eine neue Rolle als Exponent gesellschaftlichen Aufstiegs. Man konnte aus einer sinnlosen, lähmenden, abstoßenden Vergangenheit in eine Art von Geschichtslosigkeit erlöst werden – eine leere Seite, die noch darauf wartete, vollgeschrieben zu werden. Und es gab dort vieles einzutragen: Noble Vorsätze wurden in Gesetzesform gegossen und einer nationalen Tradition einverleibt, aber das Gleiche geschah mit niederträchtigen Regungen, erworben und verfeinert in der verschmähten und ihre Kinder verschmähenden Heimat.

Die Literatur, die von der jungen Nation hervorgebracht wurde, ist einer der Orte, in die sie ihre Ängste, Hoffnungen und Energien eingeschrieben hat. Man kann die Literatur des jungen Amerikas kaum lesen, ohne verblüfft zu sein, wie antithetisch sie sich zu unserer Vorstellung vom «amerikanischen Traum» verhält, wie demonstrativ sie jene schwer fassbare Mischung aus Hoffnung, Realismus, Materialismus und Versprechen meidet, die wir heute mit diesem Begriff verbinden. Als Stimme eines Volkes, das so große Stücke auf sein Wagnis des Neuen hielt – sein Potenzial, seine Freiheit, seine Unschuld –, überrascht diese frühe Literatur der Gründerzeit damit, wie harsch, wie heimgesucht und von Ängsten gepeinigt sie tatsächlich ist.

Wir haben Wörter und Begriffe für diese Düsternis – «Puritanismus», «Predigtliteratur», «Schauerroman», «Romantik» –, die natürlich alle aus der Welt stammen, der die Auswanderer den Rücken gekehrt hatten. Jedenfalls ist die starke Affinität zwischen der amerikanischen Psyche des neunzehnten Jahrhunderts und dem Schauerroman der Romantik zu

Recht oft kommentiert worden. Es ist keine Überraschung, dass ein junges Land, das sich von den moralischen und gesellschaftlichen Missständen in Europa abgestoßen fühlt und einen Taumel von Zukunftshoffnung und Abgrenzung durchlebt, in seiner jungen Literatur auf die Typologie des Diabolischen zurückgreift, vor dem seine Bürger und deren Vorfahren geflohen waren. Schließlich konnte man aus früheren Fehlern und vergangenem Unglück lernen, wenn man all dies aufzeichnete und so gleichsam zu einer Schutzimpfung gegen künftige Wiederholungen machte.

Die Form, in der diese speziell amerikanische Prophylaxe betrieben wurde, war der Abenteuerroman nach dem traditionellen Schema der Heldenreise. Noch lange, nachdem sie in Europa aus der Mode gekommen war, blieb diese Romanform ein bevorzugtes Ausdrucksmittel des jungen Amerikas. Was machte sie so attraktiv für die Amerikaner, dass sie sie zu dem Schlachtfeld erwählten, auf dem sie ihre Dämonen verorteten, sich ihnen aussetzten, sie bekämpften?

Es ist argumentiert worden, der Abenteuerroman sei eine Flucht aus der Geschichte und daher reizvoll für ein Volk, das seine jüngere Vergangenheit verdrängen will. Ich finde eine andere Theorie überzeugender, die in ihm eine direkte Konfrontation sehr realer und bedrängender historischer Entwicklungen und der ihnen innewohnenden Widersprüche sieht, wie die Autoren sie am eigenen Leib erfuhren. Der Abenteuerroman als eine Reise ins Innere einer Angst, die aus den Dunkelzonen der europäischen Kultur importiert wurde, ermöglichte die Auseinandersetzung – manchmal behutsam, oft auch mit vollem Risiko – mit einigen typisch amerikanischen Phobien: der Sorge, zum Außenseiter zu werden, zu versagen, machtlos zu sein; der Furcht vor einer grenzenlosen, ungezähmten, stets zum Angriff bereiten Natur; der Angst vor dem Ausgesetztsein fern aller sogenannten Zivilisation, vor der Einsamkeit, vor feindlichen Mächten in der Außenwelt wie in der eigenen Seele. Kurz gesagt, vor dem Schrecken genau dessen, was ihnen am wichtigsten war: der Freiheit. Der Abenteuerroman bot den Schriftstellern nicht weniger, sondern mehr; nicht eine schmale historische Leinwand, sondern eine weitgespannte; nicht Flucht, sondern Vergrößerung. Er bot Raum zum Moralisieren und zum Fabulieren und für phantasievolle Zerstreuung durch Gewalt, durch sublime Unglaubhaftigkeit und Schrecken – dessen wichtigster, prägendster Bestandteil das Dunkel ist, mit allen Assoziationen, die es hervorruft.

Kein Abenteuerroman ist frei von dem, was Melville «die Macht der Schwärze» nannte, vor allem nicht in einem Land, in dem bereits seit langem eine schwarze Bevölkerung vorhanden war, mittels welcher die Vorstellungskraft die Ängste, die Unsicherheiten, die Spaltungen artikulieren konnte, von denen die Einwanderer historisch, moralisch, metaphysisch und gesellschaftlich besessen waren. Diese Population von Sklaven schien wie dafür geschaffen, ein Medium für Meditationen über die Verlockung und die Flüchtigkeit der Freiheit zu sein, über das Los der Rechtlosen und ihre Versagensängste, über Machtlosigkeit, eine grenzenlose Natur, die Einsamkeit und den Selbsthass der Seele, über das Böse, die Sünde, die Gier – mit anderen Worten: über die Freiheit des Menschen in jeder Hinsicht, ausgenommen allein seine Entwicklungsmöglichkeiten und die Menschenrechte.

Und doch haben die Menschenrechte, dieser Grundstein der amerikanischen Unabhängigkeit, eine besondere, nicht zu leugnende Beziehung zum Afrikanismus. Denn ihr Ursprung und ihre Geschichte sind unauflöslich mit einem anderen, verführerischen Konzept verbunden – der Hierarchie der Ethnien. Wie Orlando Patterson bemerkt, sollte es uns nicht wundern, dass die Aufklärung Sklaverei toleriert hat; wundern müsste es uns eher, wenn das nicht der Fall gewesen wäre. Die Idee der Freiheit entwickelte sich nicht in einem Vakuum. Nichts konnte sie heller leuchten lassen – womöglich sogar hervorbringen – als die Sklaverei.

In dieser Verquickung von Schwärze und Sklaverei war nicht nur das Gegenbild zur Freiheit zu finden, sondern auch ein projiziertes Gegenbild zum Ich. Das Ergebnis war ein Spielfeld der Phantasien. Und was aus dem kollektiven Bedürfnis erwuchs, die inneren Ängste zu befrieden und das äußere System der Ausbeutung zu rationalisieren, war ein Afrikanismus – ein zusammenfabuliertes Gebräu aus Dunkelheit, Andersartigkeit, Angst und Faszination –, den es in dieser Form nur in Amerika gibt. (Das Gegenstück des europäischen Afrikanismus hat in der dortigen Kolonialliteratur seine eigene Ausprägung gefunden.)

Ich möchte untersuchen, wie das Bild der domestizierten, gefesselten, im äußeren Leben wie in der Psyche unterdrückten Dunkelheit in der amerikanischen Literatur als afrikanistische Persona objektiviert wurde. Ich will zeigen, wie die Aufgaben dieser Maske, die im Widerspiegeln, im Verkörpern und im Exorzismus bestehen, von einem großen Teil unserer Nationalliteratur eingefordert und auch eingelöst worden sind und zur Herausbildung typischer Merkmale unserer Literatur beigetragen haben.

Ich habe bereits ausgeführt, dass kulturelle Identitäten von der Literatur einer Nation gespeist und geformt werden und dass die Literatur der Vereinigten Staaten auf die selbstbewusste, aber höchst problematische Erschaffung des Amerikaners als eines neuen weißen Menschen abzielte. Emersons Ruf nach diesem neuen Menschen in «The American Scholar» zeigt, wie bewusst diese Absicht verfolgt wurde, wie sehr man sich über die Notwendigkeit im Klaren war, sich unterscheiden zu müssen. Doch die Schriftsteller, die auf diesen Ruf, sei es zustimmend oder ablehnend, reagierten, blickten nicht nur nach Europa, um einen Bezugspunkt für die gewünschte Differenz zu finden. Sie hatten eine überdeutliche Unterscheidungsmöglichkeit direkt vor Augen. Sie konnten eine bereits existierende oder rasch Gestalt annehmende amerikanische Identität feiern oder auch beklagen, indem sie sich auf ethnische Differenz beriefen. Den Unterschied hier festzumachen, versorgte sie mit einem unerschöpflichen Fundus an Zeichen, Symbolen und Eigenheiten, mit denen sie Identitäten je nach Interessenlage definieren, festigen und voneinander abgrenzen konnten.

Der Historiker Bernard Bailyn hat außergewöhnlich aufschlussreiche Studien über Einwanderer aus Europa und den Prozess ihrer Amerikanisierung vorgelegt. Einschlägig ist eine Schilderung aus *Voyagers to the West*, aus der ich eine längere, geringfügig gestraffte, Passage zitieren möchte, weil hier die entscheidenden Aspekte des von mir beschriebenen amerikanischen Charakters herausgearbeitet werden:

> Im Zeugnis seiner Briefe und Tagebücher betrachtet, scheint William Dunbar eher eine fikive als eine reale Gestalt zu sein. Er war ein Mann Anfang zwanzig, als er plötzlich in der Wildnis von Mississippi auftauchte, um sich eine große Landparzelle abzustecken. Dann verschwand er in die Karibik, aus der er als Anführer eines Trupps «wilder» Sklaven zurückkehrte,

mit deren Arbeitskraft er ein Landgut aufbaute, wo zuvor nur Bäume und unkultivierter Grund gewesen waren. Er war eine widersprüchliche Persönlichkeit und lebte in einer gewalttätigen, in zwei Rassen geteilten Welt, deren innere Spannungen in unerwartete Richtungen ausschlagen konnten. Denn dieser Plantagenbesitzer in der Wildnis war auch ein Gelehrter, der später mit Jefferson über Fragen der Naturwissenschaft und der Erforschung des Landes korrespondierte, der der American Philosophical Society Beiträge zur Sprachforschung, zur Archäologie, zu Hydrostatik, Astronomie und Klimakunde schickte, und dessen geographische Entdeckungen weithin veröffentlicht wurden. Er war eine exotische Gestalt in der Welt der Pflanzer im frühen Mississippi. In eine rohe, halb noch wilde Welt importierte er die Feinheiten der europäischen Kultur: nicht Kronleuchter oder kostbare Wandbehänge, sondern Bücher, die besten Gerätschaften zur Landvermessung, die neuesten wissenschaftlichen Instrumente.

Dunbar wurde zunächst von einem Hauslehrer erzogen und studierte dann an der Universität von Aberdeen, wo seine Interessen für Mathematik, Astronomie und die schöne Literatur zur Blüte gelangten. Was nach seiner Rückkehr ins Elternhaus oder später in London mit ihm geschah, wo er in den Kreisen junger Intellektueller verkehrte, was ihn aus dieser Weltstadt auf die erste Etappe seiner langen Reise gen Westen hinausführte oder katapultierte, ist nicht bekannt. Jedenfalls tauchte er, aus welchen Beweggründen auch immer, im April 1771, mit nur zweiundzwanzig Jahren, in Philadephia auf. Stets bestrebt, zu den höheren Ständen gezählt zu werden, erwies sich dieses hochgebildete Produkt der schottischen Aufklärung und des Londoner Raffinements, dieser belesene junge *littérateur* und Wissenschaftler, der fünf Jahre zuvor nicht nur über wissenschaftliche Fragen, sondern auch über «Dekan Swifts Seligpreisungen», über das «tugendsame und glückliche Leben» und über das göttliche Gebot, «seinen Nächsten zu lieben», korrespondiert hatte, als erstaunlich uneinfühlsam, wenn es um die Leiden derjenigen ging, die in seinen Diensten standen. Im Juli 1776 notierte er nicht, dass die amerikanischen Kolonien sich von England losgesagt hatten, sondern dass es ihm gelungen war, eine vermeintliche Rebellion der Sklaven auf seiner Plantage niederzuschlagen.

Dunbar, der junge Gelehrte, der schottische Wissenschaftler und Mann der Feder, war kein Sadist. Er übte seine Macht auf der Plantage, gemessen an den Maßstäben der Zeit, in milder Form aus. Er kleidete und verpflegte seine Sklaven anständig und ließ sich von harten Strafandrohungen oft wieder abbringen. Doch viertausend Meilen von den Quellen der Kultur entfernt, allein am äußersten Rand der britischen Zivilisation, wo das bloße Überleben ein täglicher Kampf, skrupellose Ausbeutung eine Lebensform und Gewalt, Chaos und menschliche Entwürdigung an der Tagesordnung waren, hatte er sich durch erfolgreiche Anpassung an die Verhältnisse seinen Platz erobert. Von unermüdlicher Unternehmungslust und Energie, waren seine feineren Empfindungen von der Härte des Lebens an der Grenze abgestumpft worden, während ihn gleichzeitig ein Gefühl von Autorität und Autonomie erfüllte, wie er es vorher nie gekannt hatte – eine Macht, die aus seiner absoluten Verfügungsgewalt über das Leben anderer erwuchs. So wurde aus ihm ein unverkennbar neuer Mensch, ein Gentleman im Grenzland, ein Mann von Stand in einer rohen, halb noch wilden Welt.

Lassen Sie mich Ihre Aufmerksamkeit auf einige Elemente dieses Porträts lenken, auf einige Zusammenhänge und Parallelen, die an dieser Schilderung des Lebens von William Dunbar auffallen. Da wäre einmal die historische Verbindung zwischen der Aufklärung und der Institution der Sklaverei – zwischen den Menschenrechten und der Rechtlosigkeit von Menschen. Zum anderen das Verhältnis von Dunbars Bildungsgang zu seinen Unternehmungen in der Neuen Welt.

Er hatte eine außergewöhnlich fundierte Bildung genossen, die auch die neuesten Strömungen in Theologie und Naturwissenschaften einschloss – vielleicht in der Absicht, die beiden Disziplinen aufeinander zu beziehen und in jeder eine Bestätigung der anderen zu finden. Er ist ein Produkt nicht nur «der schottischen Aufklärung», sondern auch «des Londoner Raffinements». Er las Swift, diskutierte das Gebot der Nächstenliebe und wird als «erstaunlich uneinfühlsam» beschrieben, was die Leiden seiner Sklaven angeht. Am 12. Juli 1776 notiert er verwundert und verletzt den Sklavenaufstand auf seiner Plantage: «Man denke sich mein Erstaunen! Was nützen alle Freundlichkeit und guter Umgang, wenn einem solcher Undank zum Lohn wird.» «Bar jeden Verständnisses für das Verhalten seiner Sklaven», fährt Bailyn fort, «fing Dunbar zwei Entflohene wieder ein und verurteilte sie zu ‹500 Peitschenhieben ein jeder, zu fünf Malen, und dass sie tragen sollen Kette und Balken, am Knöchel festgeschmiedet›.» Ich lese diese Schilderung als prägnante Darstellung des Prozesses, durch den sich der Amerikaner als neuer, weißer und männlicher Mensch konstituierte. Es ist eine Verwandlung, die mindestens vier wünschenswerte Folgen zeitigt, die in Bailyns Zusammenfassung von Dunbars Charakter alle benannt werden und ihren Grund in Dunbars innersten Empfindungen haben. Lassen Sie mich wiederholen: «… ein Gefühl von Autorität und Autonomie … wie er es vorher nie gekannt hatte – eine Macht, die aus seiner absoluten Verfügungsgewalt über das Leben anderer erwuchs. So wurde aus ihm ein unverkennbar neuer Mensch, ein Gentleman im Grenzland, ein Mann von Stand in einer rohen, halb noch wilden Welt.» Eine Macht, eine Empfindung von Freiheit, die er vorher nicht gekannt hatte. Aber was hatte er «vorher gekannt»? Eine gründliche

Ausbildung, das Raffinement Londons, theologische und naturwissenschaftliche Gedankenwelten. Nichts davon, so muss man schließen, verschaffte ihm eine ähnliche Autorität und Autonomie wie das Leben als Pflanzer im späteren Mississippi. Es ist ein «Gefühl», das ihn übermannt, eine «Macht», die ihm «erwächst»: kein Willensakt der Dominanz, keine überlegte, wohlkalkulierte Entscheidung, sondern eher eine bereits präsente natürliche Ressource, mächtig wie der Mississippi selbst und bereit, über die Ufer zu treten, sobald Dunbar sich in der Position der «absoluten Verfügungsgewalt über das Leben anderer» befindet. Und sobald er diese Position eingenommen hat, ist er wiedergeboren als ein neuer Mensch, «unverkennbar» verändert. Was auch immer sein gesellschaftlicher Status in London gewesen sein mochte, jetzt ist er ein Gentleman, ein Mann von Stand und mehr Mann als je zuvor. Denn der Ort seiner Verwandlung ist von der Wildnis umgeben. Seine Umwelt ist roh und liefert ihm den Kontrast.

Autonomie, Neuheit, Unterschied, Autorität, absolute Macht: Das sind die wesentlichen Themen und Anliegen der amerikanischen Literatur, und jeder dieser Aspekte wird ermöglicht, geformt und aktiviert von dem auf vielen Ebenen vorhandenen Bewusstsein eines gefestigten Afrikanismus, der, mit Primitivität und Wildheit assoziiert, die Bühne und die Arena lieferte für die Herausbildung der typisch amerikanischen Identität.

Autonomie – Handlungsfreiheit – lässt sich in den vielgerühmten und verehrten Begriff des «Individualismus» übersetzen; Neuheit entspricht der «Unschuld»; der «unverkennbar» neue Mensch definiert die Differenz und die Strategien, die zur Aufrechterhaltung des Unterschieds erforderlich sind.

Aus der Autorität wird ein romantischer, eroberungssüchtiger, mit «Männlichkeit» gepaarter Heroismus, aus dem die ganze Problematik der Verfügungsgewalt über das Leben anderer resultiert. Möglich gemacht wird all dies durch einen fünften Aspekt – unbeschränkte Macht, angemaßt und ausgelebt innerhalb und im Kampf mit einer natürlichen und mentalen Landschaft, die als «rohe, halb noch wilde Welt» gesehen wird.

Warum roh und halbwild? Weil sie von einer nicht weißen indigenen Bevölkerung bewohnt wird? Vielleicht. Gewiss aber, weil außerdem eine gefesselte und unfreie, rebellierende, aber beherrschbare schwarze Population vorhanden ist, die es Dunbar und allen weißen Männern erlaubt, ihre privilegierte und privilegierende Unterschiedlichkeit zu ermessen.

Schlussendlich wird der Individualismus einen Prototypen des Amerikaners hervorbringen, der einsam, entfremdet und unzufrieden ist. Wovon, möchte man fragen, haben sich die Amerikaner entfremdet? Woran wähnen sie sich mit solcher Entschiedenheit unschuldig? Wovon glauben sie sich zu unterscheiden? Und ihre Macht – über wen üben sie sie aus, wem enthalten sie sie vor, wem geben sie sie in die Hand?

Die Antworten auf diese Fragen liegen in der kraftvollen, das Ego stärkenden Präsenz eines afrikanistischen Bevölkerungsanteils. Der neue weiße Mann kann sich jetzt davon überzeugen, dass gleich vor seiner Türschwelle die Wildnis beginnt; dass die angeordneten Peitschenhiebe (fünfhundert, fünf mal verabreicht: zweitausendfünfhundert insgesamt) keineswegs von einer Verwilderung der eigenen Psyche zeugen; dass wiederholte, gefährliche Ausbruchsversuche irritierende Bestätigungen schwarzer Irrationalität sind; dass die Kombination von Dekan Swifts Seligpreisungen mit einem Leben voller ritualisierter Brutalität sehr wohl als zivilisiert durchgehen kann; dass es genügt, seine Empfindsamkeit ein wenig zu zügeln, um die Roheit draußen zu halten.

Es sind Widersprüche, die tiefe Risse in den Werken der amerikanischen Literatur hinterlassen haben. Wie könnte es auch anders sein. Dominick LaCapra weist darauf hin, dass «die ‹klassischen› Romane nicht nur von allgegenwärtigen kontextuellen Kräften, zum Beispiel Ideologien, umgedeutet werden, sondern diese Kräfte auch ihrerseits beeinflussen und dadurch zumindest teilweise eine kritische, potenziell verändernde Wirkung ausüben».

Die Felder der Historie und der gestaltenden Phantasie, auf denen die frühen amerikanischen Autoren sich bewegen, sind in hohem Maß von der Präsenz des ethnisch Andersartigen geprägt. Gegenteilige Behauptungen, die darauf bestehen, dass «Rasse» für die amerikanische Identität bedeutungslos sei, sind ihrerseits von ganz eigener Bedeutung. Die Welt lässt sich nicht vom Rassenbegriff und vom Rassismus befreien durch bloße Behauptung. Ethnische Differenz aus dem literarischen Diskurs zu eliminieren, ist selbst schon ein rassistischer Akt. Wenn man rhetorische Säure über die Finger einer schwarzen Hand gießt, zerstört man vielleicht den Fingerabdruck, aber nicht die Hand. Und was, nebenbei gefragt, geschieht bei diesem gewalttätigen und selbstgerechten Akt der Eliminierung eigentlich mit den Händen, den Fingern, den Fingerabdrücken dessen, der die Säure ausgießt? Bleiben sie unbeschädigt? Die Literatur selbst lässt anderes vermuten.

Offen oder verhüllt bestimmt die afrikanistische Präsenz auf entscheidende, zwingende und unleugbare Weise Wesen und Gestalt der amerikanischen Literatur. Sie ist eine dunkle

Allgegenwart, die der literarischen Vorstellungskraft sowohl als sichtbares wie als verborgenes Medium des kreativen Prozesses dient. Mit der Folge, dass amerikanische Texte selbst dann – oder sogar besonders dann –, wenn sie sich nicht mit afrikanistischen Themen, Figuren, Inhalten oder Idiomen befassen, von ihnen implizit oder ganz offensichtlich oder durch einengende Tabus überschattet sind. Es ist kein Zufall und auch kein Irrtum, dass eingewanderte Bevölkerungsgruppen (und auch ein Großteil der Einwandererliteratur) ihre neue amerikanische Identität als Gegenentwurf zur vorgefundenen Population begriffen. Tatsächlich funktioniert «Rasse» inzwischen als eine Metapher, die für die Konstruktion der amerikanischen Identität so unentbehrlich ist, dass sie sich mit den alten, pseudowissenschaftlichen und auf die Klassenzugehörigkeit abzielenden Formen von Rassismus messen kann, deren Dynamik einzuschätzen uns geläufiger ist.

Als Hilfsmittel für die Absolvierung des gesamten Prozesses der Amerikanisierung bei Unterdrückung seiner offen rassistischen Bestandteile mag diese afrikanistische Präsenz etwas sein, auf das die Vereinigten Staaten nicht verzichten können. Denn in dieser Phase des zwanzigsten Jahrhunderts ist die Assoziation mit ethnischer Differenz im Wort «amerikanisch» bereits enthalten. Bei Wörtern wie «kanadisch» oder «englisch» ist das anders. Jemanden als Südafrikaner zu bezeichnen, sagt kaum etwas aus. Wir benötigen zusätzlich ein Adjektiv wie «weiß» oder «schwarz» oder «farbig», um klarzumachen, was wir meinen. In den Vereinigten Staaten ist es praktisch umgekehrt. «Amerikanisch» bedeutet «weiß», und Menschen mit afrikanistischem Hintergrund haben ihre liebe Not, den Begriff auf sich anwendbar zu machen, indem sie ethnisch klärende Präfixe und Bindestriche bemühen. In

Amerika gab es keine feudale Vergangenheit, aus der man sich befreien und von der man sich abgrenzen musste, um eine Identität nationaler Tugendhaftigkeit zu begründen, während aristokratische Libertinage und Verschwendungssucht nach wie vor heimlich bewundert wurden. Die amerikanische Nation verfuhr sowohl mit ihrer Missbilligung wie mit ihrem Neid auf die Art und Weise, die auch Dunbar an den Tag legte: durch eine selbstbezügliche Beschäftigung mit einem erfundenen, mythisch verbrämten Afrikanismus. Für Dunbar wurde, wie später ganz allgemein für amerikanische Autoren, die afrikanistische Fremdheit zum Medium des Nachdenkens über Körper und Geist, über Chaos, Güte und Liebe. Sie wurde zum Anlass für Experimente ohne Zwang oder den Gebrauch von Zwang; für das Nachdenken über Freiheit oder Aggression; für die Erkundung von Ethik und Moral, für die Auseinandersetzung mit den Forderungen des Gesellschaftsvertrags und der Religion, für das Verfolgen der Verästelungen der Macht.

Die Herausbildung der afrikanistischen Persona in der Entwicklung einer Nationalliteratur lesend nachzuvollziehen und zu beschreiben, ist ein gleichermaßen faszinierendes wie dringliches Projekt, wenn die Geschichte und das Verständnis unserer Literatur zusammengeführt werden sollen. Emersons Plädoyer für geistige Unabhängigkeit war wie das Servieren eines leeren Tellers, den Schriftsteller mit Speisen aus einer indigenen Küche füllen konnten. Die Sprache sollte natürlich Englisch sein, aber ihre Inhalte, ihre Themen dachte man sich entschieden unenglisch und antieuropäisch in der energischen Zurückweisung jeder Vergötzung der Alten Welt und der Schilderung der Vergangenheit als verderbt und jeder Verteidigung unwürdig.

Die Wissenschaftler, die sich mit der Formierung eines amerikanischen Nationalcharakters und der Entstehung einer Nationalliteratur befassen, haben eine ganze Reihe von einschlägigen Aspekten zusammengetragen. Ein wesentlicher Aspekt, der auf ihrer Liste fehlt, ist die afrikanistische Präsenz als etwas entschieden Nichtamerikanisches, entschieden anderes.

Die Notwendigkeit, einen Unterschied herauszuarbeiten, geht nicht nur auf die Alte Welt zurück. Sie rührt auch von einer Differenz innerhalb der Neuen Welt her. Was diese Neue Welt auszeichnete, war zuallererst der Anspruch auf Freiheit und zum zweiten die Präsenz der Unfreien im Herzen des demokratischen Experiments – die bedenkliche Abwesenheit von Demokratie, ihr Echo, ihr Schatten, ihr Verstummen und ihr stummer Einfluss auf die politische und intellektuelle Aktivität einiger Nicht-Amerikaner. Was diese Nicht-Amerikaner von den anderen unterschied, waren ihr Sklavenstatus, ihr gesellschaftlicher Status – und ihre Hautfarbe. Man kann sich viele Möglichkeiten vorstellen, wie Ersterer sich im Lauf der Zeit von selbst ad absurdum geführt hätte – wäre da nicht die Hautfarbe gewesen. Anders als viele andere Sklaven im Verlauf der Menschheitsgeschichte waren die Sklaven in Amerika allzu sichtbar. Und sie hatten, neben anderen Dingen, eine lange Geschichte der Bedeutungszuschreibung zu ihrer Hautfarbe geerbt. Es war eben nicht so, dass die Sklavenpopulation nur eine andere Farbe hatte, sondern sie hatte eine Farbe, die etwas ganz Bestimmtes bedeutete. Diese Bedeutung war von Gelehrten spätestens zu einem Zeitpunkt im achtzehnten Jahrhundert benannt und benutzt worden, als andere Gelehrte und manchmal sogar die gleichen sich mit der Naturgeschichte und den unveräußerlichen Menschenrechten zu befassen begannen – mit anderen Worten: mit der Freiheit des Menschen.

Wenn alle Afrikaner drei Augen oder nur ein Ohr gehabt hätten, so kann man getrost annehmen, dann wäre auch diesem Unterschied zu den schmächtigen, aber siegreichen europäischen Invasoren eine Bedeutung beigemessen worden. Gegen Ende des zwanzigsten Jahrhunderts gibt es jedenfalls keine Rechtfertigung mehr, in der Verknüpfung von Wert und Bedeutung mit einer Hautfarbe etwas anderes zu sehen als subjektive Willkür. Der entscheidende Punkt für die Diskussion, die wir hier führen, ist die «Verknüpfung von visuell vermittelten Ideen mit sprachlichen Äußerungen». Und das führt mitten in die gesellschaftliche und politische Relevanz von vermitteltem Wissen, wie es sich in der amerikanischen Literatur darstellt.

Wissen, wie banal und zweckbezogen es auch sein mag, erzeugt sprachliche Bilder und kulturelle Praktiken. Auf kulturelle Stimuli zu reagieren – durch Verdeutlichung, Erklärung, Wertung, Übertragung, Verwandlung, Kritik –, ist das alltägliche Geschäft von Künstlern, und ganz besonders gilt das für Schriftsteller, die im Begriff sind, die Literatur einer jungen Nation zu entwickeln. Unabhängig von ihren persönlichen und formal «politischen» Reaktionen auf den inneren Widerspruch einer freien Republik mit einer Teilbevölkerung von Sklaven waren sich die Autoren des neunzehnten Jahrhunderts der Anwesenheit dieser Schwarzen durchaus bewusst. Und, was wichtiger ist, sie brachten ihre Einstellungen zu dieser problematischen Präsenz auf mehr oder minder leidenschaftliche Weise zum Ausdruck.

Die Anwesenheit einer Sklavenpopulation wurde von diesen Schriftstellern keineswegs nur dann zur Kenntnis genommen, wenn sie selbst damit konfrontiert waren. Sklavenerzählungen waren im Verlagsgeschäft des neunzehnten Jahrhunderts ein florierendes Genre. Debatten über Sklaverei und Freiheit füllten die Zeitungsspalten und waren ein Thema in Wahlkämpfen, für Parteiprogramme, für die gewählten Regierungen. Man hätte auf einer einsamen Insel leben müssen, um nichts von diesem explosivsten Konflikt der Nation mitzubekommen. Wie konnte man über Profit reden, über die Wirtschaft, die Arbeitswelt, über Fortschritt, Frauenrechte, Christentum, die Westgrenze, die Bildung neuer Bundesstaaten, die Einbeziehung neuer Territorien, das Bildungswesen, den Verkehr (Güter und Personen), über Wohnviertel und Nachbarschaften, das Militär – praktisch alles, womit ein Land sich befassen muss –, ohne als Bezugspunkt, als heimliches Zentrum des Gesprächs, als offene Frage aller Definitionsversuche die Präsenz von Afrikanern und deren Nachkommen mitten in der Gesellschaft zu haben?

Es war nicht möglich, und es geschah auch nicht. Was aber geschah, und zwar häufig, war ein Versuch der Verdrängung, ein Sprechen über diese Dinge mit einem Vokabular, das nur dazu dienen sollte, das eigentliche Thema zu vermeiden. Diese Bemühungen waren nicht immer erfolgreich, und im Werk vieler Autoren war solche Verhüllung auch nicht intendiert. Die Folge aber war ein Narrativ, das *anstelle* der Afrikaner und deren Nachfahren sprach, oder *über* sie sprach. Dass sie selbst das Wort ergriffen, sah das Narrativ der Machthaber nicht vor.

Während die Sklavenerzählungen dank ihrer Popularität die Abolitionistenbewegung inspirieren und auch manche Befürworter der Sklaverei zum Umdenken bewegen konnten, verschafften die eigenen Narrative der Sklaven ihren Erzählern zwar manche individuelle Freiheit, ohne sich jedoch gegen die herrschende Sichtweise durchsetzen zu können. Die gängigen Erzählungen erwiesen sich als flexibel, konnten genügend Anpassungen vornehmen, um ihre Rolle weiter spielen zu können. Schweigen über die Opfer der Sklaverei war ebenso an der Tagesordnung wie das Schweigen der Opfer. Manche dieser Schweigegebote wurden von den Autoren gebrochen, die mit und innerhalb dieses zensierenden Narrativs lebten, wieder andere wurden befolgt. Mich interessieren die Strategien, die hinter diesen beiden Phänomenen, dem Schweigen und dem Nicht-Verschweigen, stecken. Wie haben die Begründer der Literatur des jungen Amerikas die afrikanistische Präsenz und ihre diesbezüglichen Projektionen behandelt, eingesetzt, ausgeschmückt und erschaffen? Inwieweit tragen diese Strategien zum Verständnis der amerikanischen Literatur bei? Wie kann die Entdeckung dieser verschütteten Pfade zu einer frischeren und gründlicheren Analyse dessen führen, was auf ihnen transportiert wurde?

Lassen Sie mich ein Beispiel herausgreifen: einen der bedeutenden amerikanischen Romane, der sowohl ein Beispiel für das erwähnte Genre des Abenteuerromans ist wie auch eine kritische Befragung dieser Gattung. Wenn wir unsere Lektüre von *Huckleberry Finn* vertiefen und erweitern, uns der sentimentalen Reize mittelwestlicher Heimattümelei mit Flussgöttern und der fundamentalen Unschuld Jungamerikas erwehren, unser Augenmerk stattdessen auf Mark Twains wütende Kritik an der amerikanischen Gesellschaft der Jahre vor dem Sezessionskrieg richten und die Missverständnisse erkennen, die traditionelle, vor den Implikationen der afrikanistischen Präsenz im Zentrum des Romans zurückschreckende Lesarten zur Folge hatten, scheinen wir einen ganz anderen, umfassenderen Text vor uns zu haben. Wir merken, dass die Auseinandersetzung mit Klasse und «Rasse» auf einer gewissen Ebene durchaus vorhanden ist, sowohl verkleidet wie verstärkt durch die Kombination mit Humor, Abenteuer und dem Gestus der Naivität.

Twains Lesern steht es frei, die aggressiven, kämpferischen Qualitäten des Romans zu überlesen, sich stattdessen auf seine Feier gewitzter Unschuld zu konzentrieren und höfliches Befremden über den symptomatischen Rassismus zum Ausdruck zu bringen, mit dem sich das Buch gemeinmacht. Frühe Kritik und die Revisionen der fünfziger Jahre, die zur Kanonisierung von *Huckleberry Finn* als einem der großen Romane führten, konnten das sozial Anstößige übersehen oder als unerheblich abtun, weil das Buch die ideologischen Grundannahmen seiner Gesellschaft und seiner Kultur so vollständig verinnerlicht zu haben scheint; weil es mit der Stimme und aus dem Blickwinkel eines jungen Burschen ohne sozialen Status erzählt wird (eines Außenseiters, marginalisiert und vom Bürgertum, das er verabscheut und nie zu beneiden scheint, bereits als andersartig ausgegrenzt); und weil es sich mit der Komik, der Parodie, den Übertreibungen eines Lügenmärchens maskiert.

Diesem jungen, aber mit allen Wassern gewaschenen Naiven namens Huck, der von bürgerlichen Sehnsüchten, Aggressionen und Ratlosigkeiten so unberührt ist wie eine Jungfrau, hat Mark Twain die Kritik an der Sklaverei und am Dünkel der Möchtegern-Mittelschicht anvertraut, das trotzige Festhalten am verlorenen Paradies und all die Schwierigkeiten, die es bereitet, zu jenem wandelnden Widerspruch eines «sozialen Individuums» zu werden. Das Medium aber, durch welches Huck seinen Kampf führt, ist der Nigger Jim, und es ist absolut zwingend, dass der Begriff «Nigger» unentwirrbar mit Hucks Spekulationen verflochten ist, wer oder was er selbst eigentlich sei. Oder, genauer gesagt, was er alles nicht ist. Die kritischen Kontroversen über den Rang von *Huckleberry Finn* als mehr oder weniger bedeutendes Werk der amerikanischen oder sogar der Weltliteratur bleiben kontrovers genau deshalb, weil sie auf eine eingehendere Untersuchung der wechselseitigen Abhängigkeit von Sklaverei und Freiheit, der Entwicklung von Huck und der nützlichen Rolle von Jim bei diesem Prozess, und auch von Twains Unfähigkeit verzichten, die Erzählung mit der Reise ins freie Territorium fortzusetzen.

Der Widerstreit der Meinungen konzentriert sich auf das sogenannte fatale Ende, den Abbruch des Romans. Es wurde argumentiert, dass das Ende ein genialer Schachzug sei, der Tom Sawyer wieder an seinen angestammten Platz im Zentrum der Erzählung zurückversetzt. Dass es sich um ein gekonntes Spiel mit den Gefährdungen und Grenzen des Abenteuerromans handle. Dass das Ende eine wertvolle Lernerfahrung für Jim und für Huck darstelle, für die diese beiden und wir Leser dankbar sein sollten. Dass es das traurige und wirre Ende eines Buches sei, bei dem der Autor nach einer langen Schreibblockade nicht mehr weiter wusste und schließlich aus Überdruss zur Kindergeschichte zurückkehrte. Dabei kommt nicht zur Sprache, dass es innerhalb der Grenzen des Romans für Huck keine Möglichkeit gibt, in Amerika ohne Jim zu einem moralisch handelnden Menschen zu reifen. Jim freizugeben, ihn die Mündung des Ohio River und den Übergang in das freie Territorium nicht verpassen zu lassen, hätte somit eine Abkehr von den Grundvoraussetzungen der Erzählung bedeutet.

Weder Huck noch Twain können es innerhalb ihres fiktiven Rahmens zulassen, dass Jim befreit wird. Erlaubten sie es, wäre ein liebgewonnenes Klischee aus seiner Verankerung gesprengt. So aber wird das fatale Ende zu einem Ritual des Hinausschiebens der Flucht einer notwendigen und notwendigerweise unfreien afrikanistischen Figur. Denn weder für Huck noch für den Text kann Freiheit eine Bedeutung haben ohne das Gespenst der Versklavung, das Betäubungsmittel für jeden Individualismus, die Messlatte der absoluten Verfügungsgewalt über das Leben anderer – die namentlich gezeichnete, markierte, bloßstellende und verändernde Präsenz eines schwarzen Sklaven. An jedem Punkt seiner Erzählstruktur, in jedem seiner vielen Brüche bezieht der Roman sich auf den Körper und die Persönlichkeit des Sklaven: auf die Art, wie dieser Körper spricht; auf die legalen oder illegalen Leidenschaften, deren Opfer er wurde; auf den Schmerz, den er zu erdulden vermochte; auf die Grenzen, soweit überhaupt vorhanden, seiner Leidensfähigkeit; auf die Möglichkeiten, die es gab, für Vergebung, Mitleid und Liebe.

Zwei Dinge sind es, die uns an diesem Roman verblüffen: der offenbar grenzenlose Vorrat an Liebe und Einfühlung, die der Schwarze für seine weißen Herren aufbringt, und sein Glaube, dass die Weißen tatsächlich so überlegen und erwachsen sind, wie sie behaupten. Diese Darstellung von Jim als dem kenntlich gewordenen Anderen kann als die Sehnsucht der Weißen nach Vergebung und Liebe gelesen werden, aber möglich wird diese Sehnsucht nur, wenn völlig klar ist, dass der Schwarze seine Unterlegenheit (nicht als Sklave, sondern als Schwarzer) anerkannt hat und sich selbst dafür verachtet; dass er, wie man es Jim beigebracht hat, seinen Schergen die Quälereien und Demütigungen gestattet und auf diese Quälereien und Demütigungen mit grenzenloser Liebe reagiert. Die Demütigungen, die Jim von Huck und Tom zugemutet werden, sind vielfältig, zahllos, töricht und nervtötend – und sie erfolgen, *nachdem* wir Jim als einen reifen, sensiblen Erwachsenen und fürsorglichen Vater kennengelernt haben. Wäre Jim ein mit Huck befreundeter Exsträfling von weißer Hautfarbe gewesen, hätte ein solches Ende nicht phantasiert oder niedergeschrieben werden können, weil es undenkbar gewesen wäre, dass die beiden Kinder so schmerzhafte Spiele mit dem Leben eines Weißen spielen, sobald er uns (unabhängig von seiner sozialen Schicht, seinem Bildungshintergrund oder seinem Status als Flüchtiger) als moralisch integer präsentiert worden ist. Jims Sklavenstatus macht es möglich, mit ihm solche Spiele zu treiben und seine Befreiung in die Zukunft hinauszuschieben. Außerdem akzentuiert er in Stil und Erzählweise die Bedeutung der Sklaverei für die Verwirklichung (im Sinne des Wortes) von Freiheit. Jim wirkt bescheiden, liebevoll, irrational, gefühlsgesteuert, abhängig und unfähig, sich auszudrücken (außer vielleicht in den langen, fröhlichen Gesprächen, die er mit Huck führt, die uns aber vorenthalten werden – worüber habt ihr da geredet, Huck?). Wir sollten unsere Aufmerksamkeit jedoch nicht darauf richten, wie Jim auf uns *wirkt*, sondern darauf, was Twain, Huck und besonders Tom Sawyer so nötig von ihm brauchen. *Huckleberry Finn* mag tatsächlich ein «großer» Roman sein, weil er in seiner Struktur, in der Hölle, durch die er seine Leser gegen Ende gehen lässt, in der schonungslosen Debatte, die er erzwingt, die parasitäre Natur der weißen Freiheit nachvollzieht und beschreibt.

Meine Hypothese, dass dem Afrikanismus eine metaphysische Notwendigkeit zugewachsen ist, soll keineswegs bedeuten, dass er seine ideologische Komponente verloren hat. Noch immer lassen sich erhebliche unrechtmäßige Gewinne aus der Rationalisierung gewalttätiger Übergriffe und Aneignungen schöpfen, begründet mit Verweisen auf Minderwertigkeit und einer Hierarchisierung von Unterschieden. Noch immer kann das Land Trost finden im andauernden Traum von einem demokratischen Egalitarismus, der erkauft wird mit dem Verbergen von Klassenkonflikten, Aggression und Machtlosigkeit hinter den Chimären der «Rasse». Und es lässt sich eine Menge Saft aus pflaumenweichen Reminiszenzen an «Individualismus» und «Freiheit» pressen, wenn diese Früchte auf Kosten einer schwarzen Bevölkerung geerntet werden, die gezwungen ist, die Kontrastfolie zur Freiheit abzugeben. «Individualismus» steht im Vordergrund und ist Glaubensinhalt, während eine unveränderliche, erzwungene Abhängigkeit den Hintergrund bildet. «Freiheit» (sich zu bewegen, Geld zu verdienen, sein Wissen zu mehren, sich einem Machtzentrum anzuschließen, die Welt zu erzählen) kann umso besser ausgekostet werden, je deutlicher man die Geknechteten und Unfreien, die wirtschaftlich Unterdrückten, an den Rand Gedrängten, zum Schweigen Gebrachten vor Augen hat. Die ideologische Abhängigkeit vom Rassismus bleibt intakt.

Man wird argumentieren, dass weiße Amerikaner sich natürlich mit Problemen von Moral und Ethik, dem Primat des Geistes und der Schwäche des Fleisches, den Segnungen und Gefährdungen der Moderne und des Fortschritts befasst haben, ohne auf die Lebenssituation des schwarzen Bevölkerungsanteils Bezug zu nehmen. Wo, wird man fragen, findet man den Beleg dafür, dass ein solcher Bezug implizit in diesen Überlegungen inbegriffen war?

Meine Antwort darauf ist eine Gegenfrage: Von welcher öffentlichen Debatte kann man behaupten, sie wäre ohne Bezug auf die schwarze Bevölkerung? Der Bezug ist da, in jeder Phase bei jeder der größten Streitfragen des Landes. Die Präsenz der Schwarzen steht nicht nur hinter dem Rahmenwerk der Verfassung, sie steckt auch im Kampf um die politische Teilhabe von Besitzlosen, Frauen und Analphabeten, im Aufbau eines freien, öffentlichen Schulsystems, in der Frage einer fairen demokratischen Repräsentanz aller Bürger, im Justizwesen und in den Kodifizierungen von Gerechtigkeit. Sie beeinflusst theologische Diskussionen ebenso wie die Vertragsgestaltung von Banken, die Vorstellung einer schicksalhaften Bestimmung des Landes ebenso wie das Narrativ, das die Eingliederung jedes Immigranten in die Gemeinschaft der amerikanischen Staatsbürger begleitet.

Die Literatur der Vereinigten Staaten illustriert und repräsentiert, genau wie die Geschichte des Landes, die Wandlungen, denen biologistische, ideologische und metaphysische Konzepte ethnischer Diversität unterworfen sind. Aber die Literatur hat noch ein weiteres Anliegen, ein anderes Thema: den Austausch zwischen der persönlichen Vorstellungskraft und der äußeren Welt, in der sie existiert. In der Sprache ihrer Bilder verwandelt die Literatur die gesellschaftlichen Konventionen des Afrikanismus und transportiert sie in neue Räume. In den Minstrel-Shows genügte eine Schicht schwarzer Schminke auf dem weißen Gesicht, um Gesetze außer Kraft zu setzen. So wie die Schauspieler in ihren schwarzen Masken Themen auf die Bühne bringen konnten, die sonst tabu gewesen wären, haben amerikanische Autoren sich einer imaginierten afrikanistischen Maske bedient, um das Unbehagen in der amerikanischen Kultur zu artikulieren.

Ob verschlüsselt oder impliziert, indirekt oder offen – die sprachlichen Echos der afrikanistischen Präsenz machen die Texte komplex und widersprechen ihrem vordergründigen Inhalt oft sogar. Sie können als allegorisches Futter für Kontemplationen über den Garten Eden, die Vertreibung und die Hoffnung auf Gnade dienen. Sie sorgen für Paradoxien und Mehrdeutigkeit; sie verweisen auf Leerstellen, sich wiederholende Muster, auf Umbrüche und Polarisierungen, auf Verdinglichung und Gewalt. Sie verleihen den Texten, anders gesagt, ein tieferes, reicheres, widersprüchlicheres Leben als jene keimfreie Version, die uns üblicherweise präsentiert wird. Es wäre ein Jammer, würden diese Texte von Literaturkritik und -wissenschaft weiterhin diskreditiert, würden ihre Kraft und Vielfalt unter der glatten Oberflächlichkeit der Betrachtung begraben. Es wäre ein Jammer, bliebe die Kritik zu höflich oder zu furchtsam, um die alles verändernde Dunkelheit vor ihren Augen zu benennen.

DAS UNAUSGESPROCHENE UNAUSSPRECHLICHE: DIE AFROAMERIKANISCHE PRÄSENZ IN DER AMERIKANISCHEN LITERATUR

I

Eigentlich wollte ich diesen Essay «Kanonfutter» nennen, weil für mich in diesem Begriff jene antrainierte muskuläre Reaktion mitschwingt, die man in einigen Bereichen der jüngsten Kanon-Debatte antrifft. Außerdem gefiel mir, dass zwei disparate Wörter zusammengespannt werden und ein neues entsteht: «Kanonenfutter». Anfangs dachte ich dabei an die zahllosen jungen Männer – schwarz oder «ethnisch» oder arm oder aus der Arbeiterklasse –, die nach der Highschool in den Vietnamkrieg geschickt und von den Kriegsdienstverweigerern als «Kanonenfutter» bezeichnet wurden. Und tatsächlich hat man viele, die dorthin gingen und von dort zurückkehrten, so behandelt, als wären sie das, was eine der Definitionen von «Futter» ist: Nahrung für Tiere. Im Kontext meiner Gedanken über das Thema dieses Essays wäre die treffendere Definition: «leicht verfügbare Menschen von geringem Wert». Futter für die Kriegsmaschinerie. Und dann war da noch das reizvolle Spiel mit *Kanone* und *Kanon*. Das erste Wort ist abgeleitet aus dem lateinischen Wort für *Rohr*, *Schilf*, *Rohrflöte*, das zweite aus dem griechischen Wort für *Stab*, das schließlich die Bedeutung *Maßstab*, *verbindliche Vorgabe*, *Gesetz* bekam. Zusammen betrachtet ergaben die beiden Wörter das Bild einer auf das Gesetz gerichteten oder vom Gesetz befehligten Kanone. Das Donnern der Macht, die eine «Liste offiziell anerkannter Schriften» verkündet. Gewissermaßen die Kanone, die den Kanon beschützt. Und obwohl keinerlei etymologische Verbindung besteht, hörte ich in «Futter» das Wort «Vater», spürte den Vater sowohl in der Kanone als auch im Kanon und landete schließlich bei «Vaterfutter». Und was frisst dieser Vater? Leicht verfügbare Menschen/Texte von geringem Wert. Doch schließlich kam ich wieder davon ab (zu viele haben dieses Wort schon benutzt) und will deutlich machen, warum der Titel, für den ich mich entschieden habe, angemessen ist.

Ich werde mich hier mit dem ganzen Spektrum der höchst erregt geführten Debatte über die Frage befassen, was ein literarischer Kanon eigentlich beinhaltet oder beinhalten sollte, um aufzuzeigen, wie man einen Blick auf die afroamerikanische Präsenz in der amerikanischen Literatur richten kann, der weder Schlachten noch Verdinglichung erfordert – einen Blick, der die gesamte Literatur einer ganzen Nation aus der Isolation befreien könnte, in der sie gefangen ist. Es gibt etwas, das man als amerikanische Literatur bezeichnet und das nach landläufiger Meinung auf keinen Fall Chicano-Literatur ist, auch nicht afroamerikanische Literatur oder asiatisch-amerikanische oder indianische oder … Die amerikanische Literatur ist irgendwie von diesen anderen getrennt, und trotz aller Bemühungen in Form von neuen Literaturgeschichten, umstrukturierten Lehrplänen und Anthologien ist ihre Isolation – sei sie nun jeweils bekräftigt oder durchbrochen – das bestimmende Thema eines großen Teils dieser

Debatte. Obgleich sich die verwendeten Begriffe – wie schon das Vokabular früherer Kanondiskussionen – auf literarische und/oder humanistische Werte, ästhetische Kriterien und wertfreie oder gesellschaftlich verankerte Lesarten beziehen, geht es bei der gegenwärtigen Schlacht offenbar hauptsächlich um die Herausforderungen der männlich-weißen Ursprünge und Definitionen dieser Werte durch die anderen Literaturen sowie um die Frage, ob diesen Definitionen ein zeitloses, universales, transzendierendes Paradigma zugrunde liegt oder ob sie bloß als Tarnung eines zeitweiligen, politischen, kulturspezifischen Programms dienen.

Die Geschichte dieser bestimmten Debatte wurzelt zum Teil in dem Angriff, den feministische Wissenschaftlerinnen und Wissenschaftler (schwarze wie weiße) gegen den traditionellen literarischen Diskurs geführt haben und noch immer führen. Der männliche Teil der männlich-weißen Gleichung ist bereits tief in Kämpfe verstrickt, und niemand glaubt mehr daran, dass Literatur und Literaturkritik je wieder sein werden, was sie 1965 waren: ein Schutzgebiet für die Gedanken, Werke und analytischen Strategien weißer Männer.

Dieser Essay konzentriert sich auf den «weißen» Teil der Frage, und ich stelle mit großer Erleichterung fest, dass Begriffe wie «weiß» oder «Rasse» tatsächlich Eingang in eine ernsthafte Diskussion über Literatur finden können. Obgleich sie noch immer einen verlässlichen und rasch befolgten Ruf zu den Waffen darstellen, ist ihr Gebrauch nicht mehr verboten.* Es mag aufsässig erscheinen, die Aufrichtigkeit und proklamierte wohlmeinende Selbstlosigkeit eines neunhundert-

* siehe *«Race», Writing and Difference*, Henry Louis Gates (Hg.), Chicago, 1986

jährigen akademischen Betriebs in Frage zu stellen, der sich durch Jahrzehnte des Chaos müht, «das Niveau zu halten». Doch was nutzt es, noch immer zu behaupten, «Qualität» sei das einzige Kriterium für Größe, wenn man doch weiß, dass die Definition von Qualität ihrerseits Gegenstand heftiger Auseinandersetzungen ist und nur selten allgemeine und immerwährende Zustimmung erfährt? Tut man es aus Staatsräson, um den Begriff zu besetzen und in der Lage zu sein, Größe zu gewähren oder zu verweigern? Oder um aktiv zu erforschen, wo und auf welche Weise Qualität sich offenbart und uns verblüfft, sodass wir entweder sprachlos sind, oder aber Worte finden, die ihrer Beschreibung würdig sind? Wir können versuchen, das Ringen um Qualität, den Triumph der Qualität zu erkennen, zu benennen und zu begrüßen, wann immer sie sich zeigt, und uns von dem Gedanken zu verabschieden, dass nur die dominierende Kultur oder das dominierende Geschlecht ein solches Urteil fällen und Qualität identifizieren oder hervorbringen darf.

Wer die Überlegenheit der westlichen Kultur behauptet, ist dazu nur dann berechtigt, wenn die westliche Zivilisation bei einem eingehenden Vergleich mit anderen nicht hinter diesen zurückbleibt und eingesteht, wie viel sie den ihr vorangegangenen Kulturen verdankt.

Beispielsweise beruht ein großer Teil der Befriedigung, die ich bei der Lektüre griechischer Tragödien empfinde, auf ihrer Ähnlichkeit nicht nur mit afroamerikanischen Gemeinschaftsstrukturen (die Funktion von Lied und Chor, der heroische Widerstreit zwischen den Ansprüchen der Gemeinschaft und der Hybris des Einzelnen), sondern auch mit afrikanischer Religion und Philosophie. Mit anderen Worten: Sie ist ein Teil des Grundes, warum griechische Tragödien in meinen Augen Qualität besitzen – ich fühle mich dort intellektuell zu Hause. Das wird sich bei denen, die mit meinem «Zuhause» nicht vertraut sind, anders verhalten, aber es wird wohl kaum eine Voraussetzung für ihr Vergnügen sein. Worauf ich hinauswill: Die Form (griechische Tragödie) ermöglicht all diese Spielarten kontroverser Liebe, weil sie selbst meisterhaft gestaltet ist, und nicht etwa, weil die Kultur, auf die sie sich bezieht, makellos und allen anderen überlegen gewesen wäre.

Man hat das Gefühl, dass manche zunehmend schlaflose Nächte verbringen, und es erscheint mir offensichtlich, dass die Reaktionen der traditionellen «Humanisten» und einiger postmoderner Theoretiker auf diesen besonderen Aspekt, den der «Rasse», vor allem darum so heftig ausfallen, weil diejenigen, die Aufmerksamkeit fordern, aus jenem Segment der wissenschaftlich oder künstlerisch Tätigen stammen, in dem jeder Hinweis auf «Rasse» entweder unvermeidlich ist oder aber tunlichst vermieden wird. Und wenn man alle mit diesem Begriff verbundenen Verästelungen ernst nimmt, wird man die Grundlagen der westlichen Zivilisation überdenken müssen. Trotz aller impliziter und expliziter Bekenntnisse ist «Rasse» also noch immer praktisch unaussprechlich, das beweisen die Entschuldigungen, Anmerkungen und gewundenen Definitionen, die dieses Wort stets begleiten*. Und auch ich erweise ihm Respekt, indem ich es in Anführungszeichen setze. Plötzlich (für unsere Begriffe plötzlich) existiert «Rasse» nicht mehr. Dreihundert Jahre lang haben schwarze Ame-

* Ein Beispiel von vielen: Ivan Van Sertima: *They Came Before Columbus – The African Presence in Ancient America*, New York, 1976, XVI–XVII

rikaner darauf bestanden, «Rasse» sei in zwischenmenschlichen Beziehungen kein brauchbares Kriterium. Und während eben dieser drei Jahrhunderte haben sämtliche akademische Fachdisziplinen, auch die Theologie, die Geschichts- und die Naturwissenschaften, darauf bestanden, «Rasse» sei der *entscheidende* Faktor der menschlichen Entwicklung. Als Schwarze entdeckten, dass sie eine kulturell geformte Rasse bildeten oder zu einer solchen geworden waren und dass darin ein spezifischer und legitimer Unterschied bestand, hieß es plötzlich, der Begriff «Rasse», ob kulturell oder biologisch definiert, sei unbedeutend und habe in einem ernsthaften intellektuellen Austausch nichts zu suchen.* Wenn ich versuche, die Beziehung zwischen «Rasse» und Kultur zu verstehen, könnte ich mir die Haare raufen. Ich fand schon immer, dass dieselben Leute, die eine Rassenhierarchie erfunden haben, als sie ihnen nützlich war, nicht diejenigen sein sollten, die dieses Konzept jetzt, da es ihnen nicht mehr zweckdienlich erscheint, wegerklären. Aber es *gibt* eine Kultur, und die Konzepte «Geschlecht» und «Rasse» durchdringen sie und sind von ihr durchdrungen. Die afroamerikanische Kultur existiert, und obwohl immer deutlicher wird, wie sie auf die westliche Kultur reagiert hat, ist die Häufigkeit und die Art, wie sie ihrerseits die westliche Kultur beeinflusst hat, weitgehend unerforscht.

Ich will darlegen, wie die Präsenz der afroamerikanischen Literatur und das Bewusstsein ihrer Kultur die Literaturwissenschaft der Vereinigten Staaten beleben und ihr Niveau heben kann. Zu diesem Zweck möchte ich den Weg, den die

* Tzvetan Todorov, «‹Race›, Writing, and Culture», in Gates, *«Race», Writing, and Difference*, S. 370–80

Kanondebatte in der westlichen Literaturkritik genommen hat, kontextualisieren.

Ich glaube nicht, dass die gegenwärtige Erregung nur auf die routinemäßigen, sich wiederholenden Auseinandersetzungen innerhalb der literarischen Welt zurückzuführen ist, die unvorhersehbare, aber unvermeidliche Verschiebungen in Hinblick auf Geschmack, Relevanz oder Wahrnehmung widerspiegeln. Verschiebungen, die beispielsweise die Begeisterung und offizielle Unterstützung für William Dean Howells dahinschwinden ließen, die bewirkten, dass die Waagschale, in der Mark Twain gewogen wurde, sich hob und senkte wie das Handlot (nach dem er sich angeblich benannt hat), und die auch die langsame, verzögert einsetzende, aber beständig anschwellende Welle der Aufmerksamkeit und Verehrung erzeugten, die Emily Dickinson jetzt gewiss dauerhaft zu höchstem Ansehen getragen hat. Nein. Dabei handelte es sich um Entdeckungen und Neubewertungen einzelner Künstler. Bedeutsam, aber nicht destabilisierend. Die Anpassung daran war einfach, weil die Fragen, die sie aufwarfen, einfach waren: Gibt es in der amerikanischen Literatur genau hundert unumstößliche Bespiele für hohe Kunst? Oder vielleicht hundertsechs? Wenn ein oder zwei Werke in Ungnade fallen, ist dann Platz für ein oder zwei andere, die wie junge Frauen im Vorraum auf den Klang des Glöckchens warten dürfen, geläutet von künftigen Ehemännern, die als Einzige imstande sind, ihre Sicherheit und Legitimität zu gewährleisten und das Siegel beständigen kritischen Wohlwollens zu verleihen? Interessante Fragen – aber, wie gesagt, nicht gefährlich.

Diese akademische Schlaflosigkeit ist auch nicht die Folge einer sehr viel radikaleren Verschiebung, wie sie Mitte des neunzehnten Jahrhunderts stattfand, als es um die Authentizität der amerikanischen Literatur ging, oder einer noch früheren und jetzt in weiter Ferne liegenden Umwälzung, bei der die Theologie und damit die lateinische Sprache durch das gleichermaßen gründliche Studium des Griechischen und der klassischen Texte ersetzt wurde, woraus schließlich eine Folgerung gezogen wurde, die damals eigenartig arrogant und parvenühaft klang: dass das Studium der englischen Literatur eine angemessene Beschäftigung für den Adel und diese somit keineswegs bloß ein moralisch lehrreiches Futter für die Arbeiterklasse sei. (Die Chaucer Society wurde 1848 gegründet, vierhundert Jahre nach Chaucers Tod.) Nein. Die gegenwärtige Auseinandersetzung erscheint irgendwie ungewöhnlich, irgendwie schärfer. Die Abwehr ist verbissener, der Angriff hartnäckiger und energischer. Beides, Angriff und Abwehr, sind aus der akademischen Welt in die Publikumsmedien getragen worden. Warum? Widerstand gegen eine neue Rangordnung oder eine Erweiterung des Kanons ist weder überraschend noch unberechtigt. Das ist ja schließlich der Sinn eines Kanons. (Und die Frage, ob es überhaupt einen Kanon geben sollte, erscheint mir unredlich, denn ganz gleich, wie man sie beantwortet – es wird immer einen Kanon geben, weil das im Interesse der professionellen Literaturkritik liegt.) Schließlich zeichnen sich Kritiker, Pädagogen und Schriftsteller durch ein geschärftes Empfinden dafür aus, warum ein Werk einer eingehenden Beschäftigung würdig ist oder nicht. Das Erstaunliche in der gegenwärtigen Debatte ist nicht so sehr der Widerstand gegen den Ausschluss von Werken oder gegen die Erweiterung eines Genres innerhalb des Kanons, als vielmehr die aggressive Leidenschaft dieses Widerstands und die Wahl der Waffen. Diese haben ein sehr großes Kaliber, und der Finger ist schnell am Abzug. Ich bin jedoch davon überzeugt, dass die Vorgehensweise der Verteidiger falsch ist. Nicht nur, weil sie ihr Ziel vielleicht weit verfehlen oder die Schießeisen diesen Cowboy-Wissenschaftlern die Hände abreißen könnten, sondern weil das, worum es geht (die heiligen Texte), in dieser Schlacht entstellt und geopfert wird. Dieses Kanonenfutter könnte den Kanon zerstören. Und ich jedenfalls habe nicht vor, ohne Aischylos oder William Shakespeare, ohne James, Twain, Hawthorne oder Melville und so weiter zu leben. Es muss eine Möglichkeit geben, sich mit dem Kanon zu beschäftigen, ohne ihn in einem Schrein zu verwahren.

Als Milan Kundera in *Die Kunst des Romans* das historische Territorium des Romans absteckte, indem er schrieb: «Der Roman ist Europas Schöpfung», und: «Der einzige Kontext, in dem sich der Wert eines Romans ermessen lässt, ist die Geschichte des europäischen Romans», zuckte der Kritiker des *New Yorker* zusammen. Kunderas «persönliche ‹Idee des Romans›», schrieb er, «ist so durch und durch eurozentrisch, dass sie amerikanischen Lesern exotisch, ja pervers erscheinen wird. (…) *Die Kunst des Romans* verströmt gelegentlich einen stechenden Geruch kultureller Arroganz, und man könnte finden, dass Kunderas Diskurs (…) einen Aspekt seines Wesens offenbart, von dem wir lieber nichts gewusst hätten. (…) Um der Künstler zu werden, der er jetzt ist, musste sich der tschechische Schriftsteller ein zweites Mal entdecken, diesmal als Europäer. Aber was, wenn diese zweite, großartigere Möglichkeit gar nicht bestanden hätte? Was, wenn Broch, Kafka, Musil nicht Teil seiner Erziehung gewesen wären oder er ihre Bücher nur als exotische, fremde Werke wahrgenommen hätte? Der polemische Eifer, den Kundera in *Die Kunst des Romans* an den Tag legt, ärgert uns als amerikanische Leser, weil wir uns in die Defensive gedrängt und von der transzendenten ‹Idee des Romans› ausgeschlossen fühlen, die für ihn offenbar einfach gegeben war. (Wenn er in seiner Heilsgeschichte des Romans doch nur mehr Helden aus der Neuen Welt zitiert hätte.) Unsere Schriftsteller entdecken keine kulturellen Werte in sich selbst – sie erfinden sie.»*

Kunderas Betrachtungsweise, die amerikanische Autoren (mit Ausnahme von William Faulkner) aus seinem persönlichen Kanon verbannt, wird auf eine «Selbstgefälligkeit» zurückgeführt, die der Rezensent Terrence Rafferty von Kunderas Romanwerk trennt und mit der «hochgradigen Selbstgewissheit» seiner literaturkritischen Prosa verbindet. Mit der Selbstgewissheit eines Exilanten, der eine europäische Bildung genossen hat und die Wahl hatte, ein Europäer zu werden.

Ich fand Raffertys Bemerkungen erfrischend. Wenn man bestimmte Begriffe durch andere ersetzt, würden afroamerikanische Schriftsteller angesichts der Tatsache, dass sie von der «transzendenten ‹Idee des Romans›» ausgeschlossen sind, seine Beobachtungen und seinen rechtschaffenen Ärger vermutlich teilen. Bei den gegenwärtigen Turbulenzen scheint es nämlich nicht um die Flexibilität eines Kanons und seinen Rang im Kreis der Länder des Westens zu gehen, sondern um seine rassische Durchmischung. Das Wort ist deutlich, und ich gebrauche es mit Bedacht. Ein bedeutender Teil der Debatte hat das Eindringen von Dritte-Welt-Literatur oder sogenannter Minderheiten-Literatur in eine eurozentrische Festung zum Gegenstand. Wenn das Thema Kultur der Drit-

* Terrence Rafferty: «Articles of Faith», *New Yorker*, 16. Mai 1988, S. 110–18

ten Welt zur Sprache kommt, sieht man darin, anders als beispielsweise beim Thema Skandinavische Kultur, immer auch eine mögliche Bedrohung und eine implizite Kritik des herrschenden Gleichgewichts. Vom 17. bis zum 20. Jahrhundert sind die Argumente gegen ein solches Eindringen in vorhersehbarer Reihenfolge aufmarschiert: 1.) Es gibt keine afroamerikanische Kunst (und keine Kunst der Dritten Welt). 2.) Sie existiert, ist aber minderwertig. 3.) Sie existiert und ist hochwertig, sofern sie den «universalen» Kriterien der westlichen Kunst entspricht. 4.) Sie ist nicht so sehr «Kunst» als vielmehr «Rohstoff» – ein ergiebiger Rohstoff –, der einen westlich orientierten oder eurozentrischen Schmied erfordert, damit dieser ihn aus dem «Naturzustand» befreit und ihm eine ästhetisch komplexe Form verleiht.

An dieser Stelle sind vielleicht einige Bemerkungen zu einem weit größeren, älteren, aber dennoch sehr aufschlussreichen und extrem wirkungsvollen akademischen Streit angebracht. Er ist aufschlussreich, weil er Licht auf gewisse Aspekte der gegenwärtigen Debatte wirft und vielleicht den Weg zu ihren Ursprüngen weist. Ich habe weiter oben auf die enormen Umwälzungen bei der Erstellung von Kanons hingewiesen, die mit der Einführung des Studiums der klassischen Literatur und des Griechischen einhergingen. Diese kanonische Abkehr von der Scholastik und Hinwendung zum Humanismus war nicht bloß radikal – sie muss (darf ich es so nennen?) brutal gewesen sein. Und sie dauerte etwa siebzig Jahre. Siebzig Jahre, um Ägypten als Wiege *und* Vorbild der Zivilisation durch Griechenland zu ersetzen. Der Triumph dieses Prozesses war, dass Griechenland seine eigenen Ursprünge verlor und selbst zu etwas Ursprünglichem wurde. Einige Gelehrte aus verschiedenen Disziplinen (Geschichte,

Anthropologie, Ethnobotanik, usw.) haben die Ergebnisse ihrer Forschungen über kulturübergreifende und interkulturelle Vermittlung mit – was die Rezeption betrifft – wechselndem Erfolg veröffentlicht. Ich denke da an die eigenartige Publikationsgeschichte von Ivan Van Sertimas Werk *They Came Before Columbus* über den afrikanischen Einfluss auf das präkolumbianische Amerika. Ich denke an Edward Saids *Orientalismus* und besonders an das Werk von Martin Bernal, einem Linguisten und Kenner der chinesischen Geschichte, der sich selbst als Dilettanten auf dem Gebiet der klassischen Kultur bezeichnete, mit seinem Buch *Schwarze Athene* aber eine faszinierende Abhandlung über dieses Thema geliefert hat. Laut Bernal gibt es zwei «Modelle» der griechischen Geschichte: Das eine betrachtet Griechenland als arisch oder europäisch (das arische Modell), während das andere es als levantinisch ansieht – befruchtet von der ägyptischen und semitischen Kultur (afro-asiatisches Modell). «Wenn es sich aber herausstellt», schreibt Professor Bernal, «dass ich mit Recht den Sturz des ‹arischen Modells› und seinen Ersatz durch das ‹revidierte antike Modell› fordere, so heißt das nicht nur, dass man die Grundlagen der ‹westlichen Zivilisation› noch einmal überdenken müsste, sondern auch, dass man die Augen nicht davor verschließen sollte, wie Rassismus und ‹kontinentaler Chauvinismus› in unsere Geschichtsschreibung und die Auffassung von der Aufgabe eines Historikers eingeflossen sind. Das ‹antike Modell› wies keine inneren Mängel auf, keine Schwachstellen, die es zur Erklärung der Geschichte ungeeignet machten. Vielmehr schaffte man es aus rein äußeren Gründen ab. Für die Romantiker und Rassisten des 18. und 19. Jahrhunderts war der Gedanke einfach unerträglich, dass Griechenland, das für sie ja kein bloßes Anhängsel Europas, sondern geradezu die Wiege der europäischen Kultur war, das Ergebnis der Mischung einer zwar europäischen, aber kulturell unterlegenen Urbevölkerung mit kulturell überlegenen afrikanischen und vorderasiatisch-semitischen Kolonisten gewesen sein soll. Deshalb musste das antike Modell gestürzt und durch etwas Akzeptableres ersetzt werden.»*

Es ist schwer, sich vom Gewicht der Dokumentation, die Martin Bernal zusammengetragen hat, und seinen ziemlich schwindelerregenden analytischen Erkenntnissen nicht überzeugen zu lassen. Am meisten faszinierte mich seine Analyse des *Prozesses*, in dem das antike Griechenland, wie wir es kennen, fabriziert wurde, sowie der *Motive* für diese Fabrikation. Letztere (die Motive) beinhalteten das Konzept der Reinheit, des Fortschritts. Das Erstere (der Prozess) erforderte Fehlinterpretationen, eine vorgezeichnete Auswahl authentischer Quellen und – Schweigen. Von der Aneignung Israels (der Levante) durch die christliche Theologie und den im frühen 19. Jahrhundert erschienenen Werken des überragenden Gelehrten Karl Otfried Müller, in denen Berichte der Griechen über ihre Abstammung und die Einflüsse, denen sie ausgesetzt gewesen waren, als bloße Indizien für ihre «Ägyptomanie» abgetan wurden, für ihre Tendenz zur Bewunderung der ägyptischen Kultur, die sich auch «in der ‹Täuschung› [manifestiert], dass Ägypter und andere nichteuropäische ‹Barbaren› überlegene Kulturen besessen hätten, bei denen die Griechen massive Entleihungen gemacht hätten»,** bis hin zur Reaktion der Romantik auf die Aufklärung und dem tiefen

* Martin Bernal: *Schwarze Athene – Die afrikanischen Wurzeln der griechischen Antike*, München, 1992, S. 33

** Ibid., S. 459

Sturz der Phöniker in Ungnade stand «hinter der Zurückweisung, die schließlich auch der Gedanke an einen phönikischen Einfluss auf das frühe Griechenland erfuhr, im Wesentlichen der rassistisch – nicht mehr nur religiös – begründete Antisemitismus. [...] Dies, weil man jetzt die Phöniker – historisch und kulturhistorisch völlig korrekt – in enge kulturelle Beziehung zu den Juden brachte.»*

Ich habe vielleicht etwas zu ausführlich aus Bernals Text zitiert, weil die *Motivation* – ein Element, das in der Geschichte der Geschichtswissenschaft nur selten untersucht worden ist – in seinem Werk ermittelt, präzise beschrieben und hinterfragt wird. Das hat mir geholfen zu analysieren, welche Prozesse und Motive bei der wissenschaftlichen Untersuchung und Einordnung der afroamerikanischen Präsenz in der Literatur der Vereinigten Staaten am Werk sind.

Die Schaffung eines Kanons ist die Schaffung eines Imperiums. Seine Verteidigung ist Landesverteidigung. Eine Debatte über einen Kanon, ganz gleich, wie und auf welchem Gebiet sie geführt wird (auf dem der Kritik, der Geschichte, der Wissenschaftsgeschichte, der Definition von Sprache, der Universalität ästhetischer Grundsätze, der Soziologie der Kunst, der humanistischen Vorstellungswelt), ist ein Kampf der Kulturen. Und *alle* Interessen sind eigennützig.

In einem Streit wie diesem – einem provozierenden, gesunden, heftigen Streit – wird außerordentlich gründliche, tief schürfende wissenschaftliche Arbeit geleistet. Ein Teil der Kontroverse ist jedoch verkommen zu Vorwürfen *ad hominem* und unangebrachten Spekulationen über die persönlichen Gewohnheiten bestimmter Künstler, zu albernem, phrasen-

* Ibid., S. 496

haftem Gezanke über Politik (die destabilisierenden Kräfte werden als lediglich politisch motiviert abgetan, während der Status quo als unpolitisch gilt – als wäre *unpolitisch* bloß ein Vorsatzwort und nicht der offensichtlichste politische Standpunkt, denn eine der Eigenschaften politischer Ideologie ist ja, dass sie sich als unwandelbar, natürlich und «unschuldig» darstellt) und gewissen, als kritisches Nachfragen getarnten Strategien, die nur darauf abzielen, die politischen Interessen, die sich in diesem Diskurs geltend machen, zu neutralisieren und zu verschleiern. Doch viele Forschungsarbeiten und Analysen haben es ermöglicht auszusprechen, was bis dahin unausgesprochen war, und die Geisteswissenschaften wieder zu den Disziplinen gemacht, an die man sich wenden muss, wenn man wissen will, was geschieht. Kulturen, seien sie stumm oder monologisch, unterdrückt oder unterdrückend, suchen Bedeutung in der Sprache und den Bildern, die ihnen zur Verfügung stehen.

Das Schweigen ist gebrochen, Verlorenes gefunden worden, und mindestens zwei Generationen von Wissenschaftlern sind damit beschäftigt, das empfangene Wissen vom Kontrollapparat zu trennen, insbesondere diejenigen, die sich mit der Literatur des französischen und britischen Kolonialismus, amerikanischen Sklavengeschichten und der Beschreibung der literarischen Tradition der Afroamerikaner befassen.

Jetzt, da man «entdeckt» hat, dass es die afroamerikanische künstlerische Präsenz tatsächlich gibt, da die seriöse Wissenschaft es aufgegeben hat, die Zeugen zum Schweigen zu bringen und ihnen ihren rechtmäßigen Platz in der amerikanischen Kultur und den Beitrag, den sie leisten und geleistet haben, abzusprechen, ist es nicht mehr hinnehmbar, sich Vorstellungen von uns zu machen und Vorstellungen für uns zu entwickeln. Wir haben uns schon immer selbst Vorstellungen von uns gemacht. Wir sind nicht Isak Dinesens «Aspekte der Natur» und auch nicht Conrads Stumme. Wir sind der Stoff unserer eigenen Geschichten, wir sind Zeugen und Beteiligte unserer eigenen Erfahrungen und – keineswegs zufällig – der Erfahrungen derer, mit denen wir in Berührung kommen. Wir sind nicht «anders». Wir sind Möglichkeiten. Und wenn man Romanliteratur von uns und über uns liest, eröffnet sich die Möglichkeit, Zentren des Ichs zu betrachten und diese Zentren mit dem des «rassenlosen» Ichs zu vergleichen, mit dem wir alle so überaus vertraut sind.

II

Neue Ansätze bei der Lektüre afroamerikanischer Literatur sind weithin erfolgreich; sie haben sich mit den bereits erwähnten Argumenten befasst (in Wirklichkeit sind es keineswegs Argumente, sondern Haltungen), die seit dem 17. Jahrhundert die Autonomie dieser Literatur praktisch negiert haben. Die Behauptung «Es gibt keine afroamerikanische Kunst» haben die zeitgenössische kritische Analyse der Literatur sowie eine Welle von Wiederentdeckungen und Neuauflagen gründlich widerlegt, und man arbeitet daran, den hergebrachten Kanon zu erweitern, um, wo es nach Gattung und Chronologie angemessen ist, klassische afroamerikanische Werke einzuschließen, und entwickelt Strategien für das Lesen und Durchdenken dieser Texte.

Was die zweite negierende Behauptung «afroamerikanische Kunst existiert, ist aber minderwertig» betrifft, so hat man sich durch sorgfältige Lektüre und die gründliche Erforschung der Kultur, aus der diese Kunst geboren ist, mit den Etiketten beschäftigt, die einst als stringente Analyse galten, heute jedoch überholt sind: dass diese Kunst bloße Nachahmung sei, dass sie überzogen, effekthaschend, (lediglich) mimetisch und unintellektuell, wenn auch sehr oft «bewegend», «leidenschaftlich», «naturalistisch», «realistisch» oder soziologisch «aufschlussreich» sei. Diese Etiketten können als Komplimente oder als Verurteilungen gemeint sein, und wenn diese gerechtfertigt und belegt sind, umso besser. Oft jedoch sind sie nichts weiter als aus Faulheit geborene Schlagworte, die einem Text verpasst werden, weil die harte Arbeit der Analyse sich als zu hart erwiesen hat oder weil dem Kritiker der geistige Horizont fehlt, den das Werk erfordert. Zu den Strategien, diesem faulen Anheften von Schlagworten zu begegnen, gehört es, neuere literarische Theorien auf die afroamerikanische Kultur anzuwenden, damit auch nicht kanonisierte Texte in einen existierenden, formenden Diskurs einfließen können.

Die dritte Behauptung «afroamerikanische Kunst existiert, ist aber nur dann hochwertig, wenn sie den ‹universalen› Kriterien des westlichen Kunst entspricht» bringt die für den Autor wie für den Kritiker verführerischste Art der Analyse hervor, denn Vergleiche erfordern großes Wissen und sind eine Form der Schmeichelei. Das Risiko ist jedoch verdoppelt: 1.) Die Andersartigkeit einer Kultur unter den Röcken der Königin zu verstecken, ist eine Neutralisierung, die auf eine Erhöhung und Erhaltung der Hegemonie abzielt. 2.) Wer die Literatur als bloße Reaktion auf die Königin oder als eine Absage an ihre Herrschaft betrachtet, wer ein Werk allein danach beurteilt, ob es eurozentrische Kriterien erfüllt, soziologisch akkurat und politisch korrekt ist, und vorgibt, unpolitisch zu sein, fügt der Literatur Schaden zu und degradiert die ernste Arbeit des fiktionalen Schreibens. Das antwortorientierte Konzept der afroamerikanischen Literatur legt den Samen für die vierte Behauptung: dass die afroamerikanische Kunst nur da hochwertig ist, wo sie «roh» und «gehaltvoll» wie Erz ist, und dass sie wie dieses durch den westlichen Intellekt geläutert und veredelt werden muss. In afroamerikanischer Literatur westliche Einflüsse zu entdecken und zu identifizieren, hat seinen Wert, doch wenn der einzige Zweck darin besteht, nur die Werke zu würdigen, in denen solche Einflüsse spürbar sind, ist die Wirkung vernichtend.

Mein Unbehagen wurzelt in den möglichen, nein wahrscheinlichen Konsequenzen, die solche Ansätze für das Werk selbst haben können: Nur zu schnell wird es zum Waisenkind erklärt, damit man möglichst rasch die Adoptionspapiere unterschreiben kann. Diese Ansätze können den Diskurs auf die Fürsprache für eine Diversifizierung des Kanons und/oder eine Art gütig gewährter Koexistenz unweit und gewissermaßen in Reichweite bereits geheiligter Texte reduzieren. Wenn man zulässt, dass die ursprünglichen Qualitäten des Geschriebenen nicht in Betracht gezogen werden, kann jede dieser beiden Positionen im Handumdrehen zu einer weiteren Methode werden, das Werk zum Schweigen zu bringen. So viele irritierende Fragen tauchen auf. Was haben die Kritiken über die Leinwand des Werks zu sagen? Über die Farbe, den Rahmen, die Rahmenlosigkeit, die dargestellten Räume? Gibt es eine neue Liste zulässiger Themen? Zulässiger Behandlungsweisen? Mehr Selbstzensur, mehr Ausschluss spezifischer Merkmale von Kultur, Geschlecht und Sprache? Könnten diese Untersuchungen womöglich einem anderen Zweck dienen? Nämlich dem, sich der Macht zu nähern und ihre Risse aufzuzeigen? Elitären Interessen entgegenzutreten, um einer egalitären Auslöschung auf den Thron zu verhelfen? Oder geht es nur darum, das lesbare Produkt im Unterschied zur Gesamtheit des Schreibbaren einzuordnen und zu beurteilen? Kann diese Art von Kritik aufdecken, wie der Autor gegen die ihm entgegengebrachten Vorurteile ankämpft und vielleicht sogar *andere Begriffe* findet, mit denen man die eigene Zu- oder Abneigung gegenüber dem Stoff des Werks überdenken kann? Bei alldem ist es wichtig, dass der Kritiker den Text nicht benutzt, um seine eigene Dominanz oder Macht zu stützen, und seine professionelle Interessen mit den imaginierten Turbulenzen des Textes verwechselt. Wie gesagt: «Der Text sollte ein Problem der Leidenschaft werden, nicht ein Vorwand dafür.»

Es gibt mindestens drei Fokusse, die mir weder reaktionär erscheinen noch dem schlichten Pluralismus oder den noch schlichteren Methoden zuzuordnen sind, welche sicherstellen, dass das Studium der afroamerikanischen Literatur der hilfreiche Pförtner vor den Hallen der Soziologie bleibt. Jeder davon erfordert jedoch Wachsamkeit.

Der erste liegt auf der Entwicklung einer Literaturtheorie, die der afroamerikanischen Literatur wirklich Raum gibt und auf ihrer Kultur, ihrer Geschichte und den künstlerischen Strategien basiert, die ein Werk einsetzt, um der Welt, in der es existiert, zu begegnen.

Der zweite Fokus liegt auf der kritischen Betrachtung und Neuinterpretation des amerikanischen Kanons und der grundlegenden Werke des 19. Jahrhunderts, immer auf der Suche nach dem «unausgesprochenen Unaussprechlichen», nach den Mitteln, mit denen die Präsenz von Afroamerikanern die Themen, die Sprache, die Struktur und Bedeutung eines großen Teils der amerikanischen Literatur beeinflusst hat. Mit anderen Worten: auf der Suche nach dem Geist in der Maschine.

Ein dritter Fokus ist die Suche nach dieser Präsenz in der zeitgenössischen und/oder kanonischen Literatur, ganz unabhängig davon, ob diese als Mainstream- oder Minderheitenliteratur oder was auch immer klassifiziert wird. Ich bin immer wieder erstaunt über die Resonanzen, die strukturellen Tempowechsel und den Gebrauch afroamerikanischer Narrative, Personen und Idiome in der zeitgenössischen «weißen» Literatur. Und auch in der afroamerikanischen Literatur ist die Frage nach dem Unterschied, nach dem Wesen, von entscheidender Bedeutung. Was genau macht ein Werk «schwarz»? Der am meisten Erfolg verheißende und zugleich belastetste Einstieg in die Frage nach kultureller (oder rassischer) Abgrenzung ist die Sprache des Werks – seine ungezügelte, aufrührerische, konfrontative, manipulative, erfinderische, disruptive, maskierte und enthüllende Sprache. Eine solche Durchdringung beinhaltet eine überaus sorgfältige Untersuchung, in der die Einflüsse der afroamerikanischen Präsenz auf die Moderne aufgezeigt werden und kein wohlbehütetes Geheimnis mehr bleiben.

Ich möchte kurz auf Fokus zwei und drei eingehen. Wir können uns, nehme ich an, darauf verständigen, dass unsichtbare Dinge nicht unbedingt «nicht da» sind, dass eine Leere zwar leer, aber kein Vakuum sein kann. Außerdem sind manche Abwesenheiten so betont, so dekorativ, so geplant, dass sie Aufmerksamkeit auf sich ziehen und durch eine Absicht, einen Zweck auffallen – ganz wie bestimmte Stadtviertel dadurch definiert sind, dass ein Teil der Bevölkerung davon ferngehalten wird. Wenn ich die amerikanische Literatur betrachte, denke ich unwillkürlich. dass die Frage nie hätte lauten sollen: «Warum komme ich, eine Afroamerikanerin, darin nicht vor?» Das ist eine ohnehin nicht besonders interessante Frage. Die weit interessantere lautet: «Welche intellektuellen Anstrengungen haben der Autor oder sein Kritiker unternommen, um mich aus einer Gesellschaft zu löschen, in der es von Menschen wie mir wimmelt, und wie hat sich das auf dieses Buch ausgewirkt?» Welche Strategien werden angewendet, um vor einem Wissen zu fliehen? Um sich dem gewollten Nichtwissen zu überlassen? Ich spreche hier nicht von der Untersuchung des Impulses, der einen Soldaten im Ersten Weltkrieg überkommt, wenn er in seinem Graben sitzt und ans Lachsfischen denkt. Diese Art von gewollter «Abkehr», diese Transzendenz, dieser bewusste Eskapismus kann unter großer Belastung lebensrettend sein. Ich meine vielmehr: Wie sitzt man, sagen wir 1915, in einem Zuschauersaal, verfolgt eine Aufführung von *Young America* und schildert das Stück, den Regisseur, die Handlung und die Besetzung in einer Weise, die den springenden Punkt unsichtbar macht? Nicht warum, sondern wie? Zehn Jahre, nachdem Tocqueville 1840 prophezeit hatte, «wenn Dichter das Ideal im Wahren und Wirklichen nicht finden, fliehen sie ins Reich des Imaginären»*, entschieden amerikanische Schriftsteller sich 1850, zur Hochzeit der Sklaverei, als der Abolitionismus gerade erst aufkeimte, für die romantische Erzählung. Wo, frage ich mich, ist in diesen Geschichten der Schatten der Präsenz, dem der Text entfliehen wollte? Wo kehrt der Text etwas hervor, wo verlagert er etwas, wo erfordert er Erfindungsreichtum seitens des Autors, was setzt er frei, was schlägt er in Fesseln?

* Michael Paul Rogin: *Subversive Genealogy: The Politics and Art of Herman Melville*, Berkeley, 1985, S. 15

Das Mittel (das Arsenal), das die Flucht ermöglicht, kann die Romantik – im Gegensatz zur Wirklichkeitstreue – sein; New Criticism – im Gegensatz zur dürftig bemäntelten und unglaubwürdig legitimierten «moralischen Erbauung»; die «komplexe Folge von Fluchten», die manchmal als das Wesen der Moderne bezeichnet wird; die Wahrnehmung der «Evolution der Kunst»; die Kultivierung von Ironie und Parodie; die nostalgische Sehnsucht nach «literarischer Sprache»; die rhetorisch zwanglose Textualität – im Gegensatz zur gesellschaftlich verankerten Textualität – und die Auflösung der Textualität. Diese kritischen Strategien können (müssen aber nicht) eingesetzt werden, um die historische Welt so zu rekonstruieren, dass sie spezifischen kulturellen und politischen Zwecken dienlich ist. Viele dieser Strategien haben hervorragende kreative Leistungen ermöglicht. Zu welchen Zwecken die Romantik auch eingesetzt wurde und so fragwürdig ihre Ursprünge auch sind – sie hat unbestreitbar großartige Werke hervorgebracht. In anderen Fällen aber haben diese Strategien sowohl das Werk als auch die Kritik gelähmt. Und in wieder anderen Fällen haben sie den Intellekt, das Empfinden und die handwerklichen Fähigkeiten des Autors geradezu verkindlicht. Sie haben das Nachdenken über Theorie in einen «Machtkampf zwischen Sekten» verwandelt, in denen man autorenlose und nicht zuzuordnende Texte studiert, anstatt *mit* dem Autor den Text zu lesen, den beide, Autor und Leser, konstruieren.

Mit anderen Worten: Der kritische Prozess hat hervorragende Arbeiten über hervorragende Werke hervorgebracht, und kürzlich haben sich die Zugangsmöglichkeiten zu den alten Debatten geändert. Das Problem besteht jetzt darin, die Frage zu formulieren. Ist beispielsweise die im 19. Jahrhundert populäre Flucht vor dem Schwarzen in der amerikanischen Mainstream-Literatur erfolgreich? Ist sie schön? Künstlerisch problematisch? Wird der Text durch seine eigene Behauptung der «Universalität» sabotiert? Gibt es Geister in der Maschine? Können aktive, aber ungebetene Präsenzen, die die Arbeit der Maschine beeinträchtigen, auch bewirken, dass sie funktioniert? Das sind Fragen, die Kritiker der Kolonialliteratur immer wieder in Hinblick auf Afrika, Indien und andere Länder der Dritten Welt stellen. Die amerikanische Literatur würde von einer ähnlichen Fragestellung profitieren. Ich werde melancholisch bei dem Gedanken, dass die Verteidigung der eurozentrischen westlichen Haltung in der Literatur als nicht nur «universal», sondern auch «rassenfrei» letztlich vielleicht zu einer Lobotomisierung dieser Literatur geführt und die Kunst wie den Künstler herabgesetzt hat. Vergleichbar einer Amputation der Beine, damit der Körper reglos, statisch thronen kann – unter Hausarrest gewissermaßen. Es mag natürlich sein, dass zeitgenössische Autoren aus ihrer schriftstellerischen Welt die subjektive Einschätzung von Gruppen, die als «anders» wahrgenommen werden, bewusst ausschließen. Weiße, männliche Schriftsteller dementieren und leugnen immer wieder die Begeisterung, mit der sie ihre Werke in der Welt der Politik spielen lassen. Im 19. Jahrhundert hätte niemand einen Gedanken daran verschwendet. Die Mainstream-Autoren im jungen Amerika waren sich bewusst, dass es eine nationale, kulturelle Konkurrenz gab, allerdings nur mit der Alten Welt und gewiss nicht mit einer alten Rasse (sei sie nun indianisch oder afrikanisch), die ihrer Artikuliertheit und intellektuellen Kraft beraubt und, um mit D. H. Lawrence zu sprechen, «ungeformt» war. Wie konnten diese frühen amerikanischen Schriftsteller sich in Konkurrenz mit

Nationen oder Völkern sehen, die, wie es schien, unfähig waren, mit dem geschriebenen Wort umzugehen, oder jedenfalls kein Interesse daran hatten? Man konnte über sie schreiben, ohne sich dem Risiko auszusetzen, dass sie «zurückschrieben». So wie man über sie sprechen konnte, ohne «Widerworte» befürchten zu müssen. Man konnte sie sogar beobachten und lange den Blick auf ihnen ruhen lassen, ohne Gefahr zu laufen, seinerseits beobachtet, gemustert oder beurteilt zu werden. Und wenn sie selbst tatsächlich einmal beobachtet und beurteilt wurden, so geschah das aus politischer Notwendigkeit und war in künstlerischer Hinsicht bedeutungslos. So jedenfalls dachte man im jungen Amerika. Edgar Allen Poe wäre 1848 niemals auf den Gedanken gekommen, dass jemand wie ich *Der Goldkäfer* lesen und registrieren könnte, wie angestrengt der Autor versucht, die Sprache meines Großvaters so schrill wie möglich zu machen, so angestrengt, dass man den Schweiß – und die Dummheit – sieht, wenn Jupiter sagt: «I knows», und Mr. Poe schreibt: «I nose.»*

Doch trotz oder gerade wegen dieses Monologisierens gibt es in der frühen amerikanischen Literatur eine große, dekorative, verordnete Abwesenheit, und sie ist, meine ich, durchaus

* Anmerkung der Autorin: Das ältere Amerika unterscheidet sich nicht immer vom kindlichen. Wir mögen dem Edgar Allen Poe von 1843 verzeihen, aber Kenneth Lynn hätte 1986 vielleicht der Gedanke kommen können, dass eine junge Indianerin seine Hemingway-Biographie lesen und sich darin von diesem angesehenen Wissenschaftler als «Squaw» bezeichnet finden könnte oder dass es so manchen jungen Mann vielleicht kalt überläuft, wenn er auf die Worte «buck» (Bock, junger Mann) und «half-breed» (Halbblut) stößt, die der Autor in seinen gelehrten Erörterungen so beiläufig verwendet.

lehrreich. Es hat nur den Anschein, als wäre der Kanon der amerikanischen Literatur «natürlich» oder «unvermeidlich» «weiß». In Wirklichkeit ist er es mit voller Absicht. In Wirklichkeit könnte dieses Fehlen unverzichtbarer Präsenzen in der jungen amerikanischen Literatur eine beharrliche Frucht sein, die nicht der Text, sondern vielmehr die Wissenschaft hervorgebracht hat. Vielleicht haben einige dieser Schriftsteller, auch wenn sie im Augenblick unter Hausarrest stehen, viel mehr zu sagen, als uns klar war. Vielleicht haben einige von ihnen gar nicht die Politik transzendiert, vielleicht haben sie die Schwarzheit gar nicht fliehend hinter sich gelassen, sondern sie nur in einen erkennbaren, zugänglichen, künstlerischen Diskurs übertragen. Indem man diese Möglichkeit ignoriert und es unterlässt, die Strategien dieser Transformation zu hinterfragen, entrechtet man den Schriftsteller, mindert den Text und beraubt den Korpus der Literatur seines ästhetischen und historischen Zusammenhangs. Das ist ein exorbitanter Preis für kulturelle (weiße, männliche) Reinheit und meiner Meinung nach pure Verschwendung. Eine neue Suche nach dem unausgesprochenen Unaussprechlichen in der Gründungsliteratur der Vereinigten Staaten könnte zeigen, dass diese Texte andere, tiefere Bedeutungen enthalten, andere, tiefere Kräfte, andere, tiefere Aussagen.

Besonders einen dieser Schriftsteller hat man so gut wie nie sicher verwahren können: Herman Melville.

Neben anderen scharfsinnigen Gelehrten hat Michael Rogin eine der gründlichsten Untersuchungen der Frage veröffentlicht, wie eng Melvilles gesellschaftliche Ansichten mit seinem Werk verwoben sind. Er macht uns auf die Verbindung aufmerksam, die Melville zwischen der amerikanischen Sklaverei und der amerikanischen Freiheit hergestellt hat, und zeigt, wie das eine Element das andere erhöht. Und er weist nach, welchen Einfluss Melvilles Familie, sein Milieu und vor allem der wütende, alles umfassende Konflikt jener Zeit, die Sklaverei, auf sein Werk hatten. Er erinnert uns daran, dass Melvilles Schwiegervater Shaw als Richter den Fall entschied, in dem das Gesetz über die Auslieferung entflohener Sklaven von 1850 zum ersten Mal angewendet wurde, und dass «auch andere Hinweise in *Moby-Dick* anzeigen, welche Auswirkung Shaws Entscheidung auf den Höhepunkt von Melvilles Geschichte gehabt hat. Melville beschrieb den letzten Kampf zwischen Ahab und dem weißen Wal irgendwann in der ersten Hälfte des Jahres 1851. Es ist gut möglich, dass er die letzten Kapitel erst nach einem Aufenthalt in New York im Juni dieses Jahres zu Papier gebracht hat. (Richter Shaw fällte sein Urteil im April 1851.) Als die führenden New Yorker Sklavereigegner William Seward und John van Buren offene Briefe über den Fall schrieben, hielt der *New York Herald* dagegen. Seine Attacke gegen die ‹Anti-Sklaverei-Agitatoren› begann mit den Worten: ‹Haben Sie je einen Wal gesehen? Haben Sie je den Kampf eines mächtigen Wals gesehen?›»*

Rogin geht der Chronologie des Wals von seiner «Geburt im Naturzustand» bis zu seinem Ende als Handelsware nach.** Sein zentrales Argument lautet, dass Melvilles Entscheidung für das Motiv des Wals allegorisch und ausdrücklich politisch war. Doch in seiner Chronologie transzendiert ein Wal alle anderen und wird über Natur, Abenteuer, Politik und Handelsware hinaus zu einer Abstraktion. Was aber ist diese Abstraktion? Dieser «böse Gedanke»? Die Interpretationen

* Michael Paul Rogin: *Subversive Genealogy*, S. 107 und S. 142

** Ibid., S. 112

sind vielfältig. Man hat *Moby-Dick* als Allegorie des Staates bezeichnet, in der Ahab für den Vizepräsidenten Calhoun oder den Außenminister Webster steht; als eine Allegorie der Beziehung zwischen Kapitalismus und Korruption, Gott und Mensch, Individuum und Schicksal. Gewöhnlich aber wird dem weißen Wal nur diese eine allegorische Bedeutung zugeschrieben: Er ist die rohe, gleichgültige Natur, und Ahab ist der Verrückte, der gegen sie aufbegehrt.

Aber wir wollen uns noch einmal dem Hauptdarsteller Ahab zuwenden, erschaffen von einem Autor, der sich «Taipi» nannte, mit «Tawney» unterschrieb, sich als «Ismael» vorstellte und vor *Moby-Dick* verschiedene Bücher geschrieben hatte, in denen er missionarische Vorstöße in diverse Paradiese kritisierte.

Ahab verliert den kommerziellen Wert seiner Fracht, den ganzen Zweck des Unternehmens, aus dem Auge und verfolgt eine Idee, um sie zu zerstören. Seine Absicht – Rache, «kühne, unerbittliche und übermenschliche Vergeltung» – gewinnt an Statur, an Reife, wenn wir merken, dass es diesem Mann nicht um sein verlorenes Bein oder eine Narbe im Gesicht geht. So heftig und dislozierend das Fieber nach seiner Begegnung mit dem weißen Wal auch war, so zufriedenstellend «männlich» seine Rache auch wirken mag – die Eitelkeit darin ist beinahe pubertär. Aber wenn der Wal mehr ist als die blinde, indifferente, durch männliche Aggression nicht bezwingbare Natur, wenn er sowohl Adjektiv als auch Substantiv ist, können wir die Möglichkeit in Betracht ziehen, dass Melvilles «Wahrheit» sein Erkennen des Augenblicks war, in dem das Weiße in Amerika zur Ideologie wurde. Und wenn der weiße Wal die Rassenideologie ist, dann hat Ahab sein Bein, seine Familie, die Gesellschaft und seinen eigenen Platz als Mensch in der Welt an sie verloren. Das Trauma des Rassismus ist, für den Rassisten wie für sein Opfer, die schwere Fragmentierung des Ichs, und diese ist, wie mir schon immer schien, eine Ursache (nicht ein Symptom) von Psychosen – ein Gedanke, der die Psychiatrie seltsamerweise nicht interessiert. Ahab bewegt sich also zwischen einer Vorstellung von Zivilisation, auf die er verzichtet, und einer Vorstellung von Unzivilisiertheit, die er auslöschen muss, denn beide sind miteinander unvereinbar. Die erstere basiert auf der letzteren. Schrecklich in seiner Komplexität ist, dass die Vorstellung von Unzivilisiertheit nichts Missionarisches hat. Es ist die weiße Rassenideologie, die unzivilisiert ist, und wenn sich ein weißer Amerikaner im 19. Jahrhundert nicht nur für die Aufhebung der Sklaverei und die Beseitigung rassistischer Institutionen und Gesetze eingesetzt, sondern auch das Konzept des Weißen als eine unmenschliche Idee gebrandmarkt hätte, wäre er sehr allein, sehr verzweifelt und sehr verloren gewesen. «Wahnsinn» wäre die einzige angemessene Beschreibung einer solchen Kühnheit gewesen, «es widert mich an» die prägnanteste und angemessenste Reaktion auf ein derart verrücktes Ansinnen.

Ich möchte nicht so verstanden werden, als würde ich argumentieren, dass Melville eine schlichte, einfältige Schwarz-Weiß-Didaktik verfolgte oder Weiße verteufeln wollte. Ich will nichts dergleichen sagen. Aber ich könnte mir vorstellen, dass er überwältigt war von den philosophischen und metaphysischen Inkonsistenzen einer außergewöhnlichen, nie dagewesenen Idee, die ihre vollste Manifestation zu seinen Lebzeiten und in seinem eigenen Land erfuhr, und dass diese Idee die erfolgreiche Durchsetzung der Ideologie des Weißen war.

Auf der *Pequod* ist das multirassische, hauptsächlich aus Nicht-Amerikanern bestehende Proletariat dabei, eine Ware zu produzieren, doch es wird durch Ahabs bedeutsamere intellektuelle Suche davon abgehalten. Wir lassen den Wal als Wirtschaftsfaktor hinter uns und wenden uns dem Wal als Metapher zu. Angesichts dieser Interpretation erstrahlen zwei der berühmtesten Kapitel des Buches in einem ganz neuen Licht. Das eine ist Kapitel 9, «Die Predigt». In Vater Mapples packender Schilderung von Jonas Prüfungen liegt der Schwerpunkt auf dem Zweck seiner Errettung. Er wird zu einem einzigen Zweck aus dem Bauch des Fischs gerettet: «Die Wahrheit zu predigen im Angesicht der Lüge! Das war's!» Erst dann kommt die Belohnung – «Freude» –, bei der man sogleich an Ahabs einsame Unbedingtheit denkt.

> Freude gewinnt, (...) wer den stolzen Göttern und Kommodores dieser Erde stets sein eigenes, unerbittliches Ich entgegenstellt. Freude gewinnt, wessen starke Arme ihn noch stützen, wenn das Schiff dieser gemeinen und trügerischen Welt unter ihm versunken ist. Freude gewinnt, wer in Fragen der Wahrheit kein Pardon gibt und alle *Sünde* tötet, niederbrennt und vernichtet, selbst wenn er sie unter den Roben und Talaren von Richtern und Senatoren hervorholen müsste. Freude – Bramstengenfreude – gewinnt, wer weder Herren noch Gesetz anerkennt, außer den Herrn, seinen Gott, und nur *den Himmel sein Vaterland nennt*. [Kursivierung von mir]

Ich glaube, niemand würde bestreiten, dass diese Predigt prophetischen Charakter haben soll, aber wie es scheint, wird nirgends darauf eingegangen, was das Wesen der Sünde sein könnte – der Sünde, die so rücksichtslos vernichtet werden muss. Die Natur? Eine Sünde? Das wäre der falsche Begriff.

Der Kapitalismus? Vielleicht. Die vom Kapitalismus genährte Gier führte zu Korruption, war für Melville vermutlich aber nicht an und für sich sündig. Sünde deutet auf eine moralische Verfehlung hin, die der Mensch der Neuen Welt wiedergutmachen kann. Das Konzept der rassischen Überlegenheit ließe sich nahtlos einfügen. Es ist schwer, diese Worte zu lesen («der alle Sünde vernichtet», «der nur den Himmel sein Vaterland nennt») und sie nicht als Beschreibung eines anderen Ahab zu verstehen. Der kein pubertärer Junge in den Kleidern eines Erwachsenen ist, kein manischer Egozentriker, kein «exotisches Gewächs», wie Herman Melville es in V. L. Parringtons Augen war. Nicht einmal eine hochmoralische liberale Stimme, die sich ausgleichend und kompromissbereit mit rassistischen Institutionen arrangiert. Nein, es ist ein anderer Ahab, der einzige weiße amerikanische Mann, der heldenhaft genug ist, es mit dem Ungeheuer aufzunehmen, das die Welt, wie er sie kennt, verschlingt.

Ein anderes Kapitel, das durch diese Interpretation in ein neues Licht getaucht wird, ist Kapitel 42, «Das Weiß des Wals». Melville selbst hat auf die entscheidende Bedeutung seiner Bemühungen hingewiesen, in diesem Kapitel etwas Unsagbares zu sagen. «… dass ich schier daran verzweifele», schreibt er, «es in eine fassbare Form zu bringen. Es war das Weiß des Wals, das mich weit mehr als alles andere in Angst und Schrecken versetzte. Aber wie kann ich mich hier nur verständlich machen? Und doch muss ich mich irgendwie erklären, und sei es nur tastend und andeutungsweise, *sonst wären all diese Kapitel nichtig.*» [Kursivierung von mir] Sprachlich schlägt dieses Kapitel den Bogen von Beispielen für schönes, wohltuendes Weiß zu solchen, bei denen das Weiß gemein und schockierend ist. Nachdem er das Unsagbare zergliedert hat, fährt er fort: «Mag auch jedermann, wenn er in anderer Stimmung ist, im Weiß das Sinnbild alles Schönen und Erhabenen erblicken, so kann doch niemand leugnen, dass es in seinem tiefsten und *vergeistigten Sinne* die Seele mit einer eigentümlichen Erscheinung heimsucht.» Ich habe «vergeistigter Sinn» hervorgehoben, um zu betonen und – falls das nötig sein sollte – darauf hinzuweisen, dass Melville nicht weiße *Menschen* erforscht, sondern das vergeistigte Weiß. Dann, nachdem er dem Leser von seiner Hoffnung berichtet hat, «auf diese Weise zufällig auf etwas zu stoßen, das uns zu dem gesuchten, geheimen Urgrund führt», versucht er, es festzumachen und den Schlüssel zu dem «geheimen Urgrund» zu liefern. Seine Anstrengung ist gewaltig. Er vermag es nicht. Wir vermögen es ebenfalls nicht. Dabei schildert er mit konkreten Worten die imaginativen Werkzeuge, die nötig sind, um das Problem zu lösen: «Doch so eine subtile Sache erfordert ein subtiles Vorgehen, und ohne Vorstellungskraft kann niemand einem anderen in diese Gewölbe folgen.» Und seine Schlussbemerkung ist durchdrungen von einem persönlichen Trauma: «Wiewohl in vieler Hinsicht diese sichtbare [farbige] Welt ein Werk der Liebe scheint – die unsichtbaren [weißen] Sphären sind ein Werk des Schreckens.» Die Notwendigkeit, weiß als privilegierten «Naturzustand» anzusehen, die Erfindung dieses Konzepts, wurden tatsächlich aus Angst und Schrecken geboren.

«Die Sklaverei», schreibt Rogin, «vertiefte Melvilles in *Moby-Dick* deutlich sichtbare Isolation von der dominierenden Geistesströmung seiner Zeit.» Hier widerspreche ich und äußere die Vermutung, dass Melvilles heftige Abneigung gegen die Sklaverei ihn in Kontakt mit anderen gebracht hätte. Es gab in seiner Bekanntschaft viele weiße Amerikaner, die Sklaverei abstoßend fanden, sie in Zeitungsartikeln kritisierten, über sie sprachen, Gesetzesvorlagen einbrachten und sich für ihre Abschaffung engagierten. Seine Haltung zur Sklaverei allein hätte ihn nicht zu seinem beinahe autistischen Rückzug gezwungen. Wenn er überzeugt war, dass Schwarze nicht anders als Weiße behandelt werden sollten oder dass der Kapitalismus gefährlich war, hätte er Gesellschaft gehabt oder sie finden können. Aber das Konzept des weißen Fortschritts in Frage zu stellen, das Konzept der weißen Überlegenheit, die Vorstellung, dass den Weißen ein privilegierter Platz auf der Leiter der menschlichen Evolution gebührte, und über die betrügerische, selbstzerstörerische Philosophie hinter dieser behaupteten Überlegenheit nachzudenken, sie «unter den Roben und Talaren von Richtern und Senatoren hervorzuholen» und «sogar den Richter vor die Schranken zu zerren» – das war eine gefährliche, einsame, radikale Arbeit. Besonders in jenen Zeiten. Wie auch heute. «Nur den Himmel sein Vaterland nennen» ist im jungen Amerika kein niedrig gestecktes Ziel für einen Schriftsteller – oder den Kapitän eines Walfangschiffs.

Moby-Dick ist ein komplexer, schwankender, ungeordneter, tiefschürfender Text mit mehreren Bedeutungen, und mir scheint, dass die eine «unaussprechliche» Bedeutung jener «geheime Urgrund» ist, «die Wahrheit im Angesicht der Lüge». Bis auf den heutigen Tag hat kein Autor so mit seinem Thema gekämpft. Bis auf den heutigen Tag sind literarische Analysen kanonischer Texte vor dieser Perspektive zurückgeschreckt: vor der erhellenden und determinierenden afroamerikanischen Präsenz in der traditionellen amerikanischen Literatur. Die von mir zitierten Kapitel machen nur einen Bruchteil von Stellen aus, an denen der Text solche Einsichten preisgibt und mit einem hilfreichen Finger auf die Mittel weist, mit denen der Geist die Maschine antreibt.

Melville ist nicht der einzige Autor, dessen Werke doppelt so faszinierend und stark erscheinen, wenn man in ihnen nach dieser Präsenz und den schriftstellerischen Strategien sucht, diese zu bestätigen oder zu leugnen. Ein anderer ist Edgar Allen Poe. Auch Nathaniel Hawthorne und Mark Twain gehören dazu sowie im 20. Jahrhundert Willa Cather, Ernest Hemingway, F. Scott Fitzgerald, T. S. Eliot, Flannery O'Connor und William Faulkner, um nur einige zu nennen. Die kanonische amerikanische Literatur bittet geradezu darum, sich unter diesem Aspekt mit ihr zu befassen.

Ein Projekt, das überzeugende Analysen von Fällen hervorbringt, in denen die amerikanische Literatur sich zu erkennen gibt und sich selbst riskiert, um ihre antithetische Haltung zu Schwarzen zu behaupten, erscheint mir überaus fruchtbar. Es wäre zu untersuchen, wie linguistische Gesten die intime Beziehung zu dem beweisen, was ausgespart wird, indem man ein deskriptives Instrumentarium (Identität) auf eine angeblich nicht existierende Präsenz anwendet. Die afroamerikanische Forschung könnte sich dieses Themas annehmen.

Ich habe gesagt, das Auffinden und Nachweisen westlicher Einflüsse auf die afroamerikanische Literatur sei von Wert, vorausgesetzt, dieser Prozess verkommt nicht zur Selbstbeweihräucherung. Es gibt noch ein Projekt, das in Angriff genommen werden müsste, den dritten Fokus auf meiner Liste: eine Untersuchung der zeitgenössischen Literatur (sowohl der geheiligten als auch der profanen) auf den Einfluss, den die afroamerikanische Präsenz auf die Struktur des betreffenden Werks, auf die linguistische Praxis und die fiktionale Handlung genommen hat. Wie bei Fokus zwei muss der kritische Prozess es auch hier vermeiden, die Tatsache dieser Präsenz mit einer Aufwertung des Werks gleichzusetzen. Ein Buch wird nicht besser, nur weil es für eine andere Kultur empfänglich ist, und ebenso wenig wird es durch diese Empfänglichkeit automatisch schlechter. Es geht darum, etwas zu verdeutlichen, und nicht darum, es vor seinen Karren zu spannen. Und es ist nicht «selbstverständlich», dass ein von einem Afroamerikaner geschriebenes Werk automatisch von einer starken afroamerikanischen Präsenz durchdrungen ist. Auch in einem großen Teil der afroamerikanischen Literatur gibt es eine Flucht vor dem Schwarzen, in anderen kommt es zu einem heftigen Kampf mit ihm, und in einigen Fällen weiß man es nicht so genau.

III

Diesem Gebiet, dem Einfluss der afroamerikanischen Kultur auf die zeitgenössische amerikanische Literatur, möchte ich mich jetzt zuwenden. Ich habe bereits gesagt, dass Werke von Afroamerikanern (ebenso wie Werke von Nicht-Schwarzen) in verschiedener Weise auf diese Präsenz reagieren können. Die Frage, was die Kunst eines schwarzen Schriftstellers ausmacht, für den diese Bezeichnung eher ein tastendes Suchen als eine bestätigte Tatsache ist, erscheint mir dringlich. Mit anderen Worten: Was, abgesehen von Melanin und Thematik, macht mich zu einer schwarzen Schriftstellerin? Abgesehen von meiner Herkunft – was geschieht in meinem Werk, das mich glauben lässt, es sei nachweislich untrennbar verbunden mit einer spezifischen kulturellen Besonderheit, die afroamerikanisch ist?

Bitte sehen Sie mir nach, dass ich dazu auf mein eigenes Werk zurückgreife. Ich tue das nicht, weil es das beste Beispiel liefert, sondern weil ich es am besten kenne, weil ich weiß, warum ich welche Entscheidung getroffen habe und wie zentral diese Fragen für mich sind. Schreiben ist letztlich ein Sprechakt, die Anwendung von Sprache, aber in erster Linie ist es eine Willensanstrengung mit dem Ziel, etwas zu entdecken.

Ich will einige Beispiele dafür nennen, wie ich die Sprache aktiviere und wie diese Sprache wiederum mich aktiviert, und dabei werde ich mich auf den jeweils ersten Satz meiner Romane beschränken, in der Hoffnung, durch die Erläuterung meiner Entscheidungen die weiter oben angeführten Punkte näher zu beleuchten.

Sehr blaue Augen beginnt so: «Wenn auch niemand darüber spricht: Es gab im Herbst 1941 keine Ringelblumen.» Dieser erste Satz ist, wie auch die ersten Sätze der darauf folgenden Bücher, schlicht und unkompliziert. Von den fünf Anfangssätzen haben nur zwei einen Nebensatz; die anderen drei sind einfache Hauptsätze, von denen zwei auf Subjekt, Verb und Bestimmungswort reduziert sind. Keine Extravaganzen. Keine Wörter, die man nachschlagen muss – lauter ganz normale, alltägliche Wörter. Dennoch hoffte ich, dass diese Schlichtheit nicht einfältig, sondern vielmehr hintergründig, ja sogar aufgeladen wirkte. Und dass die Auswahl eines jeden Wortes, sowohl für sich selbst als auch in seinen Beziehungen zu den anderen in diesem Satz betrachtet, und das Verwerfen möglicher Alternativen – wegen ihrer Echos, wegen dem, was durch sie determiniert oder nicht determiniert wäre, was beinahe da wäre und was erschlossen werden müsste – nicht theatralisch erschien und kein Proszenium errichtete, zumindest kein sichtbares. Diese Uninszeniertheit war mir so wichtig, dass ich in diesem ersten Roman das ganze Buch auf der ersten Seite zusammenfasste. (Bei der Erstausgabe war sie in voller Länge auf dem Schutzumschlag abgedruckt.)

Der Anfang des Satzes – «Wenn auch niemand darüber spricht» – gefiel mir aus mehreren Gründen. Zum einen war es eine geläufige Redewendung; ich hatte sie als Kind oft gehört, wenn schwarze Frauen sich im Kreis der Freundinnen, der Familie, der Nachbarschaft miteinander unterhielten und eine Geschichte, eine Anekdote oder irgendeinen Klatsch erzählten. Die Worte klingen verschwörerisch. «Psst, das darfst du keinem sagen» und «Das darf niemand wissen». Es ist ein Geheimnis zwischen uns und zugleich ein Geheimnis, das uns vorenthalten wird. Die Verschwörung ist da und nicht da, sie wird aufgedeckt und besteht zugleich weiter. In gewisser Hinsicht entsprach es genau dem Akt des Schreibens: Etwas Vertrauliches wird öffentlich gemacht. Um die Dualität dieser Position wirklich verstehen zu können, muss man sich das politische Klima der Zeit, in der das Buch entstand – 1965 bis 1969 –, vergegenwärtigen. Es war eine Zeit großer Umwälzungen im Leben schwarzer Menschen in Amerika. Die Publikation (im Gegensatz zum Schreiben) sorgte für Öffentlichkeit; das Schreiben aber war die Enthüllung von Geheimnissen, und zwar sowohl von solchen, die «wir» miteinander teilten, als auch solchen, die wir selbst und die Welt außerhalb unserer Gemeinschaft vor uns verbargen.

«Wenn auch niemand darüber spricht» ist eine Redewendung, die in diesem Fall zwar niedergeschrieben, aber offenbar gewählt ist, weil sie so gesprochen wirkt, weil sie von einer bestimmten Welt und ihrer Atmosphäre spricht. Zusätzlich zu ihrer «Hinterhof»-Konnotation, zu der Andeutung von

Klatsch und aufregenden Enthüllungen führt dieses «Geflüster» zu der Annahme (des Lesers), dass die Person, die das sagt, eingeweiht ist, dass sie mehr weiß als andere und mit diesem Wissen großzügig umgehen wird. Die intime Verbindung zwischen dem Leser und dem Geschriebenen, die ich herstellen wollte, war sogleich da, denn das Geheimnis wird enthüllt, weil es weitererzählt oder aber belauscht wird. Unmittelbare Vertrautheit, eine sofort vorhandene intime Verbindung erschien mir damals, als ich meinen ersten Roman schrieb, entscheidend. Der Leser sollte keine Zeit haben, sich zu fragen: «Was muss ich tun oder aufgeben, um dies zu lesen? Wie viel Abwehr werde ich brauchen, wie viel Distanz muss ich einhalten?» Denn ich wusste (im Gegensatz zum Leser, der auf den zweiten Satz warten muss), dass es eine schreckliche Geschichte über Dinge ist, von denen man lieber nichts wüsste.

Was also ist das Große Geheimnis, von dem wir (der Leser und ich) erfahren? Eine botanische Verirrung. Vielleicht hervorgerufen durch irgendeine Verschmutzung. Oder vielleicht ein kleiner Riss in der natürlichen Ordnung: ein September, ein Herbst ohne Ringelblumen, gewöhnliche, leuchtende, robuste Ringelblumen. Wann? 1941, und weil das ein bedeutsames Jahr war (in dem die Vereinigten Staaten in den Zweiten Weltkrieg eintraten), hat «Herbst 1941» – die Zeit unmittelbar vor der Kriegserklärung – etwas Bedrückendes. In einer gemäßigten Zone, wo es eine als «Herbst» bekannte Jahreszeit gibt, in der Ringelblumen blühen sollten, in den Monaten vor dem Kriegseintritt der USA, wird etwas Schlimmes enthüllt werden. Der nächste Satz macht deutlich, dass die Sprecherin, die das Geheimnis kennt, ein Kind ist, das nachplappert, was die erwachsenen schwarzen Frauen auf der Veranda oder im Hof sagen. Er verrät das Bemühen, mit der schockierenden Information «auf erwachsene Art» umzugehen. Die Perspektive eines Kindes setzt die Prioritäten in dieser Information ganz anders als ein Erwachsener. «Wir glaubten damals, die Ringelblumen gingen nicht auf, weil Pecola von ihrem Vater ein Baby bekam» stellt die Blumen in den Vordergrund und rückt den verbotenen, traumatischen, unbegreiflichen Akt und seine entsetzliche Folge in den Hintergrund. Diese Betonung «trivialer» Information und Zurückdrängung eines verstörenden Wissens sichert die Perspektive, gibt dem Leser aber Anlass, sich zu fragen, ob man einer kindlichen Stimme trauen kann oder ob sie vielleicht im Gegenteil sogar vertrauenswürdiger als die eines Erwachsenen ist. So wird er vor einer zu frühen Konfrontation mit den schmerzhaften Details bewahrt, während zugleich sein Verlangen geweckt wird, sie zu erfahren. Die Neuerung würde, fand ich, darin bestehen, die Geschichte von Gewalt gegen Frauen aus der Perspektive der Opfer oder potenziellen Opfer zu erzählen, der Personen, die (auch 1965) niemand befragte: der Mädchen selbst. Und da die Vergewaltigte selbst nicht über das Vokabular verfügte, das nötig wäre, um diese Gewalt und ihren Kontext zu verstehen, würden ihre leichtgläubigen, verletzlichen Freundinnen das stellvertretend für sie tun müssen, wenn sie sich als die erfahrenen Frauen, die sie anfangs zu sein vorgaben, an die Geschehnisse erinnerten. Sie würden diese Wortlosigkeit, diese Leere mit ihrem eigenen reflektierten Leben füllen müssen. Dieser Anfang ist also der Gong, der verkündet, dass nicht bloß ein Geheimnis aufgedeckt, sondern auch ein Schweigen gebrochen, eine Leere gefüllt, etwas Unaussprechliches endlich ausgesprochen wird. Und er schafft eine Verbindung zwischen einer kleinen Störung in der jahreszeitlichen Entwicklung der Pflanzen und der unbedeutenden Zerstörung eines schwarzen Mädchens. «Klein» und «unbedeutend» ist es natürlich nur in der Perspektive der Außenwelt – für die Mädchen sind beide Phänomene grunderschütternde Ereignisse, die sie in jenem Jahr der Kindheit (und auch später noch) erfolglos zu ergründen versuchen. Und wenn ihnen das gelingt, dann nur insoweit, als sie das Problem des Ergründens dem vermutlich erwachsenen Leser, dem Zuhörer übertragen. Zumindest haben sie die Last dieser problematischen Fragen auf einen größeren Personenkreis verteilt und das Veröffentlichen einer Privatangelegenheit gerechtfertigt. Wenn der Leser in die von den ersten Worten angedeutete Verschwörung eintritt, beginnt das Buch gewissermaßen mit seinem Ende: mit einer Spekulation über eine Disruption in der «Natur» als Symbol für eine gesellschaftliche Disruption mit tragischen individuellen Folgen, in die der Leser als Teil der Population des Buches einbezogen ist.

Im Zentrum des Romans aber liegt ein ungelöstes Problem. Die zerbrochene Welt, die ich (als Ergänzung zu dem, was Pecola widerfährt) schuf und deren Stücke von den Jahreszeiten der Kindheit zusammengehalten werden und einen laufenden Kommentar zu der öden, mit ihr unvereinbaren Fibel aus der Welt der weißen Familien liefern, wird in ihrer gegenwärtigen Form dem Schweigen in ihrem Zentrum nicht gerecht. Der Leere, die Pecolas «Wahnsinn» ist. Sie hätte eine Gestalt haben sollen – wie die Leere nach einem Donner oder Schrei. Das hätte mehr Raffinesse erfordert, als ich besaß, und eine geschicktere Führung der Stimmen in ihrer Umgebung. Sie wird von sich selbst erst *gesehen*, als sie ein Ich halluziniert. Und die Tatsache, dass sie Halluzinationen hat, versteht sich zwar im narrativen Text explizit, es funktioniert aber nicht im Leseprozess.

Und obwohl ich mich um eine weibliche Ausdrucksstärke bemühte (eine Herausforderung, der ich mich in *Sula* erneut stellte), entzog sie sich mir meist, und ich musste mich mit weiblichen *Personae* begnügen, denn ich war nicht imstande, den femininen Subtext des ersten Satzes (das «Wenn auch niemand darüber spricht» der eifrig und entsetzt schwatzenden Frauen) das ganze Werk hindurch aufrechtzuerhalten. Das aus diesem Bemühen resultierende Desaster ist am deutlichsten in der Passage über Pauline Breedlove zu sehen, wo ich zwei Stimmen – ihre und die der in sie dringenden Erzählerin – sprechen lasse, die ich beide extrem unbefriedigend finde. Heute erscheint es mir interessant, dass ich dort, wo ich bei meinem Vorhaben, die Sprache mit einem weiblichen Modus zu unterlegen, auf die größten Probleme gefasst gewesen war, am wenigsten Schwierigkeiten hatte: als ich Chollys «Vergewaltigung» durch die weißen Männer in Beziehung zu seiner Vergewaltigung seiner Tochter setzte. Dieser höchst männliche Akt der Aggression wird in meiner Sprache feminisiert, «passiv» und, wie ich glaube, um so abstoßender, als er des männlichen «Glamours der Scham» beraubt ist, der eine Vergewaltigung gewöhnlich umgibt (oder damals jedenfalls umgab).

Was ich damit illustrieren will, ist: Meine Wahl der Sprache (gesprochen, aural, kolloquial), mein zum vollen Verständnis erforderlicher Rückgriff auf gewisse in die schwarze Kultur eingebettete Codes, mein Bemühen, eine unmittelbare Mitverschwörerschaft und Intimität herzustellen (ohne distanzierende Erklärungen einzufügen), mein (gescheitertes) Bestreben, dem Schweigen eine Gestalt zu geben und es zugleich zu brechen – das alles sind (in vielerlei Hinsicht unzureichende) Versuche, die Komplexität und den Reichtum der afroamerikanischen Kultur in eine Sprache zu übertragen, die dieser Kultur würdig ist.

Bei *Sula* muss man sich mit *zwei* ersten Sätzen befassen, denn der erste Satz der gedruckten Fassung ist nicht der, den ich dafür vorgesehen hatte. Ursprünglich begann das Buch mit dem Satz: «Mit Ausnahme des Zweiten Weltkriegs war dem Nationalen Selbstmordtag nie etwas in die Quere gekommen.» Nach einiger Ermunterung erkannte ich, dass es ein falscher Anfang war. Mit voller Kraft *in medias res*, doch es gab nichts, in das er mitten hineinführte – keine implizierte Welt, in der die Bestimmtheit und die Resonanzen dieses Satzes einen Platz gehabt hätten. Genauer gesagt: Ich wusste, dass ich einen zweiten Roman schreiben wollte, dass auch darin die Menschen einer schwarzen Gemeinschaft nicht bloß im Vordergrund stehen, sondern absolut dominierend sein würden und dass er von schwarzen Frauen handeln würde – ebenfalls im Vordergrund, ebenfalls dominierend. Heute, 1988, würde ich diesen Satz, die ersten Zeilen von *Sula* nicht mehr brauchen. Die Schwelle zwischen dem Leser und einem Text, in dem es um Schwarze geht, muss nicht die der einladenden, Sicherheit versprechenden Lobby sein, die dieser Roman, wie ich mir damals einredete, zu brauchen schien. Ich hätte diese Lobby am liebsten zerstört. Von all meinen Büchern hat nur *Sula* diesen «Zugang». Die anderen verweigern sich einer «Präsentation»; sie verweigern sich der Verführung eines sicheren Hafens, der Demarkationslinie zwischen dem Heiligen und dem Obszönen, dem Öffentlichen und dem Privaten, ihnen und uns. Im Grunde weigern sie sich, den heruntergeschraubten Erwartungen des Lesers zu entsprechen oder ihn in seiner Beunruhigung zu beschwichtigen, die durch die emotionale Last, mit der man in einen Text über Schwarze einsteigt, deutlich erhöht ist. (Ich sollte hier daran erinnern, dass ich 1969 mit *Sula* begann, in einer Zeit außergewöhnlicher politischer Aktivitäten, als die Veröffentlichung meines ersten Buches noch in Vorbereitung war.)

Da ich überzeugt war, dass der ursprüngliche Anfang nur in meinem Kopf funktionierte, bestand die Arbeit nun darin, einen Anfang zu schaffen, der das Werk nicht zu einem Knicks zwingen, sondern das darin enthaltene Element der Gesetzlosigkeit mitschwingen lassen sollte. Das Problem bestand darin, eine Tür zu erschaffen. Anstatt den Text in dem Augenblick, in dem das Buch aufgeschlagen wird, weit zu öffnen (oder ihn, wie im Fall von *Sehr blaue Augen*, wo der gesamte «Plot» auf der ersten Seite und schließlich auf dem Schutzumschlag der Erstausgabe stand, nackt und entblößt zu präsentieren, noch bevor der Einband auch nur angerührt, geschweige denn aufgeklappt worden ist), musste ich eine Tür erschaffen, sie öffnen und den Leser vier, fünf Seiten lang auffordern einzutreten. Ich war entschlossen, auf diesen Seiten keine Personen einzuführen und die Eingangshalle nicht mit Menschen zu bevölkern – doch ich beendete, in meinen Augen reichlich unbeholfen, dieses Willkommen mit der Erwähnung von Shadrack und Sula. Es war ein (wie ich noch immer finde) feiger Rückgriff auf eine ziemlich abgenutzte Technik: Man gibt dem Leser einen deutlichen Hinweis, auf wen er zu achten hat. Doch der größte Teil des Anfangs, den ich schließlich schrieb, befasst sich mit der Gemeinschaft, und der Blick darauf zeigt keine Innenansicht (immerhin handelt es sich hier um eine Tür), sondern ist der eines Fremden, des «Mannes aus dem Tal», der in dieser Gegend vielleicht etwas zu erledigen hat, der aber offensichtlich nicht dort lebt und für den das alles überaus seltsam, wenn nicht exotisch ist. Man versteht, warum ich vieles an diesem Anfang nicht mag. Dennoch versuchte ich, in den ersten Satz einen unverkennbaren Verlust einfließen zu lassen: «Hier gab es mal eine Gemeinschaft – jetzt nicht mehr.» Es ist vielleicht nicht der schlechteste Satz, aber «er spielt sich nicht», wie man beim Theater sagt.

Mein neuer erster Satz lautete: «Wo sie die Nachtschattenstauden und das Brombeergestrüpp herausgerissen haben, um Platz zu schaffen für den Golfplatz von Medallion City, dort standen einst Häuser.» Entgegen meiner ursprünglichen Absicht führe ich einen Leser von außerhalb in den Kreis ein. Ich übersetze das Anonyme ins Spezifische, mache aus einem «Ort» eine «Gemeinschaft» und lasse einen Fremden ein, durch dessen Augen das alles betrachtet werden kann. Zwischen «Ort» und «Gemeinschaft» muss ich nun das Spezifische und den *Unterschied* zwängen, die sehnsüchtige Erinnerung, die Geschichte und die Sehnsucht nach der Geschichte, die Gewalt, die es gegeben hat, und die Folgen der Gewalt. (Ich brauchte drei Monate für diese vier Seiten, die Nächte eines ganzen Sommers.) Die sehnsüchtige Erinnerung klingt in «einst» an; die Geschichte und die Sehnsucht danach schwingt in dem Wort «Häuser» mit. Die Gewalt kommt dadurch ins Spiel, dass etwas mitsamt den Wurzeln herausgerissen worden ist – es kann und wird nicht nachwachsen. Die Folge der Gewalt ist, dass das, was zerstört worden ist, als Unkraut betrachtet wird, als Abfall, der im Zuge der städtischen «Entwicklung» selbstverständlich beseitigt werden muss, und zwar durch die nicht näher bezeichneten, aber wohlbekannten «sie», die sich nicht leisten können, bei dem, was da weggeschafft wird, zu unterscheiden, und denen es egal ist, dass es sich hier um einen bestimmten «Abfall» handelt. Beide Pflanzen haben in ihrem Namen etwas Dunkles. Die eine Pflanze ist ungewöhnlich, und ihr Name enthält zwei dunkle Worte: «Nacht» und «Schatten» (*nightshade*). Die andere, die Brombeere (*blackberry*) ist gewöhnlich. Eine gewöhnliche und eine exotische Pflanze, eine harmlose und eine gefährliche. Die eine bringt nahrhafte Beeren hervor, die andere giftige. Aber beide sind dort gediehen, *wo einst eine Gemeinschaft war*. Beide sind jetzt verschwunden, und die Beschreibung, die nun folgt, schildert die anderen spezifischen Dinge in dieser schwarzen Gemeinschaft, die zerstört wurde, um einen Golfplatz anzulegen. «Golfplatz» zeigt an, was dieser Ort jetzt nicht mehr ist: Es gibt keine Häuser, keine Fabriken, nicht einmal einen öffentlichen Park und ganz gewiss keine Bewohner. Es ist ein sorgsam gepflegtes Stück Landschaft, und die Wahrscheinlichkeit, dass ehemalige Bewohner hier auftauchen, ist praktisch null.

Ich will kurz auf diese Beeren zurückkommen (vielleicht um zu erklären, warum es so lange dauerte, bis sich die Sprache für diese Passage einstellte). Für mich war Sula immer durch und durch schwarz, metaphysisch schwarz, wenn man so will, und das hat nichts mit Melanin und ganz gewiss nichts mit unbedingter Stammesloyalität zu tun. Sie ist eine Schwarze der Neuen Welt, eine Frau der Neuen Welt, die Aussichtslosigkeit in Aussicht verwandelt und auf Gefundenes mit Erfindungsreichtum reagiert. Die improvisiert. Die wagemutig, zerstörend, einfallsreich, modern, selbständig, ausgestoßen, nicht herrschend und nicht beherrschbar ist. Eine gefährliche Frau. In ihrem letzten Gespräch mit Nel bezeichnet sie sich als eine besondere Art von schwarzer Frau: als eine Frau, die eine Wahl hat. Wie ein Redwood, sagt sie. (Bei allem Respekt vor Freuds Traumlandschaften waren Bäume für mich schon immer weiblich.) Jedenfalls ist meine Vorstellung von Sulas doppelter Schwärze – der *gewählten* und der *biologischen* – in den beiden dunklen Worten «Nacht» und «Schatten» und in der ungewöhnlichen Eigenschaft dieser Pflanze selbst enthalten. Eine Art wird als «Verzauberer» bezeichnet, eine andere als «bittersüß», weil die Beeren erst bitter und dann süß schmecken. Außerdem half Nachtschatten angeblich gegen Hexerei. All das erschien mir wie eine wunderbare Konstellation von Eigenschaften, um Sula zu charakterisieren. Und «Brombeeren» waren gleichermaßen bezeichnend für Nel: Sie sind nahrhaft und brauchen, sobald sie einmal Wurzeln haben und Früchte tragen, nicht mehr gepflegt oder kultiviert zu werden. Sie sind zuverlässig süß, haben aber Dornen. Nels Entwicklungsprozess, der sich durch die explosionsartige Auflösung ihres lose zusammengebundenen Balls aus Bindfaden und Fell ankündigt (nachdem die Dornen ihres Selbstschutzes von Eva entfernt worden sind), bringt sie wieder in Kontakt mit der komplexen, widersprüchlichen, schwer fassbaren, unabhängigen, flüssigen Moderne, die Sula unbedingt wollte. Eine Moderne, die Vorkriegsgewissheiten auf den Kopf stellt, das Jazz-Zeitalter einläutet (ein Zeitalter, das durch afroamerikanische Kunst und Kultur geradezu *definiert* ist) und zur Selbstdefinition neue Denkweisen erfordert.

Diese Einleitung auf den ersten vier Seiten ist mir heute peinlich, aber meine ausführliche Erläuterung ist vielleicht hilfreich bei der Identifizierung der Strategien, zu denen man sich gezwungen sieht, wenn man die Tatsache, dass man über, für und aus einer schwarzen Kultur heraus schreibt, damit vereinbaren muss, dass man sich an eine «weiße» Mainstream-Kultur wendet. Der «Mann aus dem Tal», der dem Leser als Führer in das Territorium des Romans dient, war mein Kompromiss. Vielleicht hat es «funktioniert», aber es war nicht das, was ich eigentlich wollte.

Hätte ich mit Shadrack begonnen, dann hätte ich das freundliche Willkommen übersprungen und den Leser sofort mit der Wunde und der Narbe konfrontiert. Mein bevorzugter (ursprünglicher) Anfang hätte das Augenmerk mehr auf die traumatische Entwurzelung gelenkt, die vor allem Schwarzen durch diesen unerhört verlustreichen kapitalistischen Krieg widerfuhr. Er hätte dieses Bild durch die kreative, wenn auch ungesetzliche Entschlossenheit gemildert, dieses Trauma zu überstehen. Sulas (weibliche) Geschmeidigkeit und Shadracks (männliche) Beharrlichkeit sind zwei extreme Reaktionen auf Verdrängung – und die ist in den Erzählungen schwarzer Menschen ein häufiges Thema. In dem Anfang, für den ich mich schließlich entschied, replizierte ich in der Niederlage, den das Dorf durch den wirtschaftlichen «Fortschritt» erleidet, den Demiurg der diskriminierenden, durch Polizeiorgane ausgeübten rassistischen Unterdrückung, doch die Hinweise auf die Stabilität und Kreativität der Gemeinschaft (Musik, Tanz, Handwerk, Religion, Ironie und Witz werden in Gegenwart des «Mannes aus dem Tal» erwähnt) brechen den Schmerz. Es ist ein sanfterer Empfang als Shadracks öffentlicher Wahnsinn – seine disruptive, Vergangenes aufrufende Präsenz, die diese Gemeinschaft (eine Zeitlang) festigt, bis sie von Sula herausgefordert wird.

«Der Vertreter der Genossenschaftlichen Lebensversicherung von North Carolina versprach, pünktlich um drei vom Mercy ans andere Ufer des Lake Superior zu fliegen.»

Dieser deklarative Satz ist eine Parodie auf den Zeitungsstil; leicht abgeändert könnte er die Einleitung eines Artikels in einer Provinzzeitung sein. Er scheint auf ein alltägliches Ereignis von sehr begrenztem Interesse hinzuweisen, doch er (wie auch die Szene, zu der es kommt, nachdem der Vertreter sein Versprechen eingelöst hat) sollte die Botschaft enthalten, die im Mittelpunkt von *Solomons Lied* steht und die dieses Buch vermittelt.

Diese Versicherungsgesellschaft gibt es wirklich, es ist eine bekannte Gesellschaft, im Besitz von Schwarzen und mit schwarzer Kundschaft. In ihrem Namen kommen die Begriffe «Leben» und «Genossenschaft» vor, und der «Vertreter» ist das Bindeglied, das eine Beziehung zwischen den beiden ermöglicht. Der Satz bewegt sich außerdem von North Carolina zum Lake Superior. Das sind geografische Angaben, allerdings unterfüttert mit dem Hinweis, dass ein Ortswechsel von North Carolina (dem Süden) zum Lake Superior (dem Norden) nicht unbedingt mit einem Fortschritt hin zu besseren Verhältnissen verbunden sein muss – und es dann natürlich auch nicht ist. Die beiden anderen bedeutsamen Worte sind «fliegen» (ein Zentralbegriff des Romans) und «Mercy», der Name des Ortes, wo er seinen Flug beginnen will. Beide zusammen bilden den Herzschlag der Geschichte. Wohin will der Versicherungsvertreter fliegen? Am anderen Ufer des Lake Superior liegt Kanada, der historische Endpunkt der Fluchtroute von Schwarzen, die einen Ort suchten, wo sie in Sicherheit waren. Das andere bedeutsame Wort «Mercy» (Gnade) ist ein Ornament, die tief empfundene, wenn auch, mit einer Ausnahme, unausgesprochene Sehnsucht der Personen in diesem Roman. Manche gewähren Gnade, manche finden sie nie, eine immerhin macht sie zum Gegenstand einer unvorbereiteten Rede anlässlich des Todes ihrer Enkelin. Die Gnade berührt Gitarre, verlässt ihn, kehrt am Ende des Buchs zu ihm, der sie am wenigsten verdient, zurück und bringt ihn dazu, sein letztes Geschenk darzubringen. Sie ist etwas, das man Hagar wünscht, das Macon Dead Sen. nicht anstrebt und auch gar nicht erreichen kann, etwas, das seine Frau von ihm zu fordern lernt und das nie aus der weißen Welt kommen kann, was sich daran zeigt, dass das Krankenhaus in «No Mercy» umbenannt wird. Gnade kann nur von innen kommen. Das Zentrum der Geschichte ist «Flug», das Sprungbrett ist «Gnade».

Doch der Dreh- und Angelpunkt dieses Satzes – wie aller Sätze – ist das Verb: versprach. Der Versicherungsvertreter erklärt nicht, er verkündet nicht, er droht nicht an, sondern er verspricht. Es ist, als würde er gewissenhaft einen Vertrag erfüllen, den er mit anderen geschlossen hat. Versprechen werden gehalten oder gebrochen; das schwierige Unterfangen, Loyalitäten zu erspüren, und die Bindungen, die fesseln oder verletzen, durchwirken die gesamte Handlung und die wechselvollen Beziehungen. Wie Solomons Flug im Motto zielt der des Vertreters, auch wenn er zu einem Zufluchtsort führen soll (nach Kanada, in die Freiheit, nach Hause oder in die Gemeinschaft der ihn freundlich willkommen heißenden Toten) und obgleich er mit der Möglichkeit des Scheiterns und der Gewissheit von Gefahr verbunden ist, auf eine Veränderung ab, auf eine Alternative, auf ein Ende der Dinge, wie sie sind. Er sollte nicht als ein schlichter Akt der Verzweiflung verstanden werden, als das Ende eines gescheiterten Lebens, eines Lebens ohne Haltung, ohne Reflexion, sondern vielmehr als Gehorsam gegen einen tieferen Vertrag mit seinen Leuten. Es ist seine Selbstverpflichtung ihnen gegenüber, ganz gleich, ob sie das in allen Einzelheiten verstehen. In ihrer Reaktion auf seine Tat aber ist Zärtlichkeit, etwas Zerknirschung, zunehmende Hochachtung («Keiner von ihnen hätte vermutet, dass er das Zeug besaß») und das Bewusstsein zu erkennen, dass seine Geste sie nicht zurückweist, sondern einschließt. Auf dem Zettel, den er hinterlässt, bittet er um Vergebung. Der Zettel ist an seine Tür geheftet – eine freundliche Einladung an etwaige Passanten, aber keine Werbung. Es ist eine beinahe christliche Erklärung der Liebe und Demut von einem, der nicht imstande war, mehr zu tun.

Es gibt noch verschiedene andere Flüge in diesem Werk, und sie unterscheiden sich motivisch. Solomons Flug ist der wunderbarste, theatralischste und – für Milchmann – der schönste. Es ist auch der problematischste – für die Hinterbliebenen. Milchmanns Flug verbindet Mr. Smiths Loyalität und Solomons Hemmungslosigkeit und Egoismus zu einem dritten Element. Milchmanns von den Hügeln widerhallendes Angebot am Ende des Buches ist eine an den «Vertreter» von «Genossenschaft» und «Leben» gemahnende Verschmelzung von Vertragstreue und Risikobereitschaft. Es ist die Verbindung von Unterwerfung und Dominanz, von Akzeptanz und Herrschaft, von Verpflichtung gegenüber einer Gruppe *durch* äußerste Isolation. Gitarre erkennt diese Verbindung, besinnt sich darauf, wie verloren er selbst ist, und legt seine Waffe nieder.

Der journalistische Stil der Einleitung, ihr Rhythmus einer vertrauten, wie ererbten Würde wird befördert durch eine Fülle von Details, die mit mäandernder Unauffälligkeit dargeboten werden. Einfache Worte, unkomplizierte Satzstrukturen, fortwährende Untertreibungen, sehr aurale Syntax – doch die Gewöhnlichkeit dieser Sprache, ihr umgangssprachliches, humorvolles und gelegentlich auch parabolisches Wesen untergräbt Erwartungen und tarnt Urteile, wenn sie nicht mehr aufgeschoben werden können. Die Komposition aus Rot, Weiß und Blau in der Eingangsszene ist die nationale Leinwand/Flagge, auf der sich die Geschichte abspielt und die man zugleich als den Hintergrund sehen muss, vor dem das Leben dieser schwarzen Menschen stattfindet, die aber das Vorhaben dieses Romans nicht erdrücken darf. Es ist eine Farbkomposition, die Milchmanns Geburt begleitet, über seine Jugend wacht und ihre Absicht verbirgt und die er durchdringen muss (die blauen Buicks und roten Tulpen in seinem Wachtraum, die weißen Strümpfe, Bänder und Handschuhe seiner Schwestern), bevor er entdeckt, dass das Gold, nach dem er sucht, in Wirklichkeit Pilates gelbe Orange und das glänzende Metall des Kästchens in ihrem Ohr ist.

Diese Räume, die ich gerade fülle und füllen kann, weil sie geplant waren, können natürlich auch mit anderen Bedeutungen gefüllt werden. Auch das war geplant. Diese Räume sollen sich füllen mit den Gedanken des Lesers und seinem erfundenen oder erinnerten oder missverstandenen Wissen. Der Leser als Erzähler stellt dieselben Fragen wie die Gemeinschaft, und sowohl der Leser als auch die «Stimme» stehen in der Menge, in vertraulichem, engem Kontakt, aber ohne irgendeine vertrauliche Information, die die anderen nicht auch hätten. Dieser Egalitarismus, der uns alle (Leser, Protagonisten, Erzähler) auf dieselbe Stufe stellt, spiegelt für mich die Kraft von Flug und Gnade und den kostbaren, erfinderischen und doch realistischen Blick schwarzer Menschen wider, die (einst jedenfalls) den zum Mythos Erhobenen nicht verehrten. Das «Lied» selbst wirft einen nüchternen Blick auf den wunderbaren und heldenhaften Flug des legendären Solomon, und ebenso nüchtern ist die zärtliche, aber amüsierte Reaktion der Gemeinschaft (des Chors) auf den Flug des Versicherungsvertreters. Gedämpft (wenn auch nicht ganz) ist mein Kichern (um es mit einem afroamerikanischen Wort zu sagen) über den Protomythos der Reise zur Männlichkeit. Wenn in westlichen Geschichten eine Figur einen Umhang trägt, ist sie in großen Schwierigkeiten, doch der afrikanische Mythos ist ebenfalls kontaminiert. Die unprogressive, unverbesserliche, in sich selbst ruhende Pilate ist von Solomons Flug unbeeindruckt und lässt Milchmann abblitzen, als er, wie neugeboren durch die Tatsache, dass er die Geschichte seiner Familie in Erfahrung gebracht hat, versucht, ihr dieses Wissen zu vermitteln. Nachdem sie sich alles angehört hat, ist ihr Interesse nur das einer Tochter. «Papa? ... Ich habe Papa herumgetragen?» Und ihre Sehnsucht, endlich das Lied zu hören, ist die Sehnsucht nach einem friedlichen Tod und kein unterwürfiger Gehorsam gegenüber der Geschichte – irgendjemandes Geschichte.

Der erste Satz von *Teerbaby* – «Er glaubte, er wäre in Sicherheit» – ist eine zweite Version. Die erste – «Er dachte, er wäre in Sicherheit» – wurde verworfen, weil «dachte» nicht den Zweifel enthielt, den ich in den Kopf des Lesers pflanzen wollte: den Zweifel, ob er wirklich in Sicherheit sei. «Dachte» war meine spontane erste Wahl, weil es das Wort war, das meine Eltern und Großeltern gebrauchten, wenn sie beschrieben, was sie in der Nacht geträumt hatten. Nicht «ich habe geträumt» oder «es war, als ob» oder «ich sah oder tat dies oder das», sondern «ich dachte». Es verlieh dem Traumnarrativ Distanz (ein Traum ist nicht «real») und Kraft (die Kontrolle, die in «denken», nicht aber in «träumen» mitschwingt). Aber «dachte» schien den bloßen Glauben des

Protagonisten und den Zweifel, den ich im Leser wecken wollte, in den Hintergrund zu drängen, und so entschied ich mich für «glaubte». Und der Mann, der sich in Sicherheit glaubt, ist gewissermaßen im Begriff, in eine Traumwelt einzutreten, und schließlich überzeugt, sie kontrollieren zu können. Er glaubt, er ist überzeugt. Aber obwohl dieses Wort von sicherer Überzeugung spricht, beruhigt es den Leser nicht. Wenn ich gewollt hätte, dass der Leser der Perspektive dieser Figur vertraut, hätte ich geschrieben: «Er war in Sicherheit.» Oder: «Endlich war er in Sicherheit.» Das Unbehagen über diese Wahrnehmung scheinbarer Sicherheit ist bedeutsam, denn jede Person in diesem Roman sehnt sich nach Sicherheit, findet sie, schafft sie, verliert sie.

Sie erinnern sich vielleicht, dass ich das Geheimnis eines Märchens, einer Folktale, ergründen wollte, in der es um Sicherheit und Gefahr und die Fähigkeiten geht, die man braucht, um das eine zu erlangen und das andere zu erkennen und zu vermeiden. Ich wollte diese Geschichte natürlich nicht nacherzählen; das könnte ich zwar tun, aber es ist gewiss nicht interessant genug, um mich vier Jahre damit zu beschäftigen. Ich habe an anderer Stelle gesagt, dass die Erforschung der Teerbaby-Geschichte so war, als würde man ein Tier streicheln, um etwas über seine Anatomie zu erfahren, ohne sein Geheimnis zu zerstören oder zu verzerren. Diese Folktales mögen ursprünglich eine Allegorie natürlicher oder gesellschaftlicher Phänomene gewesen sein und boten angesichts der alltäglichen Probleme vielleicht eine Rückzugsmöglichkeit in die Kunst, aber sie können auch Mythen enthalten, die sich endlos reaktivieren durch die Menschen, die sie wiederholen, umformen, neu formulieren und anders interpretieren. Bei der Teerbaby-Geschichte schien es um Masken zu gehen. Nicht darum, dass Masken etwas verbergen, was geheim bleiben soll, sondern darum, wie Masken zum Leben erwachen, wie sie das Leben in Besitz nehmen und Spannungen zwischen ihnen selbst und dem, was sie verdecken, erzeugen. Für Son ist die wirksamste Maske: gar keine. Bei den anderen Protagonisten sind die Masken sorgsam konstruiert und werden elegant getragen, aber sie haben ein Eigenleben und kommen in Konflikt mit anderen. Die Textur des Romans schien Schlankheit zu erfordern, eine Architektur, so alt und abgeschliffen wie eine geschnitzte Maske: übertrieben gestaltete Züge, atmend, nur ein kleines Stück vor dem Leben, an dessen Stelle sie getreten ist. Darum sollten der erste und der letzte Satz einander entsprechen wie die Außen- und Innenseite der Maske. «Er glaubte, er wäre in Sicherheit» sollte also ein Zwilling von «Holterdiepolter. Holterdiepolter» sein. Dieser Schluss ist 1.) der letzte Satz der Folktale, 2.) das Handeln des Protagonisten, 3.) das offene Ende, das auf einen wenig vertrauenswürdigen Anfang folgt, 4.) das rhythmische Echo seines Zwillings (das auf U/UU/UU/UU mit / UU/U /UU/U antwortet) und 5.) der weite und wunderbare Raum zwischen diesen beiden widersprüchlichen Bildern: von geträumter Sicherheit zum Geräusch rennender Füße. Dazwischen die ganze vermittelte Welt. Diese maskierte und demaskierte, verzauberte und entzauberte, verletzte und verletzende Welt wird auf und von einer Vielzahl von (westlichen wie afroamerikanischen) Interpretationen ausgebreitet, deren Gegenstand der Teerbaby-Mythos war (und noch immer ist). Durch kreative Auseinandersetzungen mit der Geschichte wird es möglich, sich aus ihrem Schraubstock zu winden. In diesen Auseinandersetzungen gibt es keine Sicherheit – es soll sie auch gar nicht geben. Sicherheit ist der Foetus sowohl der Macht als auch der Schutz vor ihr – daran erinnert uns der Gebrauch von Masken und Mythen in der afroamerikanischen Kultur.

«Die 124 war böse. So tückisch wie ein Kleinkind.»

Indem ich *Menschenkind* mit Ziffern begann anstatt mit einer ausgeschriebenen Zahl, wollte ich dem Haus eine Identität geben, die nicht mit einer Straße oder einer Stadt verbunden war; ich wollte es benennen, wie man ein Haus «Sweet Home» nennt oder wie Plantagen benannt wurden, allerdings nicht mit einem Substantiv oder einem «richtigen» Namen, sondern mit Ziffern, denn Ziffern verbinden sich nicht mit Adjektiven oder einer Haltung, mit Behaglichkeit oder Größe oder der hochmütigen Sehnsucht von Aufsteigern und Landentwicklern nach den parallelen Verschönerungen der Nation, die sie hinter sich gelassen haben, nach Instant-Geschichte und Instant-Legenden. Die Ziffern sind die einer Adresse, eine aufregende Sache für Sklaven, die nichts besessen hatten, am allerwenigsten eine Adresse. Und obwohl Ziffern, im Gegensatz zu Worten, keine Modifikanten haben können, stelle ich diesen ein Adjektiv zur Seite: «böse» (die 124 hat noch zwei weitere). Dadurch bekommt die Adresse etwas Persönliches, das aber nicht aus einer aufgemalten Sehnsucht nach Persönlichkeit entsteht, sondern aus den Dingen, die dort geschehen.

Außerdem haben Ziffern etwas an sich, das ihnen etwas Gesprochenes oder in diesem Fall Gehörtes verleiht, denn in einem Buch erwartet man Worte, nicht gesprochene oder gehörte Zahlen. Und der manchmal kakophone, manchmal harmonische Klang des Romans muss ein Innenohrklang knapp unterhalb der Reizschwelle sein und den Text mit musikalischen Betonungen unterlegen, wofür Worte manchmal besser geeignet sind als Musik. Darum steht der zweite Satz nicht für sich allein, sondern ist eigentlich, grammatikalisch, ein dem ersten beigeordneter Nebensatz. Hätte ich ihn aber so geschrieben («Die 124 war böse, so tückisch wie ein Kleinkind» oder «124 war so tückisch wie ein Kleinkind»), dann wäre «tückisch» nicht so stark betont gewesen (UUU/U/U Pause U/UUU/U).

Ich war entschlossen, das Risiko einzugehen, die Leser durch diesen einfachen, deklarativen, autoritativen Satz mit etwas zu konfrontieren, das erst einmal unverständlich sein musste und womöglich Unbehagen bereitete. Ein solcher In-medias-res-Beginn, wie ich ihn bevorzuge, ist äußerst anspruchsvoll. Er ist abrupt und sollte auch so erscheinen. Hier gibt es keinen Informanten. Die Leser werden gepackt und in eine vollkommen fremde Umgebung geworfen – es soll der Auftakt einer Erfahrung sein, sie und das Personal des Romans möglicherweise verbindet: wie ein Sklave von einem Ort zum anderen gezerrt zu werden, von irgendeinem Ort zu irgendeinem anderen, ohne Vorbereitung, ohne Schutz. Keine Lobby, keine Tür, kein Eingang – nur eine Planke vielleicht (aber eine sehr kurze). Und das Haus, in das man gezerrt – nein, entführt – wird, ist erst böse, dann laut, dann still, wie auch die Geräusche an Bord des Schiffs sich vermutlich verändert haben. Man muss ein Stück weiterlesen, bevor deutlich wird, dass es sich bei «124» um ein Haus handelt (in den ersten Fassungen stand nicht: «Die Frauen *im Haus* wussten das», sondern nur: «Die Frauen wussten das»; das Wort «Haus» folgte erst siebzehn Zeilen später), und noch ein Stück weiter, um zu verstehen, warum es böse oder vielmehr ein Quell des Bösen ist. Spätestens dann, wenn nicht schon von Anfang an, ist klar, dass hier etwas außer Kontrolle, aber nicht unbegreiflich ist, denn es übersteigt nicht das Begriffsvermögen der «Frauen» und «Kinder». Diese voll realisierte Präsenz des Unheimlichen ist sowohl ein wichtiges Element der Geschichte als auch ein Taschenspielertrick, der unter anderem dazu dient, die Leser mit dem Wesen der unglaublichen Geisterwelt zu beschäftigen und ihnen gleichzeitig eine genau bemessene Dosis der unglaublichen politischen Welt zu verabreichen.

Das Unterschwellige, die Tiefendimension eines Romans ist der Bereich, der seine Leser am ehesten willkommen heißt und es ihnen ermöglicht, sich das Buch zu eigen zu machen. Denn das muss man, um vom ersten Satz zum nächsten und wieder nächsten zu gelangen. Der freundliche Beobachtungsposten, den ich in *Sula* errichtet und mit einem Fremden ausgestattet habe, oder der bodenständige Journalismus in *Solomons Lied* oder das kalkulierte Misstrauen in *Teerbaby* kamen hier nicht in Frage. Hier wollte ich die fesselnde Verwirrung des Lesers, weil er da ist, wo sie (die Protagonisten) sind; unvermittelt, ohne Beistand und Trost durch die «Autorin» und nur mit Phantasie, Intelligenz und Unvermeidlichkeit als Reiseproviant versehen. Für die malerische Sprache von *Solomons Lied* hatte ich in *Menschenkind* keine Verwendung. Auf diesen Seiten gibt es praktisch keine Farbe, und wo man auf eine stößt, ist sie so grell und besonders, als wäre sie Farbe im Rohzustand – als würde man sie zum ersten Mal sehen, ohne ihre Geschichte zu kennen. Keine geplante Architektur wie in *Teerbaby*, kein Spiel mit westlicher Chronologie wie in *Sula*, kein Austausch zwischen einem Buch und dem «wirklichen» Leben, bei dem gedruckte Texteinheiten neben jahreszeitlich gefärbten Erinnerungen an eine schwarze Kindheit stehen wie in *Sehr blaue Augen*. Keine Ansammlung von Häusern, keine Gemeinschaft, keine Skulptur, keine Farbe, keine Zeit –

vor allem keine Zeit, denn die Erinnerung, die prähistorische Erinnerung, kennt keine Zeit. Man hat nur etwas Musik, man hat einander und die Dringlichkeit des Wissens um das, was auf dem Spiel steht. Sonst nichts. Damit diese Arbeit getan werden kann, muss die Sprache zurückstehen.

Ich hoffe, Sie verstehen, dass in dieser Erläuterung der Art, wie ich mit Sprache umgehe, auch eine Suche und eine bewusste Haltung der Schutzlosigkeit gegenüber jenen Aspekten afroamerikanischer Kultur enthalten ist, die mein Werk prägen und positionieren. Manchmal weiß ich, dass das Werk funktioniert, dass *nommo* erfolgreich beschworen worden ist: wenn ich lese oder höre, was andere, die in den Text eingetreten sind, zu sagen haben. Diejenigen, die sich dem verweigern, haben mir nichts zu bieten – ausgenommen natürlich die bisweilen faszinierende Theatralik ihrer Abwehr. Mein Dank und meine Erwartungen an die Kritiker, die sich darauf einlassen, sind groß. Jenen, die nicht nur über das Was, sondern auch über das Wie sprechen, die nicht nur das Werk, sondern auch seine Mechanismen untersuchen, für die das Studium der afroamerikanischen Literatur weder ein Schnellkurs in Nachbarschaftlichkeit und Toleranz ist noch ein Kleinkind, das getragen, erzogen, bestraft oder sogar geschlagen werden muss, sondern die ernsthafte Untersuchung von Kunstformen, vor denen noch viel Arbeit liegt und die bereits durch ihre eigenen kulturellen Quellen und Wegbereiter, innerhalb und außerhalb des Kanons, legitimiert sind – all jenen verdanke ich viel.

Hinsichtlich des Kanons ist es für einen Autor, eine Autorin, ganz einfach: Vielleicht wird sein oder ihr Werk in fünfzig, hundert oder mehr Jahren wegen seiner Schönheit, seiner Erkenntnisse oder seiner Kraft geschätzt, vielleicht aber auch als hohl und prätentiös verdammt und verworfen. Vielleicht wird der Kritiker (als Schöpfer des Kanons) in fünfzig oder hundert Jahren für seine Belesenheit, seine Intelligenz und die Kraft seines kritischen Verstandes gefeiert, vielleicht aber auch wegen seiner Ignoranz und seiner dürftig bemäntelten Machtattitüde verlacht und verworfen. Womöglich wird das Ansehen beider zunehmen, womöglich werden beide in Vergessenheit geraten. Wie auch immer – in Hinblick auf die Zukunft hält man beim Schreiben, sei es als Autor oder als Kritiker, immer seinen Kopf hin.

AKADEMISCHES GEFLÜSTER

In den späten achtziger Jahren begann ich ein Unbehagen über etwas zu verspüren, das mir wie ein geflüstertes Gespräch zwischen den Studierenden und Lehrenden der afroamerikanischen Literatur vorkam; es schien sich um eine private Absprache über den wahren Zweck des Diskurses zu handeln. Mein Unbehagen über diese gedämpfte Diskussion wurde verstärkt durch eine weit vernehmlichere, in der die Legitimität des Forschungsbereichs afroamerikanische Literatur angezweifelt wurde. Beide – die gedämpfte wie die vernehmliche – trieben die Debatten über die Aufstellung von Kanons an.

Damals, in den Achtzigern, war ich nicht sehr erpicht, meine Besorgnis über die Richtung zu durchdenken, die diese Debatte nahm – eine Politik der Identität gegen eine Politik der Identitätslosigkeit, manchmal auch «Universalismus» genannt –, denn ich wollte mich nicht durch die alte, traurige Routineübung ablenken lassen, zu der afroamerikanische Künstler und Wissenschaftler, wie sie glauben, so oft gezwungen sind: ihr Existenzrecht immer und immer wieder zu verteidigen. Es war ein so zäher Kampf, so unoriginell und enervierend, dass weder Zeit noch Kraft für die eigentliche Aufgabe von Künstlern und Wissenschaftlern blieb, und die besteht darin, am eigenen Werk zu arbeiten und es weiterzuentwickeln. Ich wollte den Blick nicht auf das rote Tuch eines weiteren Toreros richten, das doch nur provozieren und somit verhindern sollte, dass eine Kraft sich als solche erkannte. Lieber wollte ich mich auf die Frage konzentrieren, wie man in einer bereits rassisch geprägten Sprache eine nichtrassistische, aber rassenspezifische Literatur schaffen kann, und zwar für Leser, die gezwungen waren, sich mit einer behaupteten rassischen Hierarchie auseinanderzusetzen. Ich beschloss zu schreiben, als gäbe es nichts zu beweisen oder zu widerlegen, als würde eine nicht rassisch definierte Welt bereits existieren. Nicht um Rasse zu transzendieren und einen trügerischen «Universalismus» anzustreben – ein Codewort, das die Bedeutung «nicht schwarz» bekommen hatte –, sondern um die Freiheit meiner eigenen Imagination in Anspruch zu nehmen. Denn ebenso wenig wie sonst jemand habe ich je in einer Welt gelebt, in der Rasse keine Rolle spielte. Eine solche Welt ohne rassische Hierarchie wird gewöhnlich als paradiesisches, utopisches Traumreich gezeichnet – daran kann man ermessen, wie wahrscheinlich ihre Verwirklichung ist. In hoffnungsvoller Sprache ist sie als Ideal postuliert worden, als ein Zustand, der nur in Anwesenheit des Messias oder in einem Schutzgebiet, das man sich wohl wie einen Nationalpark vorzustellen hat, oder in Faulkners Wäldern möglich ist, wo jagdliches Können schwerer wiegt als die Klassen- oder Rassenzugehörigkeit. Als jetzt und immer schon rassisch definierte Schriftstellerin wusste ich, dass ich die Stimme des Herren mitsamt ihrer Mutmaßungen über das allwissende Gesetz des weißen Vaters nicht würde reproduzieren können oder wollen. Ich wollte wissen, wie bildliche, metaphorische Sprache (und ihre Syntax) manipuliert, verändert und geführt werden kann, um Literatur hervorzubringen, frei von den imaginativen Fesseln der rassisch gebeugten Sprache, die mir zur Verfügung steht. Damit meine ich natürlich nicht bloß die Vermeidung rassistischer Beleidigungen, Namen oder Stereotype. Ich meine, dass ich zunächst diese linguistischen Strategien erkennen muss, um sie dann einzusetzen, oder aber, zur Erzielung eines gegenteiligen Effekts, zu vermeiden, um ihnen die träge, unverdiente Kraft zu nehmen, andere, gegensätzliche Kräfte anzuspannen und das, was ich erfinden, aufzeichnen und beschreiben kann, aus der Zwangsjacke zu befreien, in die eine rassifizierte Gesellschaft uns zwängen kann und auch tatsächlich zwängt. Ich wollte unbedingt außerhalb des weißen Blickfelds schreiben – nicht in Opposition dazu, aber in einem Raum, in dem ich die Menschlichkeit beanspruchen konnte, die Schriftsteller doch immer artikulieren sollen. Von und in einer Welt zu schreiben, die rassischer Dominanz verpflichtet ist, ohne die linguistischen Strategien anzuwenden, die diese Dominanz stützen, schien die notwendigste, fruchtbarste und anspruchsvollste Arbeit zu sein, die ein Schriftsteller in Angriff nehmen kann. Wie ich schon sagte: Die Vorstellung von einer Welt ohne rassische Dominanz oder Hierarchie taucht in der Literatur nur als unmögliches Eden oder unerreichbares Utopia auf, ist aber auch als «Barbarei», als «Ende der Geschichte», als «ohne Zukunft» oder mit einer Zukunft auf dem Abfallhaufen, als bereits beschädigte, wertlose Erfahrung bezeichnet worden. Mit anderen Worten: als Katastrophe. Ein naives, korrumpiertes Jonestown, in dem Unwissen, Mord und Wahnsinn kulminieren.

Vielleicht kündigte sich da eine Paranoia an, deren Ursprung ich auf die ungewöhnlich große Anzahl von Bitten zurückführte, an Universitäten über Rassismus zu sprechen, teils an solchen, wo es zu spezifischen und besonders feigen rassistischen Zwischenfällen gekommen war. Ich war nicht bloß verärgert über die Mutmaßungen, die in diesen Anfragen zum Ausdruck kamen, sondern auch wütend darüber, dass man mich bat, einen Bereich (einen von vielen) zu beleuchten, über den ich nichts weiß. Natürlich war auch ich schon das Opfer einer solchen Behandlung, aber warum, fragte ich mich, bat man das Opfer, die Motive seines Folterers zu erklären? Sollte man dergleichen nicht eher von denen verlangen, die mit der Denkweise hinter diesen Taten vertraut sind? (Weiß das Opfer einer Vergewaltigung am besten, wie ein Vergewaltiger zu besänftigen ist?) Ich fand schon immer, um das Problem Rassismus sollten sich diejenigen kümmern, die auf Ehrenplätzen an seiner Quelle sitzen und ihn in- und auswendig kennen. Dass man mich bat, meine Zeit auf diese Weise (mit Heilen und Kranksein) zu verbringen, ärgerte mich vielleicht über Gebühr, aber irgendwie verband es sich mit meiner Wahrnehmung, dass das Studium der afroamerikanischen Literatur in einigen Bereichen (wenn man Lehrpläne von Highschools und bestimmten Colleges, Studienpläne, Anthologien, Einleitungen, Leitsätze, Vor- und Nachworte als Anhaltspunkte betrachtet) zu einer Übung geworden ist, deren Ziel Toleranz oder ein gutnachbarliches Verhalten *durch* das Studium einer besonderen Art von Pathologie ist, in der Überlebende sowohl Patienten als auch Ärzte sein sollen. Und da kam der geflüsterte Diskurs ins Spiel.

Mit den allerbesten Absichten hatte die Begegnung der Studenten der Literatur mit afroamerikanischer Kunst diese Subtexte entwickelt (dass *Sehr blaue Augen* in Grundschulen gelesen wurde, war ein Beleg dafür, ebenso wie seine Verbannung aus dem Lehrplan). Und es war leicht zu erkennen, wie und warum diese beiden Botschaften (afroamerikanische Kunst als Erklärung einer Pathologie, afroamerikanische

Kunst als Balsam für die vom Rassismus geschlagenen Wunden) formuliert worden waren. Die Geschichte der Schwarzen in den Vereinigten Staaten war brutal, und ihre Konsequenzen erschüttern und durchdringen bis heute unser Leben. Die Untersuchung und Feststellung dieser Brutalität stützt die Interpretation, die schwarze Präsenz in dieser Geschichte sei unsere und nur unsere Pathologie. Und das wiederum hat zu dem Gedanken geführt, dass wir als Volk ein Problem darstellen (das «Negerproblem», das jeder schwarze Schriftsteller von Richard Wright über Ralph Ellison und James Baldwin bis hin zu Zora Neale Hurston kommentieren musste – ganz zu schweigen von den Beweisen von Schriftkundigkeit, die Phillis Wheatley und die Verfasser von Sklavengeschichten zu liefern hatten) und dass es unsere Aufgabe ist, uns selbst zu lösen.

Im Gegensatz zu dieser Interpretation der afroamerikanischen Studien als Impfung gegen drohenden weißen Rassismus steht eine andere, nämlich dass dieser Studienbereich von Natur aus immun gegen Rassismus sei. Dass das schwarze Leben ein Füllhorn von Kostbarkeiten, wertvollen Beiträgen und konstruktiven überlieferten, dem Wohl der Gemeinschaft dienenden Mechanismen sei und dass diese sozialen Mechanismen eine unschuldige Alternative zu der von Rassenschranken gekennzeichneten Gesellschaft ringsum seien. Diese Interpretation drückt eine Empfindung aus, die die meisten Afroamerikaner kennen: dass ihr eigentliches Leben, ihr inneres Leben, das, wovon sie sich nähren, anderswo stattfindet, außerhalb der entstellenden historischen Verhältnisse. Dass dieses Leben, so sehr es auch mit Hindernissen gespickt sein mag, doch eindeutig das ist, für das sie sich entscheiden würden, wenn sie eine Wahl hätten. Und dass, obwohl viele (vielleicht sogar die meisten) Afroamerikaner den vermeintlichen Freiheiten und Privilegien weißer Amerikaner einen Wert beimessen, nur sehr wenige bereit wären, mit ihnen zu tauschen, wenn das bedeuten würde, wie sie zu werden.

Doch bei der Artikulierung dieses geschätzten, verehrten Unterschieds klang in den meisten Fällen ein eigennütziges, verleugnendes Abwehrmuster durch: die «stolze» Rhetorik, die so typisch für die Schwachen ist. Die Position, dass Geschichte kein determinierender Faktor ist und dass Stabilität, Schönheit, Kreativität und Scharfsinn die wahren Charakteristika schwarzen Lebens darstellen, schien das Studium der afroamerikanischen Kultur mit einem Veredelungsprogramm zu befrachten (und zuweilen auch zu beschmutzen), mit einer Agenda, mit der man ihm bei dem Versuch, sie durchzusetzen, das Kreuz brach.

Diese drei Positionen – 1.) afroamerikanische Kultur als Untersuchung und Diagnose des Patienten; 2.) afroamerikanische Kultur als Impfung gegen Intoleranz; 3.) afroamerikanische Kultur als nachdrückliche Zelebrierung und Anerkennung kultureller Gesundheit und Schönheit (die andere durch Kontakt und Osmose zu heilen vermag) – kollidierten, und die Literatur selbst wurde oft unter den Trümmern begraben. Als Schriftstellerin, die an der Welt dieser Literatur teilhat und sie bewohnt, hatte ich den Eindruck, dass das Werk selbst oft zum bloßen Hausdiener degradiert wurde, der den Gästen die Tür zu einer Party zu öffnen hatte, zu der er selbst nicht eingeladen war.

Nun, das alles ging mir in den späten achtziger Jahren durch den Kopf. Doch ich war entschlossen, mich nicht von meiner kreativen Arbeit ablenken zu lassen, und schwieg, als mein Werk zur Heilung gesellschaftlicher Übel herangezogen wurde. Doch es gab noch ein anderes Problem. Ich verstand und bevorzugte die Rolle der Schriftstellerin, die dem Werk und nicht seiner Auslegung verpflichtet ist. Ich glaubte, alles, was ich über das Thema afroamerikanische Literatur zu sagen hätte, stehe in meinen Büchern. Mich an den Erörterungen zu beteiligen, erschien wie ein Widerspruch zu dem Wunsch, dass meine Bücher keine Etiketten, keine von mir formulierten und ihnen ans Revers gehefteten letztlichen Bedeutungen haben sollten. Sie sollten jedem gehören, der sie sich zu eigen machen wollte. Anfragen von gewissenhaften Studenten, die im Zusammenhang mit ihren Forschungen um ein Gespräch oder Interview baten, empfand ich als irgendwie unangebracht, denn sie schienen es auf eine Art journalistischen Leim abgesehen zu haben, der Schlüsse zusammenhalten sollte, die sie bereits aus Haupt- und Sekundärquellen gezogen hatten. Außerdem wollte eigentlich niemand wissen, was ich über meine Bücher dachte. Diese Leute interessierten sich natürlich und mit Recht mehr für ihre eigenen Gedanken darüber. Ich sollte in diesen Gesprächen nur etwas bestätigen oder, in manchen Fällen, Unrecht haben und nicht verstehen, was ich eigentlich geschrieben hatte. Ich gestehe, es hat lange gedauert, bis ich diese Gespräche ernst genommen habe, denn ich habe diesen Menschen – zu Unrecht – eine nicht wissenschaftliche, sondern journalistische Motivation unterstellt.

Schließlich war ich gezwungen, mich dem Problem zu stellen. Mein starkes Interesse an der Entwicklung einer afroamerikanischen Literaturkritik und -pädagogik und mein Entschluss, mich an dieser Kritik allenfalls als sachverständiger Berater zu beteiligen, waren nicht mehr miteinander vereinbar, als ich begriff, dass der Kern meines Problems eine

Frage war, die im Kern meines Werks steckte, dass hinter all diesen verschiedenen Ansätzen zum Studium der afroamerikanischen Kultur (Pathologie, Toleranz, gefeierter Unterschied, ausgelöschter Unterschied, der Schriftsteller als sein bester Deuter, als sein schlechtester Deuter, als sachverständiger Berater – oder, in meinem Fall, als bunte Mischung daraus) die Frage stand: *Was macht die afroamerikanische Literatur aus?* Ist sie das Werk von Amerikanern, die «zufällig» Afroamerikaner sind? Verfügt sie vielleicht über bestimmte Charakteristika, die auftauchen und sie durchdringen und auch dann auftauchen und sie durchdringen würden, wenn diese Literatur in Mexico City, London oder Istanbul entstanden wäre? Gibt es da einen Unterschied? Und wenn ja, ist dieser Unterschied anders als alle anderen Unterschiede?

Es ist keineswegs «selbstverständlich», dass ein Werk eines Afroamerikaners automatisch von einer bestimmenden schwarzen Präsenz gekennzeichnet ist. In einem großen Teil der afroamerikanischen Literatur gibt es eine deutliche Flucht vor dem Schwarzen, in einem anderen kommt es zu einem heftigen Kampf mit ihm, und in einigen Fällen weiß man es nicht so genau. Wenn ich mich an dem kritischen Diskurs beteiligen wollte, musste ich erst die Frage klären, was (abgesehen von Melanin und Thematik) mich eigentlich zu einer afroamerikanischen Schriftstellerin machte. Ich erwartete nicht, an einen Punkt zu gelangen, an dem diese Suche beendet sein würde – selbst wenn es ihn gäbe. Ich wollte aber zu jenen gezählt werden, die diese Suche ernst nahmen. Also trat ich in die Debatte ein, nicht nur als Künstlerin und auch nicht nur als Wissenschaftlerin, sondern als eine Mischung aus beiden. Ich glaubte, dass diese duale Position helfen könnte, die Diskussionen über die Berechtigung, die Notwendigkeit und die Richtung der afroamerikanischen Studien zu erweitern und zu vertiefen. Man war bereits dabei, diese Studien in einen Kontext zu setzen und ihre Auswirkungen auf die Geisteswissenschaften neu auszurichten. Doch mein Interesse wandte sich von der Untersuchung dessen, was andere schwarze Intellektuelle und Künstler taten, einem anderen Bereich zu. Ich war unglücklich angesichts der Möglichkeit, dass es in den afroamerikanischen Studien zu einer neuen Rassentrennung kommen könnte – dass die Wissenschaft in einen geschützten Bereich getrieben werden würde, wo man ihre Einzigartigkeit, ihre radikalen oder sogar traditionellen Charakteristika würde sehen können, wo aber ebendiese ausgeprägte Besonderheit sie zu etwas *sui generis* machen könnte: zu etwas Abgesondertem in einer Klasse für sich. Ich hielt es für möglich, aber nicht unbedingt nötig, dass afroamerikanische Studien sich auf sich selbst beschränkten, denn das Projekt war wie das sogenannte Rassenproblem selbst. Es war keine blühende oder sich abmühende Gemeinschaft am Stadtrand, am Rand des Campus, am äußeren Rand der Welt des Intellekts, aber auch keine exotische, anthropologisch interessante Minderheit, die an den Extremitäten des Gemeinwesens pulsierte. Es war und ist der Kern des Kerns der Nation. Im Zentrum einer jeden politischen Entscheidung stand die Frage der Schwarzen, sogar und besonders dann, wenn sie gar keine Erwähnung fand. Wohnungsbau, Bildung, Militär, Wirtschaft, Wahlrecht, Staatsbürgerschaft, Gefängnisse, Kreditbedingungen, Gesundheitswesen – wohin man auch sah, war das eigentliche Motiv die Frage, was man mit schwarzen Menschen tun sollte, wobei «schwarz» nach und nach ein Ersatzwort für «arm» wurde. Nur sehr wenigen Disziplinen war es gelungen, sich dem Zugriff rassistischer Konstrukte zu entziehen. Die Rechts-, Geschichts- und Naturwissenschaften, die Theologie, die Medizin, die Medizinethik, die Psychiatrie und Anthropologie waren allesamt bereits kompromittiert. Außerdem: Gab es irgendeinen öffentlichen Diskurs, in dem es keinen Bezug auf Schwarze gab? Wie ich in *Im Dunkeln spielen* schrieb: «Es gibt ihn in jedem der großen Machtkämpfe dieser Nation.» Von der Verfassung bis zum Wahlmännergremium «ist die Präsenz der Schwarzen ein wichtiger Bezugspunkt im Kampf um die Verleihung der Bürgerrechte an Besitzlose, Frauen und Analphabeten. Sie ist da beim Aufbau eines freien und öffentlichen Schulwesens; bei dem Versuch einer ausgeglichenen Repräsentierung in den gesetzgebenden Körperschaften; in der Rechtsprechung und in den dem Gesetz entsprechenden Definitionen von Gerechtigkeit; in den Vertragsurkunden der Banken; in der Vorstellung eines manifesten Schicksals und in der maßgeblichen Geschichte, welche die Aufnahme jedes Immigranten in die Gemeinschaft amerikanischer Bürger begleitet hat.» Ich war überzeugt, dass es so etwas wie die «Rassenkarte» nicht gab – es gab ein ganzes Kartenspiel, in dem jede Karte größere Möglichkeiten besaß als bisher angenommen und ihren Einfluss auf die nationale Kultur geltend machte. Die Frucht dieser Überlegungen war eine zwölfteilige Vorlesungsreihe – aus drei dieser Vorlesungen wurde dann das Buch *Im Dunkeln spielen*. Darin versuchte ich, die Breite und Komplexität des Projekts zu umreißen. Afroamerikanische Studien könnten einen großen Teil der kulturellen Produktion in Ost und West untersuchen und dadurch eine Vielzahl von Fachbereichen beleben und erweitern. Schließlich ist das Ziel aller Bildung der Zugang zu mehr Wissen. Es könnte eine Zeit kommen, in der wir – Studenten, Dozenten, Verwalter, Künstler, Eltern – für

Bildung werden kämpfen müssen, für unkorrumpierte (nicht ideologische oder rassistische) Wissenschaft, für gründlich erforschte Sozialgeschichte und unpolitische Anthropologie (nicht Strategien der Kontrolle), für die Integrität (nicht den Glamour) der Kunst.

Es könnte tatsächlich eine Zeit kommen, in der die Universitäten für das Recht auf intellektuelle Freiheit werden kämpfen müssen.

GERTRUDE STEIN UND DER UNTERSCHIED, DEN SIE MACHT

Ich habe einmal wo gelesen, dass es zwei Reaktionen auf Chaos gibt: Benennung und Gewalt. Benennung kann mühelos geschehen, wenn eine sogenannt unbenannte oder ihres Namens entledigte Bevölkerung oder Geographie für diesen Vorgang zur Verfügung steht. Ansonsten muss man eine gewaltsame Neubenennung vornehmen. Gewalt wird als unvermeidbare Reaktion und als eine ungezähmte, wilde, brutale, aber auch vorteilhafte Antwort auf Chaos verstanden. Wird ein Land eingenommen, kommt es vor allem darauf an, es umzugestalten, zu bewegen, es ab- und durchzuschneiden. Und dieser Vorgang wird als Verpflichtung für industriellen und/oder kulturellen Fortschritt betrachtet. Dessen Begegnung mit dem Chaos beschränkt sich leider nicht nur auf Land, Grenzen und Bodenschätze. Industrieller Fortschritt ist auch mit der Notwendigkeit verbunden, den Menschen, denen das Land gehört, Gewalt anzutun, denn sie werden Widerstand leisten und zu anarchistischen Mitteln greifen, alles *Teil* des Chaos, und in gewissen Fällen bedeutete das auch die Einführung von neuen destruktiven Hierarchieformen, und wenn das nicht zum Erfolg führte, sogar Versuche zum Völkermord.

Es gibt aber auch eine dritte Reaktion auf Chaos, über die

ich noch nichts gelesen habe, und das ist Stille. Stille liegt in der Ehrfurcht und Meditation; sie wohnt der Passivität und Sprachlosigkeit inne. Möglicherweise zogen die ersten Amerikaner alle drei in Erwägung: Benennung, Gewalt und Stille. Sicherlich tritt Letztere bei Emerson, Thoreau und in Hawthornes Beobachtungsgabe in Erscheinung (zumindest wirkt es so). Spuren davon finden wir auch im puritanischen Ethos. Aber anders als bei der Urbevölkerung Amerikas oder der Mehrheit der Bevölkerungsgruppen, die aus Afrika nach Amerika transportiert wurden, wurde die Stille der Amerikaner von Pragmatismus getragen, wenn nicht sogar abgeschwächt. Es gab immer den Aspekt von Vorbereitung auf Erben, eine entfernte Zukunft, die nicht auf die Vergangenheit reagiert, und den Wert von Reichtum als Gottes Belohnung, dessen Nicht-Anhäufung als Sünde galt. Diese höchst materialistische, von den geistlichen/religiösen Einwandern und Einwanderinnen praktizierte «Stille» befand sich im deutlichen Gegensatz zur Philosophie frühindustrieller Gesellschaften, die da lautete: «Nimm nur, was du brauchst, und hinterlasse das Land so, wie du es vorgefunden hast». Einer der interessanteren Vorgänge in der christlichen Herausbildung von öffentlicher und privater Verantwortung ist das Aushandeln von Wirtschaftlichkeit versus Ehrfurcht, religiösem Trost versus Naturausbeutung, körperlicher Repression versus spiritueller Belohnung, Heiligem versus Profanem. Jenes Aushandeln hat in der Spannung zwischen den drei Antworten auf Chaos – Benennung, Gewalt und Stille – Bestand. Dabei war die Mehrheit der Siedler in Amerika keineswegs diese panischen Religionsanhänger oder jene freundlichen, aber düsteren Scharen voller nationaler Verehrung, nostalgischer Verblendung, geleitet von vorteilhafter Kommerzialisierung, die einst am Plymouth Rock ankam. Ich glaube, es waren um die sechzehn Prozent, das heißt, es bleiben vierundachtzig Prozent «andere» übrig, wie es auf Zensurformularen heißt. Doch sogar unter den sechzehn Prozent dauerte es nicht lange, bis sich die bereits ambivalente Idee von der komplizenhaften Stille im Zuge der Industrialisierung verflüchtigte, die mit den Sklaven, Schuldknechten, Verurteilten und Schuldnern einen Überfluss an Gratisarbeitsarbeitskräften mit sich brachte sowie billige Arbeitskräfte in Form von Migranten, die vor Verschuldung, Hunger und Tod flohen. Noch während Twain sich für das Leben, die Sprache und den Humor auf dem Land und im Dorf aussprach und den Mississippi und die Wege und Straßen des Nordamerikas des 19. Jahrhunderts mit pastoraler Sehnsucht versah, investierte er selbst schon in gewinnbringende Kassen – mit verheerenden Folgen, wie sich später herausstellte –, er forderte ausdrücklich zur Goldsuche auf und genoss dann die geschickten Geschäftemachereien seiner Figuren. Und es war unser zurückhaltender Transzendentalist Ralph Waldo Emerson, der über den kalifornischen Goldrausch schrieb: «Es spielt keine Rolle, wie unmoralisch die verwendeten Mittel waren: der Goldrausch hatte die Funktion, die Besiedlung und *Zivilisierung* des Westens zu beschleunigen.» Die kursivierte Betonung von *Zivilisierung* stammt von mir.

Melville ist natürlich mit dem Gegenentwurf eines blühenden Kapitalismus beschäftigt, der sich in der Naturgewalt spiegelt, beziehungsweise sich an ihr aufspießt. Neben vielen anderen behandeln *Moby-Dick*, *Billy Budd*, *Weißjacke oder die Welt auf einem Kriegsschiff* und *Benito Cereno* die Auswirkungen von ökonomischem Druck auf den «unschuldigen», naiven Arbeiter und seinen «Kapitän». All das geschieht auf jenen zwei Dritteln Erdoberfläche, die das Chaos repräsentieren. Der Ozean illustriert die drei Antworten am offensichtlichsten: Benennen (kartographieren, vermessen, beschreiben), Gewalt (Eroberung, Walfang, Sklavenschiff, die Seestreitkräfte usw.) und Stille (Selbstfindung, müßige Wachen an Bord, die die reflexionsreichsten Passagen hervorbringen). Poe antwortete auf Chaos mit Gewalt und Benennung. Gewalt liegt in seiner Affinität zu den Verdammten und Sterbenden und zur Gedankenwelt des Mörders. Benennung findet sich in seiner redaktionellen Bearbeitung und der beharrlichen Aufstellung von «wissenschaftlichen» Fußnoten und Indizen mit historischen und geographischen Daten. Doch es stand diesen Autoren und allen Amerikanern noch ein weiteres Element zur Veranschaulichung von Chaos zur Verfügung: die Natur, der «jungfräuliche» Westen, Raum, die Nähe zum Tod – all das zählte. Dennoch war das vorhandene Chaos ein einheimisches, eine erfundene Unordnung, ein angenommenes unzivilisiertes, wildes, ewiges und zeitloses «Anderes», das der amerikanischen Geschichte seine besondere und spezielle Ausformulierung gibt. Dieses «Andere» war, wie wir bereits gesehen haben, die afrikanistische Präsenz. Amerikanische Kolonialisten und ihre Erben konnten auf dieses zweckdienliche, kontrollierbare «Chaos» mit Benennung und Gewalt reagieren und taten es auch, und erst sehr viel später versuchten sie es vorsichtig und zögerlich auch mit einem gewissen Maß an pragmatischer Stille. Und einmal mehr wenden wir uns der Literatur und den Autoren und Autorinnen zu, um Hinweise und Figurationen zur Betrachtung von Dominanz zu erhalten. Dort erkennen wir Stille in der Verweigerung von Benennung (zum Beispiel bei Melville), um ein Nachdenken über das Mysterium und die

Botschaft, die das Chaos selbst eingeschrieben hat, zu ermöglichen; und in der Verweigerung, Gewalt anzuwenden, zu erobern, auszubeuten, aber gleichsam zu konfrontieren, zu betreten und zu entdecken, was diese Präsenz war oder wie sie hergestellt werden konnte.

In diesem Kontext verspüre ich den Wunsch, Gertrude Stein zu lesen, ihre engagierte Untersuchung des Innenlebens dieses Anderen und des Problems, nicht eingreifen zu können, das damit einherging und dem sie zum Opfer fiel. Der «Modernismus», deren Wegbereitung gewöhnlich Stein zugeschrieben wird, hat viele Ausdrucksformen: Wenn wir als allerkonsequentestes Merkmal des Modernismus die Zusammenführung von verschiedenen Formen in Betracht ziehen, die Entwirrung von Grenzen, Grenzenlosigkeit, Intermedialität, die Vermischung von Genres, die Neudefinition von Gender und der traditionellen Rollen, die Aneignung von unterschiedlichen und bisher getrennten Disziplinen im Dienste von neuen oder der konventionellen, die Kombination von historischen Epochen und Kunststilen, dann können wir zurückverfolgen, welche besonderen Wege die amerikanische Literatur auf dieser Reise eingeschlagen hat. In Amerika war die erste Markierung und das erste ängstliche Anzeichen von Zusammenführung, Vermischung und Auflösung der bisher für «natürlich» gehaltenen Grenzen die Rassenvermischung. Sie war der am besten repräsentierte, alarmierendste, gesetzlich unakzeptabelste und am stärksten gewünschte Vorstoß in verbotenes, unbekanntes und gefährliches Territorium, denn sie repräsentierte das Abgleiten in Dunkelheit, ins Geächtete und Illegale und den provokativen, schockierenden Bruch mit dem Familiären.

Sowohl in der Literatur als auch in den bildenden Künsten

war und ist das imaginative Terrain, auf dem der Weg zum Modernismus verlief, in sehr großem Maße von der Präsenz des rassifizierten «Anderen» geprägt. Diese Präsenz informiert auf signifikante, zwingende und unausweichliche Weise explizit oder implizit die Ausformung der amerikanischen Literatur. Griffbereit für die literarische Phantasie konstituierte sie eine sichtbare und zugleich unsichtbare Vermittlungsinstanz. Sogar und gerade dann, wenn amerikanische Texte nicht «über» die afrikanistische Präsenz sprechen, schwebt ihr Schatten in der Implikation, im Zeichen, in der Demarkationslinie. Es ist weder ein Zufall noch ein Versehen, dass die Einwanderergruppen ihr «Amerikanischsein» in Opposition zu der ansässigen schwarzen Bevölkerung konstruierten – und das tun sie immer noch. Tatsächlich ist der Begriff der «Rasse» zur Metapher und als solche so unabdingbar für die Konstruktion der US-amerikanischen Identität geworden, dass er inzwischen mit dem alten pseudowissenschaftlichen und klassenbestimmten Rassenbewusstsein konkurriert, das uns so vertraut ist. Als Metapher könnte die afrikanistische Präsenz für die Vereinigten Staaten vielleicht inzwischen verzichtbar sein. Denn wenn Amerikaner in dieser Epoche des zwanzigsten Jahrhunderts sich unterscheiden oder auf eine abweichende Art US-Amerikaner sein wollen als die Kanadier oder Lateinamerikaner oder Briten, dann müssen sie weiße US-Amerikaner sein, und diese Unterscheidung stützt sich auf immerwährende verlässliche Dunkelheit. Tief verwurzelt im Wort «amerikanisch» ist seine Assoziation mit Rassismus. (Hier ist anzumerken, jemanden als Südafrikaner zu identifizieren, sagt nicht viel aus. Wir brauchen das Adjektiv «weiße» Südafrikaner oder «schwarze» Südafrikaner. In den Vereinigten Staaten ist es genau umgekehrt: «Amerikanisch» *bedeutet* weiß, und afrikanistische Personen mühen sich damit ab, mit Hilfe von Bindestrichen und Ethnizitätsbezeichnungen den Begriff für sich selbst anwendbar zu machen.) Die US-Amerikaner hatten keinen verschwenderischen und rücksichtslosen Adel, dem sie seine Identität hätten entreißen können, während sie gleichzeitig seine Freizügigkeit begehrten. Sie schienen Verachtung und Neid in ihrer selbstbewussten und selbstreflexiven Kontemplation eines mythologischen Afrikanismus zusammengeführt zu haben.

Für die Schriftstellerinnen und Schriftsteller, die sich auf das intellektuelle und imaginäre Abenteuer einließen, das «Moderne» in der Literatur zu bezeichnen, war der afrikanistische Andere praktisch: Er stand für Körper, Geist, Chaos, Güte und Liebe, die Anwesenheit von Zurückhaltung, die Abwesenheit von Zurückhaltung, das Nachdenken über Freiheit, das Aggressionsproblem, die Untersuchung von Ethik und Moral, die Verpflichtungen des Gesellschaftsvertrags, das Kreuz der Religion und die Auswirkungen von Macht. Die Autoren, Amerikaner, die diesem Einfluss entkommen, sind diejenigen, die das Land verließen, aber das taten nicht alle.

Einige scharfsinnigen kritischen Beobachter glauben, dass Individualismus im amerikanischen Stil jegliche Möglichkeit, beziehungsweise jeglichen Raum für einen «Anderen» ausschloss, und dass im Falle des Sexismus die andere als signifikante Person ausgelöscht und damit zur Unperson wurde. Ich frage mich, ob nicht genau das Gegenteil der Fall ist, nämlich ob nicht der Individualismus aus der Positionierung eines sicher gebundenen Selbst hervorgeht und nach außen strahlt. Dass es gar kein Innen, kein stabiles, beständiges, individuelles Selbst geben könnte ohne die Skizzierung und Herstellung eines äußerlichen Genders, und eben auch eines äußerlichen, veräußerten Schattens. Beide sind verbunden, aber nur an den äußeren Grenzen unseres Selbst, des Körpers. Dass das für weiße Männer gilt, sollte klar sein. Per definitionem ist ein Amerikaner ein weißer Mann, der sich unterscheidet, und ein guter oder erfolgreicher Amerikaner ist ein weißer Mann, der sich unterscheidet und machtvoll ist, und was dieses Konstrukt zum Funktionieren bringt, sind rassifizierte und sexistische Begriffe wie «Schwarzsein», «Weiblichsein», Verfremdungsstrategien und Unterdrückung. Bernard Bailyn hat das prägnanteste und faszinierendste Porträt dieses klassischen Selbsterhaltungs- und Selbstdefinitionsprozesses geliefert. In seinem außergewöhnlichen Buch *Voyagers to the West* spürt er unter den Migranten und Siedlern einer gut dokumentierten Persönlichkeit namens William Dunbar nach.

Die bemerkenswerte Schlussfolgerung dieses Cameo-Auftritts ist, dass die erfolgreiche Herausbildung dieses bestimmten Amerikaners vier wünschenswerte Auswirkungen hat: Autonomie, Autorität, Erneuerung und Differenz, und absolute Macht. Diese Vorteile lassen sich im 19. und 20. Jahrhundert in die Begriffe Individualismus, Differenz und Machtausübung übersetzen. Und es überrascht nicht, dass diese Begriffe auch die wichtigsten Merkmale der amerikanischen Literatur sind: Erneuerung und Differenz, der heldenhafte machtvolle Individualist. Diese Begriffe lassen sich auch, zumindest bis zum Zweiten Weltkrieg, folgendermaßen übersetzen: «Erneuerung» aus dem 19. Jahrhundert wird im zwanzigsten zu «Unschuld» und «Differenz» zum Kennzeichen der Moderne. «Individualismus», der Kult um den einsamen Cowboy verschmilzt mit dem entfremdeten und unzufriedenen Einzelgänger (der aber immer noch unschuldig ist) – und natürlich gibt es die interessante Ausschweifung in Form von Tonto, auf den wir an dieser Stelle nicht eingehen werden. Meine Verwirrung gründete immer auf der Frage: Warum nennen wir ihn «einsam», wenn er immer in Begleitung von Tonto ist? Inzwischen verstehe ich, dass er eben genau wegen der rassifizierten und metaphorischen Natur der Beziehung zu Tonto als «einzig» verstanden werden kann. Ohne ihn wäre er wohl einfach nur «Cowboy». Nach dem Krieg weicht das heldenhaft Machtvolle den Problemen von Machtausübung und Machtmissbrauch. Jedes dieser Merkmale, denke ich, ist geprägt von einem komplexen Bewusstsein und Einsatz eines ausgebildeten Afrikanismus, der als bewährter Boden und Messstation seiner Identität dient. Warum bestehen Amerikaner immer so hartnäckig darauf, *aus* etwas zu bestehen? Wie ist die Beziehung der Moderne zur aktiven kreativen Präsenz der Afroamerikaner? (Ich wurde einmal darauf hingewiesen, dass die Filmindustrie, immer wenn sie eine brandneue Technologie einführen oder deren Bandbreite demonstrieren will, afrikanistische Figuren, Narrative oder Idiome zum Einsatz bringt. Der erste Tonfilm in Spielfilmqualität war *Der Jazzsänger*, der erste Kassenschlager *Die Geburt einer Nation*, die erste Sitcom im Fernsehen war *Amos 'n' Andy*, und auch wenn er nicht ganz in diese Reihe passt, der erste Dokumentarfilm war *Nanuk, der Eskimo*. Und wahrscheinlich bestreitet niemand von irgendeiner Seite, dass die Partituren, von denen «moderne» Filmemacher gelernt haben, ihren Ursprung darin haben, was wir in den Vereinigten Staaten «Schwarze Musik» nennen.) Zurück zum eigentlichen Thema, die abschließende Frage ist doch, wovon ist das Individuum eigentlich entfremdet, wenn nicht von seinem «weißen» Selbst in einem bleibenden, aber irgendwie trügerisch aufrechterhaltenen artikulierten Pluralismus? Letztendlich geht es hier um die

Frage von Machterhalt, Machtvorenthaltung und Machtverteilung.

Ich habe Gertrude Stein bereits als Paradigma oder Vorbotin des Modernismus erwähnt. Jetzt würde ich gern eines ihrer bewunderten Bücher untersuchen, um zu illustrieren, was ich für eine faszinierende Vorführung von literarischem Amerikanismus halte, und zu versuchen, seine Verbindung zu Steins Innovationen, Erneuerungen, Repräsentationen von Individualität und Wahrnehmungen von sexueller Macht herzustellen, sowie zu den Privilegien, die von Klasse und «Rasse» ausgehen.

Die drei Leben, die Gertrude Stein in ihrem gleichnamigen Roman wiedergibt, sind ausgesprochen ungleich. Nicht nur in ihrer Behandlung, was ich darlegen will, sondern sie sind es auch auf verschiedenartige Weisen. Von den drei Teilen, die dieses Werk konstituieren (das aus Geschichten über drei Frauen besteht, die zu einem Roman beziehungsweise zu einer Novelle zusammengesetzt werden), zählt eine Geschichte einundsiebzig Seiten, eine andere vierzig Seiten und die zentrale Erzählung in der Mitte ist doppelt so lang wie die eine und nimmt fast vier Mal mehr Raum ein als die andere. Diese ungleiche Verteilung von Platz, in dem jeweils eine Frau im Mittelpunkt steht, zeichnet sich durch eine weitere unterscheidende Ungleichheit aus. Der erste Teil trägt den Titel «Die gute Anna», der letzte heißt «Die sanfte Lena». Nur der zentrale, zentrierte und längste Teil fügt dem Titel kein Adjektiv hinzu und lautet «Melanctha». Schlicht und einfach. Wie wir wissen, ist Melanctha eine schwarze Frau (beziehungsweise Fräulein Stein identifiziert sie als «Schwarze»). Zwischen die beiden anderen gequetscht, wirkt sie eingegittert, als ob man ihre Differenz in den Vordergrund schieben und betonen wollte, während man sie gleichzeitig fest unter Kontrolle hält. Bevor ich auf die bemerkenswerten Unterschiede zwischen Melanctha und den anderen zwei Frauen zu ihrer Rechten und Linken eingehe, sollte ich vielleicht zuerst die Ähnlichkeiten identifizieren, denn es gibt welche, obwohl diese offenbar Melancthas Unterschiedlichkeit – und die Unterschiedene, die Stein aus ihr macht – nur noch stärker hervorheben. Alle drei Frauen, die diesen Text begründen, sind Bedienstete. Alle sterben am Ende. Alle werden irgendwie von Männern schlecht behandelt oder leiden an den Auswirkungen einer von Männern dominierten Gesellschaft. Eine jede steht zwischen bitterer und würdiger Armut. Und obwohl alle in irgendeinem Land geboren wurden, enden ihre Gemeinsamkeiten genau an diesem Punkt. Die zwei weißen Frauen haben eine Nationalität: Sie sind zunächst Deutsche, und später können sie als Eingewanderte die Kategorie Deutsch-Amerikanerin annehmen, wenn sie möchten. Nur Melanctha ist in den Vereinigten Staaten geboren, und nur Melanctha erhält keine nationale Identifikation. Sie ist Schwarze und hat demzufolge noch im Jahr 1909, vierzig Jahre, nachdem die Emanzipationsproklamation alle Sklaven zu freien Menschen erklärt hatte, kein Land und keine designierte Staatsbürgerschaft. Sie wird niemals als Amerikanerin beschrieben und gewiss nie von der Autorin so bezeichnet.

In den Augen von Fräulein Stein ist Melanctha eine bestimmte Sorte von Schwarzer. Eine akzeptable Sorte, da sie hellhäutig ist, und dieser Punkt hat Schlagkraft, wenn wir beachten, dass ihr Kapitel mit einem Vergleich zwischen Melanctha und ihrer engsten Freundin Rose beginnt, die wiederholt (nachdrücklich) als sehr schwarz beschrieben wird: «… die eigensinnige, kindische, feige, schwarze Rosie schimpfte und quengelte und brüllte und [benahm] sich abscheulich und [führte sich auf] wie ein wildes Tier.» In dieser Reihe von Adjektiven finden sich all die Fetische und Formen der metonymischen Reduktion, der Sturz von Mensch zu Tier, um Dialog und Identifikation und ökonomische Stereotypisierungen auszuschließen, die in Andeutungen in den meisten fiktiven Beschreibungen von afrikanistischen Figuren vor 1980 allgegenwärtig sind, wenn nicht sogar explizit in der Sprache zum Ausdruck kommen. «Rose Johnson war eine richtig dunkelhäutige, große, gutgewachsene, eigensinnige, dumme, kindliche, gutaussehende Schwarze.» Und: «Rose Johnson war eine richtig dunkelhäutige Schwarze, *aber* sie war von weißen Leuten aufgezogen worden wie ein eigenes Kind.» (Die Kursivierung stammt von mir.) Wir stellen sofort fest, dass Stein es nicht nötig hat, diese weißen Leute zu beschreiben oder zu identifizieren und zu erzählen, ob sie gut, gut ausgebildet oder arm oder dumm oder gemein sind. Offenbar reicht es auch, dass sie weiß sind, weil vorausgesetzt wird, dass was auch immer für weiße Menschen sie sind, sie waren «es» eben, und deshalb rücken die Anweisungen, die Rose erhält, sie in eine privilegierte Position, was Rose tatsächlich nicht nur erkennt, sondern auch dankbar entgegennimmt. Dagegen schreibt sie über die hellhäutige Melanctha: «… sie war geduldig, ergeben, sie beruhigte sie [Rose] und war unermüdlich». Sie ist auch eine «anmutige, blaßgelbe, intelligente, anziehende Schwarze», die «nicht wie Rose von Weißen aufgezogen worden [war], aber dafür hatte sie *zur Hälfte richtiges weißes Blut in sich*». (Die Kursivierung stammt von mir.) Es ist mehr als offensichtlich, worum es hier geht. Während Rose das Glück für sich in Anspruch nehmen kann, von Weißen aufgezogen worden zu sein, macht Melanctha einen höheren Anspruch geltend, nämlich Blutsverwandtschaft. Hier liegt eine gewisse Unachtsamkeit vor, denn später wird uns nahegelegt, das Melancthas Vater «brutal» und «sehr schwarz» – wörtlich «ein dunkelhäutiger finsterer Schwarzer» sei, und ihre Mutter eine «anmutig wirkende und achtbare und freundliche, blaßgelbe, farbige Frau» wäre. Das widerspricht der Kennzeichnung als «zur Hälfte» weiß. Auch wenn Stein Melanctha als ein «zartes, intelligentes, anziehendes, halbweißes Mädchen» darstellt, der tagesaktuellen rassistischen Vererbungslehre zufolge müsste eine Person, die «zur Hälfte richtiges weißes Blut in sich» hat, zumindest einen weißen Elternteil haben. Ich glaube, letztere Möglichkeit wäre der Autorin zu komplex gewesen. Dann hätte sie erklären müssen, wie der weiße Elternteil (in diesem Falle die Mutter, da der Vater demonstrativ schwarz ist) mit dem schwarzen Elternteil zusammengekommen ist, und es mag ausreichen, dass Melancthas weißer Geliebter später als ausschlaggebender Faktor für ihre Zerstörung überprüft wird, ohne auf die Konsequenzen einer weiteren schwarz-weißen Beziehung einzugehen.

Ich reproduziere die üblichen rassifizierten Entgleisungen und linguistischen Abkürzungen nicht ohne Sinn, sondern ich will hervorheben, dass Steins Rückgriff auf sie so notwendig ist, um daraus gewisse Schlussfolgerungen zu ziehen, etwa dass sie in Kauf nimmt, eklatante Fehler zu machen, was die Nuancen der Rassifizierung betrifft, und damit das Vertrauen der Leser zu verlieren, weil sie sonst die Kontrolle über ihren eigensinnigen und untergeordneten Subtext verliert. Zum Beispiel wird Rose Johnson wiederholt als kindisch und unmoralisch bezeichnet. Dabei ist sie die einzige von Melancthas Freundinnen, die wie eine Erwachsene Verantwortung übernimmt: Sie führt eine Ehe und einen Haushalt und zeigt ein gewisses Maß an Großzügigkeit. Stein behauptet Roses Dummheit, scheitert aber an deren Dramatisierung. Wir finden absolut keinen Beleg für ihre vermeintliche Dummheit. Und es ist Melanctha, die trotz ihres ehrenwerten weißen Blutes die meiste Zeit in den Straßen verbringt und entlang des Bahnhofsgeländes und der Hafenanlagen umherstreift. Wir müssen die Logik dieses Blutfetisches hinterfragen. Vielleicht befördert ihr «weißes» Blut und nicht ihr «schwarzes» dieses unmoralische Verhalten, das Stein nicht weiter kommentiert.

Gleichermaßen interessant ist die Rolle der afroamerikanischen Männer in Melancthas Geschichte. Das heißt, der Platz, den Väter, Ehemänner, Freunde des Vaters sowie der Verehrer in Melancthas Leben einnehmen. Anerkennung gebührt Stein dafür, dass sie Tugend und Bösartigkeit gleichermaßen auf weiße und schwarze Männer verteilt. Weniger ist ihr anzurechnen, dass sie massiv auf nationale Stereotypisierungen zurückgreift, etwa auf Vorurteile gegen Iren, Klischees über Deutsche und auch konventionelle Stereotypen, wie zuvor am obsessiven Blutfetisch deutlich wurde. Solche Pseudowissenschaftlichkeit sollte eigentlich bei einer Autorin überraschen, die mehrere Jahre Medizin studiert hat. Jedenfalls übernimmt sie keinerlei Verantwortung dafür, ihre afrikanistischen Charaktere zu spezifizieren. Stattdessen «erklärt» und «rechtfertigt» sie deren Verhalten mit den einfachen Mitteln der metonymischen Reduktion, die Hautfarbe zur Verfügung stellt, und nutzt die Ökonomie des Stereotyps, die diesen Vorgang begleitet. Aber ich sage es noch einmal, mit dieser Strategie verwickelt sich Stein in so tiefe Widersprüche, dass sie das Vertrauen der Leser vollständig verliert. Zum Beispiel wird Melancthas Vater immer wieder als «grob und brutal» gegenüber seiner Tochter geschildert, und uns wird erzählt, dass er zunächst ein unregelmäßiger Besucher im besagten Haushalt ist, und sich dann von allen entfernt und den Roman schließlich ganz verlässt. Der Beweis, der uns für seine Grobheit und Brutalität präsentiert wird, ist, dass er ein «sehr männlicher Schwarzer» ist. Wenn wir aber genauer nachlesen, wozu dieser männliche, brutale und grobe schwarze Mann fähig ist, erkennen wir, dass er seine Tochter vor den vermeintlichen Annäherungsversuchen eines männlichen Freundes bewahren will und sich zu ihrem Schutz herumprügelt. Womöglich fliegt er wegen dieses Widerspruchs praktischerweise aus dem Text. Wäre er geblieben, hätte Melanctha einen eifrigen Beschützer/Retter und nicht so große Schwierigkeiten mit Männern gehabt.

Am bemerkenswertesten sind jedoch nicht die üblichen Techniken, die die afrikanistischen Figuren «als Schwarze» differenzieren, sondern ich glaube, der eigentliche Grund für ihre Einbindung ist, dass das Melanctha-Kapitel der Autorin Stein auf sehr spezifische Weise dient. Der Afrikanismus dieses Abschnitts wird zum Mittel, mit dem Stein sicher in verbotenes Territorium eintreten, das Ungesetzliche und Anarchische artikulieren und über die Verbindungen unter Frauen mit und ohne Männer nachsinnen kann. Betrachtet man alle drei Frauen in dem Roman, sind nur in Melancthas Geschichte sexuelle Aufklärung und sexuelle Verbindungen von zentraler Bedeutung für die Erzählung und das Schicksal der Charaktere. Es mag vielleicht im Jahr 1909 auch für eine Gertrude Stein noch nicht denkbar gewesen sein, konkretes Wissen über fleischliche Aktivitäten mit weißen Frauen zu diskutieren, nicht einmal wenn sie der Unterschicht angehörten. Wenn wir die Sinnlichkeit/Sexualität von Anna und Lena vergleichen, sehen wir gleich, dass ihre Leben sich von

Melancthas unterscheiden. Sie sind keusch. Ihre Ehen sind arrangiert. Ihre Unterwerfung unter die Forderungen des Patriarchats uneingeschränkt. Es scheint klar, dass Stein wie andere amerikanische Schriftstellerinnen, und unter ihnen besonders jene, die wir mit dem Modernismus assoziieren, die Freiheit genoss, erzählerisch mit Sexualität zu experimentieren und das Thema *schmackhaft* fand, wenn afrikanistische Personen zum Objekt der Experimentierfreude werden. Das erinnert an den französischen Doktor, der es schaffte, ein Modell für seine gynäkologischen Instrumente zu entwickeln, nachdem er über einen längeren Zeitraum Experimente an seinen schwarzen Dienstmädchen durchgeführt hatte. So hat auch Gertrude Stein kein Problem damit, ihre «Erneuerung» voranzutreiben, während sie sich freiwillig und gefahrlos auf verbotenem Hoheitsgebiet bewegt, weil sie an einem Körper operiert, der ihr scheinbar ohne Protest und Zwang dargeboten wird. Uneingeschränkt zugänglich für die Artikulierung des Illegalen, Unerlaubten, Gefährlichen und Neuen. Wie die weißen Unterhaltungskünstler, die ein Massenpublikum vor sich versammeln konnten, als sie, in Blackface, *mittels* der afrikanistischen Persona (*als ob*) sprachen und auf diese Weise das Unaussprechliche, das offen Sexuelle und politisch Subversive aussprechen konnten.

Was sind denn diese neuen und unerlaubten Themen?

Es gibt mindestens drei: 1. Die komplexen Verbindungen von Frauen nicht als Zuflucht, sondern als Informationsquellen. 2. Die Formierung des Dreiecks von Sexualität, Freiheit und Wissen als Prinzip der modernen Frau. Und 3. die Voraussetzung der afrikanistischen Präsenz für die Konstruktion des Amerikanischseins. Melanctha und Jane und Melanctha und Rose verbindet (trotz unterschiedlicher Hautfarben) eine authentische, fast schon desparate Liebe. Die Duldung und Lebensweisheit, die Melanctha von diesen Freundinnen erfährt, ist allen Dingen überlegen, die sie von ihren männlichen Freunden, den schwarzen Ärzten oder schwarzen Spielern lernt. Alle Frauen in *Drei Leben* erleben ein trauriges Ende, doch nur eine, nämlich Melanctha, scheint etwas Nützliches und vielleicht Modernes über die Welt zu lernen, bevor sie dahinscheidet. Vielleicht liegt Steins hervorragender Beitrag zur Literatur darin, dass sie der Begegnung mit der afrikanistischen Präsenz die Vielschichtigkeit und Modernität verleiht, die ihr sonst von den Mainstream-Autoren jener Zeit verwehrt worden wären. Auch wenn Steins Annahmen über weißes und schwarzes Blut traditionell rassistisch sind, stellt sie eine interessante Variante des Themas vor, insofern ihre Figur Melanctha die Qualität (wenn man das so sagen kann) des Schwarzseins zu schätzen weiß, die sie von ihrem «ganz unerträglichen» Vater hat; oder insofern sie zeigt, wie die «sehr schwarze» Rose Melanctha berät und überzeugt, sich nicht das Leben zu nehmen, und sie insgesamt als «ordnungsgemäß» verheiratete Frau zeichnet, die offenbar sehr hohe moralische Standards vertritt, die ihr dann wiederum von der Autorin abgesprochen werden, die darauf besteht, «Rose hatte die schlichte, von Promiskuität bestimmte Moral der Schwarzen».

Entscheidend für Steins Erkundungsreise ist jedoch die Frage des Verhältnisses zwischen Freiheit für Frauen und Sexualität und Wissen. In diesem Bestreben sehen wir erneut den Unterschied, den sie macht. *Drei Leben* bewegt sich von der Kontemplation über das Leben einer asexuellen Jungfer in der Person der Guten Anna, zu und *durch* die Streifzüge auf der Suche nach sexuellem Wissen (die Stein «Weisheit» nennt) in der Person und im Körper von Melanctha, einer afrikanistischen Frau, um schließlich bei der Sanften Lena im vermeintlichen Höhepunkt der weiblichen Erfahrung – Ehe und Geburt – zu kulminieren. Die Tatsache, dass Stein eine schwarze Frau für die Untersuchung des Erotischen wählte, verweist auf den Einsatz von Afrikanismus und seine Theatralisierung als Repräsentationsform und Lizenz, um unerlaubte Sexualität anzusprechen.

Auch wenn Stein weite Teile des Texts mit einem Augenzwinkern präsentiert und ihre entschiedenen Ansichten den anderen in den Mund legt, dabei unverblümt komisch und in manchen Abschnitten sogar parodistisch ist, wollen wir ihrem recht radikalen Blick in die wahren Leben dieser Frauen gern folgen, doch nur in einem dieser Leben (in Melancthas) verschwindet die sexuelle Unterdrückung der beiden anderen und wird erst in ihrer Abwesenheit zum Leitmotiv von Melancthas und Steins Unternehmung. Einzig die schwarze Frau gewährt Zugang zu einer Betrachtung über sexuelles Wissen, und es ist von äußerster Wichtigkeit, dass die Autorin Melancthas Flirts, ihre einsamen Streifzüge zu den Hafenanlagen und Eisenbahndepots, ihre Beobachtung der Männer bis hin zu ihrer Promiskuität als ein Verlangen nach Weisheit bezeichnet. Die «sehr schwarze» Rose wird als promiskuitiv abgestempelt, aber die halbweiße Melanctha ist auf Wissenssuche. Diese Unterscheidung in der Kennzeichnung von vermeintlich identischem Verhalten stellt Distanz her und fungiert als verdecktes Mittel, um den Wissensdurst der einen zu würdigen und den der anderen zu diskreditieren, einfach nur, indem bei der Hautfarbe der Wissensdurstigen ein Unterschied markiert wird. Weitere Unterschiede fallen beim Vergleich der weißen Bediensteten mit den schwarzen Frauen auf. Weder Anna noch Lena sind neugierig auf Sex. Die gute Anna erwägt kein einziges Mal die Möglichkeit einer Ehe oder Liebesbeziehung. Die sanfte Lena ist so verängstigt, träge und lernfaul, dass Stein nicht einmal darüber spekulieren muss, wie der legale Geschlechtsverkehr zwischen Lena und ihrem Gatten Herman überhaupt zustande kommt. Sie bringt lediglich vier Kinder zur Welt, stirbt bei der letzten Geburt und lässt ruhig und zufrieden ihren Mann als Ernährer zurück. Nur Melanctha ist mutig, spürt die attraktive Kraft ihres schwarzen Vaters und die Schwäche ihrer blassgelben Mutter und ist sich wohl darüber bewusst, dass ihre Identifikation mit der passiven Mutter ihr nie Respekt einbringen wird. Sie nimmt sich die Freiheit, durch die Straßen zu schlendern, an Ecken herumzustehen, die schwarzen Männer bei der Arbeit auf dem Bahnhofsgelände und im Hafen zu besuchen, furchtlos mit ihnen in Konkurrenz zu treten und sich Wortgefechte zu liefern, sie zu necken und ihnen zu entfliehen – und ihnen zu widersprechen. Es ist maßgeblich Melancthas Stimme, die die erotische heterosexuelle Liebe untersucht, artikuliert und hinterfragt und somit dem Mittelschichtsideal der häuslichen/romantischen Verbindung entgegentritt, indem sie unerschrocken und als militante Kriegerin gewappnet das Feld der Mann-Frau-Begegnungen betritt. Ich finde es interessant, dass Stein bei ihrer Prüfung des Wertes von körperlichem Wissen nicht die sehr schwarze Rose betrachtet, der sie auch amoralisches Verhalten und Promiskuität zuschreibt, sondern die halbweiße Melanctha mit dem Collegeabschluss. Es ist, als ob die sonst so furchtlose Stein es nicht auf sich nehmen wollte, diese höchst intimen Angelegenheiten am Körper einer sehr schwarzen Frau zu erkunden – diese imaginäre Assoziation war wohl ein zu großes Risiko für sie. Wir spüren ihre

Verachtung für Rose, während ihre Bewunderung für Janes lockeres Verhalten, wie auch für Melancthas, ambivalent ist und in eindeutig gehobener und zynischer Sprache wiedergegeben wird. Jane Harden wird als eine «hart gewordene Frau» beschrieben: «Sie hatte Macht, und sie gebrauchte sie gern, sie hatte viel weißes Blut in sich, und das machte sie scharfsichtig ... Das weiße Blut war stark in ihr, und sie besaß Kraft und Zähigkeit und Lebensmut.» Das sind ganz unverkennbar Steins kodifizierte Werte und Ansichten über «Rasse». Sie identifiziert ihr eigenes Selbst mit weißem Blut, das für Klarheit und Stärke und Lebensmut steht, arbeitet jedoch dessen sexuellen Ausdruck am nichtweißen Blut heraus, das offenbar in zwei gesonderten Venen durch diese Körper fließt. Die Lächerlichkeit dieser Behauptungen, was weißes Blut in seiner allgemeinen Eigenschaft als Vermittler von Macht, Intelligenz und so weiter vermag, wird natürlich dadurch verstärkt, dass wir im selben Atemzug, wenn nicht Absatz, das Verhalten von vollständig weißen Personen, also Personen mit gänzlich weißem Blut erleben, die passiv, dumm und so weiter sind. Wenn wir der Idiotie der wissenschaftlichen Rassifizierung erliegen würden, wäre die Logik des Gegenteils unaussprechbar, nämlich dass in *Drei Leben* das schwarze Blut «Lebensmut» und «Zähigkeit» liefert. Diese Hierarchien und Behauptungen führen zu Spannungen und auch Misstrauen auf Seiten der Leserinnen und Leser, weil sie widersprüchlich sind. Beispielsweise werden den afrikanistischen Frauen lockere Zügellosigkeit zugeschrieben, doch Mrs. Lehntman, Freundin und treibende Kraft in Annas winziger Welt, arbeitet als Hebamme und entbindet besonders gerne junge Mädchen in Bedrängnis, und sie scheint sogar irgendwie an Abtreibungen beteiligt zu sein, die ihr verruchter Doktor-Geliebter durchführt. Warum diese weißen Mädchen in Schwierigkeiten nicht des unmoralischen Verhaltens und der Freizügigkeit beschuldigt werden wie ihre schwarzen Schwestern, gehört zu der Frage, die diese Belange in den Raum stellen. Diese Reihe von Episoden wird damit überzogen, dass Mrs. Lehntmans Großzügigkeit und Kompetenz betont werden. Es gibt kein Verweilen beim Thema der Unsittlichkeit ihrer Patientinnen. Es wird ihnen nicht unterstellt, dass sie aufgrund ihrer Hautfarbe einen «promiskuitiven» Charakter haben, oder gar, wie es scheint, die Weisheit der Welt unten am Hafen gesucht haben.

Der letzte Punkt, auf den ich aufmerksam machen will, schlägt den Bogen zu meinem Anfangsargument: dass ein Großteil dieser Vorstellungen von afrikanistischen Personen mit der sorgfältigen und anhaltenden Konstruktion der amerikanischen Persona zusammenhängt, die sich dadurch unterscheidet, dass sie Weißsein als eine Grundvoraussetzung für Amerikanischsein behauptet und weiterentwickelt.

Drei Leben kreist um zwei Migrantinnen und eine schwarze Frau, der nie eine Nationalität zugeschrieben wird, obwohl sie die einzige gebürtige Bürgerin unter den drei Frauen ist. Als eine Nebenfigur im Kapitel «Die sanfte Lena» nach Deutschland reist, um das Grab ihrer Mutter zu besuchen und wegen Lenas bäuerlichen Umgangsformen in Verlegenheit gebracht wird, macht sie die Bemerkung, dass ihre Cousine «für sie kaum besser war als ein Nigger». Fräulein Stein hat uns in ihrer Faszination für das Projekt *The Making of Americans* in der Tat einen literarischen Modellfall geliefert: 1. Stell Sprach- und Körperbarrieren auf. 2. Stell Unterschiede bei Abstammung, Hautfarbe und menschlichen Emotionen fest. 3. Platziere sie in Opposition zu Migranten und Migrantinnen. Und

4. Siehe da! Die wahren Amerikaner und Amerikanerinnen sind geboren!

Eingeklemmt zwischen zwei Einwanderinnen, steht die mutige aber verrufene Melanctha, deren Aggression und Macht von den Händen der Keuschheit zwar eingeschränkt werden, aber dennoch die weißen Frauen in den Schranken halten. Sie kann sich zwar frei bewegen, ist aber an ihre Hautfarbe gebunden und von den weißen Frauen zu ihrer Linken und Rechten, vor ihr und hinter ihr begrenzt, die ihr an ihrem Anfang und Ende voran- und hinterhergehen. Die Struktur und ihre internen Mechanismen bringen zum Ausdruck, was gemeint ist. Alle Bestandteile, die das Amerikanischsein beeinflussen, werden an diesen Frauen gezeigt: Arbeit, soziale Schicht, Verbindungen zur Alten Welt, das Schmieden einer un-europäischen neuen Kultur, die Definition von Freiheit, die Vermeidung von Knechtschaft, die Suche nach Gelegenheiten und Macht, die Einrichtung von Unterdrückungsmaßnahmen. Diese Aspekte sind untrennbar mit Überlegungen verbunden, wie Amerikaner und Amerikanerinnen eine nationale Identität auswählten, bestimmten und konstruierten. Während des Auswahlprozesses ist das Aussortierte, nicht Auserwählte und Übriggebliebene genauso signifikant wie das gesamte, geballte Amerikanische. Die schlagkräftigste Entdeckung, die für die Definition entscheidend ist, ist die Reproduktion der afrikanistischen Figur als Versuchsobjekt in einem Labor zur Auseinandersetzung mit emotionalen, historischen und moralischen Problemen sowie den intellektuellen Verschränkungen von ernsthaften Fragen zu Macht, Privileg, Freiheit und Gleichheit. Ist es dann nicht gerade so, dass der Zusammenschluss, die Vereinigung, aus der Amerika besteht, ohne den Platz, den der Afrikanismus in der Konzipierung der sogenannten neuen Menschen einnimmt, und ohne die Auswirkungen, die eine derartige Konzipierung auf die Forderungen nach Demokratie und Gleichberechtigung von Frauen und Schwarzen hatte, unvollständig ist? Oder ist nicht der Widerspruch, der in diesen entgegengesetzten Thesen liegt – weiße Demokratie hier und schwarze Unterdrückung da –, gerade in der Literatur so tiefgründig reflektiert, dass sein Herzstück hier merkbar und unterscheidbar wird?

Ebenso wie die beiden Migrantinnen als siamesische Zwillinge durch Melanctha buchstäblich *vereinigt* sind, so werden die Amerikaner erst durch diese afrikanistische Präsenz am Rückgrat vereinigt und bestimmt.

WAS WEH TUT, WAS WAHR IST UND WAS WIRKLICH ZÄHLT

«Seit einiger Zeit ziehen Fremde durch unser Land. Sie blicken voller Entsetzen auf unser Leben und ziehen so schnell wie möglich weiter, in die Paradiese des Nordens. Wer durch die Umstände gezwungen ist, eine Weile zu bleiben, der klagt und jammert ohne Unterlass. Wie gut für sie, dass uns Höflichkeit, Gastfreundschaft und Liebenswürdigkeit geradezu angeboren sind. Und wie gut, dass sie nicht verstehen, welche Leidenschaft wir für diesen ausgedörrten Flecken Erde empfinden. Wir dulden Fremde, denn was wir lieben, bleibt von ihnen unberührt.» Das ist ein Absatz aus einer kurzen Erzählung namens «The Green Tree» von Bessie Head, und ich habe Ihnen die ganze Passage nur zitiert, um zu diesem Satz zu gelangen: *Wir dulden Fremde, denn was wir lieben, bleibt von ihnen unberührt.* Die Haltung, die daraus spricht, muss sich für mein Gefühl jeder Künstler und Schriftsteller zu eigen machen, der nicht nur in einer fremden Kultur lebt, sondern auch von ihr abhängig ist, möglicherweise sogar von ihr bedroht.

An diesem Außenseitertum ist nichts neu oder besonders – meist spürt ein Künstler oder Schriftsteller genau dies als Erstes, wenn er sich zum Schreiben hingezogen fühlt. Womöglich bringt ihn dieses Gefühl des Abseitsstehens überhaupt erst zum Schreiben. Die Fragen, die Schriftsteller stellen, sind ja immer Wertefragen: Es geht darum, die Werte ausfindig zu machen, die es in ihren Augen verdienen, bewahrt zu werden, oder umgekehrt diejenigen, die ihrer Ansicht nach einem freieren, besseren oder zumindest stabileren Leben im Weg stehen.

Frühe Nationalliteraturen überall auf der Welt haben sich darauf konzentriert, die Kultur, in der der Schriftsteller lebte, zu beschreiben und damit indirekt auch hochzuhalten. (Bei der Aufzeichnung der Sagen, Lieder und Mythen ging es genau darum.) Die frühe Literatur von Exilanten, Immigranten oder Menschen in der Diaspora wiederum konzentrierte sich ebenfalls auf die neue beziehungsweise fremde Kultur – lehnte sie in vielen Fällen aber ab. Und noch der größte Verfechter der Assimilation brachte Elemente aus seiner Herkunftskultur mit in diese Assimilation. Dass «Eingewanderte» als vollwertige Vertreter einer Nationalliteratur gelten, ist allerdings nach wie vor die Ausnahme: Die Puschkins und Joseph Conrads in den Nationalliteraturanthologien sind dünn gesät.

In jüngeren Literaturen ist das Problem Einheimischen wie Fremden in einer Kultur gleichermaßen wichtig, ja, «Entfremdung» wurde sogar zum Stichwort, zum Schlüsselbegriff für praktisch die gesamte Literatur der westlichen Welt nach dem Zweiten Weltkrieg. Die Schriftstellerinnen und Schriftsteller betrachten ihre eigene Kultur als fremd: Bürgerliche Autoren fielen ihrer eigenen Schicht in den Rücken und fanden entweder die Werte der müßigen Klasse begehrenswert oder die der Klassen unter ihnen; Arbeiterschriftsteller beklagten die Begrenztheit ihrer eigenen Klasse; Autoren der Oberschicht suchten ihre Inspiration bei den Armen, den «Edlen», den Unschuldigen, den einfachen Bauern; Nachkriegsautoren sonderten sich von jedem ab, außer von Kriegsveteranen und Kriegsopfern. Natürlich gab es auch Schriftsteller, die genau den gegenteiligen Eindruck hatten: dass die Dinge so, wie sie waren, schon in Ordnung seien, und dass ihr unterschwelliges Gefühl, fehl am Platz zu sein, nicht vom Status quo herrühre, sondern höchstens von einem zu heftigen und zu schnellen Wandel, sprich von einem, für den sie noch nicht bereit waren.

Dass die Welt ein höchst unwirtlicher Ort ist, wird dem Schriftsteller schon an der Wiege gesungen. Und meist steht er genau dann, wenn er sich mit der Welt versöhnt, in dem Moment, da sie sich endlich als ganz erträglich erwiesen hat, vor der letzten großen Einsamkeit – derjenigen, die jede zuvor erlebte Entfremdung auf die Plätze verweist: der Ahnung des eigenen Todes. Unter dem Schatten von dessen Schwinge zieht man jede noch so feindselige fremde Kultur dann doch vor.

Als Schriftstellerin interessieren mich jedoch beide Bewusstseinszustände – ich bin in diesem Land sowohl geboren als auch eine Fremde –, und ich würde gern über das wenig verwunderliche, vielleicht auch unvermeidliche Gefühl des Außenseitertums gegenüber der Kultur sprechen, die in dem Land vorherrscht, in dem ich lebe. Was ich zu sagen habe, trifft vermutlich auf jede historische oder zeitgenössische Gruppierung innerhalb einer Kultur zu. Und in Anlehnung an Miss Heads Zitat gelingt es mir, diese anmaßende Kultur, die nicht die meine ist, zu dulden, weil das, was ich liebe, davon unberührt bleibt. Das klingt feindselig, ich weiß, und nach Abschottung, ich weiß; und es klingt trotzig und kleinlich. Ich weiß das alles. Trotzdem bin ich davon überzeugt, dass die Klarheit darüber, wer man ist und worin die eigene Aufgabe besteht, untrennbar mit der Zugehörigkeit zu einem

«Stamm» – oder einer Familie, einer Nation, eine Ethnie, einem Geschlecht, was auch immer, verbunden ist. Diese Klarheit ist notwendig für jegliche Selbsterforschung, und sie ist notwendig für jeden produktiven Umgang mit jedem anderen Stamm, jeder anderen Kultur. Ich male hier nicht das Bild von einander bekriegenden, sondern einfach von klar konturierten Kulturen, denn nur aus der Gewissheit der eigenen Kultur heraus ist ein Leben in, neben oder als Gegenpol einer anderen Kultur vernünftig möglich. Ohne diese Gewissheit sitzt ein Schriftsteller auf jedem erklommenen Gipfel einsam und allein, und jeder Weg, den er einschlägt, entpuppt sich am Ende als Sackgasse. Wenn wir das, «was wir lieben», bewahren wollen, uns darum kümmern wollen, müssen wir zuallererst wissen, was es ist.

Ich fühle mich am lebendigsten und am meisten auf der Höhe meiner Fähigkeiten, wenn ich unter meinesgleichen bin. Meine gesamte kreative Energie kommt von dort, mein Antrieb für jede künstlerische Anstrengung hat dort ihren Ursprung. Der Antrieb zu schreiben, ja, überhaupt zu *sein*, beginnt mit meinem Bewusstsein von, meinen Erfahrungen mit und sogar meiner Hochachtung vor Schwarzen und der Qualität unseres Lebens, so, wie wir es leben (nicht, wie es bei anderen ankommt). Und sämtliche Instinkte sagen mir, dass die totale Kapitulation vor einer anderen Kultur mich vernichten würde, sowohl als Autorin als auch als Mensch. Gefährlich würde mir dabei übrigens nicht nur die Gleichgültigkeit der anderen Kultur, sondern auch ihre Akzeptanz; nicht umsonst spricht man von der Angst vor Vereinnahmung oder dem Schrecknis kultureller Usurpation. Und zentral an diesem Schrecknis ist für mich, dass ich die Geschichte der vorherrschenden Kultur in diesem Land nur allzu gut kenne.

Mein Instinkt meldet mir daher im Verein mit meiner Intelligenz, dass eine ganze Reihe von Aspekten an dieser Kultur nicht vertrauenswürdig und nicht hilfreich sind.

Alle meine Schreibversuche kreisen um die folgenden Fragen: Was hat die schwarze Kultur an Wertvollem zu verlieren, und wie kann es erhalten und fruchtbar gemacht werden? Ich bin nicht sehr gut im Schreiben von Abhandlungen, daher kristallisiere ich das, was ich liebe und für wertvoll erachte, oft heraus, indem ich es als gefährdet zeige; in meinen Romanen wird es bedroht und manchmal zerstört. Damit will ich die Aufmerksamkeit empfänglicher Leser so lenken, dass sie sich nach bestimmten erhaltenswerten Aspekten an diesem Leben sehnen, sie vermissen und hoffentlich lernen, sich um ihren Fortbestand zu kümmern.

Um die einzelnen Merkmale dessen, «was ich liebe», überhaupt identifizieren zu können, muss ich über die Kultur in der Kultur, in der ich aufgewachsen bin, so manches wissen beziehungsweise herausfinden – und damit meine ich natürlich die schwarze Kultur, die innerhalb der weißen funktioniert hat. Die zu stellenden Fragen lauten folgendermaßen: Worin bestanden die Hierarchien in meiner Kultur? Wer waren die Hüter der Tradition? Wie lauteten die Gesetze? Wer waren die Geächteten – nicht die vor dem Buchstaben des Gesetzes, sondern die von der Gemeinschaft Geächteten? Bei wem suchten wir Rat und Trost? Wer waren die Verräter dieser Kultur? Vor wem hatten wir Respekt und warum? Worin bestand unsere Moral? Was galt als Erfolg? Wer überlebte? Und warum? Unter welchen Umständen? Was galt als abweichendes Verhalten? Nicht abweichend im Sinne der Definition von Seiten der Weißen, sondern was ist abweichendes Verhalten in der Definition von Schwarzen?

Seit Jahren bin ich von der Tatsache fasziniert – und werde es wohl mein Leben lang sein –, dass kein noch so bestialischer Umgang mit Menschen seinerseits wieder Bestien hervorbringt. Weiße Marodeure konnten indianische amerikanische Ureinwohner dazu zwingen, von einem Teil des Landes zu Fuß in einen anderen zu ziehen, konnten dabei zuschauen, wie sie tot umfielen wie die Rinder, aber deshalb wurden die Ureinwohner selbst noch lange nicht zu Vieh; Juden konnte man als lebendige Leichen in Öfen stecken, aber deshalb wurden sie noch lange nicht ihrerseits zu Bestien; Schwarze konnten generationenlang versklavt werden und in Statistiken als Schiffsfracht neben Reis, Teer und Terpentin geführt werden, aber deshalb wurden sie noch lange nicht zum Frachtgut. Im Gegenteil, jede dieser Gruppen hat den Gräueln, denen sie ausgesetzt waren, einen zivilisierten Stempel aufgedrückt. Das eine folgt nicht aus dem anderen, wird es meines Erachtens nie. Und wenn dem so ist, dann stellt sich mir natürlich die Frage: *warum* nicht? Warum war das Leben meiner Urgroßmutter ihren Lebensumständen so haushoch überlegen? Wie konnte es sein – ohne Frauenbewegung, ohne Black-Arts-Bewegung, ohne irgendeine Bewegung – wie konnte es sein, dass sie durch ihre schiere Integrität und ihre menschlichen Qualitäten ihren Lebensumständen ein solches Schnippchen schlug? Damit bildete sie auch keineswegs eine Ausnahme unter den Frauen ihrer Generation; sie war eine ganz und gar durchschnittliche schwarze Frau. Und nichts, keine cleveren Studien, kein noch so starker psychologischer Druck, auch nicht all die schwarzen Kolonisatoren, die auf ihrer Suche nach Jobs und amerikaweitem Ruhm denen in die Hände spielen, die uns kulturell ausplündern wollen, wird mich da eines Besseren belehren. Schließlich habe ich meine Großmutter gekannt, und die Menschen in ihrem Umfeld ebenfalls.

Wenn ich schreibe, dann schildere ich – in meinem Bestreben, dem auf den Grund zu gehen, was weh tut, was wahr ist und was wirklich zählt – am liebsten Menschen unter Druck, nicht in einfachen Lebensumständen, sondern mit dem Rücken zur Wand. Menschen, die Farbe bekennen müssen. Du bist mein Freund, sagst du? Mal sehen. Du bist Revolutionär, sagst du? Mal sehen, was du sagst, wenn ich dich in die Zange nehme. Du liebst mich, sagst du? Mal sehen. Was passiert, wenn du *deinen* Weg konsequent verfolgst? Was bleibt dann als Erstes auf der Strecke? Und was dann? Und dann? Unter diesem Druck stellt sich irgendwann heraus, wer meine Figuren sind, aus welchem Holz sie geschnitzt sind, welche Eigenschaften sie als Letztes drangeben und welche nie. Das bringt einen melancholischen Zug in meine Romane, ich weiß. Es führt auch dazu, dass ich eher ungewöhnliche Figuren kreiere als alltägliche, ich weiß. Und es macht meine Flanke weit auf für die Kritik, ich schüfe abseitige Figuren und es fehlten die positiven Bilder. Ich weiß. Aber ich fürchte, die «positiven» Bilder muss ich den Comic-Künstlern und die «normalen» schwarzen Rollen einer zukünftigen Doris Day überlassen, weil ich es für lächerlich, um nicht zu sagen unverantwortlich halte, mit Lippenstift und Pflaster zu hantieren, wenn im Land die Pest ausgebrochen ist. Der sogenannte Alltag von Schwarzen hat große Qualitäten, aber wer ihn lebt, muss wissen, dass jeder Tag seines schwarzen «Alltags» ein Triumph der Materie über den Geist und des Gefühls über den gesunden Menschenverstand ist. Und wenn er das nicht weiß, hat er keine Ahnung. Wie der afrikanische Dichter Keorapetse Kgositsile es schon vor Jahren ausgedrückt hat: «Die Gegenwart ist ein gefährlicher Ort.» Oberflächliche literarische Kosmetik wird uns vor diesen Gefahren nicht schützen, genauer gesagt, wird Literatur uns sowieso nicht davor schützen. Sie kann vielleicht darauf hinweisen, dass Wehrhaftigkeit nötig ist, aber sie kann diese Wehrhaftigkeit nicht liefern. Sie kann sich höchstens am Prozess des Identifizierens von Werten beteiligen, und wenn diese zutage gefördert sind, wenn schwarze Tradition von schwarzen Moden unterschieden werden kann, wenn schwarzes Schreiben mit dem Posieren aufhört und damit, den Voyeurismus gegenüber allem Schwarzen zu befriedigen, wenn es aufhört, eine amerikanische Version von Ethnokitsch zu sein, dann wird die Aufgabe erst richtig schwierig.

Werte isoliert zu betrachten, ist ja relativ einfach. Kompliziert wird es, wenn diese Werte mit anderen in Konflikt kommen; dann nämlich muss man überlegen, wie man die wertvollsten Gruppensensibilitäten, die nobelsten Impulse schützt. Welches sind die nährenden Strukturen, die man in der Gemeinschaft unbedingt erhalten sollte? Aus welchen Merkmalen der Kultur resultiert emotionale Sicherheit, aus welchen Gewohnheiten resultiert Freiheit ohne übermäßiges Risiko oder ein gewisses Maß an Zerstörungspotenzial, woraus resultiert Mut ohne Tollkühnheit, Großzügigkeit ohne Verschwendung, Unterstützung ohne Übergriffigkeit, und woraus können sich in den allerdunkelsten Zeiten (wie in manchen schwarzen Ländern der Erde) die Überlebensressourcen schöpfen, zu denen unter Umständen auch kalkulierte, über einen längeren Zeitraum andauernde Gewalt gehört?

Schwarze Autorinnen und Autoren, denen es um eine Erneuerung, eine Auffrischung von Werten geht, erkennt man an ihrem Geschmack, ihren Urteilen, ihrem Intellekt und an ihrem Werk. Nie würden sie schwarze Lebenswirklichkeit als exotisches Beiwerk für fade, nichtschwarze Geschichten missbrauchen; die Quintessenz schwarzer Lebenswirklichkeit ist bei ihnen nicht Staffage, sondern Substanz. Ihr Werk dreht sich um eine moralische Achse, die von Schwarzen geschmiedet wurde, und sie oktroyieren ihren Figuren nicht fremde Moralvorstellungen von zerrütteten Familienverhältnissen auf, von Vätern, die zu Hause bleiben, von Spießbürgerlichkeit und davon, was als anständiger Beruf zu bezeichnen ist und was nicht.

Für sie besteht schwarze Sprache nicht daraus, die «G»s am Wortende zu verschlucken, auch nicht aus einer Übung in fragwürdiger Phonetik und inkonsequenter Orthographie. Diese Autorinnen und Autoren wissen, dass viel mehr dahintersteckt.

Und sie suchen auch nicht bis zum Erbrechen immer wieder nach Erklärungen für das, was sie fühlen, denken und tun – Erklärungen für die andere Kultur. Eher fühlen sie sich aufgefordert, sich um Erkenntnisse für ihre eigene Kultur zu kümmern, selbst wenn diese Erkenntnisse Schmerzhaftes beinhalten.

Sie betrachten die Eigenheiten und Gewohnheiten von ihresgleichen nicht mit dem Blick eines übereifrigen Ethnologen, der Kuriositäten unter die Lupe nimmt.

Autorinnen und Autoren, die auch in den sogenannten Black Studies bewandert sind, lassen sich von anstehenden Änderungen der Lehrpläne von den üblichen Unkenrufen, das «Niveau» würde «gesenkt», nicht verunsichern, denn sie wissen, dass es nicht ihre Aufgabe ist, ein bestehendes Niveau zu halten; vielmehr geht es darum, den Inhalt dieses Niveaus zu verändern, um es letztendlich *anzuheben.*

Schwarze Schriftsteller, die auch als Literaturwissenschaftler tätig sind, halten sich nicht damit auf, an Bertolt Brecht schwarze Merkmale entdecken zu wollen oder seine Gedanken (die für seine kulturellen Zwecke vollkommen angemessen waren) in eine Art «neuer schwarzer» Literaturwissenschaft umzudefinieren. Und jeder Kriterienkatalog, jede systematische Einordnung, die für schwarze Musik oder nichtwestliche schwarze Kunst einfach nicht gelten und darauf angewandt albern wirken würden, brächte auf schwarze Literatur angewandt schlicht falsche Ergebnisse.

Als ich mit dem Schreiben begann, verstand ich nicht viel von Spannungsaufbau, und ich wusste mir manchmal nicht anders zu helfen, als in der Exposition etwas auszusprechen, was ich nicht richtig zeigen konnte. Und in meinem ersten Buch *Sehr blaue Augen* steht am Ende eine Passage, in der ich meiner didaktischen Ader allzu freien Lauf ließ. Diese Passage ist mir ein großer Dorn im Auge, und ich hätte sie Ihnen selbstverständlich gern zur Illustration vorgelesen, habe aber leider kein Exemplar des Buches dabei. Jedenfalls findet sich auf den letzten zwei Seiten von *Sehr blaue Augen* genau das, was meiner Ansicht nach die Gefahr ist, wenn man glaubt, man könne Freiheit mit einem Freibrief verwechseln, wenn man glaubt, man könne die Schwächen eines anderen ausschlachten, um selbst als großzügig dazustehen, und wenn man glaubt, man könne Elend und Albträume eines anderen Menschen dazu missbrauchen, sich über seine eigenen Träume klarzuwerden. Wenn man all dies gründlich unternommen hat, dann hat man auch seine Kultur gründlich verraten.

ZWEITER TEIL

DIE SPRACHE GOTTES

TRAUERREDE ANLÄSSLICH DES TODES VON JAMES BALDWIN

Jimmy, wenn ich an dich denke, überschlagen sich meine Gedanken und vor allem überschlagen sich meine Gefühle. Dein Leben lässt sich nicht einfach zusammenfassen – ließ es sich noch nie –, es lädt vielmehr ein zum Betrachten. Wie so viele von uns Übriggebliebenen hier dachte ich, ich würde dich kennen. Nun merke ich, dass ich vielmehr in deiner Gegenwart mich kennenlerne. Darin besteht das frappierende Geschenk deiner Kunst und deiner Freundschaft: Du hast uns uns selbst geschenkt, damit wir über uns selbst nachdenken, uns selber schätzen lernen. Uns geht es wie Hall Montana, der seinen Bruder «plötzlich ehrfürchtig» beim Singen beobachtet, und wir wissen: Das gesungene Lied sind wir – «*he* is – *us*.»

Du hast mir nie Vorschriften gemacht, aber die Anforderungen, die du an mich gestellt hast, die Herausforderungen, die du mir zugedacht hast, waren, wo nicht verpflichtend, so doch unmissverständlich: dass ich beim Denken und Arbeiten mein Bestes gebe; dass ich fest auf dem Boden der Moral stehe, mir aber zugleich bewusst bin, dass dieser Boden auch mit Gnade beackert werden muss; dass «die Welt vor mir liegt und ich sie nicht so nehmen oder gar hinterlassen soll, wie ich sie bei meiner Ankunft vorgefunden habe».

Weißt du, mit dir zusammen war eigentlich immer Weihnachten, und passend zu einem Aspekt dieses Szenarios hast du es dir nicht nehmen lassen, mindestens drei Gaben darzubringen. Du hast mir eine Sprache geschenkt, in der ich Wohnstatt nehmen kann – eine Gabe, so vollkommen, dass sie mir vorkommt wie reine Erfindung. Ich habe deine gesprochenen und niedergeschriebenen Gedanken so lange gedacht, bis ich sie für meine eigenen gehalten habe. Ich habe die Welt so lange durch deine Augen betrachtet, bis ich diesen glasklaren Blick für meinen eigenen gehalten habe. Selbst jetzt, selbst hier, musst *du* mir sagen, was ich fühle und wie ich es ausdrücken soll. Ich habe mich nämlich – noch einmal – durch die 6895 Seiten deines veröffentlichten Werks gelesen, um zu erkennen, was ich dir schuldig bin, und dir für alles, was ich bekommen habe, zu danken.

Niemand besaß oder bewohnte Sprache so wie du. Aus deinem Mund klang das amerikanische Englisch ehrlich – wahrhaftig international. Du hast seine Geheimnisse entlarvt und es umgemodelt, bis es wahrhaftig modern war, dialogisch, repräsentativ, menschlich. Du hast es seiner Selbstverständlichkeit und falschen Bequemlichkeit beraubt, jeglicher geheuchelten Unschuld, jeglicher Ausflüchte und Scheinheiligkeit. Und anstelle von Verdrucksthe it war da plötzlich Klarheit, anstelle von schalen, plumpen Lügen eine zugespitzte, zielgerichtete Kraft. Anstelle von intellektueller Unaufrichtigkeit und, mit deinen Worten, «himmelschreiender Egozentrik» hast du uns die ungeschminkte Wahrheit geschenkt. Schwerfällige Plattitüden hast du durch aufrechte Eleganz ersetzt. Du hast dich auf dieses verbotene Terrain gewagt und es dekolonisiert, hast es seiner «ach so gehüteten Naivität beraubt» und es für Schwarze erschlossen, sodass wir es in deinem Gefolge betreten konnten, es einnehmen, es umgestalten, damit unsere komplizierte Leidenschaft dort ihren Platz finden konnte. Nicht unsere Eitelkeiten, sondern unsere komplexe, schwierige, anspruchsvolle Schönheit, unser tragisches, beharrliches Wissen, unsere Lebenswirklichkeit, unsere stilvolle klassische Phantasie. Und zugleich hast du dich um keinen Preis definieren lassen «von einer Sprache, die [uns] nie hat anerkennen können». Unter deinen Fittichen wuchsen der Sprache wieder Flügel. Unter deinen Fittichen wurde sichtbar, wie sie eigentlich sein sollte – weder blutleer noch blutig, sondern voller Leben.

Manche machte das wütend. Wer in dem von dir vorgehaltenen Einwegspiegel die Armseligkeit seiner eigenen Phantasie zu Gesicht bekam, ging auf den Spiegel los, versuchte, ihn in Stücke zu schlagen, Stücke, die man dann einordnen und bewerten konnte; er versuchte, die Scherben abzutun, in denen dein und sein Bild stehen geblieben war – festgehalten, aber schon bereit abzuheben. Du bist schließlich Künstler, und Künstlern bleibt hierzulande eine Laufbahn verwehrt; gestattet ist dem Künstler lediglich der kommerzielle «Hit». Doch die Tausende und Abertausende, die sich auf deine Texte einlassen, die sich die Freiheit genommen haben, auf deine Sprache zu hören, die sind allein durch diesen Akt zu einem besseren Menschen geworden, haben den Schleier zerrissen – wurden zivilisiert.

Die zweite Gabe war dein Mut, an dem du uns hast teilhaben lassen. Der Mut eines Menschen, der als Fremder im Dorf die Ferne zwischen den Menschen in Nähe zur ganzen Welt verwandeln konnte; der Mut, diese Erfahrung so auszuloten, dass sie für jeden von uns zur persönlichen Offenbarung wurde. Von dir hatten wir auch den Mut, uns eine fremde, feindliche, durch und durch weiße Geographie anzueignen, denn du hattest entdeckt, dass «diese Welt [sprich Geschichte] nicht länger weiß ist und nie wieder weiß sein wird». Du hattest den Mut, das Leben in und aus seinen Eingeweiden heraus zu leben, an seinen Rändern und über sie hinaus. Hattest den Mut, hinzusehen und Klartext zu reden; Übel zu erkennen und zu benennen, sich jedoch nie davon einschüchtern zu lassen oder ehrfürchtig davorzustehen. Dieser Mut schöpfte sich aus einer gnadenlosen Intelligenz gepaart mit einem Mitgefühl, so tief, dass es jeden halbwegs empfänglichen Menschen davon überzeugen konnte, dass diejenigen, die uns verachten, «die moralische Autorität ihrer ehemaligen Sklaven brauchen, der einzigen Menschen auf der Welt, die sie überhaupt kennen, und zugleich vielleicht der einzigen Menschen, denen sie überhaupt am Herzen liegen». Wenn diese unbestechliche Mischung aus Herz und Hirn, aus Leidenschaft und Intellekt zum Vorschein kam, führte sie uns sicher durch jedes tückische Gelände, wie damals, als du folgende Worte schriebst – Worte, die jeder Rebell, jeder Dissident, Revolutionär und jeder Künstler von Kapstadt bis Polen, von Waycross bis Dublin auswendig kann: «Kein Mensch stellt sich leichtfertig gegen seine Gesellschaft. Man wäre viel lieber zu Hause unter seinesgleichen, statt von seinen Mitbürgern gehasst und verlacht zu werden. Und irgendwo ist der Spott der Menschen, selbst ihr Hass, in seiner Blindheit sogar berührend: Es ist schlimm, dabei zuzusehen, wie Menschen an ihrem eigenen Gefängnis festhalten und auf ihrer Selbstzerstörung bestehen.»

Die dritte Gabe war schwer zu fassen und noch schwerer anzunehmen. Deine Zärtlichkeit. Eine so feine Zärtlichkeit, dass ich dachte, sie könnte nicht von Dauer sein, doch sie dauerte fort, und sie umhüllte auch mich. Mitten im Zorn tippte sie mich an, ganz sacht, wie das Kind in Tishs Schoß.

«Und jetzt trat mir etwas, das so schwer zu erhaschen war wie ein Flüstern in einem rappelvollen Raum, so leicht und klar wie eine Spinnwebe, unter die Rippen und überrumpelte mein Herz (…) Das Baby, das sich zum ersten Mal in seinem unglaublichen Wasserschleier gedreht hatte, kündigte sich an und rief nach mir; sagte mir, in dem einen Moment, dass das, was schlimmer werden kann, auch besser werden kann (…) Bis dahin – bis in alle Ewigkeit – hing es ganz und gar von mir ab.» Du hattest eine Zärtlichkeit an dir, eine Verletzlichkeit, die die höchsten Ansprüche stellte, die höchsten Erwartungen, und wie der Welt ureigener Merlin hast du uns die Mittel an die Hand gegeben, diese auch zu erfüllen. Wahrscheinlich habe ich mich in deiner Gegenwart immer ein bisschen besser benommen, war ein bisschen schlauer, ein bisschen fähiger, wollte der Zuneigung würdig sein, die du so großzügig verteilt hast, und wollte stark genug sein, um dem Schmerz zu begegnen, dem du begegnet warst und den du so stoisch ertragen hast, obwohl er dir das Herz gebrochen hat; ich wollte großzügig genug sein, um ein Lächeln von dir mit einem von mir zu erwidern, und kühn genug, um in dein schallendes Lachen einfach miteinzustimmen. Denn unsere Freude und unser Lachen waren nicht nur in Ordnung; sie waren notwendig.

Du hast es gewusst, oder? Wie ich auf deine Sprache und den Verstand, der sie geformt hat, angewiesen war? Wie ich auf deinen entschlossenen Mut gebaut habe, damit er die Wildnis für mich zähmte? Wie sehr mich die Gewissheit gestärkt hat, dass du mich nie verletzen würdest? Du hast es gewusst, oder, wie sehr ich deine Liebe geliebt habe? Du hast es gewusst. Also ist das hier kein Unglück. Nein, es ist ein Anlass zur Freude. «Unsere Krone», hast du gesagt, «ist schon gekauft und bezahlt. Wir müssen sie nur noch», hast du gesagt, «aufsetzen.»

Und das tun wir, Jimmy. Denn bekommen haben wir die Krone von dir.

FUNDSTÄTTE ERINNERUNG

Dass ich in dieser Vortragsreihe zu Autobiographien und Lebenserinnerungen auftauche, ist nicht ganz so abwegig, wie man meinen möchte. Zwar würden manche Belletristikautoren ihr Werk in dieser Umgebung wohl eher als Fremdkörper empfinden, aber aus meinen Ausführungen ergibt sich vielleicht, warum ich hier trotzdem nicht völlig fehl am Platz bin. Zum einen werde ich die Unterschiede zwischen der persönlichen Erinnerung («Memoir») und dem Roman genauso beleuchten wie ein paar ihrer Gemeinsamkeiten – wo diese beiden Genres sich berühren und wo diese Berührung symbiotisch ist.

Vor allem aber rechtfertigt sich meine Anwesenheit hier dadurch, dass meine literarische Herkunft zum Großteil aus Autobiographien besteht. Die schwarze Literatur Amerikas hat ihre gedruckten (im Unterschied zu den mündlich überlieferten) Ursprünge ja in den *Slave Narratives*. Diese «Sklavenerzählungen» in Buchlänge (Autobiographien, Erinnerungen, literarische Berichte aus dem eigenen Leben), von denen weit über hundert publiziert wurden, sind jedem Historiker und an schwarzer Geschichte Interessierten ein Begriff. Ihre Bandbreite reicht vom abenteuerlichen Leben des Olaudah Equiano in *The Interesting Narrative of the Life of Olaudah Equiano, or Gustavus Vassa, the African, Written by Himself* (1769) bis hin zur stillen Verzweiflung in *Incidents in the*

Life of a Slave Girl: Written by Herself (1861), in dem Harriet Jacobs alias Linda Brent festhält, wie sie sich sieben Jahre lang in einem Raum versteckt hielt, in dem man nicht einmal aufrecht stehen konnte; sie reicht vom politischen Scharfblick eines Frederick Douglass in *Narrative of the Life of Frederick Douglass, an American Slave, Written by Himself* (1845) bis hin zum bescheidenen Auftreten von Henry Bibb, dessen Stimme in *Narrative of the Life and Adventures of Henry Bibb, an American Slave, Written by Himself* (1849) von Dokumenten gestützt wird («vor Dokumenten strotzt» würde es eher treffen), die ihre Echtheit belegen. Bibb erwähnt ausdrücklich und wohlweislich, dass seine offizielle Begegnung mit der Schule zwar nur von kurzer Dauer gewesen sei (drei Wochen lang), er seine Bildung aber in der «Schule der Widrigkeiten, der Ketten und Peitschen» vervollkommnet habe. In Kentucky geboren, stellte er seine Fluchtpläne zugunsten seiner Heirat zunächst zurück; als sich jedoch abzeichnete, dass er nun auch der Vater eines Sklaven war und er die zunehmende Entwürdigung seiner Frau und seines Kindes mit ansehen musste, griff er diese Pläne wieder auf.

Bei aller Unterschiedlichkeit in Stil und Gegebenheiten in diesen Geschichten sollte darin doch immer hauptsächlich zweierlei zum Ausdruck gebracht werden: 1. «Dies ist mein historisches Leben – mein besonderes, einzigartiges Schicksal: persönlich, aber auch repräsentativ für die Ethnie.» Und 2. «Ich schreibe diesen Text, um andere – nämlich dich, den Leser, der vermutlich nicht schwarz ist – davon zu überzeugen, dass wir Menschen sind, die der Gnade Gottes und der sofortigen Abschaffung der Sklaverei würdig sind.» Mit diesen beiden Missionen im Hintergrund hatten die Geschichten eine klare Ausrichtung.

In Equianos Bericht kommt die Absicht recht deutlich zum Ausdruck. Geboren 1745 unweit des Niger und im Alter von zehn Jahren (von Sklavenjägern) gefangen genommen, überlebte er die Middle Passage, die amerikanische Plantagen-Sklaverei, Kriege in Kanada und der Mittelmeerregion; er lernte von einem Quäker namens Robert King Navigation und Buchhaltung und kaufte sich mit einundzwanzig frei. Anschließend führte er ein Leben als freier Bediensteter, unternahm weite Reisen und lebte in seinen späteren Jahren hauptsächlich in England. Hier wendet er sich mit unmissverständlichen Worten an die britischen Staatsbürger: «Ich hoffe, die Genugtuung der Wiederherstellung von Recht und Freiheit zu erhalten, wie sie nun der britischen Regierung obliegt. (...) Ich erhoffe und erwarte mir die Aufmerksamkeit der maßgebenden Persönlichkeiten. Möge die Zeit kommen – und ich erfreue mich allein an dem Gedanken –, da der dunkelhäutige Mensch dankbar des Anbruchs der glücklichen Ära umfassender Freiheit gedenkt.» Mit der typischen Zurückhaltung des achtzehnten Jahrhunderts bringt er sein einzigartiges und gleichzeitig repräsentatives Schicksal nur zu einem einzigen Zweck zu Papier: um eine Veränderung zu bewirken. Und tatsächlich haben er und seine Autorenkollegen die Veränderung mit bewirkt, denn ihre Werke gossen Öl in die von den Abolitionisten bereits überall entfachten Feuer.

Schwieriger war es, eine faire Bewertung von Seiten der Literaturkritik zu erhalten. Während die Schriften von Märtyrern und religiösen Bekennern um des Erlösungserlebnisses genauso wie um die Eloquenz ihrer Botschaft willen gelesen wurden und werden, wurden die autobiographischen Erzählungen der amerikanischen Sklaven häufig als «tendenziös», «aufwieglerisch» und «unglaubwürdig» diffamiert.

Solche Angriffe sind besonders schwer nachzuvollziehen, da es, wie man sich leicht vorstellen kann, für die Autoren dieser Geschichten ja außerordentlich wichtig war, so objektiv wie möglich zu erscheinen – den Leser nicht dadurch zu verschrecken, dass sie allzu zornig waren, allzu viel Empörung an den Tag legten oder den Leser beschimpften. Noch 1966 hebt Paul Edwards als Herausgeber einer gekürzten Fassung von Equianos Geschichte lobend hervor, dass die Erzählung eben nicht «aufwieglerisch» sei.

«Im Allgemeinen übt er [Equiano] keinerlei zusätzlichen emotionalen Druck auf den Leser aus», schreibt Edwards, «nichts, was über die Situation an sich hinausginge – die Sprache hat nichts Mitleidheischendes, sondern setzt darauf, dass im Leser natürlicherweise und der Situation gemäß Mitgefühl entsteht. Viele der besten Passagen in diesem Buch verdanken sich diesem dezenten Vermeiden zur Schau gestellter Emotion.» Ganz ähnlich lobte auch eine 1836 im *Quarterly Anti-Slavery Magazine* erschienene Rezension von Charles Bells *Life and Adventures of a Fugitive Slave* die Objektivität an Bells Bericht: «Das Buch gibt umso mehr Anlass zur Freude, als es sich hütet, Partei zu ergreifen. (…) Es werden weder Theorien bezüglich [der Sklaverei] erörtert, noch Zeitpunkt oder Vorgehensweise für eine Emanzipation vorgeschlagen.»

So nachdrücklich diese schwarzen Autoren den Leser vom Übel der Sklaverei überzeugen wollten, so sehr schmeichelten sie ihm, indem sie ihm Großherzigkeit und edle Gesinnung unterstellten. Sie appellierten an seinen guten Charakter, damit er diesem auch treu blieb, denn sie waren sich darüber bewusst, dass ebenjene Leser einen entscheidenden Beitrag zur Abschaffung der Sklaverei leisten konnten. Und trotz feindseliger Kritik in vielen Lagern und gönnerhaftem

Mitleid in anderen waren ihre Geschichten – über Brutalität, Not und Erlösung – ausgesprochen populär. Es gab Zeiten, in denen der Hunger nach «Sklavengeschichten» nicht leicht zu stillen war, wie die Verkaufszahlen belegen. Douglass' *Narrative* verkaufte sich innerhalb von vier Monaten fünftausend Mal, und 1847 waren bereits elftausend Exemplare über den Ladentisch gegangen. Equianos Buch wurde zwischen 1789 und 1850 sechsunddreißig Mal neu aufgelegt, Moses Ropers Buch erlebte zwischen 1837 und 1856 zehn Auflagen; das von William Wells Brown wurde allein im ersten Jahr schon vier Mal nachgedruckt. Von Solomon Northups Titel verkauften sich innerhalb von knapp zwei Jahren siebenundzwanzigtausend Exemplare, und für die Autobiographie von Josiah Henson (in dem manche das Vorbild des Tom aus Harriet Beecher Stowes *Onkel Toms Hütte* angelegt sehen) lagen bei Drucklegung fünftausend Vormerkungen vor.

Neben dem Bestreben, mit Hilfe der eigenen Lebensgeschichte die Gräuel der Sklaverei zu entlarven, hatten diese Autoren noch ein weiteres gemeinsames Motiv für ihre Anstrengungen: Das Verbot, Sklaven Lesen und Schreiben beizubringen und auf Sklavenseite Lesen und Schreiben zu lernen, musste unter allen Umständen unterwandert werden. Lesen und schreiben zu können, bedeutete Macht, das war diesen Autoren bewusst. Schließlich war auch das Wahlrecht untrennbar ans Lesenkönnen gekoppelt; mit der Lese- und Schreibfähigkeit konnte man seine von der Verfassung in Abrede gestellte «Menschlichkeit» für alle Welt sichtbar machen. Eben deshalb haben die Sklavenerzählungen immer «von ihm selbst geschrieben» oder «von ihr selbst geschrieben» im Untertitel stehen und sind oft mit einem Vorwort von einem weißen Unterstützer versehen, sozusagen als Authentizitätsbeweis. Manchmal, wie bei den Erzählungen, die von so bekannten Sklaverei-Gegnern wie Lydia Maria Child oder John Greenleaf Whittier «herausgegeben» wurden, hat man dem Leser im Vorwort versichert, wie wenig an dem Text hatte geändert werden müssen. Ein Sklave, der lesen und schreiben und noch dazu sich ausdrücken konnte, galt schließlich als Widerspruch in sich.

Das Klima, in dem diese Autoren schrieben, spiegelte nicht nur den Geist der Aufklärung wider, das darf man dabei nicht vergessen, sondern auch den Geist ihres Zwillings, der um die gleiche Zeit aufkommenden Ära des wissenschaftlich untermauerten Rassismus. David Hume, Immanuel Kant und Thomas Jefferson, um nur einige zu nennen, hatten ihre Schlussfolgerungen zu Papier gebracht, Schwarze seien zu intelligenten Leistungen nicht fähig. Frederick Douglass wusste es besser und focht öffentlich an, was Jefferson in den *Notes on the State of Virginia* geschrieben hatte: «Doch noch nie konnte ich feststellen, dass ein Schwarzer einen Gedanken äußerte, welcher über dem Niveau einer einfachen Erzählung lag, nie habe ich auch nur eine elementare Spur von Malerei oder Bildhauerei gesehen.» Ein Satz, den ich immer gern als Inschrift über dem Eingang zum Michael-D.-Rockefeller-Flügel des Metropolitan Museum gesehen hätte. Hegel hatte 1813 behauptet, Afrikaner hätten keine «Geschichte» und könnten nicht in modernen Sprachen schreiben, und Kant wiederum diskreditierte die treffende Beobachtung eines Schwarzen mit den Worten: «Dieser Kerl war vom Kopf bis auf die Füße ganz schwarz, ein deutlicher Beweis, dass das, was er sagte, dumm war.»

Dennoch hat keine Sklavengesellschaft in der Geschichte mehr – oder reflektierter – über ihre eigene Versklavung geschrieben. Ausrichtung und Stil wurden dabei von den Lebensumständen diktiert: Die Erzählungen sollen belehren, haben eine Moral und sind offenkundig repräsentativ; manche lehnen sich an den damals in Mode gekommenen Entwicklungsroman an. Unabhängig vom Grad der Eloquenz oder der Form jedoch wurden die Autoren vom Geschmack der Zeit dazu angehalten, die schmutzigen Details ihrer Erfahrungen nicht zu deutlich oder ausführlich zu beschreiben. Sobald die Rede auf besonders grausame Szenen, Obszönes oder «Exzessives» kam, nehmen die Autoren Zuflucht zur literarischen Konvention ihrer Zeit. «Der Vorfall ließ mich in einem Zustand unbeschreiblicher Verwirrung zurück» (Equiano). «Doch verlassen wir nun die raue Umgebung des Feldes (…) und wenden uns dem weniger abstoßenden Sklavenleben zu, wie es sich im Hause meiner Kindheit zutrug» (Douglass). «Ich werde die Gefühle meiner Leser nicht durch die Schilderung der zahllosen Gräuel dieses furchtbaren Unterdrückungssystems mit Füßen treten. (…) Ich beabsichtige nicht, mich in die dunklen, abstoßenden Niederungen der Hölle namens Sklaverei hinabzubegeben» (Henry Box Brown).

Immer wieder unterbrechen die Autoren ihren Erzählfluss mit einem Satz wie «Doch breiten wir den Mantel des Schweigens über diese Vorgänge, die jeder Beschreibung spotten». Indem sie ihr Erleben so zurechtstutzten, dass es für die, die hätten Abhilfe schaffen können, verdaubar wurde, verschwiegen sie vieles und «vergaßen» vieles andere. Es wurde sorgfältig ausgewählt, welche Vorfälle aufgezeichnet werden sollten, und ebenso sorgfältig überlegt, *wie* diese Vorfälle geschildert werden sollten. Lydia Maria Child sprach dieses Problem in ihrem Vorwort zu «Linda Brents» sexueller Missbrauchsgeschichte an: «Mir ist wohl bewusst, dass man mich der Unschicklichkeit bezichtigen wird, weil ich diese Seiten an die Öffentlichkeit bringe; gehören die Erfahrungen dieser intelligenten, schwer verletzten Frau doch in jene Kategorie, die manche delikat nennen, andere einfach geschmacklos. Diese eigentümliche Seite der Sklaverei wurde bisher meist mit dem Mantel des Schweigens bedeckt; doch muss die Öffentlichkeit auch mit den Abscheulichkeiten der Sklaverei bekannt gemacht werden, und ich nehme bereitwillig die Verantwortung auf mich, sie unverhüllt darzustellen.»

Am frappierendsten war jedoch, jedenfalls für mich: Mit keinem Wort wurde erwähnt, was in den Menschen vorging.

Für mich als Autorin im ausgehenden zwanzigsten Jahrhundert, gerade mal gut hundert Jahre nach Abschaffung der Sklaverei, als Autorin, die Schwarze ist und eine Frau, sieht die Übung ganz anders aus. Meine Aufgabe ist es jetzt herauszufinden, wie der Mantel des Schweigens über die «Vorgänge, die jeder Beschreibung spotten» überhaupt weggezogen werden kann – und das ist für jeden Menschen von entscheidender Bedeutung, der schwarz ist oder zu sonst einer marginalisierten Gruppe gehört, denn historisch wurden wir selten am Diskurs beteiligt, selbst wenn wir dessen Gegenstand darstellten.

Den Mantel des Schweigens zu lüften, setzt nun einiges voraus. Zunächst muss ich meinen eigenen Erinnerungen trauen, und dann muss ich mich auf die Erinnerungen anderer verlassen. Die Erinnerung spielt also keine geringe Rolle bei dem, was ich schreibe, wie ich beginne und was ich für wichtig halte. Zora Neale Hurston hat einmal gesagt: «Wie die kalten, scheinbar toten Felsen trage ich Erinnerungen in mir – entstanden aus dem Stoff, aus dem ich gemacht bin.» Diese «Erinnerungen in mir» sind sozusagen der Nährboden für meine Arbeit. Doch bieten mir Erinnerungen und Rückblicke noch nicht vollständig Zugang zum ungeschriebenen Innenleben dieser Menschen; hier kann mir nur der Akt des Imaginierens weiterhelfen.

Wenn Schreiben aus Nachdenken, Entdecken, Auswählen, Ordnen und Sinngeben besteht, so besteht es ebenso aus ehrfürchtigem Staunen, Geheimnissen und Magie. Auf letztere drei könnte ich durchaus verzichten, wenn es mir mit den Lebensumständen, aus denen mein Schreiben kommt und mit denen es meine Vorfahren tatsächlich zu tun hatten, nicht so todernst wäre. Untreue zu diesen Lebensumständen – die Abwesenheit des Innenlebens, sein absichtliches Ausblenden aus den authentischen Berichten durch die Sklaven selbst – ist schließlich genau das Problem in dem Diskurs, der ohne uns stattgefunden hat. Was mich beim Schreiben antreibt, ist nichts anderes als diese Frage: Wie kann ich mir Zugang zum Innenleben der Sklaven verschaffen? Und an dieser Stelle in meinem Vortrag soll nun deutlich werden, wie sich mein Schreiben von autobiographischem Schreiben unterscheidet, wie aber gleichzeitig auch autobiographische Schreibstrategien zum Tragen kommen. Es geht hier um eine Art literarischer Archäologie: Mit ein paar Informationen und ein paar Hypothesen im Gepäck reist man zu einer Ausgrabungsstätte, um zu sehen, was an Überbleibseln noch da ist, und um damit die Welt, die sich aus diesen Überbleibseln ergibt, zu rekonstruieren. Dass meine Arbeit zu fiktionaler Literatur wird, liegt dabei in der Natur des Imaginationsakts: Ich verlasse mich darauf, dass das Bild – die Überbleibsel – in Verbindung mit meiner Erinnerung eine Art Wahrheit ergeben wird. Mit «Bild» meine ich dabei natürlich nicht «Symbol», sondern einfach «Abbild» und die Gefühle, die das Abbild weckt.

Fiktion ist per definitionem etwas anderes als Fakten. Wie allgemein angenommen, ist Literatur ein Produkt der Phantasie, also etwas Erfundenes, und sie nimmt sich die Freiheit, abzusehen von dem, «was wirklich passiert ist», oder wo oder wann es wirklich passierte – nichts daran muss eigens überprüfbar sein, selbst wenn vieles daran durchaus überprüfbar wäre. Das Geschäft des Biographen und des Literaturwissenschaftlers hingegen scheint uns nur vertrauenswürdig, wenn sich das fiktionale Geschehen auf ein offiziell verifizierbares Faktum zurückführen lässt. Das ist der Ansatz der «Ach so, da hat er oder sie das her»-Schule, und er bezieht seine Glaubwürdigkeit daraus, dass die Quellen des Imaginierten freigelegt werden und nicht das Wesen der Imagination.

In den Köpfen der meisten Menschen fällt mein Vorgehen in die literarische Kategorie des Phantastischen, Mythischen, Magischen oder Sagenhaften. Mir gefallen diese Zuschreibungen nicht. Für mich liegt meine größte Verantwortung darin, (bei allem Magischen) nicht zu lügen. Wenn ich jemanden sagen höre «Die besten Geschichten schreibt doch das Leben», dann finde ich, dass diese alte Sentenz besser trifft, als uns klar ist. Es heißt ja nicht, das Leben schreibe die wahrsten Geschichten, sondern einfach die besten, also die merkwürdigsten, skurrilsten. Die wahren Geschichten mögen übertrieben wirken, sie mögen besonders interessant wirken, aber das Entscheidende ist doch: Sie sind willkürlich. Und an fiktionaler Literatur ist nichts willkürlich.

Die wesentliche Differenzierung liegt für mich daher nicht im Unterschied zwischen Fakt und Fiktion, sondern in dem zwischen Fakt und Wahrheit. Fakten können unabhängig von menschlicher Intelligenz existieren, aber die Wahrheit kann das nicht. Wenn ich also eine Wahrheit über das Innenleben von Menschen in Erfahrung bringen möchte, die darüber nicht geschrieben haben (was nicht heißt, dass sie keines hatten); wenn ich versuche, die Lücken zu füllen, die die Sklavenerzählungen ausgespart haben – den Mantel des Schweigens zu lüften, der so oft über Vorkommnisse gebreitet wurde, und die Geschichten, die ich gehört hatte, mit geltend zu machen –, dann ist die für mich produktivste und verlässlichste Herangehensweise die Erinnerung, die sich vom Bild zum Text bewegt. Und nicht die vom Text zum Bild.

Simone de Beauvoir schreibt in *Ein sanfter Tod*: «Warum hat der Tod meiner Mutter mich so heftig erschüttert?» Als der Priester bei der Beerdigung den Namen ihrer Mutter aussprach, «wurde [ich] von Rührung übermannt, (...) ‹Françoise de Beauvoir›; diese Worte erweckten sie wieder zum Leben; sie stellten die Gesamtheit ihres Lebens her, von der Kindheit bis zur Ehe, zum Witwentum, zum Sarge; Françoise de Beauvoir: Diese zurückgezogene, so selten mit Namen genannte Frau wurde zur Persönlichkeit.» Das Buch entwickelt sich dann zu einer Entdeckungsreise in ihren Kummer hinein und in die Bilder, in denen dieser Kummer vergraben lag.

Ganz anders als Madame de Beauvoir bittet Frederick Douglass den Leser um Nachsicht dafür, dass er dem Tod seiner Großmutter – dem weitaus schmerzlichsten Verlust, den er bis dahin erlitten hatte – eine knappe halbe Seite widmet, und er entschuldigt sich sage und schreibe mit den Worten: «Es war mir wirklich sehr wichtig. Hoffentlich habe ich Sie mit meiner Sentimentalität nicht gelangweilt.» Er macht keinerlei Versuch, diesen Tod, seine Bilder oder seinen Sinn zu erkunden. Seine Geschichte bleibt so nah wie möglich an den Fakten, sodass für subjektive Spekulationen kein Platz bleibt. James Baldwin dagegen sagt in *Notes of a Native Son*, als er das Leben seines Vaters sowie sein Verhältnis zu seinem Vater beschreibt: «All die Texte und Lieder meines Vaters, die ich als hohl und leer abgetan hatte, reihten sich bei seinem Tod vor mir auf wie leere Flaschen, bereit, sich mit dem Sinn zu füllen, den mein Leben ihnen geben würde.» Und dann füllen sich diese Flaschen mit seinen Texten. Wie Simone de Beauvoir bewegt er sich vom Ereignis zu dem Bild, das es hinterlassen hat. Ich gehe den umgekehrten Weg: Zuerst kommt das Bild; es erklärt mir, worum es bei der «Erinnerung» überhaupt geht.

Ich kann nicht sagen, was ich beim Tod meines Vaters empfunden habe. Aber ich konnte mir beim Schreiben von *Solomons Lied* vielleicht nicht meinen Vater vorstellen, nicht sein Innenleben, aber die Welt, in der er gelebt hatte, und das Innenleben, die Intimsphäre der Menschen darin. Und ich kann auch nicht sagen, welche Gefühle ich hatte, als ich meiner Großmutter vorlas, während sie sich in ihrem Bett wälzte (sie lag im Sterben und keine Position behagte ihr mehr), aber ich konnte versuchen, die Welt, in der sie gelebt hatte, zu rekonstruieren. Und immer wieder beschleicht mich das Gefühl, dass ich mehr weiß als sie, mehr als mein Großvater und meine Urgroßmutter – dabei ist mir natürlich klar, dass ich nicht klüger bin. Und wenn ich dann ernsthaft versucht habe, ihren Horizont kleinzureden und mir zu beweisen, dass ich mehr weiß, wenn ich versucht habe, Mutmaßungen über ihr Innenleben anzustellen und es mit meinem abzugleichen, war ich jedes Mal überwältigt davon, wie reich sich ihres im Vergleich zu meinem ausnahm. Wie für Frederick Douglass, wenn er über seine Großmutter spricht, für James Baldwin, wenn er über seinen Vater spricht, und für Simone de Beauvoir, wenn sie über ihre Mutter spricht, so sind diese Menschen mein Zugang zu mir; sie sind mein Tor zu meinem eigenen Innenleben. Und deshalb kommen die Bilder um sie herum – sozusagen die Überreste an der archäologischen Fundstätte – als Erstes zum Vorschein, und zwar so lebhaft und plastisch, dass ich sie als meinen Weg zur Rekonstruktion einer Welt anerkenne, zur Erkundung eines nie aufgeschriebenen Innenlebens und zur Aufdeckung einer Art Wahrheit.

Meine Nachforschungen beginnen also mit etwas so Unstetem, so wenig Greifbarem wie einer dunkel erinnerten Gestalt, einer Zimmerecke, einer Stimme. Mit meinem zweiten Buch *Sula* fing ich an, weil mich das Bild einer Frau und die Art, wie ihr Name ausgesprochen wurde, nicht mehr losließen. Sie hieß Hannah und war wahrscheinlich eine Freundin meiner Mutter. Ich kann mich nicht daran erinnern, sie öfter gesehen zu haben, aber sehr wohl erinnere ich mich an die Farbe, die sie an sich hatte – eine Art Lila, eine Anmutung von Lila –, und an ihre Augen, die immer halb geschlossen schienen. Am lebhaftesten erinnere ich mich jedoch daran, wie die Frauen ihren Namen aussprachen: «Hannah Peace» sagten sie und lachten dabei in sich hinein, und da schwang etwas Geheimnisvolles mit, über das nicht gesprochen wurde, jedenfalls nicht in Hörweite von mir, aber es teilte sich mit, wenn sie ihren Namen so vielsagend aussprachen. Sie hatte offenbar etwas von einem Outlaw an sich, was die Frauen aber durchaus irgendwie guthießen.

Von dort aus, beim Nachdenken über ihre Beziehung zu ihr und der Art, wie sie über sie redeten, kam mir das Thema Frauenfreundschaften in den Sinn. Was verzeihen sich Frauen gegenseitig sofort? Und was ist in der Welt der Frauen unverzeihlich? Ich möchte dann gar nicht mehr über Hannah Peace wissen, und ganz sicher werde ich nicht meine Mutter fragen, wer das tatsächlich war und was sie gemacht hat – worüber habt ihr gelacht und weshalb habt ihr so gegrinst? Wenn ich das unternehme, endet es nämlich immer niederschmetternd: Sie liefert mir die banalste Erklärung, die man je gehört hat; dabei will ich am Beginn meines Schreibens meine archäologischen Überreste und Bilder in all ihrer Rätselhaftigkeit doch intakt lassen; die Fakten kommen später dran. So kann ich zwei Welten erforschen – die tatsächliche und die mögliche.

Um Ihnen zu zeigen, wie ich arbeite, möchte ich nun ein Bild vom Abbild über den Sinn bis zur Textgestalt verfolgen – eine Reise aus dem Roman, an dem ich gerade schreibe, mit dem Titel *Menschenkind*.

Ich sitze also an einer bestimmten Szene, da sehe ich einen Maiskolben vor mir. «Sehen» heißt nicht, dass da plötzlich einer in der Luft schwebt, sondern nur, dass er immer wieder auftaucht. Und indem ich der Frage nachgehe, was dieser ganze Mais hier verloren hat, erschließt sich mir, worum es geht.

Ich sehe das Haus in Lorain, Ohio, vor mir, in dem ich aufgewachsen bin. Ein Stück weiter hatten meine Eltern einen Garten, in dem meine Schwester und ich als Kinder nicht gern gesehen waren, weil wir nicht unterscheiden konnten zwischen dem, was dort wachsen sollte, und dem, was einfach von selbst wuchs; zum Jäten und Hacken waren wir dort also erst viel später zu gebrauchen.

Ich habe vor meinem inneren Auge, wie die beiden gemeinsam weggehen. Ich blicke ihnen nach, sehe sie von hinten mit allem, was sie dabeihaben: ihre Gartengeräte und vielleicht einen Korb für die Ernte. Manchmal halten sie Händchen und nehmen Kurs auf den hinteren Teil des Gartens. Dafür müssen sie über die Bahngleise gehen.

Mir ist außerdem bewusst, dass meine Mutter und mein Vater zu ungewöhnlichen Zeiten Mittagsschlaf machen, denn mein Vater hat viele Jobs und arbeitet nachts. Und diese Schläfchen sind bei meiner Schwester und mir beliebt, weil uns da keiner Aufgaben gibt, herumkommandiert oder an uns herumnörgelt. Im Übrigen schwingt dabei noch etwas Angenehmes, Lustvolles, Genüssliches mit, dessen ich mir nur vage bewusst bin. Nach solchen Schläfchen sind die beiden immer ganz entspannt.

Und später im Sommer gibt es dann Maiskolben, die einzige Pflanze, die ich überhaupt erkenne, und die Gartenfrucht, die ich am liebsten mag; die anderen mag ja auch kein Kind – den Blattkohl, die Okra, die kräftigen, deftigen Gemüsesorten, für die ich heutzutage einiges geben würde. Aber Maiskolben mag ich, die sind so schön süß, und wir sitzen dann immer alle zusammen, und man kann sie in die Hand nehmen, und sie sind heiß, und sie schmecken auch kalt noch gut, und es sind Nachbarn da, und Onkel, und alles ist einfach so locker und angenehm.

Das Bild des Maiskolbens mit dem Nimbus der Emotionen darum herum hat sich in dem Manuskript, an dem ich gerade arbeite, dann zu einem machtvollen Motiv entwickelt.

Autoren gelangen auf tausenderlei Wegen zu Text und Subtext, und jedes Mal lernen sie dabei von neuem, woran man eine wertvolle Idee erkennt und wie man das Gefüge am besten wiedergibt, das sie begleitet, offenlegt oder zur Geltung bringt. Der Prozess, durch den dies geschieht, fasziniert mich unendlich. Ich fand immer, dass ich in meiner zwanzigjährigen Laufbahn als Lektorin Autoren besser verstanden habe als ihre sorgfältigsten Kritiker, denn dadurch, dass ich das Manuskript in seinen verschiedenen Stadien begutachtete, lernte ich die Autorinnen und Autoren kennen, wie sie tickten, was ihnen leichtfiel, was Zeit brauchte, wo die «Lösung» für ein Problem herkam. Der Kritiker hat dagegen nur das Endresultat als Bewertungsgrundlage – das fertige Buch.

Für mich war dies jedoch immer der am wenigsten wichtige Aspekt meiner Arbeit. Denn egal wie «fiktional» der Bericht dieser Schriftsteller war oder welche Rolle die Erfindung dabei gespielt hat, der Akt des Imaginierens bleibt immer an die Erinnerung gebunden. Ich vergleiche das gern mit einem Fluss: Den Mississippi hat man stellenweise begradigt, um Platz für Häuser und Anbauflächen zu schaffen. Und nun tritt er ab und zu über die Ufer; das nennen wir dann «Überfluten», dabei «überflutet» er nicht irgendetwas, sondern er erinnert sich. Er erinnert sich daran, wo er früher geflossen ist. Wasser hat ein ausgezeichnetes Gedächtnis und versucht immer, an frühere Orte zurückzukehren. Und Schriftstellern geht es ähnlich: Wir erinnern uns an die Orte, an denen wir schon einmal waren, durch welches Tal wir geflossen sind, wie die Ufer beschaffen waren, an das Licht dort und an den Weg zurück zu unserem Ursprung. Es geht um das emotionale Gedächtnis – woran sich die Nerven und die Haut erinnern; auch wie es aufgetaucht ist. Und unser «Überfluten» ist dann ein Rausch der Phantasie.

Neben persönlichen Erinnerungen besteht der Nährboden für meine Arbeit also in dem Wunsch, autobiographische Sklavenerzählungen zu erweitern, zu ergänzen und die Lücken darin aufzufüllen. Aber nur der Nährboden. Was dann daraus entsteht, ist anderen Belangen unterworfen, nicht zuletzt der Integrität des Romans. Trotzdem, genauso wie das Wasser erinnere auch ich mich daran, wo ich früher war, bevor ich «begradigt» wurde.

Frage: Ich würde Sie gern etwas zu Ihrer Erzählperspektive als Autorin fragen. Haben Sie da eine abstrakte Vorstellung, oder ergreifen Sie Partei für die einzelnen Figuren?

Antwort: Ich versuche manchmal, wirkliche Nebenfiguren einfach nur auftauchen zu lassen, so wie Statisten auf der Bühne. Aber dann werde ich so leicht von ihnen abgelenkt, denn die Phantasie einer Schriftstellerin funktioniert ungefähr so: Jede noch so kleine Nebenstraße sieht für mich nach einem Abenteuer aus, und wenn man sich darauf einlässt und sie beschreibt, kriegt sie noch mehr Farbe, und man erfindet immer mehr dazu. In meiner Erstfassung lasse ich mir so etwas auch durchgehen, aber später muss ich oft wieder Streichungen vornehmen. Es ist mir auch schon passiert, dass ich auf Abwege geraten bin und Figuren eine viel größere Rolle gespielt haben als geplant oder dass Nebenfiguren eine Spur interessanter geraten sind als für die Zwecke des Buches unbedingt notwendig. Dann versuche ich, ihnen eine Aufgabe zuzuschanzen: Wenn ich zum Beispiel ein paar Informationsschnipsel preisgeben will, dürfen sie die mit ausplaudern. Aber ich bemühe mich, es damit nicht zu übertreiben, mich zu beherrschen, sodass der Aufbau am Ende konsequent ist und nichts in der Luft hängenbleibt. In der Endfassung soll kein überflüssiges Wort stehen, und es sollen keine Figuren auftauchen, die für die Geschichte nicht absolut notwendig sind.

Um zum Thema Erzählperspektive zu kommen, da hätte ich gern die Illusion, dass es die Perspektive der Figuren ist, auch wenn das in Wirklichkeit natürlich nicht stimmt; vielmehr ist es die Perspektive der Erzählerin (in meinem Fall), die zwar da ist, sich aber in ihrer Rolle nicht zu erkennen gibt. Ich habe gern das Gefühl, dass eine Geschichte erzählt wird, man hört eine Stimme, kann sie aber nicht identifizieren, und dann hält man sie für die eigene. Jedenfalls ist es eine angenehme Stimme, und sie nimmt einen bei der Hand, sie macht sich über dieselben Sachen Gedanken wie ein Leser und weiß auch nicht, wie es weitergeht. So eine Art Touristenführer. Wobei dieser Touristenführer keine Persönlichkeit haben darf; nur einen Ton, und man sollte sich wohlfühlen mit dieser Stimme, dann kann sie auch wieder ein bisschen von sich abrücken und den inneren Dialog einer Figur aufdecken. Es ist also eine Mischung aus der Erzählperspektive verschiedener Figuren, wobei man sich das Recht vorbehält, in die Geschichte hinein- und wieder herauszuschlüpfen – vorausgesetzt, dem Leser erscheinen in den Momenten, wo ich grade «draußen» bin, nicht lauter kleine Zeigefinger, die auf den Text deuten.

Was ich wirklich erzielen will, ist eine Intimität, bei der der Leser den Eindruck hat, er würde gar nicht lesen, sondern wäre mittendrin und könnte mitmischen. Die Geschichte entfaltet sich, er ist den Figuren immer zwei Schritte voraus, und am Ende behält er recht.

Frage: Sie haben einmal gesagt, Schreiben sei eine einsame Angelegenheit. Schotten Sie sich beim Schreiben ab, sodass Ihre Gefühle sich nicht verzetteln können, oder müssen Sie auch mal aufstehen und einkaufen gehen oder so was?

Antwort: Alles zusammen. Ich schreibe seit drei Jahren an diesem Buch; ich gehe einkaufen, ich starre vor mich hin, ich tue alles Mögliche. Und ich verliere den Faden. Manchmal ist der Impuls richtig stark, und ich gehe ins Freie – also, ich schreibe einen Satz und springe auf und renne raus oder so etwas; es überfällt einen regelrecht. Und manchmal halte ich dem Impuls auch stand. Manchmal sitze ich jeden Tag stundenlang am Schreibtisch. Ich stehe um halb sechs auf und lege einfach los, und wenn es mir am nächsten Tag nicht gefällt, verwerfe ich es wieder. Aber ich setze mich hin. Inzwischen weiß ich, wie ich an den Punkt komme, wo etwas funktioniert. Das war nicht immer so; früher habe ich jeden Gedanken für interessant gehalten – er kam ja schließlich von mir. Jetzt kann ich schon besser unterscheiden, und es gelingt mir eher, Dinge rauszuwerfen, die nicht nützlich sind. Ich kann auch darüber nachdenken, während ich mit etwas ganz anderem beschäftigt bin. Ich muss nicht mehr jede Minute am Schreibtisch sitzen. Die Panik hat sich gelegt.

Wenn man mit dem Schreiben anfängt, hat man eine Heidenangst und glaubt, wenn man diesen einen Satz jetzt nicht sofort richtig hinbekommt, dann ist er für immer verloren. Und das stimmt auch. Aber es macht nichts, denn es fällt einem ein neuer Satz ein – und ein besserer noch dazu. Ich werde auch nicht mehr nervös, wenn ich ein paar Tage lang nichts Vernünftiges zu Papier bringe, denn ich weiß ja, dass ich das wieder korrigieren kann, und wieder und wieder, und dann wird es gut. Ich bin nicht mehr so hysterisch, dass ich den genialen Passagen nachtrauere, auf die die Welt bestimmt gewartet hat. Ich bin inzwischen zuversichtlicher. Das Schönste an der ganzen Sache, das absolut Köstlichste ist nämlich: zu Ende zu schreiben und dann zu überarbeiten. Das ist das Allerspannendste für mich: Wenn ich die Erstfassung endlich fertig habe und mir dann unendlich viel Zeit bleibt, sie zu verbessern. Ich überarbeite sehr viel, immer wieder von vorn, damit es so aussieht, als hätte es keinen einzigen Überarbeitungsdurchgang gebraucht. Der Text soll so wirken, als hätte ich ihn nie wieder angerührt, und das kostet viel Zeit und Schweiß.

Frage: In Solomons Lied, *wie war da das Verhältnis zwischen Ihren Erinnerungen und dem Erfundenen? War das irgendwie heikel?*

Ja, das war heikel. Zum ersten Mal schrieb ich an einem Buch, in dem Männer im Mittelpunkt standen, und das hatte mit dem Verlust – oder dem, was ich als Verlust betrachtete – eines Mannes zu tun, meines Vaters, und der Welt, die mit ihm verschwand. (Sie verschwand gar nicht, aber so fühlte es sich an.) Ich ließ also eine Zeit wiederauferstehen, die die seine war – nicht biographisch sein Leben oder irgendwelche Ereignisse darin; ich nehme einfach alles, was mir in die Finger kommt. Aber für mich klaffte nach seinem Tod eine große Lücke, und die wollte ich mit einem Buch über Männer füllen; in den beiden vorherigen waren die Hauptfiguren ja Frauen. In diesem Sinne ging es also um meine Erinnerungen und um das Bedürfnis, etwas zu erfinden. Ich musste irgendetwas tun, so außer mir war ich über den Tod meines Vaters. Also nutzte ich die Verbindung zwischen uns, um Kraft daraus zu schöpfen, und spann neue Fäden zu ihm hin, erfand etwas dazu. Jedenfalls erschuf ich eine männliche Welt und bevölkerte sie, und sie beinhaltete auch eine Suche – eine Reise von der Dummheit bis zur Erleuchtung eines Mannes, eines gestandenen Mannes. Im Grunde war das mein Weg, mich in ihn einzufühlen, seiner Lebenserfahrung nachzuspüren.

DIE SPRACHE GOTTES

Dieser Essay könnte eigentlich an die Stelle eines Eintrags in dem Notizbuch treten, das ich nie geführt habe. In so einer Autorenkladde, wie ich sie oft gelesen habe, in der Ideen für zukünftige Arbeiten stehen, Entwürfe für Szenen, Beobachtungen und Betrachtungen – vor allem aber Gedanken zu Problemen, die im Lauf des Schreibprozesses auftauchen, und zu ihren möglichen Lösungen.

Ich führe aus verschiedenen Gründen keine solchen Notizbücher, zum einen, weil mir die Zeit dazu fehlt, zum anderen, weil mein Nachdenken in anderen Bahnen verläuft. Meist kommt es als Reaktion auf ein verworrenes, scheinbar undefinierbares Unwohlsein, eine Unruhe, die mit einem verstörenden Bild zu tun hat. (Die Bilder sind manchmal etwas in der materiellen Welt Gesehenes, und manchmal auch nicht.) Es kommt auch vor, dass ich innerlich um einen Vorfall, eine Bemerkung oder einen Eindruck kreise, der so ungewöhnlich ist, dass er meine Neugier weckt, und dann so rätselhaft erscheint, dass ich ihn nicht aus dem Kopf bekomme. Bei *Sehr blaue Augen* war das ein Gespräch, das ich als Kind mit einer Freundin hatte und das mich jahrelang immer wieder beschäftigte. Bei *Sula* war es die – für mich – widersprüchliche Reaktion meiner Mutter und ihrer Freundinnen auf eine Frau in der Stadt. Wieder ein anderes Mal war es ein kraftvolles Bild aus einer rein männlichen Mythologie, das nachteilige Konsequenzen für Frauen hatte und aus weiblicher Perspektive ganz anders gedeutet werden musste.

Sobald ich mich auf diese Bilder, Bemerkungen oder Eindrücke einlasse, tauchen unweigerlich Fragen auf: Und wenn meine Freundin aus der Kindheit nun tatsächlich bekam, worum sie in ihren Gebeten flehte? Was genau imponierte den Freundinnen meiner Mutter an dieser Frau, wo sie etwas anderes doch so deutlich missbilligten? Worum ging es dem Teerbaby wirklich? Warum zeigte Margaret Garner so überhaupt keine Reue, und wie wirkte sich dieser Mangel an Reue wohl auf ihre Familie und die Nachbarn aus? Naheliegende, sogar banale Fragen waren das, aber auf einen sanften Stupser von mir hin führten sie zu weiteren, differenzierten Fragen. Während mir solche Dinge im Kopf herumgehen, suche ich übrigens keineswegs nach einem Thema oder Stoff für einen Roman; ich denke einfach vor mich hin. Meistens kommen und gehen solche dahingedachten Gedanken und bleiben dann irgendwann ganz weg– manchmal jedoch taucht während oder zwischen solchen Gedankenspaziergängen eine größere Frage auf. Weder diese noch meine Gedankengänge schreibe ich nieder, sonst bekämen sie ein Gewicht, das ihnen womöglich gar nicht zusteht. Nur wenn die Frage mir keine Ruhe lässt, ich mich von ihr verfolgt fühle, komme ich allmählich zu der Überzeugung, dass eine weitere Beschäftigung damit vielleicht zu einem Buch führen könnte. Und dann taucht irgendwann eine Szene oder es tauchen ein paar Brocken Sprache auf. Das Skizzieren oder Aufschreiben von so etwas käme mir vor wie Zeitverschwendung, denn wenn etwas so interessant ist, dass sich das Ausgestalten lohnt, kann ich ihm doch gleich in fiktionaler Form nachgehen. Sollte sich herausstellen, dass ich mich bezüglich seiner Fruchtbarkeit oder Langlebigkeit getäuscht habe, kann ich es immer noch wegwerfen. Also nehme ich mir meinen Schreibblock vor und schaue, was passiert.

Mit meinem derzeitigen Romanprojekt bin ich genauso vorgegangen: Ich habe gewartet, ob bestimmte Bilder, die mir kamen, Konturen annehmen oder wieder verblassen würden, ergiebig wären oder sich in Luft auflösten. Auf einem dieser Bilder stand eine Gruppe von Frauen auf den Stufen vor einer African-Methodist-Episcopal-Kirche, in drei Reihen und im feinsten Sonntagsstaat des frühen zwanzigsten Jahrhunderts, als posierten sie für ein Club- oder Klassenfoto. Sie sind auffallend schön und werden auch gebührend bewundert, wie sich an den Blicken der Umstehenden erkennen lässt. Auf einem anderen Bild sind ebenfalls Frauen zu sehen, besser gesagt Mädchen: Novizinnen in Tracht auf der Flucht vor der Polizei, die sie verhaften will. Beide Gruppen von Frauen haben mit Kirchen zu tun. Die erste Gruppe tauchte ungefragt als Bild auf – fast wie ein Gemälde; das zweite Bild entstand aus völlig unzuverlässigem Dorfklatsch.

Gut zweihundert Seiten weiter bin ich mir sicher, dass die Sache keineswegs Konturen annimmt; gleichzeitig wird mir klar, dass das Projekt sowieso nicht funktioniert. Bis auf die beiden ersten schienen mir zwar alle meine Romane irgendwann nicht machbar, trotzdem bin ich immer wieder verblüfft, dass man, je mehr man an etwas arbeitet, umso größeren Schwierigkeiten begegnet, sich die Aufgabe als umso unmöglicher darstellt. Diesmal versuche ich, auf dem historischen Schauplatz schwarzer Städte im amerikanischen Westen erzählerisch ein Paradies zu erschaffen, ein irdisches Paradies – ob es möglich wäre, welche Ausmaße es hätte, wie dauerhaft es sein könnte, ja, ob es überhaupt wünschenswert ist. Die erzählte Zeit im Roman zwischen 1908 und 1976 und die Geschichte seiner Figuren – ehemalige Sklaven und die Kinder ehemaliger Sklaven – sorgen dafür, dass das Gottvertrauen der Figuren eine wichtige Rolle spielt, genauso wie ihr Begriff von Freiheit, ihre Vorstellung vom Göttlichen und ihr imaginatorisches, organisatorisches sowie administratives Geschick. Für die meisten bewusst eingegangenen Gemeinschaften des neunzehnten Jahrhunderts war eine tief verankerte, von allen geteilte Weltanschauung viel entscheidender für das Gelingen ihrer Unternehmung als physisches Durchhaltevermögen, eine fähige Leitung oder die erforderlichen Gelegenheiten. Das Vertrauen in eine Weltanschauung – und zwar eine religiöse – befähigte einen vielmehr erst zum Durchhalten, schweißte ein Leitungsteam zusammen und lieferte die Gelegenheiten, die es zu nutzen galt. Für die befreiten Sklavinnen und Sklaven waren Wohlstand, Besitz, Sicherheit und Selbstbestimmung zwar nun vorstellbare und heiß begehrte Ziele, doch allein das Verlangen danach genügte noch nicht, damit man sich auf eine Reise voller Tücken in unbekannte Gefilde zum Zweck des Baus eigener Städte einließ. Eine Geschichtsschreibung, die die Rolle der Religion im kollektiven wie im individuellen Leben von Afroamerikanern, bei ihren politischen wie auch ästhetischen Aktivitäten, kleinredet oder gar negiert, ist mehr als unvollständig – vielleicht sogar verlogen. Ich stehe nun also vor der immensen Schwierigkeit, nicht nur zu zeigen, wie die sozialen und wirtschaftlichen Impulse meiner Figuren von deren religiösen Prinzipien beeinflusst sind, sondern auch, wie ihr Alltagsleben untrennbar mit diesen Prinzipien verbunden ist. Sofern die Umfragen von 1994, die 96 Prozent der Afroamerikaner den Glauben an Gott bescheinigen, korrekt sind, so handelt es sich bei den vier Prozent, die nicht an Gott glauben, meiner Ansicht nach um ein relativ junges Phänomen – für Sklaven und ehemalige Sklaven völlig unerhört. Die Religiosität der Afroamerikaner im neunzehnten Jahrhundert ist als gegeben vorauszusetzen; es lassen auch nur wenige Texte, ob fiktional oder (auto)biographisch, diesen Aspekt außer Acht. Inzwischen haben wir allerdings 1996, und die Lösung für eine fiktionale Welt, die dem Rechnung trägt, kann nicht sein, einem bestehenden Narrativ von Migration und Staatsbürgerschaftserwerb ein wenig Frömmigkeit aufzupfropfen oder vor Figuren mit einem unerschütterlichen Glauben respektvoll den Hut zu ziehen; vielmehr muss sie sein, ein Werk zu schaffen, in dem der religiöse Glaube für die Geschichte selbst zentral ist.

Das erste Problem mit dem Paradies lautet also folgendermaßen: Wie kann man in einem postmodernen Roman glaubhaft und wirkungsvoll expressive religiöse Sprache wiedergeben, ohne sich einem vagen Egalitarismus, einer Art ökologischer, für das Ende des 20. Jahrhunderts typischer Spiritualität, der modernistisch/feministischen Schule des angebeteten Göttinnenkörpers oder der biblisch/politischen Scholastik der eher verbohrten und diktatorischen Flügel zeitgenössischer religiöser Einrichtungen unterwerfen zu müssen – was, so scheint es mir, weder die alltägliche religiöse Praxis von Afroamerikanern des neunzehnten Jahrhunderts und ihrer Kinder repräsentiert, noch sich für postmoderne Erzählstrategien eignet. Das zweite Problem ergibt sich nun teilweise aus dem ersten: Wie kann man in einer im höchsten Maße säkularisierten, heutigen, «wissenschaftlichen» Welt – und an sie gerichtet – von einem tiefen, motivierenden Gottvertrauen erzählen? Wie, mit anderen Worten, stellt man sich das Paradies neu vor? (Zu der Frage, die man sofort mitdenkt – wieso denn neu vorstellen, wenn doch die fähigsten Köpfe der Menschheit schon vor langer Zeit für seine Beschreibung eine unübertroffene und nicht zu übertreffende Sprache geschaffen haben – zu dieser Frage komme ich gleich.) Zunächst möchte ich skizzieren, wo mein Problem liegt, und dann, weshalb ich es habe.

Das Paradies ist nicht mehr vorstellbar, oder, anders gesagt, es gibt ein Zuviel an Vorstellung – was auf das Gleiche hinausläuft –, weshalb es vertraut, alltäglich, ja trivial geworden ist. Historisch sollten die Bilder vom Paradies in Dichtkunst und Prosa prachtvoll, aber zugänglich sein, jenseits des Gewohnten, aber von der Vorstellungskraft zu erfassen, verführerisch eben wegen unserer Fähigkeit, sie wiederzuerkennen – als ob wir uns irgendwie an die geschilderten Szenen «erinnerten». Milton spricht von «Besten Bäumen, reich an schönsten Früchten, / Goldfarbig glänzte Blüte d'ran wie Frucht, / Im bunten Farbenschmelz»; von «heimischem Balsamduft»; vom «Saphirquell, die Bäche kräuselnd / Auf Goldsand und auf Perlen weiterrollend»; von «Nektar, der die Pflanzen tränkt / Und Blumen, würdig Edens»; «Wie die gütige Natur auf Bergen, / Im Tal und auf der Flur sie ausgesät»; von «Wäldern, / Aus deren Bäumen duft'ge Harze troffen; / Wo Früchte glänzten mit der gold'nen Schale, / So lieblich, dass Hesperiens Fabeln hier / Zur Wahrheit wurden, köstlich an Geschmack. / Dazwischen lagen Au'n und holde Matten, / Die für die Heerden zarte Kräuter boten»; «Und Blüten jeder Farbe … / Und ohne Dorn die Rose selbst erblüht»; «Grotten, deren Schatten / Die kühlsten Sitze hegte, drüberhin / Der Weinstock seine Purpurtrauben rankt / Und üppig wachsend, sanft empor sich schlingt.»

Solch himmlische Weiten erkennen wir im letzten Jahrzehnt des 20. Jahrhunderts als umzäunte Immobilie im Besitz von Wohlhabenden, besichtigt und besucht von Gästen und Touristen und für uns andere regelmäßig in den Produkten und Verheißungen zu finden, die diverse Medien uns verkaufen. Ein Zuviel an Vorstellung. Jederzeit verfügbar, wenn nicht tatsächlich, so doch immerhin als normales, alltägliches Verlangen. Untersuchen wir einmal die Merkmale des physischen Paradieses – Schönheit, Fülle, Ruhe, Exklusivität und Ewigkeit –, um festzustellen, wie plausibel sie 1995 sind.

Schönheit ist natürlich ein Duplikat dessen, was wir bereits kennen, nur in intensivierter, verbesserter Form. Oder das, was wir noch nie in Worte gefasst hörten. Die sanftmütige, gütige Natur, kombiniert mit Edelmetallen und Schmuck. Das aber ist natürlich keine Schönheit jenseits aller Vorstellung.

Fülle ist in einer Welt des Überflusses und der damit einhergehenden Gier, einer Welt, die den Betuchten die Ressourcen zuschanzt und die Habenichtse zwingt, innerhalb dessen, was die Betuchten sich schon angeeignet haben, nach Wohltaten zu suchen, ein fast schon obszönes Merkmal des Paradieses. In dieser Welt der einseitig verteilten Ressourcen, in der sich der schamlose Reichtum vor den Besitzlosen aufpflanzt, spreizt und brüstet, müsste uns allein der Gedanke an Fülle, an Auskömmlichkeit als Utopie den Schweiß auf die Stirn treiben. Fülle sollte nicht für einen paradiesischen Zustand, sondern für das normale Alltagsleben gelten.

Ruhe, d.h. der Wegfall der Notwendigkeit, für Nahrung oder Luxus arbeiten oder kämpfen zu müssen, hat heutzutage kaum noch Konjunktur. Sie gilt als Wunschlosigkeit, die fast schon als Tod vor dem Tod betrachtet wird.

Exklusivität jedoch ist immer noch ein attraktives, ja zwingendes Merkmal des Paradieses, weil es einige, nämlich die Unwürdigen, ausschließt. Die Grenzen sind sicher; es gibt Wachhunde, Tore, Wächter, die die Legitimität der Bewohner überprüfen. Solche Enklaven entstehen wieder, wie mittelalterliche Festungen und Burganlagen, und es erscheint weder möglich noch wünschenswert, sich eine Stadt auszumalen, die arme Menschen aufnehmen kann. Exklusivität ist nicht nur ein für die gut Betuchten erreichbarer Traum, sondern auch eine zunehmend populäre Lösung für die Mittelklasse. «Die Straße» wird nach diesem Verständnis von den Unwürdigen und den Gefährlichen bevölkert; junge Menschen werden zu ihrem eigenen Besten von dort ferngehalten. Und dennoch ist der öffentliche Raum so umkämpft, als wäre er privat. Wer kommt in den Genuss eines Parks, eines Strandes, einer Einkaufspassage, einer Ecke? Der Begriff «öffentlich» ist selbst Schauplatz von Auseinandersetzungen. Für eine moderne Gesellschaft besitzt das Paradies als exklusives Terrain daher eine sehr reale Anziehungskraft.

Die Ewigkeit übt, da sie einem den Schmerz des Sterbens erspart, und in ihrer Zurückweisung säkularer, wissenschaftlicher Argumente, den größten Reiz aus. Und medizinische, wissenschaftliche Ressourcen, die auf Lebensverlängerung und größere Leistungsfähigkeit abzielen, erinnern uns an den Wunsch nach einer erdgebundenen Ewigkeit und nicht so sehr nach einem ewigen Nachleben. Im Raum steht dabei, dass es nur ein irdisches Leben gibt. Somit weist das Paradies als irdisches Projekt im Gegensatz zum Himmel gravierende intellektuelle und visuelle Einschränkungen auf. Abgesehen von einem «Nur ich oder wir für immer» ist es dann kaum mehr zu beschreiben.

Doch das ist möglicherweise unfair. Es lässt sich kaum

übersehen, dass der Hölle schon immer sehr viel mehr Aufmerksamkeit geschenkt wurde als dem Himmel. Dantes *Inferno* schlägt das *Paradiso* um Längen. Miltons großartig dargestellte vorparadiesische Welt, bekannt als Chaos, wird sehr viel umfassender entfaltet als sein Paradies. Die visionäre Sprache der Antithese erreicht Höhen von sprachlicher Inbrunst, mit denen sich die Thesen-Sprache selten messen kann. Es gibt viele Gründe dafür, warum die Bilder der Höllengräuel im 12., 15. und 17. Jahrhundert von greller Widerwärtigkeit sein sollten. Das Argument für ihre Vermeidung musste auf den Magen schlagen, musste offenbaren, wie viel schlimmer eine solche Ewigkeit war als die Hölle des Alltagslebens. Aber die Notwendigkeit hat, mit einem bedeutsamen Zusatz, bis in unsere Zeit überdauert. Es gibt eine Fülle von Büchern, aus denen Fassungslosigkeit über das Fehlen eines Sinns für das Böse – wenn schon nicht für die Hölle – und über einen Schamverlust im heutigen Leben spricht.

Man fragt sich, wie die Melancholie zu erklären ist, die mit diesen Ermahnungen über unsere Unaufmerksamkeit, unser Schweigen, unsere Duldungsstarre gegenüber antiparadiesischen Erfahrungen einhergeht. Das Böse wird mit einigem Recht als allgegenwärtig verstanden, aber es hat irgendwie seine Furchtbarkeit verloren. Es erschreckt uns nicht. Es ist bloße Unterhaltung. Warum erschrecken uns seine Möglichkeiten nicht so sehr, dass wir uns dem Guten zuwenden? Ist ein Nachleben irgendwelcher Art zu simpel für unsere komplexe, hochentwickelte moderne Intelligenz? Oder verhält es sich so, dass das Böse – mehr als das Paradies – Kostüme braucht, die ständig aufgearbeitet und ergänzt werden müssen? Die Hölle hat sich schon immer für Glamour, für Schlagzeilen, für einen Abendanzug, für Raffinesse, für eine schaurige oder eine verführerische Maske geeignet. Vielleicht braucht sie Blut, Schleim, Gebrüll schlicht dazu, um unsere Aufmerksamkeit zu gewinnen, uns zu kitzeln, uns unseren Scharfsinn, unsere Vorstellungskraft, unsere Energie, unsere höchste Leistungsfähigkeit abzunötigen. Danach ist das Paradies bloß noch deren Abwesenheit, ein stumpfer und daher unnützer Mangel mit einer bereits wahrgenommenen, bereits erkennbaren Landschaft: große Bäume, die Schatten spenden und Früchte liefern, Rasen, Paläste, Edelmetalle, Schmuck, Tierhaltung. Außer gegen die Hölle zu kämpfen und Krieg gegen die Unwürdigen zu führen, gibt es für seine Bewohner offenbar nichts zu tun. Ein niemanden ausschließendes, beliebiges Paradies ohne Grenzen, ohne Furcht und abzüglich einer Nemesis ist überhaupt kein Paradies.

Unter diesen Umständen besteht das literarische Problem nun darin, sich die zeitgenössische Sprache so zunutze zu machen, dass sie die intellektuelle Komplexität des Paradieses offenbart und die Phantasie überdies nicht als trockene Stellungnahme zu einem naiven oder psychotischen Leben, sondern als vernünftiges, intelligentes Leben selbst packt. Wenn ich der zutiefst religiösen Bevölkerung dieses Projekts gerecht werden, Zeugnis davon ablegen und ihr aus tiefster Überzeugung vertretenes Moralsystem in diesen entfremdeten, wenig inspirierenden und nicht inspirierten Zeiten anrührend wiedergeben will – Zeiten, in denen Religion so verstanden wird, dass sie das gesamte Spektrum von verachtetem, unverständlichem Fundamentalismus über gebildeten, wohlmeinenden Liberalismus bis hin zu Fernsehprediger-Marketing, militantem Rassismus und Phobophilie abdeckt –, habe ich ernsthafte Probleme.

Historisch ist die Sprache von Religion (und ich spreche

hier vom Christentum, obwohl ich mir relativ sicher bin, dass das für alle textbasierten Religionen gilt) auf biblische oder heilige Texte angewiesen, aus denen sie ihre Kraft, Schönheit und Unangreifbarkeit gewinnt. Zeitgenössische religiöse Sprache, d.h. die Rede und Schrift, die göttliche Verlautbarungen in «populäre» oder «gewöhnliche» Alltagssprache zu übersetzen sucht, scheint am besten im Lied, in der Anekdote und im gelegentlichen rhetorischen Schnörkel zu funktionieren. Nach meinem Verständnis ist der Grund für die Modernisierung der herkömmlichen Sprache der Bibel das Bemühen, eine Bevölkerung anzusprechen und zu missionieren, die der Sprache, welche unsere Ahnen bewegte, gleichgültig gegenübersteht oder unempfänglich für sie ist. Um die Aufmerksamkeit eines Kundenkreises zu wetteifern, dessen Diskurs von der Sprache der Medien und des Kommerzes geformt wird und der erwartet, dass Text zur Verdeutlichung von entsprechenden Bildern begleitet wird, ist ein schwieriges Unterfangen. Und es erscheint ja vernünftig, veränderten Lebensumständen mit veränderten Diskursweisen entgegenzukommen. Zwar kann ich mich für den Erfolg solcher Bemühungen nicht verbürgen, aber ich vermute, dass die «Modernisierung» von Gottes Wort sich gelohnt hat – sonst wären derartige Versuche nicht so zahlreich.

Die Vermarktung von Religion erfordert neue Strategien, neue Reize und eine Relevanz, die unmittelbar und nicht kontemplativ ist. Daher gelingt der modernen Sprache zwar die Akquise von Konvertiten und die spirituelle Versorgung der Gefestigten, doch sie ist gezwungen, alles auf den Nenner der größtmöglichen Zugänglichkeit zu bringen und ihre Subtilität, ihr Mysterium zugrunde zu richten, um ihren Effekt zu sichern. Gleichwohl scheint sie ein bescheidener Ersatz für die Sprache zu sein, die sie zu ersetzen trachtet, und zwar nicht nur, weil sie Ambiguität, Tiefe und moralische Autorität opfert, sondern auch, weil ihre Techniken eher Verstärkung als Befreiung sind.

Ich will damit nicht andeuten, dass es keine großartigen Predigten, keine ungemein klugen Essays, aufschlussreichen Gedichte, bewegenden Lobpreisungen oder eleganten Erörterungen gibt. Natürlich gibt es sie. Und ich will auch nicht andeuten, es gebe keine persönliche Sprache, kein Gebet, das nicht verblüffend ist in seiner Kreativität, seinen heilenden Eigenschaften, seiner schieren intellektuellen Kraft. Aber diese rhetorischen Formen eignen sich nicht für längere erzählende Prosa. Moderne Erzählformen sind bar jeder religiösen Sprache, die nicht den größten Teil ihrer Nahrung aus Anspielungen auf heilige Texte oder Zitate daraus bezöge.

Ist es möglich, eine religiös grundierte Prosaerzählung zu schreiben, die sich nicht ganz oder im Wesentlichen auf biblische Sprache stützt? Ist es möglich, die Erfahrung und den Weg des Glaubens frisch zu gestalten, so neu und sprachlich unbelastet, wie sie es für die ersten Gläubigen waren, die noch keine Sammlung von Büchern hatten, auf die sie sich stützen konnten?

Ich habe mich für diese Aufgabe, diese Verpflichtung zum Teil deshalb entschieden, weil mich die Herabwürdigung religiöser Sprache in der Literatur beunruhigt, ihr klischeehafter Ausdruck, ihre Apathie, ihre Weigerung, sich mit marktfernem Vokabular aufzutanken (oder, andersherum, ihr Beharren darauf, sich mit Marketing-Vokabular aufzutanken), ihr Verzicht auf philosophische Klarheit zugunsten einer populärpsychologischen Terminologie, ihr patriarchaler Triumphalismus, ihre moralisch bankrotte diktatorische Praxis, die unverdienten Glückwünsche, die sie sich selbst eher für ihre Show-Qualitäten als für ihren Inhalt zuerkennt, ihr schwaches Selbstbewusstsein.

Wie kann ein Romanautor Seligkeit in nicht sexuellen, nicht orgiastischen Begriffen darstellen? Wie kann ein Romanautor in einem Land des Überflusses unverdiente, grenzenlose Liebe darstellen, diejenige, die «alles Begreifen übersteigt», ohne das Konsumentenvergnügen an einem Lottogewinn heraufzubeschwören? Wie soll man im Zeitalter von Themenparks das Paradies heraufbeschwören?

Die Antwort lautet leider, dass ich es bis jetzt nicht kann. Stattdessen habe ich mich für eine andere Strategie entschieden, um diese bezeichnenden, altmodischen Leidenschaften und Konflikte konkret werden zu lassen: nicht durch den Gebrauch von hymnischen, schwelgerischen, großen Worten und dergleichen, sondern dadurch, dass ich ihre Konsequenzen beschreibe.

An dieser Stelle möchte ich nun tun, was ich immer tue, wenn Fragen nur im Akt des Geschichtenerzählens beantwortet werden können: Ich beginne mit der Geschichte.

«Das weiße Mädchen erschießen sie zuerst. Mit den anderen können sie sich Zeit lassen.»

GRENDEL UND SEINE MUTTER

Sie werden mir hoffentlich zustimmen, dass das literarische Werk, auf das ich mich heute beziehen will, «unserer Kenntnis der Wirklichkeit in der Gegenwart» entspricht, wie einer seiner Übersetzer geschrieben hat. Und ich hoffe, Sie entdecken in den Assoziationsfäden, die ich mit mittelalterlichem wie auch modernem Fingerspitzengefühl spinnen werde, einen fruchtbaren Boden, auf dem wir unsere heutige Welt einschätzen können.

Ich erzähle Ihnen jetzt eine Geschichte. Einerseits, weil Erzählung unser Wissen vermutlich am effektivsten ordnet, und zum anderen, weil ich nun einmal Geschichtenerzählerin bin. Das Schreiben fordert mich auf eine Weise wie nichts sonst. Der Sprache auf der Spur zu sein, ob im Werk anderer Autoren oder im Schaffensprozess des Schreibens selbst, ist für mich Mission. Sich in Literatur zu vertiefen, ist weder Flucht noch garantiert es Trost – für mich bedeutet es eine ständige, manchmal brutale, immer provokative Auseinandersetzung mit der gegenwärtigen Welt, den Themen der Gesellschaft, in der wir leben. Sie werden also kaum überrascht sein, dass ich heute alte, aber keineswegs uns ferne Quellen zitiere. Dies ist die Geschichte. Und während ich sie erzähle, kommt Ihnen vielleicht manches an Ereignissen, Rhetorik und Aktionen aus heutigen bewaffneten Konflikten und gewalttätigen Unruhen bekannt vor.

Es war einmal ein menschenfressender Unhold von nie dagewesener Grausamkeit und einem Appetit ohnegleichen, der sein Unwesen zumeist in der Nacht trieb und sich vornehmlich auf die Menschen eines bestimmten Königreichs konzentrierte, allerdings nur, weil es dem Unhold so beliebte. Er hätte eindeutig jedweden überall hinmetzeln können. Er hieß Grendel und brachte zwölf Jahre lang damit zu, das Vieh, die Vasallen und Bürger Skandinaviens in Stücke zu reißen, zu zermalmen und zu verschlingen.

Der Anführer des belagerten Landes lebte in einer großen Methalle, zusammen mit seiner Königin, seiner Familie, seinen Freunden, Bewachern und Beratern sowie einer stattlichen Armee von Helden. Jede Nacht, sobald sich der Anführer zur Ruhe bettete, wurden Wachen und Krieger abgestellt, die die Halle und ihre Bewohner beschützen und nach Möglichkeit den nächtlichen Feind erschlagen sollten. Und jede Nacht wieder pflückte Grendel sie von der Stelle wie reife Kirschen von einem immerdar fruchtbaren Baum. Das Königreich versank in Trauer und Hilflosigkeit; zerfressen von Gram über die Toten, voller Kummer angesichts der Vergangenheit, voller Angst vor der Zukunft. Es ging ihnen wie den Finnen in einer ihrer Sagen: «gefangen im großen Laufrad der Notwendigkeiten, einem Treue- und Tapferkeitskodex hörig, dazu verdonnert, in den Augen einer kriegerischen Welt Ruhm und Ehre zu erringen. Die kleinen Nationen scharen sich um ihren Herrscher, die größeren suchen Streit und bedrohen die kleinen; ein Herrscher stirbt, es folgt Schutzlosigkeit, der Feind schlägt zu, Rache für die Toten wird zur Ethik für die Lebenden, Blutvergießen erzeugt neues Blutvergießen, das Rad dreht sich, und eine Generation nach der anderen treibt es an.»

Niemanden jedoch beschäftigte die Frage, niemanden trieb um, wer Grendel war und warum er sie überhaupt auf seine Speisekarte gesetzt hatte. Nirgends in der Geschichte wird diese Frage gestellt. Und zwar aus einem einfachen Grund: Das Böse hat keinen Vater. Es ist übernatürlich und existiert ohne Begründung. Grendel werden seine Handlungen von seiner Natur diktiert, der Natur eines fremden Geistes – von einem unmenschlichen Zug. Grendel ist die Quintessenz desjenigen, der uns hasst, der uns nicht nur nach dem Leben trachtet, sondern sich an unserem Tod auch noch bereichern will: über Nahrungsmittel, Land, Wasser, Reichtümer – was auch immer; wie bei Genozid, ethnischer Säuberung, Massenmord oder individuellen Attentaten aus Profitgier üblich. Grendel fehlen jedoch sämtliche Beweggründe: Niemand hatte ihn angegriffen oder beleidigt, niemand hatte sein Heim überfallen oder ihn aus seinem Territorium vertrieben, niemand hatte ihn bestohlen oder mit seinem Zorn gestraft; offensichtlich hat er sich weder verteidigt noch an irgendjemandem Rache geübt. Kein Mensch wusste, wer er überhaupt war. Er hatte keinen Zorn auf die Dänen; er wollte weder ihr Land regieren noch ihre Bodenschätze plündern, noch ihre Frauen vergewaltigen, man konnte also auch nicht mit ihm diskutieren. Weder Bestechung noch Verhandlungen, weder flehendes Bitten noch Tauschangebote hätten ihn zur Räson gebracht. Menschen hingegen, selbst die korruptesten, egoistischsten und ignorantesten, können rationalen Argumenten zugänglich gemacht werden, sind erziehbar, belehrbar und, ganz wichtig, begreifbar. Menschen haben Begriffe für Wahnsinn, Erklärungen für das Böse und ein Vergeltungssystem für solche, die Verstöße begehen oder als Verbrecher eingestuft werden. Grendel dagegen war nicht zu begreifen und nicht fassbar; er war das Ungeheuer par excellence: ohne Intelligenz, ohne verständliche Sprache. Auf den Illustrationen, mit denen man ihn sich ausgemalt hat, und in der Sprache, in der er beschrieben wurde, ist Grendel hässlich: haarig, der Körper gebückt und übelriechend, am liebsten auf allen vieren. Aber selbst ohne die Klauen und haiartigen Zahnreihen, selbst wenn er schön gewesen wäre, hätte das den Schrecken nicht gemindert; allein seine Anwesenheit war eine Beleidigung für die Welt.

Irgendwann kommt natürlich ein tapferer und durchtrainierter Held namens Beowulf des Wegs und erbietet sich, das Königreich von der Heimsuchung zu befreien. Er reist mit seinem Tross von Kriegern ins Land, tut seine Absicht kund und wird mit offenen Armen empfangen. In der ersten Nacht, nach einer Feier, um die Kräfte zu bündeln und sich Mut zu machen, ist der Krieg auch schon gewonnen – so dachte man jedenfalls. Als das Monster auftaucht, ist nur ein Mann Verlust zu beklagen, dann reißt Beowulf Grendel den Arm aus, sodass das Scheusal sich blutend, hinkend und stöhnend nach Hause zu seiner Mutter schleppt und dort stirbt.

Zu seiner Mutter, jawohl. Vorhin habe ich behauptet, das Böse habe keinen Vater, aber wenig überraschend hat Grendel sehr wohl eine Mutter. In waschechter Epen- und Folklore-Tradition ist der Repräsentant des Bösen weiblichen Geschlechts. Ein Ungeheuer muss schließlich erst einmal geboren werden, und wie bei den Schwestern der Scheusalsmutter – Eva, Pandora, Lots Weib, der schönen Helena sowie der Frauengestalt, die an Miltons Tor zur Hölle sitzt und bösartige Hunde gebiert, die sich gegenseitig zerfleischen und aus dem Leib ihrer Mutter Wurf für Wurf immer wieder Nachschub beziehen – wie bei diesen Schwestern also stellt sich heraus, dass Grendels Mutter noch schlimmer, noch mehr «zuständig» für das Böse ist als ihr Sohn. Interessanterweise hat sie keinen Namen und kann auch nicht sprechen. (Ich würde diesen Bildern gern nachgehen, aber bei anderer Gelegenheit.) Dieses stumme, abstoßende Wesen ist also Mutter und hat, anders als ihr Kind, nun ein Mordmotiv – daher macht sie sich unverzüglich auf den Weg, um ihren Sohn zu rächen. Sie rückt zur Methalle vor, platzt in die Siegesfeier der Krieger und stopft sich den mitgebrachten Beutel mit deren zugerichteten Leichen voll. Ihr Racheakt löst einen zweiten, noch entschlosseneren Vorstoß von Seiten Beowulfs aus, diesmal bis ins Territorium des Monsters, bis in sein Zuhause. Beowulf durchschwimmt vor Dämonen wimmelnde Wasser, wird gefangen genommen und entwaffnet und muss zu guter Letzt in der Höhle der Mutter mit bloßen Händen zupacken. Er kämpft mit Macht, aber ohne Erfolg. Plötzlich kann er durch einen glücklichen Zufall ein Schwert aus dem Besitz von Grendels Mutter ergreifen. Mit ihrer eigenen Waffe schlägt er ihr den Kopf ab; anschließend der Leiche von Grendel. Und dann geschieht etwas Kurioses: Das Blut des Opfers bringt das Schwert zum Schmelzen. Die gängige Interpretation besagt, das Blut des Ungeheuers sei so schändlich, dass es selbst Stahl schmelzen lässt, doch das Bild von Beowulf mit dem Kopf der Mutter in der einen Hand und dem nutzlosen Heft in der anderen lädt zu vielschichtigeren Interpretationen ein: beispielsweise der, dass Gewalt als Mittel gegen Gewalt, unabhängig von Gut und Böse, von Recht und Unrecht, vielleicht an sich so verdorben ist, dass das Racheschwert sich aus Scham oder vor Erschöpfung in nichts auflöst.

Beowulf ist ein klassisches Epos vom Sieg des Guten über das Böse; von unvorstellbarer Brutalität, die durch schiere

Körperkraft bezwungen wird. Tapferkeit, Opfermut, Ehre, Stolz, Lohn in Form von Reputation und Wohlstand – all das bekommt in dieser spannenden mittelalterlichen Geschichte seine Bühne. Bei solchen Heldenerzählungen geht es nicht um Feinheiten; Gut und Böse sind klar, ja, grell unterschieden, der Triumph des einen über das andere ist verdient, gerechtfertigt und süß. Wie Beowulf selber sagt: «Für jeden Krieger ist es besser, den Freund zu rächen als viel zu trauern. (…) Erhebe dich, Herrscher der Dänen, lass uns hurtig ziehen, die Spuren von des Frevlers Mutter zu finden! Das verheiße ich dir: Sie findet keine Zuflucht, nicht unter der Erde noch auf bewaldetem Berg noch auf dem Grunde des Meeres, ganz gleich, wohin sie auch geht!»

Unsere heutige Gesellschaft beschleicht jedoch ein ungutes Gefühl bei der Vorstellung des reinen, unmotivierten Bösen genauso wie bei allzu frommer, unbescholtener Tugend; zeitgenössische Schriftsteller und Geisteswissenschaftler möchten differenzieren.

In Frage gestellt werden die zwangsläufigen, aber einseitigen Erwartungen an dieses Heldennarrativ zum Beispiel von einem zeitgenössischen Autor, dem 1982 verstorbenen John Gardner, in seinem Roman namens *Grendel*. Aus der Perspektive des Monsters erzählt, ist *Grendel* eine Tour de Force und ein intellektuelles und ästhetisches Unterfangen, das schon fast als heimliche Folie für unsere Versuche gelten kann, mit dem globalen Dauerkrieg zurechtzukommen, dem wir uns heute ausgesetzt sehen. Der Roman stellt die Frage, die im Epos ausgeklammert bleibt: Wer ist Grendel? Der Autor lädt uns ein, uns in Grendel hineinzuversetzen und die Annahme, das Böse sei himmelschreiend unbegreiflich, willkürlich und durch nichts zu entschlüsseln, auf den Prüfstand zu stellen.

Indem er mit Grendels Stimme spricht, dessen Standpunkt vertritt, hat Gardner sofort etabliert, dass Grendel anders als die Figur in dem Heldengedicht durchaus vernunftbegabt und kein wildes Tier ist – ja, Grendel reflektiert sogar im Moment des Kennenlernens durch den Leser eben darüber, über die Natur echter wilder Tiere: In der Eröffnungsszene des Romans beobachtet er einen Widder und denkt sich dabei: «Glaubt nicht, mein Gehirn würde, wie das des Widders, von den Wurzeln eines Gehörnes zusammengequetscht». Und weiter: «Warum können diese Kreaturen nicht endlich ein wenig Würde an den Tag legen?»

Gardners Version arbeitet mit derselben Handlung und denselben Figuren wie das Original und bedient sich ähnlicher Zuschreibungen und Konventionen: Bei den Frauen haben zum Beispiel nur die Königinnen einen Namen. Falls Grendels Mutter einen Namen haben sollte, ist der so unaussprechlich, wie sie sprachlos ist. Seamus Heaney betont in der Einleitung zu seiner *Beowulf*-Übersetzung die Relevanz der Bewegung des Bösen von außen nach innen, vom Rand der Welt bis ins Innere des Schlosses, und er rückt die Kunstfertigkeit des Gedichts, seine «ungeheure sprachliche Brillanz» in den Vordergrund. Gardner hingegen geht es um das Innenleben – die Emotionen, das Bewusstsein – des Bösen schlechthin, und er etabliert den Dichter vor allem als jemanden, der in der Unordnung der Welt Ordnung stiftet, der disparate Geschichten in einen sinnvollen Zusammenhang bringt. In Gardners Roman erfahren wir, dass Grendel sich von dem Widder, der von seiner Vergangenheit nichts weiß und sich an nichts erinnern kann, ganz wesentlich unterscheidet. Wir erfahren außerdem, dass Grendel sich am Anfang des Romans vor Hass verzehrt und darauf weder stolz ist noch sich dessen schämt. Und wir erfahren, dass er die Überlebenden seiner Amokläufe verachtet. Als er einmal beobachtet, wie die Dänen ihre Toten begraben, beschreibt er die Szene folgendermaßen: «An der Hügelflanke beginnt, langsam wie ein Grabgesang, die Schaufelei. Sie werfen einen Erdhaufen für den Brandstoß auf, für all die Arme oder Beine oder Köpfe, die ich in der Eile liegengelassen habe. Währenddessen sind droben in der verwüsteten Halle die Handwerker am Hämmern, ersetzen (...) die Tür, fleißig und hirnlos wie Arbeitsameisen – außer dass sie törichte kleine Änderungen vornehmen, mit dogmatischer Unverdrossenheit etliche Eisenbolzen, etliche Eisenbänder mehr anbringen.» Diese Verachtung erstreckt sich weiter auf die Welt im Allgemeinen. «Ich verstand, dass die Welt nichts war: ein mechanisches Chaos zufälliger, fühlloser Feindseligkeit, dem wir in unserer Einfalt unsere Ängste und Hoffnungen aufpfropfen. Ich verstand, dass schließlich und endlich nur ich alleine wirklich bin. Alles sonst, erkannte ich, ist lediglich das, was mich herumschubst oder wogegen ich mich anstemme, blindlings – so blindlings, wie sich alles das, was nicht ich selber bin, wiederum gegen mich stemmt. Ich erschaffe das gesamte Universum – Lidschlag für Lidschlag.»

Grundlegendes Thema des Romans sind jedoch die Möglichkeiten, die sich Grendel eröffnen – zunächst in seiner Begegnung mit gestalteter, durchdachter, kunstvoller Sprache (im Gegensatz zu Lauten, Grunzern, Schreien, Brustgetrommel) und dann in seinem Dialog mit dem Drachen auf dem Berg aus Gold, den dieser seit Jahrhunderten hütet. Bei der Begegnung mit dem Dichter, genannt «der Bildner», erfährt er von der für ihn einzigen Möglichkeit für eine Wandlung: Grendel erkennt, dass die Lieder des Bildners Lug und Trug sind. Er hat die menschlichen Kämpfe und Schlachten genau beobachtet und weiß sehr wohl, dass sie nicht so glorreich verlaufen, wie es aus dem Mund des Bildners wirkt. Trotzdem lässt er sich von der Sprache des Bildners verführen, weil sie die Kraft hat zu verwandeln, noble Instinkte zu wecken und einen von niederträchtigen Handlungen abzubringen. Grendel beschreibt die Macht des Dichters wie folgt: «Er bildet die Welt um. (…) Das gibt schon sein Name zu verstehen. Er starrt befremdet in die seelenlose Welt und verwandelt trocken Holz zu Gold.» Erst angesichts dessen gestalteter, gehobener, gebundener Sprache ist Grendel dazu in der Lage, Schönheit zu betrachten, Liebe zu erkennen, Mitgefühl zu empfinden, Gnade zu ersehnen und Scham zu spüren. Und erst angesichts der Vorstellungskraft des «Bildners» versieht er Eigenschaften mit einem Sinn. Kurz: Er entwickelt einen verzweifelten Hunger nach einer zutiefst menschlichen Existenz. «Wegen Hrodgars Redlichkeit», sagt er, «war mir leicht ums Herz, und der Gram über meine Mordgier lastete mir schwer wie Blei auf dem Gemüt.» Überwältigt von diesen Reflexionen über die Redlichkeit geht er zur Methalle und fleht weinend um Gnade, voller Sehnsucht nach Gemeinschaft, um seine grenzenlose Einsamkeit zu lindern. «Ich torkelte samt meiner Last ins Freie und hügelaufwärts auf die Halle zu. ‹Erbarmen!›, ächzte ich. ‹Frieden!› Die Harfe hörte abrupt zu spielen auf, und die Leute kreischten.(…) Betrunkene Männer stürzten mit der Streitaxt auf mich los. Ich sank auf die Knie und schrie: ‹Freund! Freund!› Sie hackten auf mich ein und jaulten wie die Straßenköter.» Folglich zieht er sich wieder auf seinen rasenden, namenlosen Hass zurück. Doch noch immer ist er in Aufruhr, ist hin und her gerissen zwischen «Tränen und lautem Hohngeschrei», und er macht sich auf den Weg zu dem Drachen, um auf seine kosmischen Fragen Antworten zu erhalten: Warum bin ich hier? Was ist Gott? Was ist die Welt?

Am Ende eines langen, faszinierenden Streitgesprächs voller Bitterkeit, Zynismus und Indifferenz auf Seiten des Drachens erhält Grendel von diesem einen einzigen Rat: «Suche dir etwas Gold zusammen und setz dich wie eine Glucke drauf.» Genau an der Nahtstelle zwischen Grendels Vermutung, eine vornehme Redeweise ziehe auch vornehmes Verhalten nach sich (so wie eine schwächliche, hohle Redeweise schwächliches, hohles Verhalten nach sich ziehe) und den Ansichten des Drachens über die Dummheit, Trivialität und Irrelevanz des Menschen sowie dessen Weigerung, «Fürsprache und freie[n] Wille[n]» einzusetzen – genau dort liegt der Dreh- und Angelpunkt für bürgerliches und intellektuelles Leben. Grendels Dilemma ist unseres. Es ist die Verbindung zwischen dem Bildner und dem Drachen; zwischen dem heiligen Augustinus und Nietzsche, zwischen Kunst und Naturwissenschaft; zwischen Altem und Neuem Testament, zwischen Schwertern und Pflugscharen. Es ist der Raum für das Denken sowie der Akt des Denkens selbst; es ist ein Magnetfeld, das uns weg vom Reagieren und hin zum Überlegen lotst. Es ist die Abkehr von einfachen Antworten und Gewalt, nur weil einem in Krisensituationen nichts Besseres einfällt.

Absolute Antworten, so wie Grendel sie wollte, und zynische Antworten, so wie der Drache sie gab, können unseren öffentlichen Diskurs verwässern oder in die Irre leiten. In diesem Land, wo dem Wettbewerb gehuldigt wird und Krisen die Medienmaschinerie am Laufen halten, wo Homogenität genauso wie Unterschiedlichkeit, Diversität genauso wie Konformität als nationale Ideale gelten, wird von uns verlangt, dass wir sowohl vor Gewalt zurückschrecken als auch sie uns zu eigen machen; dass wir schwanken zwischen dem Impuls, um jeden Preis der Beste zu sein und uns um unseren Nachbarn zu kümmern; zwischen der Angst vor dem Fremden und der Behaglichkeit des Vertrauten; zwischen der Blutfehde der Skandinavier und der Sehnsucht des Monsters nach Geborgenheit und Gemeinschaft. Es war diese Zerreißprobe, die Grendel schließlich zu Fall gebracht hat und die den nationalen, pädagogischen und privaten Diskurs in unserem Land lähmt oder gar unmöglich macht.

Eine Krise ist ein aufgeheiztes, manchmal blutiges, offenkundig gefährliches, immer unter einer gewissen Spannung stehendes Aufeinandertreffen von Ereignissen und Meinungen zu diesen Ereignissen. Unbeständigkeit, Dramatik und ein Gefühl von Bedrohung liegen in der Luft. Ähnlich wie ein Krieg verlangt die Krise «endgültige Lösungen» sowie schnelles und entschiedenes Handeln – um Flammen zu löschen, Blut abzukühlen, Gewissen zu beschwichtigen.

Manchmal ist der Wunsch nach schnellem und entschiedenem Handeln so stark, dass mit allen Mitteln versucht wird, die Krise einer drohenden Krise zu verhindern. Die Tatsache, dass praktisch jede ungewisse Lage und jedes gesellschaftliche Problem zur Krise hochstilisiert wird, hat Trägheit, wenn nicht gar Lähmung in der Gesellschaft zur Folge. Außerdem resultiert daraus ein gesteigerter Appetit auf eine immer spannendere, intensivere Darstellung von Krisen. (Man denke nur an die Fülle inszenierter Krisen in der Fernseh-Unterhaltung – Überlebenstraining in Drittweltländern unter Menschen, für die das Überleben beileibe kein Spiel ist.) Dieser Appetit unterscheidet sich nicht von tauber Gefühllosigkeit, ja, er ist lebhafter Ausdruck davon. Aber wenn der Hunger nach blutigen Eroberungsbildern erst einmal geweckt wurde, ist er nicht leicht zu stillen.

Ich habe mich dieser medialen Auffassung von Krisen so eingehend gewidmet, weil ich die Krise vom Konflikt unterscheiden möchte. Ein Konflikt ist das Aufeinandertreffen unvereinbarer Kräfte, Bildner kontra Drache; ein Missklang, der nach Angleichung, Veränderung oder einem Kompromiss ruft. Bei einem Konflikt wird anerkannt, dass sich legitime Gegensätze gegenüberstehen, unterschiedliche, aber saubere Interpretationen von Daten, miteinander wetteifernde Theorien. Solche Gegensätze eskalieren manchmal bis zur Gewalt, manchmal ist das vielleicht auch unumgänglich, aber im akademischen Umfeld sollte, ja muss man andere Wege beschreiten. Wenn überhaupt so etwas wie Bildung stattfinden soll, müssen wir sie vielmehr willkommen heißen, müssen uns darüber freuen. Konflikte in den akademischen Hallen sind etwas ganz anderes als Konflikte in Spielhallen oder auf dem Schlachtfeld. In den akademischen Hallen ist der Konflikt, anders als in den Spielhallen, kein Spiel am Monitor, das zum Selbstzweck gespielt wird, und auch kein gesellschaftlicher Fauxpas, den es um jeden Preis zu vermeiden gilt. Er hat nur deshalb einen so schlechten Ruf, weil uns beigebracht wurde, ihn mit Siegen und Verlieren in Verbindung zu bringen, mit dem unbedingten Bedürfnis, recht zu haben, das Alphatier zu sein. Also mit Gewalt. Konflikt ist aber nicht einfach ein anderes Wort für Krise, Krieg oder Konkurrenz. Der Konflikt ist eine notwendige Bedingung intellektuellen Lebens und für meine Begriffe das Schöne daran. Seinen Verstand in Gang zu setzen, damit er mit etwas ringt – genau dafür ist unser Verstand doch gemacht, einen anderen Zweck hat er gar nicht. So wie der Körper sich immer wieder bemüht, Abnutzungserscheinungen zu reparieren, um sich am Leben zu erhalten, so lechzt der Verstand nach Erkenntnis. Wenn er nicht damit beschäftigt ist, etwas zu ergründen, verwahrlost er.

Der Intellekt ist tatsächlich so etwas wie ein Palast mit vielen Räumen. Nicht nur hat er einen Sinn für Symmetrie und das unerhört Schöne, er kann auch erfinden und imaginieren, und vor allem kann er eins: in die Tiefe gehen.

Ich möchte gern glauben, dass John Gardner mit seiner Sicht der Dinge recht behält: dass die Sprache – eine sachkundige, gestaltete, durchdachte Sprache – zu der Geste wird, die der Krise Einhalt gebietet und die einer kreativen, konstruktiven Konfliktbewältigung Luft zum Atmen verschafft, sodass wir in unserem Alltag aufgerüttelt und in unserem Denken beflügelt werden. Für die Demokratie lohnt es sich zu kämpfen, darüber besteht kein Zweifel. Für den Faschismus lohnt es sich nicht, auch darüber besteht kein Zweifel. Und die Demokratie muss erkämpft, muss immer wieder in der intellektuellen Auseinandersetzung erstritten werden. Der Faschismus kommt von selbst. Man muss nur mitmachen, den Mund halten, einverstanden sein und gehorchen, bis das Blut von Grendels Mutter ihre eigene Waffe vernichtet, und die Siegerwaffe dazu.

DER AUTOR VOR DER SEITE

Ich kannte einmal eine Frau namens Hannah Peace. Wobei «kannte» eigentlich zu viel gesagt ist. Ich war vielleicht vier Jahre alt, als sie in der Stadt war, in der ich lebte. Ich weiß nicht, wo sie jetzt ist (oder ob sie überhaupt noch lebt), und erinnere mich auch nicht, mit wem sie damals zu tun hatte. Sie war nicht einmal eine Bekannte auf Besuch. Und bis auf den heutigen Tag könnte ich sie nicht so beschreiben, dass man sie auf einem Foto erkennen würde, noch würde ich sie erkennen, wenn sie in dieses Zimmer träte. Aber ich habe eine Erinnerung an sie, und zwar folgende: die Farbe ihrer Haut – deren matter Glanz. So etwas wie ein lilafarbener Ton. Außerdem nicht vollständig geöffnete Augen. Sie strahlte eine Unnahbarkeit aus, die mir wohlwollend erschien. Am deutlichsten aber erinnere ich mich an ihren Namen – oder vielmehr daran, wie die Leute ihn aussprachen. Niemals Hannah oder Miss Peace. Immer Hannah Peace – und noch etwas. Etwas Verborgenes, eine gewisse Ehrfurcht vielleicht, bestimmt aber etwas Verzeihendes. Wenn sie ihren Namen aussprachen, verziehen sie (die Frauen und die Männer) ihr irgendetwas.

Das ist nicht viel, ich weiß: halb geschlossene Augen, das Fehlen jeglicher Feindseligkeit, Haut, die wie lila bestäubt aussah. Aber es war mehr als genug, um eine literarische Figur heraufzubeschwören – tatsächlich hätte jedes weitere Detail die Entstehung einer literarischen Figur (für mich) schlichtweg verhindert. Nützlich – maßgeblich – ist die Galaxie von Emotionen, die mit der Frau einhergingen, während ich meine Erinnerung an sie weiterverfolgte, nicht die Frau selbst.

In dem Beispiel von Hannah Peace war es der Umstand, dass man ihr leicht verzieh, der meine Aufmerksamkeit erregte, und diese Eigenschaft, an die ich mich im Zusammenhang mit dem Schemen einer Frau, die meine Mutter kannte, zu erinnern glaube, ist das Thema von *Sula.* Die Frauen verzeihen einander – oder lernen es. Sobald sich dieses Stück der Gesamtkonstellation zeigte, dominierte es die anderen Stücke. Im nächsten Schritt ging es darum dahinterzukommen, was es unter Frauen zu verzeihen gibt. Dergleichen galt es nun zu erörtern und zu erfinden, weil ich in Erzählform von weiblichem Verzeihen sprechen wollte. Was es zu verzeihen gibt, sind schwerwiegende Fehler und massive Vergehen, wobei es weniger um das geht, was es zu verzeihen gibt, als um Wesen und Beschaffenheit des Verzeihens selbst, unter Frauen, das heißt, um Freundschaft unter Frauen. Was man in einer Freundschaft hinnimmt, wird vom emotionalen Wert der Beziehung bestimmt. Doch *Sula* handelt nicht (bloß) von Freundschaft zwischen Frauen, sondern zwischen schwarzen Frauen: Diese nähere Bestimmung geht mit einer künstlerischen Verantwortung einher, über die ich mir Rechenschaft ablege, bevor ich mich überhaupt der Seite nähere. Vor dem Akt des Schreibens, vor dem leeren Notizblock oder dem weißen Blatt stehen die Prinzipien, die die Vorstellung des Schreibens prägen. Auf sie komme ich gleich zurück.

Meine Literatur soll den Leser zu einer aktiven Teilnahme an der nichtnarrativen, nichtliterarischen Erfahrung des Textes anhalten. Und ihm das zu verweigern, erschwert es ihm (dem Leser), sich auf eine gelassene, distanzierte Aufnahme von Fakten zu beschränken. Wenn man ein sehr gutes Gemälde betrachtet, dann geht die Erfahrung des Betrachtens tiefer als die bei seiner Anschauung gesammelten Fakten. Das Gleiche, meine ich, gilt beim Hören von guter Musik. Wie der literarische Wert eines Gemäldes oder einer musikalischen Komposition begrenzt ist, so ist auch der literarische Wert von Literatur begrenzt. Manchmal denke ich, wie herrlich es gewesen sein muss, im England des sechzehnten Jahrhunderts Dramen, vor Christi Geburt in Griechenland Gedichte oder AD 1000 religiöse Erzählungen zu verfassen, als die Literatur Bedürfnis war und keine kritische Geschichte hatte, welche die Phantasie des Autors einschränkte oder schmälerte. Wie großartig, nicht von den literarischen Assoziationen des Lesers – seiner literarischen Erfahrung – abzuhängen, die ebenso zur Verarmung seiner Phantasie wie der des Autors führen kann. Es ist wichtig, dass das, was ich schreibe, nicht bloß literarisch ist. Ich achte in meinem Werk streng darauf, nur ja keine literarischen Posen einzunehmen. Ich vermeide, vielleicht zu gezielt, Namedropping, Aufzählungen und literarische Verweise, ausgenommen versteckte und auf schriftlich überlieferter Folklore beruhende. Die Wahl einer Erzählung oder eines Stücks Folklore ist so auf die Gedanken oder Handlungen einer Figur zugeschnitten, dass sie diese kennzeichnet und für Ironie, zuweilen auch für Humor sorgt.

Milchmann, der im Begriff steht, die älteste schwarze Frau der Welt kennenzulernen, die Mutter der Mütter, die sich ihr Leben lang um hilflose andere gekümmert hat, denkt, als er ihr Haus betritt, an ein europäisches Märchen, «Hänsel und Gretel», eine Geschichte über Eltern, die ihre Kinder in einem Wald aussetzen, und eine Hexe, die sie verspeisen will. An dieser Stelle wird seine Verwirrung, seine Unwissenheit und Verwirrung in Bezug auf «Rasse» und Kultur gekennzeichnet. Gleichermaßen markiert wird Hagars Bett durch die Bezeichnung «Goldlöckchen-Bettchen». Teils, weil sie gedanklich ständig um Haare kreist, teils, weil Hagar wie Goldlöckchen, ein Eindringling par excellence, nach materiellen Dingen giert, keine Rücksicht auf Eigentumsrechte und den Raum anderer nimmt und ebenso selbstsüchtig wie verwirrt ist.

Diese absichtliche Vermeidung literarischer Verweise ist mir zur festen, wenn auch langweiligen Gewohnheit geworden, nicht nur, weil sie zu Posen führen, nicht nur, weil ich die Legitimation verweigere, die sie verleihen, sondern auch, weil sie nicht zu einer Literatur passen, wie ich sie schreiben möchte, zu den Zielen dieser Literatur und zur Disziplin der speziellen Kultur, die *mich* interessiert. (Betonung auf *mich*.) In den Händen von Autoren, die ich liebe, können literarische Verweise überaus aufschlussreich sein, aber sie können auch eine Behaglichkeit schaffen, die ich dem Leser nicht zugestehen mag, weil ich möchte, dass er auf der gleichen Ebene reagiert, auf der ein ungebildeter oder vorliterarischer Leser reagieren müsste. Ich möchte seine herkömmliche Behaglichkeit untergraben, damit er eine unorthodoxe erleben kann: diejenige, sich in Gesellschaft seiner eigenen, auf sich allein gestellten Vorstellungskraft zu befinden.

In meinen Anfängen als Romanautorin konzentrierte ich mich sehr stark darauf, diese Unbehaglichkeit, dieses Unwohlsein zu schaffen, um darauf hinzuwirken, dass der Leser sich auf einen anderen Wissensfundus stützt. So schwach diese Anfänge 1965 auch waren, wiesen sie mich gleichwohl in Richtung des Prozesses, der mich 1982 beschäftigt: der Erinnerung zu vertrauen und Thema und Struktur aus ihr herauszufiltern. In *Sehr blaue Augen* lieferte die Erinnerung daran, was ich sah und empfand, als ich ein Mädchen meines Alters sagen hörte, sie bete für blaue Augen, das erste Stück. Dann versuchte ich, zwischen Stück und Teil zu unterscheiden (so wie ein Stück eines menschlichen Körpers etwas anderes ist als ein Teil eines menschlichen Körpers).

Während ich begann, aus Stücken Teile zu entwickeln, stellte ich fest, dass es mir lieber war, wenn sie unverbunden blieben – wenn sie zusammenhingen, sich aber nicht berührten – kreisten und nicht eine Reihe bildeten, weil die Geschichte dieses Gebets die Geschichte einer zerrütteten, zerbrochenen Erfahrung war, Folge eines zerrütteten, zersplitterten Lebens. Der Roman erwies sich als Komposition aus Teilen, die einander umkreisten, wie die Galaxie, die die Erinnerung begleitet. Mich ärgert der stückhafte, fragmentarische Aspekt der Erinnerung, weil wir allzu oft das Ganze wollen. Wenn wir aus einem Traum erwachen, wollen wir uns vollständig daran erinnern, obwohl das Fragment, an das wir uns erinnern, vielleicht – ja, sehr wahrscheinlich – das wichtigste Stück des Traums ist. Kapitel- und Teilbezeichnungen, wie sie in Romanen herkömmlicherweise verwendet werden, waren mir beim Schreiben nie sehr hilfreich. So wenig wie Gliederungen. (Dem Gestalter zuliebe und zur Erleichterung von Diskussionen über das Buch lasse ich ihre Verwendung zu. Normalerweise werden sie in letzter Minute vorgenommen.)

Die Art, wie Erinnerung zum Vorschein kommt, mag etwas Spielerisches und Willkürliches haben, nicht jedoch die Art, wie die Komposition gestaltet wird, besonders dann, wenn ich in der Entfaltung des erzählerischen Geschehens Spielerisches und Willkürliches nachzuschaffen hoffe. Die Form wird zur genauen Interpretation der Idee, die die Erzählung ausdrücken soll. Nichts könnte traditioneller sein – doch die Quellen der Bilder sind nicht die traditionell romanhaften oder leserischen. Das visuelle Bild eines zersplitterten Spiegels oder der Flur voller zersplitterter Spiegel in blauen Augen ist in *Sehr blaue Augen* Form wie Kontext.

Eines der Mittel zur Gestaltung von Wissen ist die Erzählung. Ich war immer der Meinung, dass sie auch das wichtigste Mittel zur Übermittlung und zum Empfang von Wissen darstellt. Inzwischen bin ich mir dessen weniger sicher – doch dass das Verlangen nach Erzählungen niemals nachgelassen hat, ist ein starkes Indiz, und der Hunger danach ist genauso groß wie damals auf dem Berg Sinai, auf Golgatha oder mitten in den Sümpfen. (Selbst wenn Romanautoren sie als überholte mimetische Form aufgeben oder ihrer müde werden, füllen Historiker, Journalisten und darstellende Künstler die entstandene Lücke.) Trotzdem, die Erzählung war und ist nicht genug, so wie auch das auf eine Leinwand oder eine Höhlenwand gemalte Objekt niemals bloß mimetisch ist.

Meine Übereinkunft mit dem Leser läuft nicht darauf hinaus, dass ich eine bereits bestehende (literarische oder historische) Wirklichkeit offenbare, über die er oder sie und ich uns schon vorher einig sind. Diese Art von Autorität will ich mir weder anmaßen, noch will ich sie ausüben. Ich betrachte das als bevormundend, obwohl viele Leute es als gefahrlos und beruhigend ansehen. Und weil mein Metier schwarz ist, unterliege ich den künstlerischen Ansprüchen der schwarzen Kultur, die so beschaffen sind, dass ich nicht bevormunden, kontrollieren oder dozieren kann. In der Dritten-Welt-Kosmologie, wie ich sie wahrnehme, ist die Wirklichkeit nicht schon durch meine literarischen Vorgänger aus der westlichen

Kultur konstituiert. Wenn mein Werk sich einer Wirklichkeit stellen soll, die anders ist als jene überlieferte Wirklichkeit des Westens, dann muss es vom Westen diskreditierte Informationen in den Mittelpunkt stellen und mit Leben erfüllen – diskreditiert, nicht weil sie nicht wahr oder nützlich oder gar von irgendeinem Wert im Hinblick auf «Rasse» wären, sondern weil es Informationen im Besitz von diskreditieren Menschen sind, Informationen, die als «Sagen und Märchen», «Tratsch», «Magie» oder «Rührseligkeit» abgetan werden.

Wenn mein Werk die ästhetischen Traditionen der afroamerikanischen Kultur wahrheitsgetreu widerspiegeln soll, muss es von den Besonderheiten ihrer Kunstformen bewusst Gebrauch machen und sie in Gedrucktes übersetzen: dem Wechselgesang, dem Gruppencharakter der Kunst, ihrer Funktionalität, ihrem improvisierenden Charakter, ihrer Beziehung zur Mitwirkung des Publikums, der kritischen Stimme, die Traditionen und Gemeinschaftswerte hochhält und dem Einzelnen außerdem Gelegenheit bietet, Gruppenrestriktionen zu transzendieren und/oder sich ihnen zu widersetzen.

Bei der Arbeit mit diesen Regeln kann der Text, wenn er Improvisation und Publikumsbeteiligung Rechnung tragen will, nicht die Autorität sein – er sollte die Landkarte sein. Er sollte dem Leser (dem Publikum) eine Möglichkeit bieten, sich an der Geschichte zu beteiligen. Die Sprache muss, wenn sie Kritik an Auflehnung wie an Tradition zulassen soll, sowohl Indikator als auch Maske sein, und aus der Spannung zwischen den beiden Arten von Sprache ergibt sich ihre Befreiung und ihre Macht. Wenn mein Werk eine Funktion für die Gruppe (sozusagen für das Dorf) haben soll, dann muss es Zeugnis ablegen und Gefahren wie auch mögliche Zufluchtsorte benennen; es muss benennen, was von der Vergangenheit nützlich ist und was ausgemustert gehört; es muss ermöglichen, sich auf die Gegenwart vorzubereiten und sie auszuleben; und zwar nicht, indem es Problemen und Widersprüchen ausweicht, sondern indem es sie untersucht; gesellschaftliche Probleme zu lösen, sollte es gar nicht erst versuchen, aber es sollte unbedingt darauf bedacht sein, sie zu verdeutlichen.

Bevor ich versuche, anhand von *Teerbaby* einige dieser Punkte zu veranschaulichen, muss ich noch rasch einfügen, dass es hervorragende und kraftvolle, intelligente und begabte schwarze Autoren gibt, welche die westliche Literatur nicht nur als Teil ihres eigenen Erbes anerkennen, sondern sich ihrer derart vorteilhaft bedient haben, dass beide Kulturen davon erhellt werden. Weder habe ich etwas gegen ihr Werk oder ihre Ansichten, noch stehe ich ihnen gleichgültig gegenüber. Vielmehr erfreue ich mich daran auf genau die gleiche Weise, wie ich mich an einer Welt von Literatur aus anderen Kulturen erfreue. Es geht nicht um Legitimität oder um die «Richtigkeit» eines Standpunkts, sondern um den Unterschied zwischen meinem Standpunkt und ihrem. Nichts wäre mir verhasster als ein monolithisches Rezept dafür, was schwarze Literatur ist oder sein sollte. Ich wollte lediglich schwarze Literatur schreiben, die unwiderruflich und unstreitig schwarz ist, nicht weil es ihre Figuren sind oder weil ich es bin, sondern weil sie sich die anerkannten und verifizierbaren Prinzipien schwarzer Kunst zur schöpferischen Aufgabe macht und sich durch sie beglaubigt sehen möchte.

TEERBABY

Sich die überlieferte Geschichte in Erinnerung rufen.

Sich weigern, eine moderne oder verwestlichte Version davon zu lesen.

Die Stücke herausfiltern, die verstörend oder schlicht denkwürdig sind: Angst, Teer, die Empörung des Kaninchens über einen Mangel an althergebrachtem Benehmen (das Teerbaby spricht nicht). Warum das Teerbaby gebaut wird, zu welchem Zweck, wogegen sich der Farmer damit schützen will und warum er glaubt, die Puppe sei für das Kaninchen verlockend (was weiß er, und was ist sein großer Fehler?). Warum zieht das Teerbaby mit dem Farmer an einem Strang, hilft dem Farmer, seinen Besitz zu schützen, will selbst beschützt werden? Was macht seinen Job wichtiger als den des Kaninchens, warum glaubt der Farmer, dass ein Dornengestrüpp eine ausreichende Strafe ist, was stellt das Dornengestrüpp für das Kaninchen, für das Teerbaby und für den Farmer dar?

GESTALTUNG

Die oben genannten Stücke zu Teilen zusammenfügen.

Sich auf Teer als Teil konzentrieren. Was ist Teer, und wo kommt er her; seine sakralen und seine profanen Verwendungen, deren Betrachtung zu einem Leitmotiv führt: ahistorische Erde und historische Erde. Wie dieses Thema in die Struktur übertragen wird.

1. Das Herauskommen aus dem Meer (dem, was vor der Erde da war) ist sowohl der Anfang als auch das Ende des

Buches – in beiden taucht Son in einem Teil, der nicht als Kapitel nummeriert ist, aus dem Meer auf.

2. Die Erde, die aus dem Meer gekommen ist, und ihre Eroberung durch den modernen Menschen; diese Eroberung aus dem Blickwinkel von Fischern und Wolken. Der Schmerz, den sie den eroberten Lebensformen bereitet.
3. Bewegung von der Erde in das Haus: seine Zimmer, seine Funktion als Zuflucht. Die Aktivitäten, für die die Zimmer bestimmt sind: Essen, schlafen, baden, Muße etc.
4. Die Häuser genauso zerrüttet, wie die Erde zerrüttet wurde. Das Chaos der Erde dupliziert in dem auf Ordnung ausgelegten Haus. Die Zerrüttung wird verursacht von dem Menschen, der, von den Ammoniakgerüchen der Geburt begleitet, aus dem Schoß des Meeres geboren wird.
5. Der Konflikt, der folgt, spielt sich zwischen den ahistorischen (den ursprünglichen) und den historischen (oder sozialen) Kräften ab, die der Verwendung von Teer innewohnen.
6. Ferner spielt sich der Konflikt zwischen zwei Arten von Chaos ab: dem zivilisierten Chaos und dem natürlichen Chaos.
7. Die Offenbarung ist somit die Offenbarung von Geheimnissen. Mit ein, zwei Ausnahmen hat jeder ein Geheimnis: begangene Taten (wie bei Margaret und Son), unausgesprochene, aber gleichwohl als Triebkräfte wirkende Gedanken (wie bei Valerian und Jadine). Und das tiefste und früheste Geheimnis von allen: dass so, wie wir anderes Leben beobachten, anderes Leben uns beobachtet.

Ich bitte diejenigen, die mit meiner Arbeit vielleicht nicht vertraut sind, um Entschuldigung dafür, dass ich mein eigenes Werk zur Veranschaulichung verwende. Hätte ich mich jedoch für Material von anderen Autoren entschieden, wäre die Möglichkeit, dass es manchen unbekannt ist, ebenso groß gewesen.

Meine Unfähigkeit, die Welt anders als sprachlich zu betrachten, bedeutet, dass ich außerstande bin, nicht über das Schreiben nachzudenken. Für mich ist das die «kohärente Welt». Deshalb finde ich es verblüffend, mit welcher Furcht manche Schriftsteller den Vorgang betrachten. Und mich langweilt, wie viel Druckerschwärze und Raum man dem Tod der erzählenden Literatur widmet, wo doch die Beerdigung nun schon länger dauert, als es die Kunstform selbst gibt; wir dürfen getrost annehmen, dass der Leichnam unsterblich ist. Der «Abschied» ist mindestens schon 110 Jahre alt.

Die Kritiker, die sich mit Nachrufen auf die erzählende Literatur hervortun, reagieren damit auf die Gefahr, in der sich die Literatur befindet, eine Gefahr, die sich in drei Kategorien unterteilen lässt:

1. Der Verdacht (oder die Tatsache – ich bin mir da nicht ganz sicher), dass die klügsten jungen Köpfe sich nicht zum Schreiben hingezogen fühlen, dass Technik, postmoderne Architektur, «neue» Musik, Film etc. viel anspruchsvoller und spannender sind.
2. Die Überzeugung (jedenfalls in der akademischen Welt), dass erzählende Literatur als Narrativ obsolet ist, weil sie diktatorisch, bürgerlich und in ihrem Versuch, den Status quo aufrechtzuerhalten, selbstgefällig sei.
3. Der Wachstumszwang, dem Verlage unterliegen – die Markterfordernisse schmälern die Möglichkeiten für junge Autoren, eine verlegerische Heimat zu finden.

Es gibt natürlich noch andere, vielleicht unmittelbarere Gefahren (globale Stabilität, Armut, Hunger, Liebe, Tod), sodass es nun wirklich keine guten Zeiten zum Schreiben sind. Eine Bemerkung, auf die man nur antworten kann: Na und? Wann waren es je gute Zeiten? Das von der Pest heimgesuchte Britannien für Chaucer? Der Zweite Weltkrieg für Eudora Welty? Der Erste Weltkrieg für Virginia Woolf? Die Brutalität in Südafrika für Nadine Gordimer? Die zu 94 Prozent aus Sklaven bestehende Bevölkerung für Plato?

Was wir als Schriftsteller tun, ist, uns zu erinnern. Und uns an diese Welt zu erinnern, heißt, sie zu erschaffen. Die Verantwortung des Schriftstellers (in welcher Zeit er oder sie auch leben mag) besteht darin, die Welt zu verändern – seine/ihre eigene Zeit zu verbessern. Oder, weniger ambitioniert, zu ihrem Verständnis beizutragen. Schlicht um dahinterzukommen, dass sie sich verstehen lässt. Aber nicht nur auf *eine* Weise. Welchen Sinn hätte es, wenn zwei Milliarden Menschen die Welt auf *eine* Weise verstünden?

Ich bin alt genug, um das Nordlicht gesehen zu haben (1938?), und ich erinnere mich an jenes ungemein aufwühlende, ungemein tiefgreifende Ereignis am Himmel über Lorain, Ohio. Wie hätte ich danach mit einer einzigen simplen Farbe zufrieden sein können? Oder mit einer simplen Hannah Peace?

DAS PROBLEM MIT DEM PARADIES

Ich möchte meine Betrachtung über das Problem mit dem Paradies mit einigen Bemerkungen über die Umgebung einleiten, in der ich arbeite und die ich mit vielen Schriftstellern gemeinsam habe. Die Konstruktion von «Rasse» und ihrer Hierarchie hat einen gewaltigen Effekt auf die expressive Sprache, so wie die bildhafte, interpretierende Sprache einen gewaltigen Effekt auf die Konstruktion einer rassenorientierten Gesellschaft hat. Der intime Austausch zwischen der Atmosphäre des Rassismus und der Sprache, die ihn bestätigt, auslöscht, manipuliert oder transformiert, ist unvermeidlich bei Autoren erzählender Literatur, denen es gelingen muss, den Blick unverwandt ins Reich der Differenz zu richten. Immerzu stehen wir im Bann eines Imaginären aus Leben, die wir nie geführt, Emotionen, die wir nie empfunden und zu denen wir keinen erfahrungsmäßigen Zugang haben, und dieses Imaginäre zieht uns in sich hinein und führt uns zu Menschen, die wir nie in unsere Träume eingeladen haben. Wir imaginieren alte Menschen, wenn wir jung sind, schreiben über Wohlhabende, wenn wir nichts haben, Gender, die nicht die unseren sind, Menschen, die nirgendwo außer in unserer Phantasie existieren und Ansichten vertreten, die wir nicht nur nicht teilen, sondern womöglich sogar verabscheuen. Wir schreiben über Nationalitäten, mit denen wir allenfalls oberflächlich bekannt sind. Die Bereitschaft, die Notwendigkeit und der Reiz, sich auf unbekanntem Terrain zu bewegen, machen sowohl das Risiko als auch das Zufriedenstellende der Arbeit aus.

Von den verschiedenen Reichen der Differenz widersetzt sich die rassische Differenz am hartnäckigsten einer überzeugenden Imagination. Diese Hartnäckigkeit verdankt sich einer politischen Insistenz und einem sozialen Gefüge, die beide schon ewig währen. Und obwohl das Reich der rassischen Differenz im politischen und im häuslichen Leben eine nahezu ungebrochene Macht besitzt, hat es keinen Anspruch auf intellektuelle Bedeutsamkeit. In Wahrheit ist es überhaupt kein Reich. Es ist eine alles verzehrende Leere, die zu benennen mit der Entdeckung, dass das, wovon man erzählt, zugleich konstitutiv und betrügerisch, alltäglich und fremd ist, nicht einfacher wird. Um die Entdeckung von der Kluft, die keine ist, wie auch die Furcht, die diese Entdeckung hervorruft, zu verdeutlichen, steht eine starke kritische Sprache zur Verfügung. Doch es ist eines, die Furcht zu benennen, und etwas ganz anderes, sie umzusetzen, sie zu erzählen, ihr Spiel zu dramatisieren. Fiktionale Abstecher in diese Reiche sind für mich gleichermaßen unendlich faszinierend und aufschlussreich in der Art, wie die Macht der rassischen Differenz wiedergegeben wird. Diese imaginativen Vorstöße können hochkomplex, raffiniert, auf packende Weise erfolgreich oder fragil und ignorant sein. Aber keiner ist zufällig. Vielen Schriftstellern genügt es nicht, auf Differenz, ihre Bruchlinie und ihre Festigkeit hinzuweisen oder sie darzustellen. Es entspricht ihrem Projekt eher, sie für metaphorische und strukturelle Zwecke einzusetzen. Rassische Differenz hervorzuheben oder auszuschmücken, wird oft zu einer Strategie des Kniefalls vor der eigenen Rasse, an der man Unbehagen empfindet.

Es ist mir ein starkes persönliches Anliegen herauszufinden, wie sich bildhafte, metaphorische Sprache so handhaben, verändern und kontrollieren lässt, dass etwas entsteht, was man rassenspezifische, rassenfreie Prosa nennen könnte: eine Literatur, die frei ist von den imaginativen Fesseln, welche die zur Verfügung stehende, rassisch grundierte Sprache mir auferlegt. Das *Paradies*-Projekt verlangte zunächst von mir, rassisch grundierte Sprache und Strategien zu erkennen und zu benennen und sie dann so einzusetzen, dass ich einen Gegeneffekt erzielen, ihre Macht ausschalten, andere entgegengesetzte Kräfte mobilisieren und all das befreien konnte, was ich zu erfinden, aufzuzeichnen, zu beschreiben und aus der Zwangsjacke herauszuholen vermochte, in die eine rassifizierte Gesellschaft uns stecken kann und häufig auch steckt.

Es ist wichtig, uns daran zu erinnern, dass der Diskurs in Rassekategorien nicht nur Dichtkunst und erzählende Literatur, sondern auch sämtliche wissenschaftlichen Disziplinen durchdringt: Theologie, Geschichtswissenschaft, die Sozialwissenschaften, die Literaturkritik, die Sprache des Rechts, die Psychiatrie und die Naturwissenschaften. Damit meine ich mehr als die Spuren von Rassismus, die in der Sprache als normal und unvermeidlich überdauert haben, wie zum Beispiel Beschimpfungen; Privilegien der Hautfarbe (die Gleichsetzung von Schwarz mit Böse und von Weiß mit Reinheit); die orthographische Respektlosigkeit, mit der man der gesprochenen Sprache von Afroamerikanern begegnet; die Pseudowissenschaft, die entwickelt wurde, um sie zu diskreditieren, etc., und ich meine auch mehr als die ungeniert rassistischen Agenden, die in so mancher wissenschaftlichen Praxis der genannten Disziplinen gefördert werden. Ich meine die uneingeschränkte Handlungsmacht und Freiheit, die der Diskurs in Rassekategorien Intellektuellen einräumt, während er zugleich befruchtendes Wissen über die Rasse unterbindet, von der ein solcher Diskurs abhängt. Einer der bösartigsten Charakterzüge rassistischen Denkens besteht darin, dass es niemals neues Wissen hervorzubringen scheint. Es scheint lediglich imstande zu sein, sich selbst in vielfältigen, aber statischen Behauptungen umzuformulieren und umzugestalten. Es hat keinen Bezugspunkt in der materiellen Welt. Wie die Vorstellung von schwarzem Blut, weißem Blut oder blauem Blut soll es ein in sich geschlossenes Gebiet schaffen und nutzen, künstliche Grenzen errichten und sie gegen alle Vernunft und gegen alle Evidenz aufrechterhalten.

Das Problem des Schreibens in einer Sprache, in welche die Codes von rassischer Hierarchie und Verachtung tief eingebettet sind, verschärfte sich, als ich mit *Paradies* begann. Ich war entschlossen, in diesem Roman bei der metaphorischen, metonymischen Infrastruktur anzusetzen, auf der eine solche Sprache ruht und gedeiht. Mir ist bewusst, wie Weiß-Sein als Konstrukt heranreift und den Thron des Universalismus besteigt, indem es seine Macht, zu beschreiben und seine Beschreibungen durchzusetzen, aufrechterhält. Diese universalistische Sichtweise herauszufordern, die Schwarz/Weiß-Konfrontation zu exorzieren, zu ändern, zu entschärfen und sich auf die Rückstände jener Feindschaft zu konzentrieren, schien mir ein beängstigendes und künstlerisch befreiendes Projekt zu sein. Das Material hatte mich schon eine ganze Weile sehr interessiert: Die im neunzehnten Jahrhundert von Afroamerikanern gegründeten, durchweg schwarzen Städte boten ein reichhaltiges Feld für die Erforschung rassenspezifischer/von «Rasse» freier Sprache. Ich ging davon aus, dass der Leser nur an sehr wenige Arten, sich afroamerikanischer Literatur zu nähern, gewöhnt war: Erstens eine Lektüre als soziologischer Text – nicht als Kunst; zweitens eine Lektüre, die sich Vergnügen oder kritische Zuspitzung erhoffte – den Schauer einer Begegnung mit dem Exotischen oder mit dem sentimental Romantischen; und drittens eine Lektüre, die vor rassischen Codes auf der Hut, mit ihnen vertraut und von ihnen abhängig war. Gegen diese Annahmen wollte ich verstoßen und sie unbrauchbar machen.

Paradies stellt ein durchweg schwarzes, von seinen Bewohnern gewähltes Gemeinwesen einem ebenfalls von seinen Bewohnern gewählten rasselosen gegenüber. Anstelle der herkömmlichen Schwarz/Weiß-Feindseligkeiten werden das Wesen von Ausgrenzung, die Entstehung von Chauvinismus, die Ursprünge von Unterdrückung, körperlicher Gewalt und Schlächterei in den Blick genommen. In der exklusiv schwarzen Gemeinde geht es nur um deren Rasse: um ihre Bewahrung, um die Entwicklung mächtiger Ursprungsmythen und um die Aufrechterhaltung ihrer Reinheit. Im Kloster der Frauen, die keine Nonnen sind, ist die Rasse unbestimmt. Sämtliche rassischen Codes sind eliminiert, absichtlich verschwiegen. Ich habe versucht, die Frauen so umfassend zu beschreiben, dass die Kenntnis ihrer rassischen Identität irrelevant sein würde.

Weil sich das Buch nicht für die Schwarz/Weiß-Spannung interessiert, die nach allgemeiner Erwartung im Zentrum jedes Prosatextes einer afroamerikanischen Autorin stehen müsste, schafft es sich erweiterte Darstellungsmöglichkeiten. Vom müden und ermüdenden Vokabular der Dominiertheit durch «Rasse» nicht eingeschränkt, sucht sich der Roman außerhalb der Grenzen einer schon festgelegten Debatte von den Einengungen zu lösen, welche die Figurationen einer rassifizierten Sprache der Vorstellungskraft auferlegen, und will zugleich die Kultur einer bestimmten Rasse normalisieren. Für viele amerikanische Leser war das verstörend: Einige gaben zu, sie hätten sich unablässig damit beschäftigt herauszufinden, wer das weiße Mädchen sei; andere hatten sich das zunächst gefragt und die Frage dann fallenlassen; einige befassten sich überhaupt nicht damit, sei es, dass sie alle als durchweg schwarz oder – die Glücklichen – als durchweg allseitig entfaltete Menschen auffassten. Rassische Kennzeichnungen aus dem amerikanischen Englisch zu eliminieren, ist eine Herausforderung. Es stellen sich Fragen zur physischen Beschreibung, zum Dialog, zu Annahmen über Herkunft und sozialen Status, zu kulturellen Unterschieden. Die technischen Probleme wurden geringer, weil die Handlung in den Siebzigern spielt, als Frauen selbständig umherzogen und der Einfluss der afroamerikanischen Kultur auf die amerikanische Kultur im Allgemeinen so etwas wie einen Gipfelpunkt erreichte. Konflikte im Text sind geschlechtsbezogen; sie ergeben sich außerdem zwischen Generationen. Es sind Auseinandersetzungen über die Geschichte: Wer wird die Geschichte der Vergangenheit erzählen und somit die Deutungshoheit innehaben? Wer wird die Zukunft gestalten? Es sind Konflikte um Werte, um ethische Fragen. Um persönliche Identität. Was ist Mannsein? Frausein? Und schließlich, am wichtigsten, was ist Menschsein?

Diese Fragen aufzuwerfen, erschien mir dort am zwingendsten, wo sie um die Sehnsucht nach Freiheit und Geborgenheit, nach Fülle, Ruhe und Schönheit erweitert werden; um Betrachtungen über das Endliche und das Ewige; um die

Suche nach dem eigenen Raum, nach Respekt, Liebe, Glückseligkeit – kurz, um die Suche nach dem Paradies. Und damit tritt das zweite Problem mit *Paradies* hervor: Wie kann man in einem postmodernen Roman glaubhaft und wirkungsvoll expressive religiöse Sprache wiedergeben, ohne sich einem vagen Egalitarismus, einer Art ökologischer, für das Ende des 20. Jahrhunderts typischer Spiritualität, der modernistisch/feministischen Schule des angebeteten Göttinnenkörpers oder der biblisch/politischen Scholastik der eher verbohrten und diktatorischen Flügel zeitgenössischer religiöser Einrichtungen unterwerfen zu müssen – was alles, so scheint es mir, weder die alltägliche religiöse Praxis von Afroamerikanern des neunzehnten Jahrhunderts und ihrer Kinder repräsentiert, noch sich für postmoderne Erzählstrategien eignet. Wie kann man in einer säkularisierten, wissenschaftlichen Welt – und an sie gerichtet – von einem tiefen, motivierenden Gottvertrauen erzählen? Wie, mit anderen Worten, stellt man sich das Paradies neu vor?

Das Paradies ist nicht mehr vorstellbar, oder, anders gesagt, es gibt ein Zuviel an Vorstellung – was auf das Gleiche hinausläuft –, weshalb es vertraut, alltäglich, ja trivial geworden ist. Historisch sollten die Bilder vom Paradies in Dichtkunst und Prosa prachtvoll, aber zugänglich sein, jenseits des Gewohnten, aber von der Vorstellungskraft zu erfassen, verführerisch eben wegen unserer Fähigkeit, sie wiederzuerkennen – als ob wir uns irgendwie an die geschilderten Szenen «erinnerten». Milton spricht von «Besten Bäumen, reich an schönsten Früchten, / Goldfarbig glänzte Blüte d'ran wie Frucht, / Im bunten Farbenschmelz»; von «heimischem Balsamduft»; vom «Saphirquell, die Bäche kräuselnd / Auf Goldsand und auf Perlen weiterrollend»; von «Nektar, der die Pflanzen tränkt / Und Blumen, würdig Edens»; «Wie die gütige Natur auf Bergen, / Im Tal und auf der Flur sie ausgesät»; von «Wäldern, / Aus deren Bäumen duft'ge Harze troffen; / Wo Früchte glänzten mit der gold'nen Schale, / So lieblich, dass Hesperiens Fabeln hier / Zur Wahrheit wurden, köstlich an Geschmack. / Dazwischen lagen Au'n und holde Matten, / Die für die Heerden zarte Kräuter boten»; «Und Blüten jeder Farbe ... / Und ohne Dorn die Rose selbst erblüht»; «Grotten, deren Schatten / Die kühlsten Sitze hegte, drüberhin / Der Weinstock seine Purpurtrauben rankt / Und üppig wachsend, sanft empor sich schlingt.»

Dieses Szenario erkennen wir im letzten Jahrzehnt des 20. Jahrhunderts als umzäunte Immobilie im Besitz von Wohlhabenden, besichtigt und besucht von Gästen und Touristen und für uns andere regelmäßig in den Produkten und Verheißungen zu finden, die diverse Medien uns verkaufen. Ein Zuviel an Vorstellung. Jederzeit verfügbar, wenn nicht tatsächlich, so doch immerhin als normales, alltägliches Verlangen. Untersuchen wir die Merkmale des physischen Paradieses – Schönheit, Fülle, Ruhe, Exklusivität und Ewigkeit –, um festzustellen, wie plausibel sie 1995 sind.

Schönheit ist natürlich ein Duplikat dessen, was wir bereits kennen, intensiviert durch das, was wir noch nie in Worte gefasst hörten. Die sanftmütige, gütige Natur, kombiniert mit Edelmetallen und Schmuck. Das aber ist natürlich keine Schönheit jenseits aller Vorstellung.

Fülle ist in einer Welt des Überflusses und der damit einhergehenden Gier, einer Welt, die den Betuchten die Ressourcen zuschanzt und die Habenichtse zwingt, innerhalb dessen, was die Betuchten sich schon angeeignet haben, nach Wohltaten zu suchen, ein fast schon obszönes Merkmal des

Paradieses. In dieser Welt der einseitig verteilten Ressourcen, in der sich der schamlose Reichtum vor den Besitzlosen aufpflanzt, spreizt und brüstet, müsste uns allein der Gedanke an Fülle, an Auskömmlichkeit, als Utopie den Schweiß auf die Stirn treiben. Fülle sollte nicht für einen paradiesischen Zustand, sondern für das normale Alltagsleben gelten.

Ruhe, d.h. der Wegfall der Notwendigkeit, für Nahrung oder Luxus arbeiten oder kämpfen zu müssen, hat heutzutage kaum noch Konjunktur. Sie gilt als Wunschlosigkeit, die fast schon als Tod vor dem Tod betrachtet wird.

Exklusivität jedoch ist immer noch ein attraktives, ja zwingendes Merkmal des Paradieses, weil es einige, nämlich die Unwürdigen, ausschließt. Die Grenzen sind sicher; es gibt Wachhunde, Tore, Wächter, die die Legitimität der Bewohner überprüfen. Solche Enklaven entstehen wieder, wie mittelalterliche Festungen und Burganlagen, und es erscheint weder möglich noch wünschenswert, sich eine Stadt auszumalen, die arme Menschen aufnehmen kann. Exklusivität ist nicht nur ein für die gut Betuchten erreichbarer Traum, sondern auch eine zunehmend populäre Lösung für die Mittelklasse. «Die Straße» wird nach diesem Verständnis von den Unwürdigen und den Gefährlichen bevölkert; junge Menschen werden zu ihrem eigenen Besten von dort ferngehalten. Und dennoch ist der öffentliche Raum so umkämpft, als wäre er privat. Wer kommt in den Genuss eines Parks, eines Strandes, einer Einkaufspassage, einer Ecke? Der Begriff «öffentlich» ist selbst Schauplatz von Auseinandersetzungen. Für eine moderne Gesellschaft besitzt das Paradies als exklusives Terrain daher eine sehr reale Anziehungskraft.

Die Ewigkeit übt, da sie einem den Schmerz des Sterbens erspart, und in ihrer Zurückweisung säkularer, wissenschaftlicher Argumente, den größten Reiz aus. Und medizinische, wissenschaftliche Ressourcen, die auf Lebensverlängerung und größere Leistungsfähigkeit abzielen, erinnern uns an den Wunsch nach einer erdgebundenen Ewigkeit und nicht so sehr nach einem ewigen Nachleben. Im Raum steht dabei, dass es nur ein irdisches Leben gibt. Somit weist das Paradies als irdisches Projekt im Gegensatz zum Himmel gravierende intellektuelle und visuelle Einschränkungen auf. Abgesehen von einem «Nur ich oder wir für immer» ist es dann kaum mehr zu beschreiben.

Doch das ist möglicherweise unfair. Es lässt sich kaum übersehen, dass der Hölle schon immer sehr viel mehr Aufmerksamkeit geschenkt wurde als dem Himmel. Dantes *Inferno* schlägt das *Paradiso* um Längen. Miltons großartig dargestellte vorparadiesische Welt, bekannt als Chaos, wird sehr viel umfassender entfaltet als sein Paradies. Die visionäre Sprache der Antithese erreicht Höhen von sprachlicher Inbrunst, mit denen sich die Thesen-Sprache selten messen kann. Es gibt viele Gründe dafür, warum die Bilder der Höllengräuel im 12., 15. und 17. Jahrhundert von greller Widerwärtigkeit sein sollten. Das Argument für ihre Vermeidung musste auf den Magen schlagen, musste offenbaren, wie viel schlimmer eine solche Ewigkeit war als die Hölle des Alltagslebens. Aber die Notwendigkeit hat, mit einem bedeutsamen Zusatz, bis in unsere Zeit überdauert. Es gibt eine Fülle von Büchern, aus denen Fassungslosigkeit über das Fehlen eines Sinns für das Böse – wenn schon nicht für die Hölle – und über einen Schamverlust im heutigen Leben spricht.

Man fragt sich, wie die Melancholie zu erklären ist, die mit diesen Ermahnungen über unsere Unaufmerksamkeit, unser Schweigen, unsere Duldungsstarre gegenüber antiparadiesischen Erfahrungen einhergeht. Das Böse wird mit einigem Recht als allgegenwärtig verstanden, aber es hat irgendwie seine Furchtbarkeit verloren. Es erschreckt uns nicht. Es ist bloße Unterhaltung. Warum erschrecken uns seine Möglichkeiten nicht so sehr, dass wir uns dem Guten zuwenden? Ist ein Nachleben irgendwelcher Art zu simpel für unsere komplexe, hochentwickelte moderne Intelligenz? Oder verhält es sich so, dass das Böse – mehr als das Paradies – Kostüme braucht, die ständig aufgearbeitet und ergänzt werden müssen? Die Hölle hat sich schon immer für Glamour, für Schlagzeilen, für einen Abendanzug, für Raffinesse, für eine schaurige oder eine verführerische Maske geeignet. Vielleicht braucht sie Blut, Schleim, Gebrüll schlicht dazu, um unsere Aufmerksamkeit zu gewinnen, uns zu kitzeln, uns unseren Scharfsinn, unsere Vorstellungskraft, unsere Energie, unsere höchste Leistungsfähigkeit abzunötigen. Danach ist das Paradies bloß noch deren Abwesenheit, ein stumpfer und daher unnützer Mangel mit einer bereits wahrgenommenen, bereits erkennbaren Landschaft: große Bäume, die Schatten spenden und Früchte liefern, Rasen, Paläste, Edelmetalle, Schmuck, Tierhaltung. Außer gegen die Hölle zu kämpfen und Krieg gegen die Unwürdigen zu führen, gibt es für seine Bewohner offenbar nichts zu tun. Ein niemanden ausschließendes, beliebiges Paradies ohne Grenzen, ohne Furcht und abzüglich einer Nemesis ist überhaupt kein Paradies.

Das literarische Problem besteht darin, sich die zeitgenössische Sprache so zunutze zu machen, dass sie die intellektuelle Komplexität des Paradieses offenbart und die Phantasie überdies nicht als trockene Stellungnahme zu einem naiven oder psychotischen Leben, sondern als vernünftiges, intelligentes Leben selbst packt. Wenn ich der zutiefst religiösen Bevölkerung dieses Projekts gerecht werden, Zeugnis davon ablegen und ihr aus tiefster Überzeugung vertretenes Moralsystem in diesen entfremdeten, wenig inspirierenden und nicht inspirierten Zeiten anrührend wiedergeben will – Zeiten, in denen Religion so verstanden wird, dass sie das gesamte Spektrum von verachtetem, unverständlichem Fundamentalismus über gebildeten, wohlmeinenden Liberalismus bis hin zu Fernsehprediger-Marketing, militantem Rassismus und Phobophilie abdeckt –, habe ich ernsthafte Probleme.

Historisch ist die Sprache von Religion (und ich spreche hier vom Christentum, obwohl ich mir relativ sicher bin, dass das für alle textbasierten Religionen gilt) auf biblische oder heilige Texte angewiesen, aus denen sie ihre Kraft, Schönheit und Unangreifbarkeit gewinnt. Zeitgenössische religiöse Sprache, d. h. die Rede und Schrift, die göttliche Verlautbarungen in «populäre» oder «gewöhnliche» Alltagssprache zu übersetzen sucht, scheint am besten im Lied, in der Anekdote und im gelegentlichen rhetorischen Schnörkel zu funktionieren. Nach meinem Verständnis ist der Grund für die Modernisierung der herkömmlichen Sprache der Bibel das Bemühen, eine Bevölkerung anzusprechen und zu missionieren, die der Sprache, welche unsere Ahnen bewegte, gleichgültig gegenübersteht oder unempfänglich für sie ist. Um die Aufmerksamkeit eines Kundenkreises zu wetteifern, dessen Diskurs von der Sprache der Medien und des Kommerzes geformt wird und der erwartet, dass Text zur Verdeutlichung von entsprechenden Bildern begleitet wird, ist ein schwieriges Unterfangen. Und es erscheint ja vernünftig, veränderten Lebensumständen mit veränderten Diskursweisen entgegenzukommen. Zwar kann ich mich für den Erfolg solcher Bemühungen nicht verbürgen, aber ich vermute, dass die

«Modernisierung» von Gottes Wort sich gelohnt hat – sonst wären derartige Versuche nicht so zahlreich.

Die Vermarktung von Religion erfordert neue Strategien, neue Reize und eine Relevanz, die unmittelbar und nicht kontemplativ ist. Daher gelingt der modernen Sprache zwar die Akquise von Konvertiten und die spirituelle Versorgung der Gefestigten, doch sie ist gezwungen, alles auf den Nenner der größtmöglichen Zugänglichkeit zu bringen und ihre Subtilität, ihr Mysterium zugrunde zu richten, um ihren Effekt zu sichern. Gleichwohl scheint sie ein bescheidener Ersatz für die Sprache zu sein, die sie zu ersetzen trachtet, und zwar nicht nur, weil sie Ambiguität, Tiefe und moralische Autorität opfert, sondern auch, weil ihre Techniken eher Verstärkung als Befreiung sind.

Ich will damit nicht andeuten, dass es keine großartigen Predigten, keine ungemein klugen Essays, aufschlussreichen Gedichte, bewegenden Lobpreisungen oder eleganten Erörterungen gibt. Natürlich gibt es sie. Und ich will auch nicht andeuten, es gebe keine persönliche Sprache, kein Gebet, das nicht verblüffend ist in seiner Kreativität, seinen heilenden Eigenschaften, seiner schieren intellektuellen Kraft. Aber diese rhetorischen Formen eignen sich nicht für längere erzählende Prosa. Moderne Erzählformen sind bar jeder religiösen Sprache, die nicht den größten Teil ihrer Nahrung aus Anspielungen auf heilige Texte oder Zitate daraus bezöge.

Ist es möglich, eine religiös grundierte Prosaerzählung zu schreiben, die sich nicht auf biblische Sprache stützt? Ist es möglich, die Erfahrung und den Weg des Glaubens frisch zu gestalten, so neu und sprachlich unbelastet, wie sie es für die ersten Gläubigen waren, die noch keine Sammlung von Büchern hatten, auf die sie sich stützen konnten?

Ich habe mich für diese Aufgabe, diese Verpflichtung zum Teil deshalb entschieden, weil mich die Herabwürdigung religiöser Sprache in der Literatur beunruhigt, ihr klischeehafter Ausdruck, ihre Apathie, ihre Weigerung, sich mit marktfernem Vokabular aufzutanken (oder, andersherum, ihr Beharren darauf, sich mit Marketing-Vokabular aufzutanken), ihr Verzicht auf philosophische Klarheit zugunsten einer populärpsychologischen Terminologie, ihr patriarchaler Triumphalismus, ihre moralisch bankrotte diktatorische Praxis, die unverdienten Glückwünsche, die sie sich selbst eher für ihre Show-Qualitäten als für ihren Inhalt zuerkennt, ihr schwaches Selbstbewusstsein.

Wie kann ein Romanautor Seligkeit in nicht sexuellen, nicht orgiastischen Begriffen darstellen? Wie kann ein Romanautor in einem Land des Überflusses unverdiente, grenzenlose Liebe darstellen, diejenige, die «alles Begreifen übersteigt», ohne das Konsumentenvergnügen an einem Lottogewinn heraufzubeschwören? Wie soll man im Zeitalter von Themenparks das Paradies heraufbeschwören?

Die Antwort lautet leider, dass ich es bis jetzt nicht kann. Ich habe mich für etwas anderes entschieden, für andere Mittel, frischen Wind in die Untersuchung zu bringen. Ich habe mich entschlossen, nicht nur die Vorstellung vom Paradies selbst zu erkunden, sondern auch die bescheidene Vorstellungskraft, die es ersonnen hat.

Aber das, glaube ich, ist ein ganz anderer Essay.

ÜBER *MENSCHENKIND*

Über *Menschenkind* begann ich 1983 nachzudenken. Schon zu Beginn meiner Jahre als Autorin zog mich dieser Stoff aufgrund meines komplizierten Verhältnisses zur Geschichte an. Ein Verhältnis, das skeptisch war, mich wachsam machte, aber bereit, mich von Zweifeln abbringen zu lassen. Diese Vorsicht ging auf meine Anfangsjahre als Studentin zurück, eine Zeit, in der ich mir sehr wohl bewusst war, was aus den geschichtlichen Darstellungen, die mir zu Verfügung standen, gelöscht war, was darin fehlte und verschwiegen wurde – ein Verschweigen, das ich für Zensur hielt. Davon, so schien es, handelte die Geschichte. Und wenn ich oder jemand, der für mich repräsentativ war, jemals in erzählender Prosa vorkam, dann war es normalerweise etwas, von dem ich wünschte, ich hätte es mir erspart. Dabei ging es nicht bloß um Stellen in den Werken von Harriet Beecher Stowe oder um Mark Twains gewissenlose Demütigung eines erwachsenen Mannes durch Kinderhand; in jenen Jahren boten nicht einmal die Enzyklopädie oder Geschichtstexte Erholung. Zwar bewahre ich mir bei der Lektüre historischer Texte einen kühlen Blick, doch er ist nicht kühler als der, den sich der Historiker bewahrt und bei der Lektüre erzählender Prosa stets bewahren sollte. Ungeachtet meiner Wachsamkeit, meiner Skepsis, befinde ich mich in einem festen, fortdauernden Abhängigkeitsverhältnis zur Geschichtsschreibung, teils wegen der Fakten, die mir dort zur Verfügung stehen, hauptsächlich aber wegen ebenjener Lücken, jener Löschungen, jener Zensur. Oftmals sind es die Zwischenräume in den geschichtlichen Aufzeichnungen, in denen ich das «Nichts», die «nicht ausreichende», «undeutliche», «unvollständige», «diskreditierte» oder «vergrabene» Information finde, die mir wichtig ist. So ergab sich beispielsweise 1963 mein erster Roman, *Sehr blaue Augen*, daraus, dass mir die pauschale Außerachtlassung eines bestimmten Teils der Bevölkerung (zu dem ich gehörte) in geschichtlichen Darstellungen und in der Literatur übel aufstieß. Im Spektrum der Figuren, die man – ob mit Empathie oder Verachtung – einer künstlerischen Auseinandersetzung für wert befand, fehlten verletzliche junge schwarze Mädchen völlig. Wo sie dennoch vorkamen, waren sie ein Witz oder Gegenstand des Mitleids – eines Mitleids ohne Verständnis. Niemandem, so schien es, machte es etwas aus, dass sie nicht im Mittelpunkt standen, und außer mir, so schien es, nahm sie niemand ernst. Das verübelte ich nicht der Literatur. Schriftsteller schreiben, was sie mögen und was sie interessiert. Und auch afroamerikanische Schriftsteller (größtenteils, aber nicht durchweg Männer) machten deutlich, dass präpubertäre schwarze Mädchen, außer als Hintergrund, weder ihr Interesse noch ihre Neugier wecken konnten. Es ging jedoch nicht um die fehlende Neugier der Schriftsteller. Für mich beherrschte und formte das erzwungene oder selbstgewählte Schweigen, die Art und Weise der Geschichtsschreibung den nationalen Diskurs.

Sosehr sich die historische Analyse in den letzten vierzig Jahren auch veränderte (und sie hat sich verändert) und ihre Perspektive erweiterte, so wird das bislang im Hinblick auf bestimmte Bevölkerungsgruppen (Minderheiten) Verschwiegene, wenn es schließlich zur Sprache kommt, immer noch als ergänzende Darstellung einer marginalen Erfahrung verstanden, als zusätzliche, nicht zum Mainstream der Geschichte gehörende Aufzeichnung, gewissermaßen als erweiterte Fußnote, die zwar interessant, aber für die Vergangenheit der Nation kaum wesentlich ist. Die Geschichte der Rassenbeziehungen wird beispielsweise nach wie vor parallel zu wichtigen historischen Texten verhandelt, jedoch selten als deren Kette und Schuss gesehen und kaum einmal in das gesamte Gewebe eingearbeitet. Diese nachrangigen und parallelen Texte gewinnen eine zunehmend breitere Leserschaft, sind aber nach wie vor Schauplatz erheblicher Kontroversen. (In vielen Highschools kochten Lektüredebatten hoch.) Zwar war das Verschwiegene Auslöser praktisch meines gesamten Werks, doch dieses Verschwiegene mit der eigenen Vorstellungskraft zu füllen, ist leicht gesagt, aber nicht so leicht getan. Ich muss den Haken, das Bild, den Zeitungsartikel finden, der anhaltendes Nachdenken zeitigt, ein «Was wäre, wenn?» oder ein «Wie muss es gewesen sein?».

Menschenkind hatte seinen Ursprung in einer allgemeinen Frage und wurde angestoßen von einem Zeitungsausschnitt. Die allgemeine Frage (man bedenke, dass wir hier von den frühen Achtzigern reden) drehte sich darum, wie die Frauenbewegung – abgesehen von gleichen Rechten, gleichem Zugang, gleicher Bezahlung etc. – die angestrebte Freiheit definiert. Besonders heftige Debatten gab es um die Selbstbestimmung über den eigenen Körper – eine Auseinandersetzung, die heute noch so erbittert geführt wird wie damals. Viele Frauen waren überzeugt, dass solche Rechte sich auch darauf erstreckten zu entscheiden, ob sie Mutter sein wollen, wobei unterstellt wurde, dass es kein Defizit war, nicht Mutter zu sein, und dass sich die Entscheidung für Kinderlosigkeit (für wie lange auch immer) einer Liste von Freiheiten hinzufügen ließ; das heißt, man konnte sich für ein von Kindern freies Leben entscheiden, ohne dass damit ein negatives oder Werturteil verbunden sein musste.

Ein weiterer Aspekt der Frauenbewegung hatte damit zu tun, dass Frauen nachdrücklich ermutigt wurden, andere Frauen zu unterstützen. Nicht zuzulassen, dass ihre Beziehung zu einer anderen Frau sich einer Beziehung zu einem Mann unterordnete. Das heißt, die mit einer Freundin verbrachte Zeit war keine Ausfallzeit. Sie war Realzeit.

Der Verlauf der Debatte war komplizierter (viele Klassenkonflikte spielten mit hinein), aber das waren die Fragen, die mit Macht an die Oberfläche drängten. Der zweiten Frage (Frauen als wichtige Freundinnen) widmete ich mich in *Sula*. Doch die erste – Freiheit als Verfügungsmacht über den Körper, selbstgewählte Kinderlosigkeit als Kennzeichen von Freiheit – beschäftigte mich sehr.

Und hier beanspruchten abermals das in historischen Berichten Verschwiegene und die Marginalisierung von Minderheitsvölkern in der Debatte meine Aufmerksamkeit und erwiesen sich als ergiebiges Forschungsfeld. Zum Beispiel vom Standpunkt der Sklavinnen aus. Angenommen, Kinder zu haben, Mutter genannt zu werden, wäre der höchste Ausdruck von Freiheit? Angenommen, man entschiede sich dafür – anstatt (aufgrund von Geschlechtszugehörigkeit, Sklavenstatus und Profitdenken) Kinder bekommen zu müssen –, für sie verantwortlich zu sein; mit anderen Worten, keine Erzeugerin, sondern eine Mutter zu sein. Zur Zeit der Sklaverei war ein solcher Anspruch nicht nur gesellschaftlich inakzeptabel, sondern er war illegal, anarchisch. Er war außerdem Ausdruck einer unerträglichen weiblichen Eigenständigkeit. Er bedeutete Freiheit. Und wenn sich dieser Anspruch auf die Kindstötung (aus welchem Grund auch immer, edel oder verrückt) erstreckte, konnte er politisch explosiv werden und wurde das auch.

Diese Gedankengänge kamen zusammen, als ich mich an einen Zeitungsartikel erinnerte, den ich um 1970 herum gelesen hatte, die Schilderung einer abolitionistischen Cause célèbre um eine Sklavin namens Margaret Garner, die tatsächlich solche Ansprüche erhoben hatte. Die Einzelheiten ihres Lebens waren fesselnd. Doch ich wählte Teile davon aus und wandelte sie so ab, dass sie meinen Zwecken entsprachen. Aber mein Widerwille, mich auf die Zeit der Sklaverei einzulassen, war hinderlich. Die Notwendigkeit, mich abermals mit ihr auseinanderzusetzen und sie mir vorzustellen, war widerwärtig. Außerdem glaubte ich, dass niemand sonst ein Interesse daran hätte, das Innenleben von Sklaven zu erkunden, außer um ihre edle Gesinnung oder ihr Opferdasein heraufzubeschwören, sich zu empören oder von selbstgerechtem Mitleid ergreifen zu lassen. Beides interessierte mich nicht. Der Akt des Schreibens ist eine Art Glaubensakt.

Manchmal ist das, was es gibt – was schon geschrieben ist –, vollkommen, und jede Nachahmung ist absurd und unerträglich. Aber Vollkommenheit ist nicht alles. Etwas anderes, etwas anders Geartetes, ist erforderlich. Manchmal ist das, was es schon gibt, einfach nicht genug; dann wieder ist es unscharf, unvollständig, irrig oder verdeckt. Manchmal gibt es natürlich auch nichts. Und für einen Romanautor ist das das eigentlich Spannende. Nicht das, was es gibt, sondern das, was es nicht gibt.

Vor diesem Nichts ragt eine große Tür auf; ihre Beschläge

sind schwer und sicher. Keine Glocke, um Einlass zu begehren. Also steht man vielleicht da oder geht weg, und später steckt man die Hand in die Tasche und findet einen Schlüssel, von dem man weiß (oder hofft), dass er passt. Noch bevor der Schließmechanismus entriegelt, weiß man, man wird finden, was man zu finden hoffte: ein, zwei Worte, die das «Nicht genug» in mehr verwandeln; die Zeile oder den Satz, der sich in das Nichts schiebt. Mit dem richtigen Ausdruck gewinnt dieser Sinn Konturen, erhellt sich, erhellt sich anders. Auf der anderen Seite dieser Tür liegt eine Art von Freiheit, die Regierungen erschrecken, andere stützen und ganze Nationen von Verwirrung befreien kann. Noch wichtiger jedoch ist, dass der Autor, der mit der Sprache seines Intellekts und seiner Vorstellungskraft durch diese Tür tritt, nichtkolonisiertes Territorium betritt, das er rechtmäßig für sich beanspruchen kann – zumindest für eine Weile.

Das allgemeine Bemühen, sich das Leben der Sklaven möglichst nicht aus deren eigener Perspektive vorzustellen, wurde zum Unterthema, zur Struktur des Werks. Das Vergessen der Vergangenheit war der Motor, und die Figuren (mit einer Ausnahme) wollen unbedingt vergessen. Diese eine Ausnahme ist begierig auf die Vergangenheit, verzweifelt darauf bedacht, dass man sich ihrer nicht nur erinnert, sondern sich mit ihr beschäftigt, sich ihr stellt. Diese Figur wäre als einzige in der Position, ihre eigene Ermordung richtig zu beurteilen: das tote Kind. Menschenkind. Nachdem ich also bei dem Versuch, die Struktur zu bestimmen, eine ganze Reihe von Spuren verfolgt hatte, kam ich zu dem Schluss, dass das Unstrittigste, was sich über die Einrichtung der Sklaverei im Verhältnis zur heutigen Zeit sagen lässt, der Satz ist, dass sie uns alle verfolgt. Dass unser aller Leben in so vieler Hinsicht mit der Vergangenheit verschränkt ist – mit ihren Manipulationen – und dass wir sie, aus Angst vor ihrer Umklammerung, ignorieren, abtun oder unseren Bedürfnissen entsprechend verzerren, sie aber niemals auslöschen können. Als ich schließlich das Wesen eines Spuks begriff – dass er etwas ist, wonach wir uns sehnen und das wir zugleich fürchten –, war ich imstande, in gewissen konkreten, aber auch verblümten Details die Spuren eines geisterhaften Wesens zu sehen, den Rückstand einer unterdrückten Vergangenheit. Besonders Fußspuren. Die verschwinden und wiederkehren, nur um erneut zu verschwinden. Die Schlüsse meiner Romane müssen mir klar vor Augen stehen, ehe ich beginne. Und so war ich imstande, diesen Spuk zu beschreiben, noch bevor ich alles wusste, was zu ihm hinführte.

CHINUA ACHEBE

Mit großem Vergnügen ergreife ich die Gelegenheit, in der Öffentlichkeit Einiges zu sagen, was ich niemals zu dem Menschen gesagt habe, der Gegenstand dieser Bemerkungen ist – Chinua Achebe. Die Schuld, in der ich bei Mister Achebe stehe, ist die beste Art, die es gibt. Groß, ohne Rückzahlungsfristen und zinslos. Ich möchte sie Ihnen beschreiben.

1965 begann ich, afrikanische Literatur zu lesen oder vielmehr zu verschlingen. Diese Literatur war mir zuvor nicht verfügbar gewesen, doch inzwischen hatte ich einen New Yorker Buchladen mit dem Namen Africa House entdeckt, der unter anderem alte Ausgaben von *Transition* und *Black Orpheus* sowie Werke einer Vielzahl afrikanischer Autoren vom gesamten Kontinent anbot. Amos Tutuola, Ayi Kwei Armah, Ezekiel Mphahlele, James Ngugi, Bessie Head, Christina Ama Ata Aidoo, Mongo Beti, Léopold Senghor, Camara Laye, Ousmane Sembène, Wole Soyinka, John Pepper Clark: Der Ruck, den diese Autoren mir gaben, war gewaltig. Die Bestätigung, dass die afrikanische Literatur sich nicht auf Doris Lessing und Joseph Conrad beschränkte, war so verblüffend, dass ich mir die Unterstützung zweier Akademiker sicherte, die mir dabei helfen konnten, diese Literatur zu anthologisieren. Damals war afrikanische Literatur kein Thema, das an amerikanischen Hochschulen gelehrt wurde. Selbst in sogenannten Weltliteratur-Seminaren genoss sie kein Ansehen und kam nicht vor. Doch ich war entschlossen, die Freude an dieser Literatur, ihre Bedeutung und Kraft in meine Arbeit als Herausgeberin einfließen zu lassen. Das Erscheinen von *Contemporary African Literature* im Jahre 1972 war der Beginn meiner Liebesgeschichte.

Doch die tiefere und persönlichere Folge war der Einfluss, den Chinua Achebes Romane auf meine eigenen Anfänge als Schriftstellerin hatten. Ich hatte seinen Essay in *Transition* über den Kampf mit Definitionen von afrikanischer Literatur gelesen und kannte dessen Weiterungen für afroamerikanische Autoren. In diesem Essay zitierte Achebe James Baldwin, der darüber spricht, wie Sprachwahl und Sprachhandhabung Nationalliteraturen und Literatur einzelner Kulturen definieren und wie sich das bei marginalisierten Autoren niederschlägt. «Ich stand mit der englischen Sprache über Kreuz», schreibt Baldwin, «weil diese Sprache nichts von meiner Erfahrung widerspiegelte ... Vielleicht ... hatte ich nie versucht, sie zu benutzen, sondern nur gelernt, sie zu imitieren. Wenn es so wäre, dann ließe sie sich womöglich dazu bringen, die Last meiner Erfahrung zu tragen, wenn ich das Stehvermögen aufbrächte, sie und mich einer solchen Prüfung zu unterziehen.» Theoretisch eine Definition zu entwickeln, ist eines. Eine Theorie in die Tat umzusetzen, etwas anderes. Achebe «antwortete» gewissermaßen mit seinem Werk. Für mich stellte er (zusammen mit Camara Laye, Bessie Head und anderen) einen kompletten Bildungsgang dar. Zu lernen, wie ich den Blick demontieren konnte, mit dem ich mich herumschlug (die gewohnheitsmäßige, aber nicht unbefangene Ausrichtung auf einen nichtschwarzen Leser, die einen Großteil der afroamerikanischen Literatur bedrohte und übertünchte); zu entdecken, wie ich das eurozentrische Auge ausschalten, es manipulieren konnte, um meine eigene Vorstellungskraft zu erweitern und auszuloten; diese gelernten Lektionen schreibe ich Chinua Achebe zu. Auf den Seiten von *Okonkwo oder Das Alte stürzt* findet sich nicht das Argument, sondern das Beispiel; auf den Seiten von *Heimkehr in ein fremdes Land* und *Termitenhügel in der Savanne* waren die Anmutung von Authentizität, die Kraft, die Täler voller Schönheit im Überfluss vorhanden. Achebes Werk befreite meine künstlerische Intelligenz wie nichts zuvor. Ich wurde in die Lage versetzt, ohne die Dienste eines eingeborenen Führers wieder in mein eigenes Milieu einzutreten und mich darin heimisch zu fühlen.

Also war das 1965 im Grunde keine Schuld. Es war ein Geschenk.

VORSTELLUNG VON PETER SELLARS

Peter Sellars warnte mich davor, irgendwelche Ideen zu dieser Vorstellung zu entwickeln. Er empfahl dringend zwei, und nur zwei, Sätze: «Danke, dass Sie gekommen sind.» Und: «Hier ist Peter Sellars.»

Ich widersetze mich ihm auf eigene Gefahr, berufe mich jedoch auf eine Instanz, bei der es sich, wie Peter vielleicht zu seiner Verblüffung erfahren wird, um eine «höhere Autorität» handelt.

Zufällig kenne ich Peter Sellars' Mutter. Bin ihr mehrere Male in mehreren Ländern begegnet. Sie ist, mit einem Wort, reizend. Und da ich ahne, welche schwierige Freude es ist, Söhne großzuziehen – ob nun in Pennsylvania, wo Peter geboren wurde, oder in Denver, Colorado, wo er von dem Pult aus, das ihm sein Vater gebaut hat, Beethoven dirigierte, oder an der Phillips Academy oder in Harvard, wo er *Coriolanus* inszenierte und außer einem Phi-Beta-Kappa-Schlüssel auch eine Einladung bekam, am American Repertory Theater im Loeb Drama Center zu inszenieren; oder als Student in Japan, China und Indien; oder als Leiter der Boston Shakespeare Company, des American National Theater, des Kennedy Center; oder als Empfänger eines MacArthur-Stipendiums. Wie gesagt – da ich die schwierige Freude einer Mutter ahne, bin ich mir sicher, sie würde an einer etwas ausgiebigeren Vorstellung ihres Sohnes das gleiche Vergnügen wie ich empfinden. Also werde ich mich aus Zuneigung zu Frau Sellars, einer Englisch-Professorin, ihrer Autorität und hoffentlich auch ihrem Wunsch beugen und den zwei Sätzen, die ihr Sohn mir ernsthaft empfahl, noch einige hinzufügen.

Manchmal suchen wir in der Kunst Geborgenheit, eine Oase der Ordnung, Abgeklärtheit, ja traditionelle Schönheit; die mit der Gewissheit verbundene Erwartung, dass die Kunstform uns über unser alltägliches Ich hinaus in eine Tiefe führt, wo wir ebenfalls zu Hause sind.

Manchmal suchen wir in der Kunst die Gefahr; wollen uns fesseln lassen von der Erfahrung des Fremden, von der jähen Einsicht, wie unheimlich das Vertraute in Wirklichkeit ist. Wollen uns drängen, so sehr erschüttern lassen, dass wir Gedanken überdenken, die wir für ausgemacht hielten; andere Weisen des Sehens und Hörens lernen. Uns anregen lassen. Aufwühlen. Verstören.

Zum Glück für uns ist Peter Sellars unter zeitgenössischen Künstlern eine Seltenheit: Er fordert uns niemals auf, Entscheidungen zu treffen; er verlangt nicht von uns, zwischen dem roten oder grünen, dem Essen- oder Kein-Essen-Knopf für Mäuse in einem Laboratorium zu entscheiden, zwischen der einen von zwei einander entgegengesetzten Arten von Vergnügen, Kraft oder Genie. Seine Arbeit bot schon immer zugleich Geborgenheit und Gefahr; zugleich die Oase des Erkennbaren und das unbekannte Terrain des fremd Gemachten.

Seine fast schon fromme Hingabe an die Originalpartitur, das komplette Textbuch, die nichtkommerzielle Länge (die dem Publikum das Kompliment macht, seine Aufmerksamkeitsspanne – und sein Gedächtnis – seien länger sind als die einer Stubenfliege). In seiner Werktreue, seinem Respekt für das Werk selbst, finden wir Geborgenheit, Beruhigung.

Seine feste Überzeugung, dass tiefsinnige Kunst – gleich welcher Entstehungszeit – immer auch zeitgenössisch ist, ermöglicht uns einen frischen Zugang zu dem Werk, indem er Verkrustungen von Zeit und Gebrauch wegmeißelt, um seine Wahrheit freizulegen. Ob es sich nun um Mozarts *Figaros Hochzeit*, *Don Giovanni*, *Così fan tutte* handelt; um Händels *Julius Cäsar in Ägypten*; um Kurt Weills *Die sieben Todsünden*; Shakespeares *Kaufmann von Venedig*; Wagners *Ring* oder Gogols *Revisor* – gleichviel. Indem er einerseits sich gegenseitig ausschließende Ansätze im Umgang mit dem Kunstwerk hinfällig werden lässt – Werktreue und Wiederbelebung; Geborgenheit und Gefahr; penible Gelehrsamkeit in Verbindung mit ungeheuer innovativer Bühnenkunst; eine verblüffend prägnante persönliche Interpretation in Verbindung mit einem fast schon unverschämten Vertrauen auf die Instinkte der Schauspieler – und dank seiner Fähigkeit, sich andererseits beider Ansätze zu bedienen, wird uns bewusst gemacht, wie unwiderstehlich die Kunst ist. Seine Verehrung für ihre Möglichkeiten – uns bei Verstand zu halten oder zu Verstand zu bringen. Seine unbedingte Liebe zu ihr. Sein totaler Glaube an sie. Und an uns.

Danke, dass Sie gekommen sind. Hier ist Peter Sellars.

ZU EHREN VON ROMARE BEARDEN

Um zum Kernpunkt meiner Ansichten zur Kunst von Romare Bearden und zum Diskurs über afroamerikanische Kunst im Allgemeinen vorzustoßen, muss ich um meinet-, wenn nicht um Ihretwillen ein Stück zurückgehen, damit der Kontext deutlich wird, in dem meine Bemerkungen stehen.

In den Sechzigern passierte unter Afroamerikanern Außergewöhnliches. Was sich in jener Zeit an politischen Veränderungen abspielte, hat zu Recht minuziöse, ja erschöpfende Aufmerksamkeit erfahren. Doch trotz einiger vereinzelter Kritiken afroamerikanischer Kunstwerke zur Zeit ihrer Entstehung und einiger ausführlicherer in der Folgezeit scheint die Auseinandersetzung mit der bildenden Kunst und ihrer Beziehung zu anderen Genres in der afroamerikanischen Kultur noch in den Kinderschuhen zu stecken. (Leider konnte ich nicht zu der Podiumsdiskussion am Samstag über die Beziehung Beardens zu anderen Künsten und Disziplinen kommen, sodass es durchaus sein kann, dass die folgenden Kommentare überholt sind.) Wo es Analysen dieses genreübergreifenden Aspekts gibt, stützen sie sich auf Begriffe wie «Inspiration», «Ähnlichkeiten», «Geist», «Resonanz», «Intensität», «Dramatik», «Lebhaftigkeit», gemeinsame kulturelle Werte. Für dieses recht vage emotionale Vokabular gibt es eine ganze Reihe von Gründen: Künstler sind notorisch ausweichend, was Auskünfte über ihren Schaffensprozess angeht; für einen

Gelehrten gehört ein gewisser Mut, wenn nicht gar Glaube dazu, Verbindungen, Momente von Widerhall zwischen Disziplinen zu behaupten, wenn er oder sie nicht das Gefühl hat, sich darin auszukennen; ästhetische Weiterungen sind sehr schwer nachzuvollziehen.

Noch wichtiger ist, dass die Aufmerksamkeit, die afroamerikanische Literatur und andere Künste bei der Wissenschaft fanden, anfangs der Kanonbildung galt – und sich dabei an den althergebrachten Maßstäben des Mainstreams zur Einstufung von Kunstprodukten orientierte. Der alternative Kanon, auf den die neuen schwarzen Kritiker drangen, hatte mehrere Ziele (Nationalismus, revolutionärer Erfolg, kulturelle Hegemonie), darunter auch eine Ästhetik, die in den Dienst einer gewichtigen politischen Agenda und/oder einer auf Zusammenhalt zielenden kulturellen Blüte gestellt wurde. Ästhetik wurde als «Korrektiv» des «verunreinigten amerikanischen Mainstreams» verstanden, als «Schwester» der Black-Power-Bewegung. Künstler wurden davon ermutigt und danach beurteilt, wie sich ihre Arbeit bei der Nationsbildung «verwenden» ließ. Doch die breite Welle derer, die das als die Aufgabe ihrer Arbeit verstanden, ist heute Legende – wie jeder Überblick über die Lyrik der Sechziger zeigt. Und Fragen der «Authentizität» – der Darstellung des gelebten Lebens und der Anliegen schwarzer Menschen – sind zweifellos immer noch das Sine qua non praktisch sämtlicher afroamerikanischer Kunst vom Rap über den Film und die Literatur bis hin zur bildenden Kunst. Wie erfolgreich, verzerrt oder gar triumphal sich diese Authentizität ausdrückt, diese Frage macht für die Kritik immer noch einen Großteil ihres Antriebs aus.

Obwohl es in den Sechzigern zu einer überwältigenden Explosion schöpferischer Energie kam, lehnte es die Kritik nicht ab – konnte es vielleicht nicht ablehnen –, sich mit der ewigen und ewig irrelevanten Frage herumzuschlagen, ob und inwieweit die Kunst eines schwarzen Künstlers als «allgemeingültig», d.h. «Mainstream», als «rassentranszendierend», «agendafrei» und so weiter gelten konnte oder sollte. Im Kern der Auseinandersetzung stand die Unterstellung, dass das Produzierte, wenn es lediglich politisch war, keine Kunst, und wenn es lediglich schön war, nicht relevant sei. Somit konzentrierten sich die Kritiken auf die Genauigkeit des soziologischen Blicks und/oder auf den Wert, den das Werk als Inspirationsquelle oder Mittel zur «Selbsthilfe» hatte; manche Arbeiten wurden als repräsentativ und authentisch gepriesen, andere galten als inakzeptabel, wenn sie weniger als erhebend waren; wieder andere wurden als kruder Protest oder Propaganda abgetan. Fast jeder afroamerikanische Schriftsteller der jüngeren oder ferneren Vergangenheit – James Baldwin, Zora Neale Hurston, Ralph Ellison, Richard Wright, Gwendolyn Brooks, Phillis Wheatley – wurde aufgefordert oder fühlte sich aufgefordert zu erklären, was es bedeute, ein schwarzer Künstler zu sein. Schon der schiere Schwachsinn dieser Aufforderung zwang Künstler (wütend oder voller Verärgerung, vermute ich), darauf zu antworten. Romare Bearden arbeitete lange vor den Sechzigern, war weitgereist, studierte gewissenhaft das Alte und das Neue. Er war zu Hause im Süden, im Norden, in Europa, in der Karibik, in ländlichen Gegenden, auf Veranden, großstädtischen Straßen, in Clubs und Kirchen. Und so las ich mit einigem Vergnügen einen seiner Kommentare zum Thema Rassenzugehörigkeit oder soziale Faktoren in seinem Werk.

«Ich fürchte», schrieb er, «manche Kommentatoren neigen entgegen meinen Absichten zuweilen dazu, das, was sie für die sozialen Elemente in meinem Werk hielten, überzubewerten. Zwar ist meine Reaktion auf gewisse menschliche Elemente ebenso naheliegend wie unvermeidlich, aber es freut mich doch auch, dass viele Menschen bei näherem Nachdenken feststellten, dass die ästhetischen Implikationen meiner Bilder sie ebenso sehr beschäftigten wie das, was vielleicht durchaus mein menschliches Mitgefühl ist.»

Für mich sind die entscheidenden Worte: «Meine Reaktion auf gewisse menschliche Elemente [ist] ebenso naheliegend wie unvermeidlich.» Wie, fragt er, kann ein menschlicher Künstler nicht auf menschliche Dinge reagieren, die ihrem Wesen nach soziale Dinge sind? Die Humanität seines Gegenstandes ist ihm selbstverständlich, und in einem Land mit einer Geschichte der absichtlichen und fortgesetzten Dehumanisierung der schwarzen Bevölkerung ist allein das schon ein radikaler Akt. Außerdem verweist Bearden voller Freude auf «ästhetische Implikationen». Das heißt, es liegen Aufschlüsse, Wahrheit, Macht und Schönheit in Form und Farbe seiner Wahl, in der strukturellen und strukturierten Platzierung von Bildlichem, in Fragmenten, aufgebaut auf planen Oberflächen, in dem der Wiederholung innewohnenden Rhythmus und im Medium selbst – und jeder Schritt bedingt weitere und ermöglicht so den Eindruck von Spontaneität, von Improvisation. Das ist die angemessene Sprache, mit der sich sein Werk umreißen und seine Beziehung zu einem anderen Genre – der Musik – andeuten lässt. Und das ist sehr interessant, denn welche Auffassung von Ästhetik die Kritik auch immer vertritt, sie hat sich traditionell auf Auseinandersetzungen mit einer Kunstform beschränkt und bewegt sich nicht zwischen mehreren Formen. Wenn man bedenkt, wie sehr Künstler von anderen Disziplinen beeinflusst werden, berührt es merkwürdig, dass dieser Ansatz, der so sehr der traditionellen Kritik ähnelt, sich behauptet, und das, obwohl doch die Kunst selbst auf ihren sehr viel breiteren Quellen und ihrem interdisziplinären Dialog beharrt. Die wechselseitige Befruchtung unter Künstlern innerhalb eines Genres ist ein gründlich untersuchtes Thema. Für Fälle, in denen die Grenzen zwischen den Genres impliziert sind, gilt das weniger.

Der Einfluss und die Darstellung afroamerikanischer Musik ist ein Dreh- und Angelpunkt in den Kommentaren zu Romare Beardens Werk, so wie bei August Wilson die Frage, in welcher Form sich seine Sensibilität in seinen Stücken niederschlägt. Auch in der Kritik meines Werkes wird häufig auf den Einfluss der Musik und die Orientierung an ihr hingewiesen – und in meinen Einlassungen zu dem Thema habe ich diesen Einfluss hinlänglich bestätigt. Heute Abend möchte ich beschreiben, auf welch andere Weisen die Ästhetiken von Künstlern unterschiedlicher Disziplinen sich aufeinander übertragen, ineinander eingehen und sich gegenseitig energetisieren.

Ich möchte einen Moment lang bei einigen Aspekten meines eigenen Schaffensprozesses verweilen, die in der Tat Reaktionen auf das Werk von Romare Bearden sind. Ich muss sagen, dass ich insofern großzügig zu mir gewesen bin, als ich auch von anderen Malern als Bearden Ideen bezogen habe, aber dabei handelte sich meistens um szenische oder figürliche Darstellungen auf Leinwand. Bei Bearden beeindruckt mich die taktile Sinnlichkeit seines Werks, die Reinheit der Geste und besonders der Subtext der aggressiven, lebensgroßen Humanität seines Gegenstandes. Letzteres ist keine Kleinigkeit, wenn der Drang, Stereotypen zu vermeiden, so stark ist, dass er einen leicht zu Sentimentalität verleiten kann. Die

Beardens Werk innewohnende Rasiermesserschärfe verhindert schnellfertige, sich selbst genügende Bewertungen seines Gegenstandes oder müsste sie verhindern. Unter den Aspekten seines Werkes, die mich ansprechen, ist einer vorrangig: das Fehlen jeglicher Herablassung.

Ein weiterer Aspekt meines eigenen Schaffensprozesses hat mit dem Aufbau des Textes zu tun. Eine sich in Schichten vollziehende Übung, der ich mich regelmäßig unterziehe und die mehr Elemente mit der Malerei als mit der Literatur gemeinsam hat.

Um eine Erzählung zu Ende zu führen – manchmal auch, um überhaupt damit anfangen zu können –, brauche ich drei Arten von Informationen. Sobald ich mich auf eine Idee und auf die Geschichte, über die ich mich mit dieser Idee auseinandersetze, festgelegt habe, brauche ich die Struktur, den Klang, die Palette. Nicht unbedingt in dieser Reihenfolge. Der Klang eines Textes hat offensichtlich mit der musikalischen Qualität der Dialoge und mit der Sprache zu tun, die diese kontextualisieren. An anderer Stelle habe ich über meine Entscheidungen zum Anfang von *Menschenkind* geschrieben, und ich wiederhole diese Bemerkungen hier: In Bezug auf diesen Anfang – «Die 124 war böse. So tückisch wie ein Kleinkind» – achtete ich darauf, den Rhythmus, den ich für erforderlich hielt, und die Qualität eines gesprochenen Textes zu veranschaulichen: «Außerdem haben Ziffern etwas an sich, das ihnen etwas Gesprochenes oder in diesem Fall Gehörtes verleiht, denn in einem Buch erwartet man Worte, nicht gesprochene oder gehörte Zahlen. Und der manchmal kakophone, manchmal harmonische Klang des Romans muss ein Innenohrklang knapp unterhalb der Reizschwelle sein und den Text mit musikalischen Betonungen unterlegen, wofür Worte manchmal besser geeignet sind als Musik.» Im Weiteren erkläre ich, warum der zweite Satz kein Satz ist – sondern ein unvollständiger Nebensatz, dem ich den Status eines Hauptsatzes verleihe, um die Betonung auf das «Tückisch» legen zu können. Es ging mir darum, das Befremdliche eines Kleinkind-Gespenstes herunterzuspielen, damit die Leser dessen Vorhandensein als ebenso normal begreifen wie die Hausbewohner. Das Bemerkenswerte ist eher seine Macht («tückisch») als seine Existenz. Mit dieser ausführlichen Beschreibung der entscheidenden Rolle, die der Klang für mein Werk spielt, habe ich die Aufmerksamkeit hoffentlich nicht auf eine Art gezwungenen Lyrismus gelenkt, sondern eher darauf, welcher Sinn sich dem Klang, der akustischen Qualität eines Textes abgewinnen und auch vermitteln lässt. Ich will nur zu bedenken geben, dass das mehr ist, als sich von Blues oder Jazz beeinflussen zu lassen. Es geht darum, die Musik auf die Bedeutung hin auszuloten, die sie enthält. Mit anderen Worten, die «ästhetischen Implikationen», von denen Romare Bearden spricht, sollten einbeziehen, was der ästhetischen Analyse normalerweise fehlt. Meistens geht es in der Analyse darum, wie gut es der Technik gelingt, Freude heraufzubeschwören, eine schockierende, bewegende oder zufriedenstellende emotionale Reaktion.

Selten stellt sie in den Mittelpunkt, was der Künstler mitteilt, die Bedeutung, die er durch seinen Stil, via seine Ästhetik, vermittelt. Man kann sagen – und es ist schon gesagt worden –, dass die Collagetechniken, deren sich mehrere modernistische Künstler (wie beispielsweise Matisse) bedienen, von Bearden auf eine neue Ebene gehoben wurden und das «zersplitterte» Leben widerspiegeln, das er darstellt – ein Eingriff in die plane Oberfläche, der den Kubismus früherer

Zeiten überwindet und doch auf ihm aufbaut. Und diese Collage war repräsentativ für die modernistische Stoßrichtung afroamerikanischen Lebens wie auch für dessen aufrührerischen Charakter. Sowohl Struktur als auch Improvisation – die das Wesen afroamerikanischer Musik ausmachen – prägen diese Wahl. Für mich liegt der Reiz dieser Technik darin, wie abrupte Stopps und unerwartete flüssige Passagen die erzählerischen Möglichkeiten auf eine Weise erweitern, die bei einem linearen «Anfang, Mitte und Ende» nicht gegeben ist. Und so erkenne ich in meinem Verzicht auf die traditionelle Zeitabfolge (und dann, und dann) das Bemühen, aus diesen modernistischen Tendenzen Kapital zu schlagen. Und etwas über das in Schichten angeordnete Leben zu sagen – nicht das zersplitterte oder fragmentierte Leben der schwarzen Gesellschaft, sondern das in Schichten angeordnete Leben des Geistes, der Vorstellungskraft, und die Art und Weise, wie die Wirklichkeit tatsächlich wahrgenommen und erlebt wird.

Punkt drei, die Palette oder Farbe, ist eine der letzten und wesentlichsten meiner Entscheidungen bei der Entwicklung eines Textes. Ich benutze Farbe nicht, um «aufzuhübschen», zu gefallen oder Atmosphärisches zu liefern, sondern um die Themen innerhalb der Erzählung anzudeuten und zu umreißen. Farbe sagt etwas direkt oder metaphorisch. Die roten, weißen und blauen Striche am Anfang von *Solomons Lied* sollen als Farben der amerikanischen Nationalflagge im Kopf der Leser präsent sein – der Hintergrund, vor dem die Handlung spielt. Die Vorenthaltung von Farbe in *Menschenkind*, die völlige Verweigerung jeglicher Farbe, bis sie tiefe Bedeutung für die Figur gewinnt: Baby Suggs, die sich danach sehnt; Sethes Verblüffung, als sie imstande ist, sie sichtbar werden zu lassen; die Dramatik eines einzigen Flickens Orange in einer Steppdecke aus öden Grautönen. Diese bewusste Verteilung von Farbe oder ihr Fehlen, die sorgfältige Platzierung von Weiß wegen seiner verschiedenen Konnotationen (das weiße, ziemlich bräutliche Kleid der neben Sethe betenden Figur; die Kleider der Kirchendamen am Kuchentisch in *Teerbaby*), die Wiederholung einer Zusammenstellung von Farben, die die Leser auf spezielle und entsprechende Szenen in *Menschenkind* verweisen sollen, dies alles ahmt zwar nicht die künstlerischen Entscheidungen eines Romare Bearden nach, orientiert sich jedoch eindeutig an dessen Schaffensprozess.

Zu den Gründen, warum Bearden ein möglichst breites Publikum und die zunehmende Aufmerksamkeit der Wissenschaft für afroamerikanischer Kunst verdient, zählen meiner Überzeugung nach nicht in erster Linie die Kanonbildung, nur am Rande die Befriedigung eines nationalistischen Verlangens und allenfalls zusätzlich die Verneigung vor seinem Genie. Der wichtigere Grund bei der Auseinandersetzung mit den Resonanzen, Ausrichtungen, Verbindungen und genreübergreifenden Ursprüngen afroamerikanischer Kunst ist der ertragreiche ästhetische Dialog zwischen den Künstlern. Kunstformen auseinander- und getrennt zu halten ist praktisch für Studium, Lehre und Institutionen. Aber es entspricht kaum der Art und Weise, wie Künstler tatsächlich arbeiten. Der Dialog zwischen Bearden und der Jazzmusik und Jazzmusikern ist ein naheliegender Beginn. Der Einfluss, den Schriftsteller eingestehen, ist ein weiterer Schritt. Die zur Erleichterung des Studiums errichteten Grenzen sind meiner Überzeugung nach fließend. Zu erkennen, wo diese Grenzen fließend sind, ist entscheidend, wenn man verstehen will, welch komplexes Werk die afroamerikanische Kunst darstellt und welch tiefe Bedeutung sie enthält.

Romare Bearden saß einmal in einem Flugzeug und sagte mir, er werde mir etwas schicken. Das tat er auch. Ein außergewöhnliches, vollkommen verblüffendes Porträt einer meiner Romanfiguren. Nicht sein *Pilate* von 1979, sondern die *Pilate* in *Solomons Lied* – Teil einer Serie, soweit ich weiß. Stellen Sie sich meine Überraschung über das vor, was er sah. Dinge, die ich nicht gesehen oder gewusst hatte, als ich die Figur erfand. Was er aus ihrem Ohrring, ihrem Hut, ihrem Knochenbeutel machte – das ging weit über meine wortgebundene Beschreibung hinaus: Durchdrungen von dem Leben, das sie zugleich mit Energie erfüllt und verstummen lässt, warnt sie jeden davor, sie ihrer Symbole, ihrer Geschichte, ihres Daseinszwecks zu berauben. Ihre Entschlossenheit, ihre Weisheit, ihre verführerische Verschrobenheit hatte ich gesehen, nicht aber die Wildheit, die er sah und wiedergab.

Später kaufte ich ein Aquarell von ihm: eine Reihe Musiker vom Typ Preservation Hall, die vor einem Flussdampfer stehen, alle in Weiß mit ihren traditionellen bunten Schärpen. Es war das erste Mal, dass ich in einer Darstellung schwarzer Musiker Stille sah. Nicht die schwungvolle, frenetische, ungehinderte physische Bewegung, wie sie Wiedergaben von Musikern normalerweise zeigen – sondern die Ruhe im Zentrum. Es war, mit einem Wort, heilig, kontemplativ. Ein Blick in einen sonst verborgenen Aspekt ihrer Kunst.

Diese Art von Einsicht ist durchaus selten. Sie zu zeigen, zu unterstreichen, zu analysieren, ist sehr viel zwingender, als sie bloß zu genießen. Sein Erbe mahnt uns alle eindringlich, gründlich nachzudenken über das, was Romare Bearden uns geschenkt hat und was die afroamerikanische Kunst uns zu entdecken beschwört.

FAULKNER UND DIE FRAUEN

Ich habe zwiespältige Gefühle bei dem, was ich hier tue. Einerseits möchte ich das tun, was jeder Schriftsteller möchte, nämlich dem Leser zuerst alles erklären, damit es keine Verständnisprobleme gibt, wenn man es liest. Andererseits neige ich dazu, einfach loszulegen, den Text vorzulesen und dann wegzulaufen, damit ich nichts einordnen muss. Ich habe schon drei, vier Mal aus diesem Manuskript gelesen, und beim Lesen habe ich jedes Mal etwas gelernt, und das war bei keinem anderen Text der Fall, den ich je geschrieben habe. Als ich daher nach Oxford eingeladen wurde, um auf dieser Tagung über einen bestimmten Aspekt des Themas «Faulkner und die Frauen» zu sprechen, lehnte ich mit der Begründung ab, dass ich mich nicht genügend konzentrieren könne, um Ausführungen zum Thema «Faulkner und die Frauen» zusammenzustellen, da ich gerade tief in der Arbeit an einem Buch steckte und keinerlei Ablenkungen gebrauchen könne. Und dann luden mich die Veranstalter auf sehr nette Weise ein, aus diesem meinem Manuskript zu lesen, das mich derart mit Beschlag belegte, sodass ich nicht nur an der Tagung teilnehmen und einen echten Beitrag zur Arbeit des Center for the Study of Southern Culture leisten, sondern auch Mississippi besuchen und «über Nacht bleiben» kann, wie es so schön heißt. Also entschuldige ich mich einerseits dafür, dass ich etwas lese, was noch nicht fertig, sondern im Werden ist, aber auf diese Weise konnte ich mein Verlangen befriedigen, den Campus der University of Mississippi zu besuchen, und ich hoffe, das Publikum wird einigermaßen zufrieden sein, wenn ich fertig bin. Andererseits habe ich schlicht deshalb Bedenken, weil Einiges von dem, was ich lese, vielleicht gar nicht im Druck erscheint, da sich ein Manuskript in der Entwicklung ständig verändert. Bevor ich vor einer Gruppe lese, die zusammengekommen ist, um über das Thema «Faulkner und die Frauen» zu diskutieren, möchte ich noch anmerken, dass ich 1956 sehr viel Zeit damit verbracht habe, über Faulkner nachzudenken, weil er Thema einer Abschlussarbeit war, die ich an der Cornell University schrieb. Eine derart erschöpfende Behandlung eines Autors macht es einem Schriftsteller hinterher für eine ganze Zeit unmöglich, auf diesen Autor zurückzukommen, bis die Energie sich in irgendeiner anderen Form verbraucht hat. Aber noch bevor ich zu lesen beginne, muss ich sagen, dass mein Interesse an Faulkner nicht nur akademischer Natur war, sondern dass William Faulkner auch in sehr, sehr persönlicher Hinsicht eine enorme Wirkung auf mich als Leserin hatte, eine enorme Wirkung.

Der Titel des Buches ist *Menschenkind*, und so fängt es an:

[Die Autorin liest aus dem Buch, an dem sie gerade arbeitet, und beantwortet dann Fragen aus dem Publikum.]

MORRISON: Ich beantworte gerne Ihre Fragen, soweit Sie welche haben. Und wenn Sie freundlicherweise aufstehen, bevor Sie eine Frage stellen, damit ich Sie sehen kann, tue ich mein Bestes.

FRAGE: Ms. Morrison, Sie haben erwähnt, dass Sie eine Abschlussarbeit über Faulkner geschrieben haben. Welchen Einfluss hatte Faulkner auf Ihre literarische Karriere?

MORRISON: Nun ja, ich bin mir nicht sicher, ob er überhaupt einen Einfluss auf mein Werk hatte. Ich bin, glaube ich, typisch für alle Autoren, die überzeugt sind, sie seien durch und durch originell und würden, falls sie irgendeinen Einfluss erkennen, so rasch wie möglich davon abrücken. Aber als Leserin habe ich mich in den Fünfzigern und natürlich auch später (ich habe 1956 gesagt, weil ich damals an einer Abschlussarbeit schrieb, die sich mit ihm beschäftigte) auf Faulkner konzentriert. Ich glaube nicht, dass meine Reaktion sich von der irgendeines anderen Studenten damals unterschied, insofern in Faulkner diese Kraft und dieser Mut steckte – der Mut eines Schriftstellers, eine besondere Art von Mut. Warum mich alle seine Themen interessierten und tief bewegten, hatte, glaube ich, etwas mit meinem Wunsch zu tun, etwas über dieses Land herauszufinden, und mit der künstlerischen Artikulation seiner Vergangenheit, die in historischen Darstellungen nicht zu haben war – etwas, was Kunst und Belletristik leisten können, was die Geschichtsschreibung jedoch manchmal verweigert. Vermutlich kann auch die Geschichtsschreibung die Vergangenheit humanisieren, aber sie weigert sich häufig, das zu tun, und zwar aus vollkommen nachvollziehbaren Gründen. Doch es gab eine künstlerisch artikulierte Beschäftigung mit einer Ära, für die ein, zwei Autoren sorgten, und Faulkner stand ganz gewiss an der Spitze dieser Beschäftigung. Und Faulkner hatte noch etwas anderes, das ich nur «Blick» nennen kann. Er hatte einen Blick, der anders war. Damals schien dieser Blick einem genauen Hinsehen, ja einer Art Starren vergleichbar, einem schriftstellerischen Ansatz, der in der Weigerung wegzusehen bestand und den ich bewundernswert fand. Damals, in den Fünfzigern oder Sechzigern, kam mir noch nicht in den Sinn, Bücher zu schreiben. Aber dann tat ich es doch, und ich war darüber selbst sehr überrascht und wusste, dass ich es aus mancherlei Gründen tat, die keine schriftstellerischen sind. Eigentlich sehe ich keine starken Verbindungen zwischen meinem Werk und dem von Faulkner. Im Leben gibt es literarische Wasserscheiden, die einen auf außerordentliche und denkwürdige Weise berühren. In meinem gibt es vier oder fünf, und ich hoffe, sie entsprechen landläufigen Kriterien dafür, wer gelesen werden sollte, aber bei manchen ist das nicht so. Manche Bücher sind in technischer Hinsicht einfach schrecklich, gleichwohl aber großartig: Sie sind zu gut, um korrekt zu sein. Bei Faulkner kam immer irgendetwas zum Vorschein. Außerdem konnte er einen auf so wunderbare Weise zur Weißglut treiben. Es war nicht einfach ein komplettes Vergnügen – es gab immer auch diese andere Qualität, die genauso wichtig ist wie Verehrung: Empörung. Die Sache ist die, dass man bei Faulkner niemals gleichgültig blieb.

FRAGE: Ms. Morrison, könnten Sie etwas zur Entstehung Ihrer Figur Sula sagen?

MORRISON: Sie stand, wie viele meiner Figuren, wenn auch nicht alle, praktisch sofort ziemlich vollständig ausgearbeitet und komplett vor mir, einschließlich ihres Namens. Ich spürte diese ungeheure Nähe. Ich will damit sagen, ich wusste genau, wer sie ist, aber ich hatte Schwierigkeiten, sie zu schaffen. Das heißt, es fiel mir schwer, sie zu einem

Menschen zu machen, über den sich alle aufregen würden, die Art von Mensch, die einem auf die Nerven geht, sie zugleich aber nicht so widerwärtig zu gestalten, dass man sie nicht auch anziehend finden könnte – ein Charakter, zugleich verführerisch und abstoßend. Und dazwischen hin und her zu pendeln war schwierig für mich, weil ich die Eigenschaften bestimmter Persönlichkeiten beschreiben wollte, die von gewöhnlichen Menschen ausgenützt werden können. Die Außenseiterin und Abenteuerin, nicht im Sinne von jemandem, der loszieht, um ein Vermögen zu machen, sondern so, wie eine Frau eine Abenteuerin ist, was mit ihrer Vorstellungskraft zu tun hat. Und solche Menschen sind immer denkwürdig und im Allgemeinen auch anziehend. Aber sie ist schwierig. Und als ich mit dem Buch, *Sula*, fertig war, fehlte sie mir. Ich kenne das Gefühl, Figuren zu vermissen, die zu diesem Zeitpunkt im Grunde sehr viel realer sind als wirkliche Menschen.

FRAGE: Ms. Morrison, vorhin haben Sie gesagt, aus einem noch nicht fertigen Buch zu lesen, helfe Ihnen als Schriftstellerin. Können Sie erklären, inwiefern das Lesen Ihnen hilft?

MORRISON: Diese ganze Geschichte, zwecks Information aus meinem eigenen Manuskript zu lesen, ist ziemlich neu für mich. Beim Schreiben stelle ich mir niemals einen Leser oder Zuhörer vor. Ich bin selbst die Leserin und die Zuhörerin, und ich finde, ich bin eine ausgezeichnete Leserin. Ich lese sehr gut. Ich weiß ja schließlich, was vor sich geht. Anfangs hatte ich das Problem, als Schriftstellerin ebenso gut zu sein wie als Leserin. Aber ich muss davon ausgehen, dass ich nicht nur Bücher schreibe, sondern sie auch lese. Und damit meine ich nicht, dass ich nachsehe, was ich geschrieben habe; ich kann die Distanz zwischen mir, der Schriftstellerin, und dem, was auf der Seite steht, durchaus wahren. Manche können das vorn vornherein, und manche müssen es erst lernen. Und manche können es gar nicht; das merkt man, denn wenn sie ihr Werk gelesen hätten, hätten sie es niemals so geschrieben. Der Vorgang heißt Überarbeitung. Es ist eine Art langer Leseprozess, und ich muss davon ausgehen, dass ich auch diese sehr kritische, sehr penible und nicht leicht zu blendende Leserin bin, die klug genug ist, um sich stark am Text zu beteiligen. Ich lese nicht gerne Bücher, wenn die ganze Arbeit getan ist und ich da eigentlich nichts mehr verloren habe. Also bemühe ich mich, so zu schreiben, dass zwischen mir und mir – mir als Schriftstellerin und mir als Leserin – noch etwas vorgeht. In manchen Fällen bin ich damit zufrieden, bestimmte Arten von Büchern zu machen, ohne vor einem Publikum daraus vorzulesen. Doch es gibt andere – speziell dieses hier, weil es anders ist –, da hatte ich das Gefühl, das, was ich als Leserin empfinde, reicht nicht, und ich brauche sozusagen ein größeres Spektrum, weil es unendlich viele Möglichkeiten gibt. Es geht mir nicht darum, mir Hilfe bei der Schreibtechnik zu holen – das nicht. Ich spreche lediglich von Bedeutungsnuancen, nicht insgesamt, sondern was die Gewichtung hier und da angeht. Was ich herausfinden will, ist, ob bei diesem Buch auf mein Ohr ebenso viel Verlass ist, wie das meiner Überzeugung nach bei den anderen stets der Fall war. Deshalb war ich schnell damit einverstanden, aus diesem Manuskript zu lesen. Bei jedem anderen Buch, das ich geschrieben habe, habe ich erst dann einen Vertrag abgeschlossen, als es schon fast fertig war, weil ich nicht das Gefühl haben wollte, es gehörte jemand anderem. Bei diesem Buch habe ich schon in einem sehr frühen Stadium einen Vertrag abgeschlossen. Also ist die Sache mit dem Lesen, glaube ich, zum Teil so etwas wie eine Wiederinbesitznahme, mit der ich mir das Buch vom Verlag zurückhole. Es muss meins sein, und ich muss bereit sein, es nicht zu machen oder es zu verbrennen oder es zu machen, je nachdem. Aber ich gehe schon davon aus, dass ich die Leserin bin, und wenn ich früher Zweifel hatte oder auf Probleme stieß, dann waren die Menschen, an die ich mich wandte, damit sie mir halfen, irgendeinen Ausdruck oder irgendein Wort oder so etwas zu verifizieren, die Figuren im Buch. Ich beschwor sie einfach herauf und fragte sie nach diesem oder jenem. Und sie sind normalerweise sehr entgegenkommend, wenn sie vollständig ausgearbeitet sind und man ihren Namen weiß. Und wenn man ihren Namen nicht weiß, reden sie nicht viel.

FRAGE: Ms. Morrison, könnten Sie etwas darüber sagen, wie Sie in Ihrem Werk Mythos und Folklore einsetzen?

MORRISON: Das hört sich jetzt vielleicht nicht richtig an, aber ich muss es trotzdem sagen. Es gibt unendlich viel mehr Vergangenheit als Zukunft. Vielleicht nicht an chronologischer Zeit, ganz bestimmt aber in Bezug auf Fakten. Also liegt in jedem Schritt zurück eine andere Welt und wieder eine andere Welt. Die Vergangenheit ist unendlich. Ich weiß nicht, ob das auch für die Zukunft gilt, aber für die Vergangenheit weiß ich es. Die Legenden – so viele davon – handeln nicht bloß von der Vergangenheit. Sie geben auch Hinweise darauf, wie sie in gegenwärtigen Zeiten funktionieren, und sie machen Andeutungen über die Zukunft. Für mich waren sie also niemals einfach, niemals.

Ich versuche, diese mythischen Wesensmerkmale einzuarbeiten, die für mich überall sehr starke Wesensmerkmale schwarzer Kunst sind, ob in der Musik, in Erzählungen, Gemälden oder wo Sie wollen. Ich fand einfach, diese Wesensmerkmale gehören in die schwarze Literatur eingearbeitet, wenn sie das bleiben soll. Es reichte nicht, einfach über schwarze Menschen zu schreiben, denn das kann jeder. Doch für mich als Schriftstellerin war es wichtig, dafür zu sorgen, dass das Werk unwiderruflich schwarz ist. Dazu war es erforderlich, dass ich folkloristische Überlieferungen als Ausgangspunkte benutzte – wie zum Beispiel in diesem Buch, *Menschenkind*, das mit einer Geschichte über eine Sklavin begann, Margaret Garner, die kurz nach ihrer Flucht von einer Farm zusammen mit ihren Kindern gefasst worden war. Und anstatt ihre Kinder einem grauenhaften, unerträglichen Leben zu überantworten, brachte sie sie um oder versuchte es jedenfalls. Es gelang ihr nicht, und die Abolitionisten hängten ihren Fall an die große Glocke. Die Geschichte hatte mir zusammen mit einigen anderen Dingen schon sehr, sehr lange zugesetzt. Können Sie sich eine Sklavin vorstellen, der ihre Kinder nicht gehören? Die sie so sehr liebt, dass sie sie umbringt? Können Sie sich den Wagemut vorstellen, aber auch die Selbstvorwürfe, die Selbstbestrafung und die Sabotage, die Selbstsabotage, bei der man so sehr liebt, dass man es nicht ertragen kann, dass das, was man liebt, besudelt wird? Es ist besser, es stirbt, als dass es besudelt wird. Denn was man liebt, macht einen aus. Es ist das Beste an einem, und das war das Beste an ihr. Die Angelegenheit war also derart ernst, dass es ihr lieber war, sie existierten nicht mehr. Und sie war diejenige, die das ins Werk setzte. Das ist nur ein sehr kleiner Teil dessen, worum es hier geht, aber das spukte mir im Kopf herum – wie es so schön heißt –, als ich anfing. In diesem Fall ging ich also von einem historischen Faktum aus und arbeitete es in einen Mythos ein anstatt umgekehrt.

FRAGE: Ms. Morrison, vorhin haben Sie gesagt, Sie hätten, als Sie mit Schreiben anfingen, gar nicht die Absicht gehabt, Schriftstellerin zu werden. Könnten Sie erklären, was Sie damit meinten?

MORRISON: Ich war an einem Ort, wo ich nicht hingehörte, und ich wollte dort nicht sehr lange bleiben, also wollte ich ihn auch nicht hübscher machen, als er war. Und ich wollte niemanden kennenlernen, ich mochte niemanden und wurde auch von niemandem gemocht; das ging für mich in Ordnung; und ich war einsam. Ich war unglücklich. Ich hatte kleine Kinder, also schrieb ich diese Geschichte. Ich hatte schon vorher eine kleine Geschichte geschrieben, in der Zeit, die ich abends dafür erübrigen konnte. (Sie wissen ja, Kinder gehen um sieben schlafen, wenn man sie entsprechend erzieht.) Also habe ich geschrieben, nachdem ich sie zu Bett gebracht hatte, und das gefiel mir. Es gefiel mir, darüber nachzudenken. Es gefiel mir, diese Art von Ordnung aus etwas zu schaffen, das in meinem Kopf ungeordnet war. Außerdem spürte ich, dass es eine enorme Gleichgültigkeit gegenüber diesen Menschen gab, mir, Ihnen, schwarzen Mädchen gegenüber. Es war, als hätten diese Menschen in der Wahrnehmung anderer überhaupt kein Leben, keine Existenz, außer vielleicht ganz peripher. Und als ich mich für das Schreiben begeisterte, kam es mir so vor, als wäre es das absolut Wichtigste auf der Welt. Es dauerte ewig, dieses erste Buch zu schreiben: fast fünf Jahre für so ein kleines Buch. Weil mir die Arbeit daran so gefiel, schrieb ich immer nur ein kleines bisschen und dachte dann darüber nach. Ich war damals Schulbuchlektorin. Ich hatte keineswegs vor, Schriftstellerin zu werden, und ich erzählte keinem Menschen davon, dass ich an diesem Buch schrieb, weil ich glaubte, dass man mich dann feuern würde, und das hätte man auch ganz bestimmt getan. Vielleicht nicht sofort, aber man hätte auf jeden Fall etwas dagegen gehabt. Die Leute dort fühlten sich trotzdem hintergangen. Wenn man Lektorin ist, wird von einem erwartet, dass man Bücher akquiriert, nicht selbst welche produziert. Zwischen Verlagen und Autoren herrscht eine nicht ganz konfliktfreie Beziehung, die, wie ich finde, wahrscheinlich effektiv funktioniert. Aber genau deswegen habe ich damit hinterm Berg gehalten, dass ich schrieb. Ich weiß nicht, was mich veranlasst hat, das Buch zu schreiben. Ich glaube, ich wollte die Geschichte einfach fertigschreiben, weil ich dachte, es wäre schön, sie zu lesen. Aber es war der Schreibprozess, der mich auf den Gedanken brachte, es wieder zu tun, und ich wusste, so wollte ich leben. Es kam mir sehr stimmig vor, dass ich dieses Buch schrieb. Aber ich bezeichnete mich immer noch nicht als Schriftstellerin. Erst bei meinem dritten Buch, *Solomons Lied*, sagte ich schließlich – und zwar nicht auf eigene Initiative, wie ich zu meiner Verlegenheit gestehen muss, sondern auf Initiative von jemand anders –: «Das ist mein Beruf.» Ich hatte drei Bücher geschrieben. Erst als ich *Solomons Lied* fertiggeschrieben hatte, dachte ich: Das ist vielleicht mein *einziger* Beruf. Davor hatte ich nämlich immer nur gesagt, ich sei Lektorin und schriebe *außerdem* Bücher oder Lehrerin und schriebe *außerdem* Bücher. Ich sagte nie, ich sei Schriftstellerin. Nie. Und zwar nicht nur aus all den Gründen, an die

Sie vielleicht denken. Sondern auch, weil sich die meisten Schriftsteller wirklich und wahrhaftig selbst die Erlaubnis geben müssen, an sich zu glauben. Das ist sehr schwierig, besonders für Frauen. Man muss sich selbst die Erlaubnis geben, auch während man dabei ist. Auch wenn man jeden Tag schreibt, Bücher an Verlage schickt, man muss sich selbst die Erlaubnis geben. Ich kenne Schriftstellerinnen, deren Mütter Schriftstellerinnen sind und die trotzdem einen langen Prozess mit jemand anderem – einem Mann, einem Lektor, einer Freundin oder sonst wem – durchlaufen mussten, um schließlich einen Punkt zu erreichen, wo sie sagen konnten: «Es ist in Ordnung. Es ist okay.» Das Umfeld sagt, es ist okay. Dein Mann sagt, es ist okay. Deine Kinder sagen, es ist okay. Deine Mutter sagt, es ist okay. Irgendwann sagen alle, es ist okay, und dann hast du sämtliche Okays. So ging es mir: Sogar ich habe, nachdem ich das dritte Buch geschrieben hatte, einen Moment erlebt, wo ich es tatsächlich sagen konnte. Also geht man durch die Pass- und Zollkontrolle, und jemand fragt: «Was machen Sie beruflich?» Und dann schreibt man es hin: SCHREIBEN.

DER URSPRUNG DER SELBSTACHTUNG

Ich möchte über zwei Bücher sprechen, darüber, wie sich an ihnen nach meinem Verständnis eine Art Weiterentwicklung in meinem Werk ablesen lässt; ich möchte ein wenig über *Menschenkind* und ein wenig über einen neuen Roman sagen, Ihnen einige der Hindernisse nahebringen, die ich mir bei der Entwicklung dieser Bücher geschaffen habe, und vielleicht – illustriert durch sehr kurze Beispiele aus den Büchern – auf Methoden zu sprechen kommen, wie ich an die Arbeit herangegangen bin.

An einer sehr, sehr großen staatlichen Universität sagte mir einmal jemand: «Wissen Sie eigentlich, dass *Sie*» – gemeint war ich – «auf diesem Campus in dreiundzwanzig verschiedenen Kursen behandelt werden?» Nicht dreiundzwanzig verschiedene Gruppen von Studenten, sondern dreiundzwanzig thematisch unterschiedliche Veranstaltungen. Und das schmeichelte mir und interessierte mich sehr, aber ich war auch ein bisschen überwältigt, denn wie, dachte ich, konnte es, abgesehen von, sagen wir, Veranstaltungen in afroamerikanischer Literatur oder Women's Studies oder – wer weiß – vielleicht sogar anglistischen Seminaren oder dergleichen, dreiundzwanzig geben? Tja, einige Kurse fanden in Rechtswissenschaft statt, einige in Geschichte, einige in Politikwissenschaft, einige in Psychiatrie, in allen möglichen Fächern.

Und abgesehen von einigen naheliegenden Dingen, die ich über *Menschenkind* behaupten könnte, scheint mir das Buch zu einer Art hochgradig zweckdienlicher, vielseitig einsetzbarer Quelle für so manchen Diskurs in verschiedenen Disziplinen, Genres und Fachgebieten geworden zu sein.

Und ich dachte, nun ja, vielleicht gibt es nicht nur einen Hunger nach den Informationen, vielleicht ist das Buch ja auch eine Art Ersatz und eine intimere Version von Geschichtsschreibung und wird so auf eine Weise einsetzbar, wie es andere Bücher, die ich geschrieben habe, nie geworden sind. *Solomons Lied* wird nicht so gelesen, *Sula* wird nicht so gelesen, aber *Menschenkind* wird so gelesen, und vielleicht ist das der Grund, warum es auf einem Campus, der so viele Disziplinen, Genres und Denkansätze beherbergen konnte, so weit verbreitet war. Mein Eindruck ist also, dass es mit einer Art Intimität zu tun hat, vielleicht auch eine Art Abkürzung in die Geschichte darstellt. Deshalb möchte ich darüber sprechen, wie geschichtliche Ereignisse in *Menschenkind* behandelt werden oder wie ich sie bei der Niederschrift von *Menschenkind* behandeln musste. Und von dem Einfluss, den geschichtliche Ereignisse für mich auf diese erzählerische Form hatten, möchte ich dann zur Kultur einer späteren Epoche, der zwanziger Jahre, übergehen und nachzeichnen, wie sie meine Konstruktion des neuen Buches *Jazz* beeinflusste.

Während ich dem Problem beizukommen suchte, wie man mit etwas so Respekteinflößendem und gut Erforschtem wie der Geschichte umgeht, und wie man sie umfunktionieren, ignorieren, ihre Grenzen sprengen kann und so weiter, sprach ich vor einigen Jahren vor einem Publikum in Tulsa, Oklahoma, und dieses Publikum bestand aus Bibliothekaren, Menschen aus der Gemeinde, Schülern und vielen Lehrern,

Highschool-Lehrern und Privatschullehrern, und während der Frage-und-Antwort-Runde nach meiner Lesung und meinem Vortrag stellte mir eine Lehrerin eine Frage. Sie wollte wissen, ob ich als Autorin ihr irgendwelche Informationen darüber geben könne, wie sich der Roman im Unterricht behandeln lasse, da es dazu, wie sie sagte, keine CliffsNotes, also keinen Studienführer, gebe. Ihre Frage erstaunte mich ein wenig. Ich wäre nicht erstaunt gewesen, wenn ein Schüler mich das gefragt hätte, aber dass die Frage von einer Lehrerin kam, erstaunte mich schon ein wenig, also sagte ich: «Ich weiß wirklich nicht, wie man *Menschenkind* im Unterricht behandeln kann, und ich weiß ganz sicher nicht, wie *Sie* es im Unterricht behandeln sollten, aber wenn es, wie Sie sagen, keine CliffsNotes dazu gibt, bestünde eine Möglichkeit der Behandlung im Unterricht ja vielleicht darin, Ihre Schüler welche schreiben zu lassen.» Und sie lächelte irgendwie und machte ein Gesicht, als hätte ich nicht ernsthaft auf ihre Frage geantwortet, aber unter den gegebenen Umständen brachte ich nichts Besseres zustande.

Das Interessante aber war, dass ich später, sechs, sieben Monate später, ein großes Päckchen von ihr bekam, und in diesem Päckchen waren drei Exemplare oder Ausgaben, wie man sie wohl nennen könnte, von CliffsNotes. Sie hatte sich nämlich meine Antwort zu Herzen genommen und ihren Schülern die Aufgabe gestellt, CliffsNotes zu dem Roman zu produzieren. Sie teilte sie in drei Gruppen ein, und jede Gruppe produzierte ein kleines Buch mit einem Cover, einem Vorwort, einer Danksagung, einer Inhaltsangabe und dann dieser langen sogenannten Analyse, wie man sie von den CliffsNotes kennt. Und jedes hatte einen Preis gewonnen – der Preis ging durch drei –, und die Schüler hatten mir ihre Bilder von ihrer jeweiligen Gruppe mitgeschickt, auf denen sie ihre Namen hochhielten. Und sie hatten Briefe geschrieben.

Um das tun zu können, hatten sie das Buch eindeutig sehr gründlich lesen müssen, Sekundärliteratur studieren, literarische Verweise und Querverweise anbringen müssen und so weiter. Somit erwies sich das Ganze sicherlich als hochinteressantes Projekt. Ich las ihre Briefe sehr sorgfältig, und die meisten waren schmeichelhaft, aber das Schöne an Highschool-Schülern ist ja, dass sie sich nicht verpflichtet fühlen, einem zu schmeicheln, und besonders nach einer solchen Arbeit meinen sie sich sehr gut auszukennen und müssen einem überhaupt keine Komplimente machen. Also stellten sie mir Fragen, die sie sich nicht zu ihrer eigenen Zufriedenheit hatten beantworten können. Ich möchte auf einen der wesentlichen Punkte zu sprechen kommen, den sie zu beanstanden hatten. Wenn man alle Kritikpunkte zusammenfasste, so liefen sie letztlich auf einen hinaus, der durchgängig geäußert wurde, nämlich dass die explizite Sexualität in *Menschenkind* und die Offenheit, mit der einige einschlägige Szenen geschildert werden, sie erschreckte oder Anstoß bei ihnen erregte und dass sie nicht verstanden, warum diese Art von Offenheit nötig war. Einerseits war es beruhigend festzustellen, dass Schüler immer noch mit Schilderungen von Sexualität zu schockieren sind, das fand ich also ganz in Ordnung, doch andererseits war es sehr verstörend für mich, weil der Kontext, in dem die Geschichte spielt, das heißt die Sklaverei, offenbar bei niemandem Anstoß erregte, für Bestürzung sorgte oder auf fehlendes Begriffsvermögen stieß. Die Sexualität störte sie. Doch die Gewalt, die Kriminalität und die Willkür jener Institution erschreckte sie weder, noch erregte sie Anstoß bei ihnen.

Meines Erachtens deutete das auf eines der Probleme hin, die sich beim Schreiben von Romanen auf historischer Grundlage ergeben: Man stellt die Geschichte nicht in Frage. Weder analysiert man sie wirklich, noch tritt man ihr auf eine Weise gegenüber, die im Widerspruch zum Historiker oder gar zu der Version steht, die der Romancier selbst davon hat. Man nimmt sie gewissermaßen hin, schluckt sie, erklärt sich damit einverstanden. Nichts ist schief. Dabei wollte ich mich dieser geschichtlichen Epoche ja gerade von einem Standpunkt aus nähern, der sich von der herkömmlichen Geschichtsschreibung vollkommen unterschied, nicht im Hinblick auf Fakten oder Informationen, sondern im Hinblick darauf, was sich damit beim Leser hervorrufen ließ. Wie es schien, wurde bei diesen klugen Schülern alles einer kritischen Überprüfung unterzogen, nur nicht die wichtigsten Voraussetzungen des Textes. Also hatte ich es entweder sehr gut oder sehr schlecht gemacht.

In Wahrheit aber lag das Problem in der Natur der Sache selbst – in der Natur des Versuchs, eine bestimmte Art von schrecklich vertrauter mit einer zugleich entfremdenden Geschichte unter einen Hut zu bringen. Die Frage ist, wie man aus dem Verschwiegenen, den Verzerrungen und Ausflüchten, die der überlieferten Geschichte eigen sind, kritisches Denken hervorruft und eine ehrliche Kunstform gewinnt und wie sich eine Geschichte, die so mit Emotionen befrachtet ist, so mit tiefem Abscheu und Widerwillen befrachtet ist und behandelt wird, artikulieren und verwenden lässt. Denn ich möchte annehmen, dass jeder diese Geschichte entweder versteht, rationalisiert, verteidigt oder davon abgestoßen wird. Meine Aufgabe als Romanautorin bestand also darin, diese Geschichte schmackhaft zu machen und sie zugleich in gewissem Sinne zu entrechten. Es ging mir um die Vereinigung von Geschichte und Fiktion oder vielmehr darum, mich sozusagen aus dem Griff der Geschichte zu lösen, aber in ihrer Hand zu bleiben. Besonders bei diesem speziellen Stück Geschichte und diesem speziellen Roman.

Was den Rest meines Vortrags angeht, können wir uns vielleicht darauf verständigen, dass in unserer gesamten Erziehung und Bildung, ob sie nun in Einrichtungen, im Zuhause, auf der Straße oder wo auch immer erfolgt, ob sie wissenschaftlicher Natur ist oder sich der Erfahrung verdankt, eine Art Weiterentwicklung stattfindet. Wir bewegen uns von Fakten zu Informationen zu Wissen zu Weisheit. Und das eine vom anderen zu trennen, unter und zwischen ihnen unterscheiden zu können, d. h. zu wissen, welche Gefahr und welche Beschränkungen darin liegen, eines ohne die anderen einzusetzen, und zugleich jede Kategorie von Intelligenz zu respektieren – darum geht es im Allgemeinen bei ernsthafter Bildung. Wenn wir uns darin einig sind, dass es eine zweckgerichtete Weiterentwicklung gibt, erkennen Sie sofort, wie entmutigend dieses Projekt – aus Geschichte erzählende Literatur herauszuziehen, zu bauen oder zu konstruieren – sein kann und dass es leicht, ja verführerisch ist anzunehmen, Fakten seien echtes Wissen. Oder Informationen seien gar Weisheit. Oder es könne ohne Fakten Wissen geben. Und wie leicht und mühelos das eine herumstolzieren und sich als das andere ausgeben kann. Und wie rasch wir vergessen können, dass Weisheit ohne Wissen, Weisheit ohne irgendwelche Fakten bloß eine undeutliche Ahnung ist.

Bei der Niederschrift von *Menschenkind* wurde dies alles extrem akut. Weil ich mich den Fakten widersetzte, die mir zur Verfügung standen, und das Gefühl hatte, ich sei ziemlich umfassend informiert. Kleinigkeiten brauchte ich nicht zu wissen, ich konnte sie mühelos erfinden – ich hatte die gleichen Bücher über Sklaverei gelesen, die Sie auch alle gelesen haben, die Geschichtsbücher, die *Slavery to Freedom* und *Roll, Jordan, Roll* und *Slavery and Social Death* und die Dokumentensammlungen von Herbert Aptheker etc. Ich hatte Gutmans *Black Family in Slavery and Freedom* gelesen, speziell aber hatte ich die Autobiographien der Sklaven selbst gelesen und besaß daher Informationen aus erster Hand von Menschen, die dort gewesen waren. Fügen Sie das meiner Intuition hinzu, und Sie erkennen, welcher Art mein Selbstvertrauen war und in welche Falle es mich locken würde: Fakten mit Informationen und Wissen mit undeutlichen Ahnungen zu verwechseln und so weiter. Ich dachte, ich wüsste sehr viel darüber. Und diese Arroganz war das erste Hindernis.

Was ich brauchte, war Vorstellungskraft, um die Fakten, die Daten zu stützen und mich nicht von ihnen überwältigen zu lassen. Eine Vorstellungskraft, die Informationen personalisierte, sie nahebrachte, sich aber nicht als Ersatz anbot. Wenn in dieser Hinsicht Verlass auf die Vorstellungskraft war, dann bestand die Möglichkeit von Wissen. Von Weisheit würde ich natürlich die Finger lassen und darauf bauen, dass sie von den Lesern hervorgebracht würde.

Ich eigne mir also aus einem Zeitungsartikel, der halbwegs verlässlich ist, ein geschichtliches Leben – das von Margaret Garner – an und recherchiere nicht weiter über sie, recherchiere jedoch viel über ihr Umfeld. Wie die Verhältnisse von 1865 bis 1877 innerhalb der Reconstruction und so weiter in jenem Landesteil waren, sodass ich sämtliche Details beisammenhätte. Doch zu dem imaginativen Prozess beim Umgang mit der Geschichte, so wurde mir klar, gehörte auch, dass der Geistliche, der sie befragte und der in dem Artikel voller Entsetzen ihre Geschichte erzählt, sich weigert, irgendwelche Urteile über sie zu fällen. Er verweigert ein Urteil. Und so hielt es praktisch jeder, obwohl sie alle diese eindringlichen Leitartikel gegen das Gesetz über entlaufene Sklaven und so weiter schrieben: Es gab so etwas wie eine Weigerung, ein Urteil zu fällen. Und dieser kleine Informationsschnipsel erschien mir entscheidend – die Unfähigkeit, ein Urteil darüber zu fällen, was diese Frau getan hatte. Der Verzicht auf ein Urteil, nicht die Weigerung, Bescheid zu wissen, sondern die Weigerung, eine Schlussfolgerung daraus zu ziehen. Und darin schien ein kleines Körnchen von etwas zu stecken.

Warum kein Urteil über sie? Alle anderen hatten eins gefällt. Was Margaret Garner getan hatte, war eindeutig schrecklich. Das war ein Urteil. Es war offensichtlich gewissenlos. Es war grauenvoll. Es war monströs. Das Interessante aber war, so grauenvoll, so monströs, so ungeheuerlich und unmenschlich es war, es war nicht gesetzwidrig. Es war alles, nur das nicht. Das Recht erkannte die Beziehung nicht an, also gab es auch keine juristische Begrifflichkeit dafür. Margaret Garner wurde nicht wegen Mordes der Prozess gemacht, sondern wegen etwas, was das Recht fassen, worüber das Recht urteilen konnte, was das Recht für «widerrechtlich» erachtete, nämlich wegen Zerstörung von Eigentum.

Für mich ergab sich also die Frage: Wenn das Recht nicht bereit ist, ein Urteil zu fällen, und ihre Schwiegermutter kein Urteil fällen kann, wer kann es dann? Wem steht es zu, sie für etwas, wofür nicht einmal die Gerichte eine Strafwürdigkeit unterstellten, in Grund und Boden zu verdammen? Der anklagende Finger müsste sehr viel Gewicht haben, damit Margaret Garner ihm Aufmerksamkeit schenkt. Und natürlich könnte nur ihre Tochter ihn auf sie richten, diejenige, die sie rechtzeitig – wenn der Begriff angebracht ist – zu töten vermochte, bevor man ihr in den Arm fiel. Ich war zwar nicht sonderlich erpicht darauf, mich in diese schwierigen Gewässer zu begeben, aber ich dachte: Wenn sie es fertiggebracht hat, dann kann ich es mir irgendwie vorstellen oder darüber nachdenken und sehen, was passiert, wenn die tote Tochter in den Text eingeführt wird. Und natürlich brachte das alles aus dem Gleichgewicht, formulierte seine eigene Geschichte um und veränderte dann die Sprache völlig.

Das andere Problem bei diesem Unterfangen – das heißt, zusätzlich zu den geschichtlichen Ereignissen, zum Ablauf oder der Handlung von Margaret Garners Leben und wie ich es verändert habe, damit es meinen Zwecken entspricht – ist die Sklaverei. Es wäre wunderbar für mich gewesen, wenn Margaret es zu einer anderen Zeit, beispielsweise vor zehn Jahren, getan hätte und ich mich dann damit hätte auseinandersetzen können, aber es geschah in der Sklaverei. Also stellt sich die Frage, wie geht man damit um? Wie lässt man sich auf sie ein, ohne sich ihr zu ergeben? Ohne *sie*, anstatt die Sklaven selbst zum Hauptaugenmerk des Romans zu machen. Das Problem ist, wie man die Vorstellungskraft, die künstlerische Kontrolle von der Institution der Sklaverei abzieht und dort zum Tragen bringt, wo sie hingehört – in den Händen der Menschen, die sie kannten, jedenfalls so gut wie nur irgendwer sonst, und das wären die Sklaven. Und zugleich deren Gräuel nicht abtut oder kleinredet. Denn das Problem ist stets die Pornographie. Wenn man über so etwas schreibt, findet man sich sehr leicht in der Position des Voyeurs wieder, in der die Gewalt, die Bizarrerien, der Schmerz und das Leiden selbst zum Vorwand für die Lektüre werden. Und es liegt etwas Genüssliches darin, das Leiden eines anderen zu beobachten. Auf dieses Gebiet wollte ich mich nicht begeben, und es war schwer herauszufinden – schwer und wichtig herauszufinden –, wo die entsprechenden Grenzen verlaufen, wo man haltmacht und wo man eine Art tiefe emotionale und intellektuelle Reaktion hervorrufen kann, ohne der Institution in die Hände zu spielen und ihr so einen Vorwand für ihr Dasein zu liefern. Ich wollte nicht über dieses Böse nachsinnen und ihm eine Autorität zugestehen, die es nicht verdient, ihm einen Glamour verleihen, den es nicht wirklich besitzt; ich wollte die Handlungsmacht in die Hände der Sklaven zurücklegen, die, so schien es mir, in der Literatur meist, wenn auch nicht durchweg, ziemlich anonym oder konturlos geblieben waren.

Nun sind da natürlich drei-, vierhundert Jahre unter die Lupe zu nehmen, und das ist in der Tat eine Erfahrung, die einen demütig werden lässt. Man stellt fest, dass die schiere Dokumentation – die Geschichte – zu lang ist. Sie ist zu groß, zu schrecklich, zu ausgiebig erforscht, zu alt, zu neu; man hat sie zu oft verteidigt, zu sehr rationalisiert, sich zu oft für sie entschuldigt, zu oft gegen sie gewehrt; sie ist zu bekannt, zu unbekannt, zu aufwühlend und zu schwer fassbar. Und um andere Formen von Unterdrückung, wie zum Beispiel die Unterdrückung der Frau, zu erklären, hat man sie sich auch in sehr starkem Maße angeeignet.

Ich betätige mich also auf einem Gebiet, von dem ich weiß, dass es schon viel zu sehr und viel zu wenig beackert ist – in einem ungesunden Sinne reizvoll und in einem anderen abstoßend, verborgen und verdrängt. Um also mit etwas umzugehen, das ich für kaum bewältigbar hielt, brauchte ich irgendein kleines Stück, irgendetwas Konkretes, irgendein

Bild, das aus der Welt des Konkreten kam. Etwas, das dem häuslichen Bereich entstammte, etwas, an dem sich das Buch gewissermaßen festmachen ließ, etwas, das alles, was man sagen wollte, in sehr menschlichen und persönlichen Begriffen sagte. Und dieses Bild, dieses konkrete Ding wurde für mich das Mundeisen.

Ich hatte Verweise auf dieses Ding gelesen, das man Menschen anlegte. Berichte von Sklaven glichen sehr stark Romanen des neunzehnten Jahrhunderts, es gab bestimmte Dinge, über die sie nicht so viel redeten, und weil sie außerdem für Weiße schrieben, die sie dazu bringen wollten, sich gegen die Sklaverei zu stellen oder sich aktiv für ihre Abschaffung einzusetzen, gingen sie nicht in aller Ausführlichkeit darauf ein, wie schrecklich das alles war, erzählten diesen Menschen nicht allzu viel darüber. Sie wollten niemanden beschimpfen, sie brauchten das Geld dieser Leute, also schufen sie so etwas wie eine optimistische Geschichte: Ich kam auf die Welt, es war schrecklich, ich bin entkommen, andere Menschen sind immer noch dort, und Sie müssen ihnen helfen zu entkommen. Sie hielten sich nicht sehr lange mit Reden auf; es fallen viele Andeutungen und Anspielungen, aber nichts Explizites, das man deutlich vor Augen hätte. So liest man manchmal etwa, dass Equiano in New England in eine Küche kommt und eine Frau beim Kochen sieht, und sie hat dieses Ding im Mund, und er fragt: «Was ist das?» Und irgendwer sagt: «Ach, das ist ein Mundeisen», *M-u-n-d-e-i-s-e-n*, und er sagt: «Ich habe noch nie im Leben etwas so Schreckliches gesehen», geht weg und redet nie mehr darüber. Und ich hatte viele Verweise, darunter Tagebucheinträge, sehr punktuelle Tagebucheinträge, etwa eines William Byrd aus Virginia vom Beginn des achtzehnten Jahrhunderts, 1709, 1712, gesehen –

und seine Herausgeber beschreiben ihn als, Zitat, «geschliffensten und bestbestallten Gentleman von Virginia, einen wohlmeinenden Gebieter, der in etlichen seiner Briefe gegen die Scheusale wetterte, die ihre Sklaven misshandeln».

Achter Februar: *Jenny und Eugene wurden ausgepeitscht.* April: *Anna wurde ausgepeitscht.* Mai: *Mrs. Byrd peitscht die Amme aus.* Mai: *Ma wurde ausgepeitscht.* Juni: *Eugene* [ein Knabe] *wurde ausgepeitscht, weil er weggelaufen war, und bekam das Mundeisen.* September: *Ich züchtigte Jenny.* September: *Jenny wurde ausgepeitscht.* September: *Ich züchtigte Anna.* November: *Eugene und Jenny wurden ausgepeitscht.* Dezember: *Eugene wurde ausgepeitscht, weil er gestern faul war.* Und im Juli des nächsten Jahres: *Die Negerin ist abermals weggelaufen, mit dem Eisen im Mund.* Ebenfalls im Juli: *Die Negerin wurde gefunden und gefesselt, aber in der Nacht lief sie wieder weg.* Fünf Tage später: *Gegen meinen Willen ließ meine Frau die kleine Jenny mit einem heißen Eisen züchtigen.* Im Monat darauf: *Ich hatte einen ernsten Streit mit der kleinen Jenny und schlug sie zu heftig, was mir leidtat.* Im selben Monat: *Eugene und Jenny wurden gezüchtigt.* Oktober: *Ich peitschte drei Sklavinnen aus.* November: *Die Negerin ist wieder weggelaufen.*

Und so geht es drei, vier Seiten weiter. Und es bleibt festzuhalten, dass dies, wenn man es zu anderen Arten von Verhalten in Beziehung setzt, nicht allzu schlimm war. Doch die beiden Verweise auf das Mundeisen, das er in beiden Fällen weder erklärt noch beschreibt, ähnelten vielen anderen, die ich gelesen hatte. Aber ich hatte große Mühe, Beschreibungen dieser Vorrichtung zu finden, Bilder, wie es aussah, was es bewirkte und so weiter. Und es war sehr, sehr schwierig, obwohl ich dann doch in gewisser Weise großes Glück hatte – ich fand einige Bilder.

Letzten Endes aber kam ich zu dem Schluss, dass es eigentlich gar nicht beschrieben werden musste. Hätte ich es genau so beschrieben, wie es war, und eine Sprache gefunden, die genau ausdrückte, wie diese Dinge aussahen, hätte das meinen Zweck verfehlt. Es reichte zu wissen, dass man sie nicht bei einem großen Warenhaus bestellen konnte, sondern sie selbst anfertigen musste. Es reichte zu wissen, dass sie – diese handgefertigten Dinge – einen nicht in dem Sinne einschränkten wie der Fußblock, der dafür sorgte, dass man nicht arbeiten konnte. Vorgesehen war, dass man damit weiterarbeitete. Wichtig ist, dass das Mundeisen nicht nur bei Sklaven, sondern auch oft bei weißen Frauen eingesetzt wurde, die wohl manchmal – jedenfalls nach Ansicht mancher – auch etwas Derartiges brauchten, denn das Mundeisen ist einfach etwas, was man in den Mund bekommt, und es tut weh, nehme ich an, es ist unangenehm, aber wissen Sie, was es bewirkt? Es sorgt dafür, dass man den Mund hält. Man kann die Zunge nicht bewegen. Und für Frauen wäre das, wie wir wissen, ein Folterinstrument ersten Ranges.

Es nicht in technischer, in physischer Hinsicht zu beschreiben, wurde wichtiger, weil ich wollte, dass es unbeschreiblich, aber nicht unbekannt blieb. Also kam es darauf an darzustellen, nicht wie es aussah, sondern wie es sich anfühlte und was es für einen persönlich bedeutete. Und damit ergab sich eine Parallele zu meiner Haltung gegenüber der Geschichte, gegenüber der Institution der Sklaverei, d.h., ich wollte nicht beschreiben, wie sie *aussah*, sondern wie sie sich *anfühlte* und was sie bedeutete. Also eliminierte ich sämtliche Fakten aus den Forschungsunterlagen, die ich las – São Paulo, *Harper's*

Weekly, Equiano und die Tagebücher von Sklavenbesitzern –, und versuchte, eine Sprache zu gestalten, die dazu beitragen würde, dass ich und, wie ich hoffe, auch der Leser diese Vorrichtung kannte. Sie einfach kannte. Nirgendwo in *Menschenkind* wird sie beschrieben. Doch zu diesem Ergebnis kam ich, als ich versuchte, sie vollständig bekannt zu machen oder ein Gefühl dafür zu vermitteln, wie sie sich anfühlte und was sie bedeutete.

An folgender Stelle, in dieser kurzen kleinen Passage, ist Sethe dahintergekommen, dass ihr Mann die Farm, Sweet Home, wahrscheinlich nie verlassen und dass er wahrscheinlich gesehen hat, was ihr widerfahren ist, weil Paul D das glaubt. Und sie ist wütend, als sie das hört, weil sie von Paul D wissen will, warum er ihrem Mann, als er ihn in derart aufgelöstem Zustand sah, nicht geholfen, warum er nichts zu ihm gesagt hat, warum er gegangen ist, ohne etwas zu sagen, und er antwortet, er habe nicht gekonnt, weil er dieses Ding im Mund gehabt habe. Und irgendwann bittet sie ihn, ihr davon zu erzählen – nicht von ihrem Mann, ihrem Exmann, sondern davon, wie es für ihn, Paul D, gewesen sein muss.

> Er will mir's erzählen, dachte sie. Er will, dass ich ihn frage, wie es für ihn war – dass ich ihn frage, wie beleidigt die Zunge ist, die von einem Eisen festgehalten wird, wie stark der Drang auszuspucken ist, nämlich so, dass man heulen muss. Sie wusste Bescheid, hatte es auch schon da, wo sie vor Sweet Home war, viele Male gesehen. Bei Männern, Jungen, kleinen Mädchen, Frauen. Das Wilde, das in die Augen schoss, sobald die Lippen zurückgepresst wurden. Tage nachdem es heraus war, rieb man sich noch Gänsefett in die Mundwinkel, aber es gab nichts, um die Zunge zu beschwichtigen oder die Wildheit aus dem Blick zu entfernen.

Sethe schaute Paul D in die Augen, um zu sehen, ob noch eine Spur davon zurückgeblieben war.
«Leute, die ich als Kind gesehen hab», sagte sie, «sahen immer wild aus, wenn sie das Mundeisen bekommen hatten. Gleich, weshalb man's ihnen verpasste, es kann unmöglich funktioniert haben, weil es eine Wildheit hinbrachte, wo vorher keine war. Wenn ich dich anschaue, seh ich keine. In deinem Blick ist nichts Wildes, keine Spur.»
«Es gibt einen Weg, die Wildheit reinzubringen, und einen, sie auszutreiben. Ich kenn beide, und ich weiß noch nicht, welcher von beiden schlimmer ist.» Er setzte sich neben sie. Sethe schaute ihn an. In diesem glanzlosen Tageslicht besänftigte sein bronzebraunes Gesicht, von dem bloß die Umrisse der Knochen zu sehen waren, ihr Herz.
«Magst du mir davon erzählen?», fragte sie ihn.
«Ich weiß nicht. Ich hab noch nie drüber gesprochen. Zu keiner Menschenseele. Hab's manchmal hinausgesungen, aber nie einer Menschenseele erzählt.»
«Nur zu. Ich kann's mir anhören.»
«Vielleicht. Vielleicht kannst du's dir anhören. Ich bin bloß nicht sicher, ob ich's sagen kann. Richtig sagen, meine ich, weil es nicht das Mundeisen war – daran lag's nicht.»
«Woran dann?», fragte Sethe.
«An den Hähnen», sagte er. «An den Hähnen vorbeigehen und sehen zu müssen, wie sie mich anschauten.»
Sethe lächelte. «In dem Kiefernwäldchen?»
«Jaha.» Paul D lächelte gleichfalls. «Müssen Stücker fünf gewesen sein, die da oben saßen, und mindestens fünfzig Hennen.»
«Mister auch?»
«Anfangs nicht. Aber ich hatte noch keine zwanzig Schritt getan, da sah ich auch ihn. Er kam vom Zaunpfahl runter und setzte sich auf den Waschzuber.»
«Er mochte den Waschzuber», sagte Sethe und dachte: Nein, jetzt gibt's kein Halten mehr.

«Ja, nicht? Wie einen Thron. Ich selbst hab ihn aus der Schale geholt, weißt du ja. Krepiert wär er, wenn ich nicht gewesen wär. Die Glucke war mit all ihren ausgeschlüpften Pieperchen hinter sich wegstolziert. Das eine Ei war übrig. Sah aus wie 'ne Niete, aber dann merkte ich, dass es sich bewegte, also hab ich es aufgeklopft, und da kommt Mister raus mit seinen verformten Klauen. Ich habe zugeschaut, wie dieses Miststück aufwuchs und alles auf dem ganzen Hof tyrannisierte.»
«Er war immer schon abscheulich», sagte Sethe.
«Jaha, richtig abscheulich war er. Blutrünstig dazu, und böse. Mit seinen krallenden krummen Klauen. Seinem Kamm, so groß wie meine Hand, und wie rot der war. Da saß er oben auf dem Zuber und schaute mich an. Ich schwör's dir, er hat gegrinst. Mein Kopf war voll mit dem, was ich grad bei Halle gesehen hatte. Ich dachte gar nicht an das Mauleisen. Nur an Halle und an Sixo vor ihm, aber wie ich Mister sah, wusst ich, dass auch ich dran war. Nicht bloß sie, auch ich. Einer verrückt, einer verkauft, einer vermisst, einer verbrannt, und ich leckte am Eisen, die Hände auf den Rücken gebunden. Der letzte der Männer von Sweet Home. Mister sah so … so frei aus. Besser wie ich. Stärker, zäher. Mistkerl, der, kam nicht mal allein aus seinem Ei, aber er war immer noch der König, und ich war …» Paul D hielt inne und drückte seine linke Hand mit der rechten. Er hielt sie so lange fest, bis die Hand und die Welt sich beruhigt hatten und ihn weiterreden ließen.
«Mister durfte sein und bleiben, was er war. Ich durfte nicht sein und bleiben, was ich war. Selbst wenn du ihn in den Kochtopf gesteckt hättest – du hättest einen Hahn namens Mister in den Kochtopf gesteckt. Aber ich konnte unmöglich wieder Paul D sein, lebendig oder tot. Der Schullehrer hatte mich verändert. Ich war was anderes geworden, und das war weniger wert als ein Huhn auf einem Zuber in der Sonne.»
Sethe legte ihm die Hand aufs Knie und streichelte es.
Paul D hatte erst begonnen, und was er ihr erzählte, war nur der Anfang gewesen, als ihre sanften und beruhigenden Finger

auf seinem Knie ihn innehalten ließen. Schon gut so. Schon gut. Mehr zu sagen, mochte sie beide an einen Ort versetzen, von dem sie nicht wieder fortkonnten. Den Rest würde er dort lassen, wo er hingehörte: in der Tabaksdose, die da in seiner Brust begraben lag, wo einmal ein rotes Herz gewesen war. Der Deckel war zugerostet. Er würde ihn in Gegenwart dieser lieben, robusten Frau nicht mit Gewalt öffnen, denn wenn ihr der Geruch des Inhalts entgegenschlüge, würde ihn das beschämen. Und ihr würde es weh tun zu erfahren, dass kein rotes Herz, leuchtend wie Misters Kamm, mehr in ihm schlug.

Mit einigem Abstand zu diesem Projekt, das, wie ich fand, irgendwie unvollendet geblieben war, begann ich über einen anderen wichtigen Punkt im amerikanischen Leben nachzudenken, der zugleich ein äußerst wichtiger Punkt im afroamerikanischen Leben ist und über den ich schreiben wollte, doch diesmal war mein Problem nicht so sehr, wie ich mit der *Geschichte*, sondern wie ich mit der *Kultur* umgehen sollte. Über die zwanziger Jahre, also die Zeit, die ich Jazz nenne oder die wir Jazz nennen, gibt es nicht sehr viele historische Darstellungen. Es existieren Unmengen von Büchern, Unmengen von Filmen, Unmengen von Bildern und allem möglichen anderen, doch es herrscht nach wie vor ein irgendwie ungeheuer amorphes Verständnis davon, was diese Kultur ausmacht.

Wenn ich das Wort «Jazz» sage, stellen sich ganz bestimmte Vorstellungen ein, etwas sehr Konkretes, vielleicht auch etwas Unspezifisches, vielleicht bloß die Musik, eine bestimmte Art von Musik. Und wenn ich diesem Bild von Jazzmusik nachgehe, kommt vielleicht ein Klangmuster zum Vorschein, ein Musiker, ein Arrangement, ein Stück oder dergleichen, vielleicht aber auch nur Clubs, das Radio, was auch immer einem einfällt. Und Orte, wo diese spezielle Art von Musik, die wir Jazz nennen, gespielt wird. Oder vielleicht nur Ihre eigene Vorliebe dafür, Ihre Abneigung dagegen oder Ihre Gleichgültigkeit gegenüber dieser speziellen Musik. Doch was auch immer Sie über diese Musik denken, in dem Wort «Jazz» ist, wenn auch vielleicht nicht als Hauptmerkmal Ihrer Erinnerung oder Ihrer Assoziation, stets mit enthalten, dass Jazz eine Musik ist, die schwarze Menschen spielen, eine Musik, die sie begründet oder geformt haben. Die jedoch heutzutage und schon seit sehr, sehr langer Zeit nicht mehr ausschließlich von ihnen gespielt oder auch nur gehört wird. Und außerdem der Umstand, dass die Wertschätzung von Jazz eines der wenigen Momente ist, wo eine bestimmte Art von Rassentranszendenz oder rassentranszendierender Aneignung möglich ist. Was nicht heißt, dass es keine Ausbeutung gegeben hat, aber selbst die Ausbeutung war nur möglich dank des Interesses am Jazz, dank der Leidenschaft dafür und dank der Aneignung, die sozusagen interrassisch stattgefunden hat.

Die Wörterbuchdefinitionen von «Jazz» umfassen für gewöhnlich drei, vier Einträge, die mit der Musik – wo sie um die Wende zum zwanzigsten Jahrhundert herum in New Orleans entstand – zu tun haben und diese dann mit sehr interessanten Begriffen charakterisieren. «Fesselnd» beispielsweise wird sehr oft verwendet. «Vielschichtig». «Frei improvisiert». Und manchmal zeichnen sie die Entwicklung des Jazz von der Diatonik über die Formstrenge zur Atonalität nach und lassen dann noch andere Einträge folgen, in denen Jazz keine Musik, sondern eine Art Tanz zu solcher Musik ist, der einige ihrer Wesensmerkmale besitzt. Aber er zeichnet sich durch *ungestüme* Gesten und Körperbewegungen aus. Und diesen Definitionen folgen dann Slang-Definitionen, darunter «kraftvoll», «Lebhaftigkeit», «temperamentvoll» und «Unaufrichtigkeit», «Übertreibung» oder «Überheblichkeit.» *All that jazz. Don't give me all that jazz. Dieses ganze Gewäsch. Lass mich mit diesem Gewäsch zufrieden.* Sie wissen schon, etwas, dem man keine Aufmerksamkeit schenken muss, weil es heillos übertrieben ist. Aber etwas, das *jazzy* ist, ist höchst energiegeladen und unbändig lebhaft.

Ich glaube nicht, dass irgendwer diese Wörterbuch-Definitionen zur Begriffsklärung wirklich braucht, denn einer der Reize des Begriffs liegt ja gerade in seiner lockeren Assoziation mit Energie und Sinnlichkeit. Und Freiheit. Und Enthemmung. Und Vielschichtigkeit. Dies alles vor dem Hintergrund einer erkennbaren Musik, die schwarze Menschen entwickelt und geformt haben. Ich selbst denke gewöhnlich nicht zuerst an Musik. Doch von den vielen Bildern, die sich vielleicht einstellen, ist eines zumeist das einer Periode der neueren Geschichte, der «Zwanziger Jahre», der Zeit, die als Jazz-Ära bekannt ist. Und vielleicht haftet dem Begriff der Klang der Musik an, so wie sie eine Ära oder Generation von Menschen, die wir mit dieser Zeit assoziieren, beeinflusste oder einen Hintergrund für sie bildete. «Jazz-Ära» ruft eine detailliertere Bilderwelt hervor – die Prohibition, einen Wandel der Mode, der beunruhigend und mancherorts auch irgendwie spannend war: kurzes Haar und Röcke, in denen Frauen tatsächlich gehen, arbeiten und sich bewegen konnten. Und tanzen. Aber sie ließ auch an eine Art Gewagtheit, Zügellosigkeit und Sexualität denken.

Doch wenn man sich die Jazz-Ära, wie ich sie gerade beschrieben habe, so zurechtbiegt, dass sie eher literarischen Interessen gerecht wird, assoziieren wir sie mit Schriftstellern, die in den Zwanzigern und zu Beginn der Dreißiger zu ihrer vollen Reife kamen oder die erst am Anfang standen und etwas Wunderbares hervorbrachten oder die einen gewissen Einfluss ausübten oder Ruhm erlangten, und wir denken an die wunderbaren Gedichte, Theaterstücke und Romane einer ganzen Gruppe amerikanischer Künstler, die nach dem Ersten Weltkrieg wirkten: Dos Passos, Fitzgerald, Hemingway, Stein und Pound, Sie kennen diese Liste ja, und sie ist vertraut, aber vertraut ist auch die gesamte Konstellation von Dingen und Menschen, der Ton, die Musik und die Geschichte, die das Wort «Jazz» evoziert, und all das wird als einzigartig amerikanisch verstanden. Es ist eine einzigartig amerikanische Haltung. Und es lässt an einen amerikanischen Modernismus denken, der immer weiter fortbestand, bis dem Modernismus etwas anderes, und diesem natürlich wieder etwas anderes und so weiter folgte.

Es handelt sich um ein amerikanisches Kulturphänomen, und als solches ist es mehr als irgendeine der Definitionen oder Konnotationen, die ich erwähnt habe. Im Grunde handelt es sich um ein Konzept. Und für mich als Schriftstellerin ist es interessant, weil es so voller Widersprüche ist. Es ist amerikanisch, unstrittig amerikanisch und zugleich ethnisch marginal. Es ist schwarz *und* frei. Es ist vielschichtig *und* wild. Es ist spontan *und* eingeübt. Es ist übertrieben *und* einfach. Es wird ständig erfunden, ist immer nagelneu, aber irgendwie auch vertraut und bekannt. Wohin man auf der Welt auch immer geht, wenn man «Jazz» sagt, sagen die Leute: «O ja, ja, ich erinnere mich.» Oder: «Ich verstehe.» Oder: «Ich weiß.» Und ich weiß nicht, ob sie an Josephine Baker oder sonst etwas denken, aber immer kommt: «O ja, ja. Jazz. Ich weiß.» Das Wort wird sofort verstanden, und alle Erklärungen werden überflüssig.

Mit diesen Widersprüchen nun habe ich mich sehr stark

beschäftigt, weil ich versuchte, einige andere Vorstellungen zu durchdenken, die mit diesem, wie ich finde, sehr, sehr wichtigen Übergang, diesem Wandel in der Geschichte der Afroamerikaner zu tun haben, der ebenso sehr ein Wandel in der Geschichte dieses Landes ist. Damals also versuchte ich mir nicht die Geschichte, sondern die Kultur des Jazz vorzunehmen, die sehr viel schwerer zu fassen, sehr viel nebelhafter ist, und ich wollte die Jazz-Idee entmystifizieren und revalorisieren. Und das wollte ich von einem Standpunkt aus tun, der ihrer Aneignung – also dem Punkt, wo sie jedermanns Besitz wird – vorausgeht und der diese Idee rekulturisiert und dekulturisiert.

Diese Betrachtung, dieser Blick auf jenen Zeitraum schwarzen Lebens ist Teil einer ziemlich ausdauernden Erkundung, die ich mit *Menschenkind* begann und die eigentlich ein Blick auf die Selbstachtung sowohl in rasse- als auch in geschlechtsspezifischer Hinsicht ist, auf die Frage, wie und unter welchen Umständen sich diese Selbstachtung entwickelt, verzerrt wird, gedeiht oder zusammenbricht. In *Menschenkind* interessierte mich die Frage, was am stärksten zur Selbstachtung einer Sklavin beitrug. Wie war es um ihr Selbstwertgefühl bestellt? Welchen Wert maß sie sich selbst bei? Und ich kam zu der Überzeugung – und meine Forschungen stützten diese Ahnung, diese Intuition –, dass ihre Identität als Mutter, ihre Fähigkeit, genau das zu sein und zu bleiben, wovon die Institution behauptete, sie sei es nicht, ihr wichtig war. So schwierig es beim Übergang in die Reconstruction und über sie hinaus war, als Mutter mit Verfügungsgewalt über das Schicksal ihrer Kinder zu fungieren, es wurde nach der Sklaverei gleichwohl mit Sicherheit auch eine rechtliche Verantwortung. Und hier ergeben sich für Margaret Garner oder Sethe die Ursprünge ihrer Selbstachtung. Und es ist übertrieben, weil es so wichtig, so fremd, so seltsam und so grundlegend ist. Wenn Sethe am Ende von *Menschenkind* «Ich? Ich?» sagt, ist das ein echter Schritt hin zu einer Erkenntnis von Selbstachtung.

Doch mir schien, dass die Antwort auf ihre Frage sich erst ein, zwei Generationen später ergibt oder zu haben ist, als man sich mit der Möglichkeit persönlicher Freiheit und innerer, gedanklicher Freiheit – nicht politischer oder ökonomischer Freiheit, die lagen noch in weiter Ferne, obschon es gewisse Veränderungen gegeben hatte – auseinandersetzen konnte. Ich hatte also den Eindruck, dass zwar die Geschichte, die Fakten traditioneller Historiker, diesen Wandel im Leben und in der Kultur der Schwarzen sowohl dokumentierten als auch in Abrede stellten, dass jedoch die Informationen, die mir in den kulturellen Zeichen verfügbar waren, darauf hindeuteten, dass es Veränderung in der Formulierung und den Ursprüngen von Selbstachtung gab. Die Musik, ihre Texte, ihre Interpreten zeigten für mich die ersten Zeichen dieses Wandels in der Kultur. Die Abwanderung, die Migration aus ländlichen in großstädtische Gebiete, enthielt andere Arten von Informationen. Die Literatur, die Sprache, das Brauchtum, die Haltung, das alles sah ich mir an.

Die Zwanziger mit ihrem im Entstehen begriffenen und überwältigenden Jazz-Idiom waren, so schien es mir, eben wegen dieses Wandels so originär. Jene Zeit, die Jazz-Ära, war eine Zeit, in der schwarze Menschen ihre Handlungsmacht in der Welt der Kultur unauslöschlich zur Geltung brachten. Und diese Handlungsmacht – die sich in ökonomischer und politischer Hinsicht nicht bemerkbar machte – bestimmt mein Projekt. Und sämtliche Begriffe, die ich vorhin zitiert habe – «Trotz», «Heftigkeit», «Sinnlichkeit», «Freiheit»,

«Vielschichtigkeit», «Erfindungsgabe» und «Improvisation» – waren mit der Ausgestaltung dieses Begriffs angedeutet. Subjektive, anspruchsvolle, zutiefst persönliche Liebesbeziehungen. Der einzige Bereich, den Afroamerikaner aus freien Stücken besetzen oder räumen konnten. Wo sie nicht den Menschen heirateten, der für sie ausgesucht wurde oder nebenan oder ein paar Türen weiter wohnte. Wo sie die denkbar größte Wahlmöglichkeit hatten – indem sie entschieden, sich zu verlieben. Jemand anderen als geliebten Menschen zu beanspruchen. Nicht aufgrund von Eltern-Kind-Beziehungen oder Nachbarschaft, sondern eben weil es eine Ad-hoc-Entscheidung war, zufällig und vom Schicksal bestimmt, aber nicht vorhersehbar.

Und diese Selbstbehauptung, diese kreative Handlungsmacht schien mir am deutlichsten in der Musik, dem Stil, der Sprache jener Zeit nach der Reconstruction, die sowohl einen Übergang als auch einen Wandel darstellte. Sie kennen das: Wenn man ein Leben lang in Sackleinen oder schlichter, langweiliger Baumwolle herumläuft, entwickelt man eine Gier, ein verzweifeltes Verlangen nach Buntheit, nach Mustern und kräftigen Primärfarben; ähnlich verhält es sich nach Hunderten von Jahren, in denen man verpaart wurde oder befohlen bekam, wen man zu heiraten hatte, in denen man eine Erlaubnis brauchte, um sich mit einem anderen zusammenzutun, in denen man außerordentliche, drastische Maßnahmen ergreifen musste, um eine Familie zusammenzuhalten und sich wie eine Familie verhalten zu können, und dies alles unter größter Belastung, während so wenig dafür sprach, dass sich jemals irgendetwas ändern würde. Man konnte Sklaven dazu bringen, alles zu tun, alles zu ertragen, wenn man ihnen auch nur die geringste Hoffnung gab, dass sie ihre Kinder behalten konnten. Dafür taten sie alles nur Erdenkliche. Jeder Impuls, jede Geste, alles, was sie taten, diente dazu, ihre Familie aufrechtzuerhalten.

Unter diesen historischen Zwängen fungiert das Verlangen, sich seinen Partner selbst aussuchen zu können, das Verlangen nach romantischer Liebe als Ort, als abgeschiedener Raum zur individuellen Rückgewinnung des Selbst. Das macht einen Teil, vielleicht den größten, gewiss aber einen wichtigen Teil des Wiederaufbaus der Identität aus. Einen Teil des «Ich», das in *Menschenkind* so zaghaft artikuliert wird. Das ist es, was sie entdecken muss. Es wird die Zufriedenheit im Blues-Text und der Blues-Phrase erklären, ob die Beziehung nun gedeiht oder nicht – meistens nicht. Normalerweise handelt der Blues davon, dass jemand fort ist und nicht zurückkommt oder dass irgendetwas Schreckliches geschehen ist und man diesen Menschen nie wiedersehen wird. Ob nun die Zuneigung erwidert wird oder nicht, ob der geliebte Mensch die gleiche Leidenschaft empfunden hat oder nicht, der Liebende, der Sänger hat mit dem Akt des Sich-Verliebens etwas erreicht, etwas vollbracht. Es ist unmöglich, diese Art von Blues-Schrei zu hören, ohne darin den Trotz, die Größe, die Handlungsmacht wahrzunehmen, welche die Klage enttäuschter Liebe so oft Lügen straft.

Dank dieser Handlungsmacht und der noch mächtigeren Selbstbehauptung dessen, was wir «Jazz» nennen, der diese Gesten nutzt, kann es sein, dass Kompromiss zu Versöhnung wird. Außerdem fördert die Vorstellungskraft auf diese Weise echte Möglichkeiten: Was man sich nicht vorstellen kann, bekommt man auch nicht. Und noch etwas Drittes entsteht, wo vielleicht Verzweiflung geherrscht hat oder sogar wo die Vergangenheit sich unvermindert geltend machte und nicht loslassen wollte. Und dieses Dritte schafft der Jazz, und es schafft sich selbst in diesen Räumen und Überschneidungen von «Rasse» und «Geschlecht», die mich interessieren und die dieses Buch mit dem Titel *Jazz* anregten und vorantrieben. Ich möchte ein, zwei Seiten daraus vorlesen, die so etwas wie eine Veranschaulichung jener Geste von freier Entscheidung und Liebe sind:

> Es ist schön, wenn Erwachsene unter den Laken miteinander flüstern. Ihre Ekstase ist mehr Blätterseufzen als Aufschrei, und der Körper ist das Mittel, nicht der Zweck. Sie streben, da erwachsen, nach etwas weit jenseits davon, weit, weit jenseits und tief unter der Haut. Sie erinnern sich, während sie so flüstern, an die Jahrmarktspuppen, die sie gewonnen haben, und an die Boote in Baltimore, mit denen sie nie gefahren sind. An die Birnen, die sie am Ast hängen ließen, denn wenn sie sie gepflückt hätten, wären sie ja von dort verschwunden gewesen, und wer hätte dann diese Reife sehen können, wenn sie sie für sich genommen hätten? Wie hätte jemand, der vorbeiging, sie sehen und sich vorstellen können, wie sie wohl schmeckten? Atmend und murmelnd liegen sie unter den Laken, die sie gemeinsam gewaschen und auf der Wäscheleine aufgehängt haben, in einem Bett, das sie zusammen ausgesucht und zusammengehalten haben, egal, ob ein Bein von einem Lexikon von 1916 gestützt werden muss, und die Matratze, die durchsackt wie die Hand eines Predigers, der einlädt, um Seinetwillen Zeugnis abzulegen, hat sie Nacht für Nacht geborgen und das Flüstern ihrer langjährigen Liebe gedämpft. Sie liegen unter der Decke, weil sie sich nicht mehr ansehen müssen; es gibt kein Hengstauge, keinen Flatterblick der Verführung. Sie sind innig miteinander, verbunden und vereinigt durch Jahrmarktspuppen und Dampfer in Häfen, die sie nie gesehen haben. Und das alles liegt ihrem Flüstern unter der Decke zugrunde. Aber es gehört noch etwas dazu, nicht so geheim. Das, was

die Finger einander berühren lässt, wenn einer dem anderen Tasse und Untertasse reicht. Das, was ihr den Druckknopf am Rückenausschnitt zudrückt, während sie auf die Straßenbahn warten, und ihm einen Fussel von seinem blauen Serge-Anzug bürstet, wenn sie aus dem Lichtspieltheater hinaus ins Sonnenlicht kommen.

Ich beneide sie um ihre öffentlich zur Schau gestellte Liebe. Ich selbst habe sie nur heimlich erfahren, sie heimlich geteilt und mich danach gesehnt, ach, gesehnt, sie zu zeigen – imstande zu sein, laut zu sagen, was sie gar nicht zu sagen brauchen: *dass ich nur dich geliebt habe, mein ganzes Sein unbekümmert dir und sonst keinem ausgeliefert habe. Dass ich will, dass du mich auch liebst und es mir zeigst. Dass ich es liebe, wie du mich hältst, wie nah du mich bei dir sein lässt. Ich mag deine Finger da und dort, die mich heben und drehen. Ich beobachte dein Gesicht schon lange und habe deine Augen vermisst, als du von mir gegangen bist. Mit dir reden und dich antworten hören – das ist das Schönste.*

Aber das kann ich nicht laut sagen; ich kann keinem erzählen, dass ich darauf mein Leben lang gewartet habe und dass das Zum-Warten-auserwählt-Sein der Grund ist, warum ich es überhaupt kann. Wenn ich könnte, würde ich es sagen. Sagen: Bring mich dazu, mach mich neu. Du hast die Freiheit, es zu tun, und ich die Freiheit, es dich tun zu lassen, weil schau, schau. Schau, wo deine Hände sind. Jetzt.

WIEDERERINNERN

Dass ich mich auf die Erinnerung als vertrauenswürdige Initialzündung stütze, ist bei mir vermutlich mit mehr Beklemmung verbunden als bei den meisten Prosaautoren – nicht, weil ich autobiographisch schreibe (oder schreiben will), sondern weil ich mir sehr deutlich bewusst bin, dass ich in einer durch und durch rassifizierten Gesellschaft schreibe, die die Vorstellungskraft hemmen kann und dies auch tut. Etiketten hinsichtlich Zentralität, Marginalität, Minderheit, Gesten angeeigneter und aneignender Kulturen und literarischen Erbes, Zwänge, Position zu beziehen – das alles kommt zum Vorschein, wenn ich gelesen oder besprochen werde und wenn ich schreibe. Es ist ein zugleich unerträglicher und unvermeidlicher Zustand. Man stellt mir bizarre Fragen, die als Fragen an andere Schriftsteller undenkbar wären: Glauben Sie, Sie werden auch einmal über weiße Menschen schreiben? Ist es nicht schrecklich, als schwarze Schriftstellerin bezeichnet zu werden?

Meine Vorstellungskraft sollte möglichst unbelastet *und zugleich* möglichst verantwortungsbewusst sein. Ich wollte eine Welt gestalten, die zugleich kulturspezifisch und frei von «Rasse» ist. Das alles präsentierte sich mir als Projekt voller Paradoxien und Widersprüche. Westliche oder europäische Schriftsteller glauben oder können sich entschließen zu glauben, ihr Werk sei selbstverständlich frei von «Rasse» oder «rassentranszendierend». Ob das wirklich stimmt oder nicht, ist eine andere Frage – Fakt ist, dass das Problem sie nicht umtreibt. Sie können als gegeben voraussetzen, dass es so ist, weil andere «rassisch konnotiert» sind – Weiße sind es nicht. So jedenfalls die herkömmliche Auffassung. Die Wahrheit ist natürlich, dass wir alle «rassisch konnotiert» sind. Wenn ich die gleiche Souveränität haben wollte, musste ich meine literarischen Projekte auf eine Weise entwickeln, die, so hoffte ich, mich, die Arbeit und meine Fähigkeit dazu befreien würde. Ich hatte drei Möglichkeiten: «Rasse» komplett zu ignorieren oder es wenigstens zu versuchen und über den Zweiten Weltkrieg oder die innenpolitische Zerrissenheit zu schreiben, ohne auf das Problem einzugehen. Doch das würde einen der prägendsten Fakten – wenn auch nicht den einzigen – meiner Existenz und meiner Intelligenz wegwischen. Zweitens, ich könnte zur kühlen, «objektiven» Beobachterin werden, die über Rassenkonflikte und/oder Harmonie zwischen den Rassen schreibt. Dabei wäre ich jedoch gezwungen, die Bühnenmitte überkommenen Ideen von Zentralität zu überlassen, und das Thema wäre immer und für alle Ewigkeit «Rasse». Oder, drittens, ich könnte mich auf neues Territorium vorwagen: einen Weg finden, meine Vorstellungskraft von den Zumutungen und Begrenzungen von «Rasse» zu befreien *und* erforschen, welche Konsequenzen seine Zentralität in der Welt und im Leben der Menschen hatte, über die es mich zu schreiben verlangte.

An erster Stelle stand mein Bemühen, mich anstelle der Geschichte eher auf die Erinnerung zu stützen, denn ich wusste, ich konnte – durfte – mich nicht darauf verlassen, dass die Geschichtsschreibung mir die Einsichten in die kulturelle Besonderheit verschaffte, um die es mir ging. Zweitens beschloss ich, jede (offenkundige) Schuld gegenüber der westlichen Literaturgeschichte zu reduzieren, auszuklammern, ja einzufrieren. Beide Bemühungen waren nicht ganz von Erfolg gekrönt, und wären sie es gewesen, hätte ich dafür keine Glückwünsche verdient. Es zu versuchen, erschien mir dennoch extrem wichtig. Sie werden verstehen, wie verwegen es von mir gewesen wäre, darauf zu setzen, dass Conrad, Twain, Melville, Stowe, Whitman, Henry James, James Fenimore Cooper oder übrigens auch Saul Bellow, Flannery O'Connor oder Ernest Hemingway mir Einsichten in meine eigene Kultur verschaffen würden. Gleichermaßen schwachsinnig und verheerend wäre es gewesen, mich darauf zu verlassen, dass Kenneth Stampp, Lewis Mumford, Herbert Gutman, Eugene Genovese, Moynihan, Emerson, Jefferson oder irgendeiner jener Weisen in der Geschichte der Vereinigten Staaten mir zu Forschungsergebnissen verhelfen würden, die mich über diese Fragen aufklärten. Es gab und gibt jedoch eine andere Quelle, die mir zu Verfügung steht: mein eigenes literarisches Erbe von Sklavenerzählungen.

Damit die Vorstellungskraft Zugang zu diesem Gebiet bekam, nötigte ich die Erinnerung, sich metaphorischen und bildlichen Assoziationen anzuverwandeln, wie ich sie zu Beginn des Vortrags über Hannah Pearce beschrieben habe.

Aber Schreiben ist nicht einfach nur Erinnerung oder Reminiszenz oder gar Epiphanie. Es ist ein Tun; die Schaffung einer Erzählung, die (in meinem Fall) von legitimen und authentischen Wesenszügen der Kultur durchdrungen ist.

Eingedenk der kulturellen und rassisch konnotierten Erwartungen und Zumutungen, denen meine Romane Vorschub leisten würden und gegen die ich aufbegehrte, war es wichtig für mich, keine bereits etablierte (literarische oder historische)

Wirklichkeit, über die der Leser und ich uns von vornherein einig sind, zu zeigen und damit zu verstärken. Diese Art von Autorität konnte ich mir weder anmaßen, noch konnte ich sie ausüben, ohne mich auf einen ganz anderen totalisierenden kulturellen Prozess einzulassen.

In *Menschenkind* jedoch flossen alle diese Fragen auf neue und bedeutende Weisen für mich zusammen. Geschichte gegen Erinnerung und Erinnerung gegen Erinnerungslosigkeit. Wiedererinnern, das heißt in die Erinnerung zurückrufen, und sich erinnern, das heißt die Glieder des Körpers, der Familie, der Bevölkerung von früher wieder zusammenfügen. Und es war der Kampf, die offene Feldschlacht zwischen Erinnern und Vergessen, die zum Mittel der Erzählung wurde. Die Anstrengung, sich zu erinnern und zugleich nicht zu wissen, wurde zur Struktur des Textes. Niemand in dem Buch kann es allzu lang ertragen, bei der Vergangenheit zu verweilen; niemand kann es vermeiden. Den Figuren steht keine verlässliche literarische, journalistische oder wissenschaftliche Geschichtsschreibung zur Verfügung, die ihnen helfen könnte, denn sie leben in einer Gesellschaft und einem System, in dem die Eroberer das Narrativ ihres Lebens schreiben. Man spricht von ihnen und schreibt über sie – sie sind Objekte der Geschichte, keine Subjekte in ihr. Deshalb besteht nicht nur die wichtigste Beschäftigung der Hauptfiguren darin, eine brauchbare Vergangenheit wiederzustellen und sich ins Gedächtnis zurückzurufen (Sethe, um zu wissen, was ihr zugestoßen ist, und um es nicht zu wissen, damit sie ihre Gewalttat rechtfertigen kann; Paul D, um innezuhalten und sich zu erinnern, was dazu beigetragen hat, sein Selbst zu entwickeln; Denver, um ihre Geburt zu entmystifizieren und in die heutige Welt einzutreten, auf die sie sich nur widerwillig einlässt), sondern auch die Erzählstrategie, die Handlungsgestaltung beruht auf der Anstrengung des Sich-Erinnerns, seiner Unvermeidlichkeit und der Befreiungsmöglichkeiten, die in diesem Vorgang liegen.

[Lesung]

Auf diesen letzten Seiten macht sich die Erinnerung hartnäckig geltend, wird jedoch zur Verwandlung von Fakt in Fiktion, dann in Folklore und dann in nichts.

Der Roman, an dem ich nach der Vollendung von *Menschenkind* arbeitete, entstand in dieser Hinsicht unter ganz anderen Umständen. Beim Schreiben von *Solomons Lied* zählte dazu unter anderem der Zugang, den mir, wie ich glaube, die Beschäftigung mit meinem Vater verschaffte. Bei diesem Projekt kommt es darauf an, dass ich einen anderen Elternteil zu fassen bekomme – meine Mutter. Es spielt 1926, zu einer Zeit also, in der meine Mutter ein junges Mädchen war. Das heißt, ihre Erinnerung an diese Zeit ist so, wie sie mir davon erzählte, zugleich ein Schleier, der bestimmte Teile verhüllt, und ein Riss, den ihre Erzählung diesem Schleier beibrachte. Ich glaube, dieser kurze Ausschnitt ist für mich das Wesen der Erinnerung, die zu Sehnsucht und Bedauern wird und schließlich zu einer sehr dünnen, aber nicht zerbrechlichen Möglichkeit von Hoffnung für die Gegenwart.

ERINNERUNG, SCHAFFENSPROZESS UND FIKTION

> Es genügt nicht, dass ein Kunstwerk geordnete Flächen und Linien aufweist. Wenn man einen Stein auf eine Gruppe Kinder wirft, stieben sie eilends auseinander. Eine Umgruppierung, eine Handlung, hat sich vollzogen. Das bedeutet Komposition. Diese mittels Farbe, Linien und Flächen dargestellte Umgruppierung ist ein künstlerisches und malerisches Motiv.
>
> *Edvard Munch*

Mir gefällt dieses Zitat wie so viele Bemerkungen von Künstlern über ihr Werk, weil es für mich einen Aspekt des Schaffensprozesses verdeutlicht, der mich auch als Schriftstellerin beschäftigt. Es deutet an, wie der innere Teil der Entwicklung eines Schriftstellers (der Teil, der vom Handwerk getrennt und zugleich nicht von ihm zu unterscheiden ist) nicht nur mit rein lokalen und lokal begrenzten Konstellationen von Anstößen, sondern auch mit der Erinnerung zusammenhängt: Der Maler kann den Stein – seine Linien, Flächen oder Kurven – kopieren oder neuinterpretieren, doch an den Stein, der etwas bei den Kindern ausgelöst hat, muss er sich erinnern, denn der ist fort. Während er vor seinem Skizzenbuch sitzt, erinnert er sich daran, wie die Szene ausgesehen hat, doch vor allem erinnert er sich an das spezielle Milieu, das zu der Szene gehört.

Mit dem Stein und den auseinandergestobenen Kindern geht eine ganze Galaxie von Gefühl und Eindruck einher – deren Bewegung und Inhalt zunächst willkürlich, ja inkohärent erscheinen mag.

Weil uns im öffentlichen und akademischen Leben so vieles verbietet, das Milieu der verborgenen Anstöße ernst zu nehmen, ist es oft extrem schwierig, sowohl den Anstoß und seine Galaxie aufzuspüren als auch ihren Wert zu erkennen, wenn sie sich einstellen. Die Erinnerung ist für mich stets frisch, auch wenn der Gegenstand der Erinnerung längst dahin und Vergangenheit ist.

Die Erinnerung (der bewusste Akt des Sich-Erinnerns) ist eine Form von gewolltem Schaffensvorgang. Es geht nicht um das Bemühen herauszufinden, wie es wirklich war – das ist Recherche. Es kommt darauf an, sich damit zu befassen, wie es einem erschien und warum es einem auf diese spezielle Weise erschien.

Ich kannte einmal eine Frau namens Hannah Peace. Wobei «kannte» eigentlich zu viel gesagt ist. Ich war vielleicht vier Jahre alt, als sie in der Stadt war, in der ich lebte. Ich weiß nicht, wo sie jetzt ist (oder ob sie überhaupt noch lebt) oder mit wem sie damals zu tun hatte. Sie war nicht einmal eine Bekannte auf Besuch. Ich könnte sie nicht so beschreiben, dass man sie auf einem Foto erkennen würde, noch würde ich sie erkennen, wenn sie in dieses Zimmer träte. Aber ich habe eine Erinnerung an sie, und zwar folgende: die Farbe ihrer Haut – deren matter Glanz. So etwas wie ein lilafarbener Ton. Außerdem nicht vollständig geöffnete Augen. Sie strahlte eine Unnahbarkeit aus, die mir wohlwollend erschien. Am deutlichsten aber erinnere ich mich an ihren Namen – oder vielmehr daran, wie die Leute ihn aussprachen. Niemals Hannah oder Miss Peace. Immer Hannah Peace – und noch etwas. Etwas Verborgenes – eine gewisse Ehrfurcht vielleicht, bestimmt aber etwas Verzeihendes. Wenn sie ihren Namen aussprachen, verziehen sie (die Frauen und die Männer) ihr irgendetwas.

Das ist nicht viel, ich weiß: halb geschlossene Augen, das Fehlen jeglicher Feindseligkeit, Haut, die wie lila bestäubt aussah. Aber es war mehr als genug, um eine literarische Figur heraufzubeschwören – tatsächlich hätte jedes weitere Detail die Entstehung einer literarischen Figur (für mich) schlichtweg verhindert. Nützlich – maßgeblich – ist die Galaxie von Emotionen, die mit der Frau einhergingen, während ich meine Erinnerung an sie weiterverfolgte, nicht die Frau selbst. (Nach wie vor verblüfft mich die Fähigkeit – ja das Verlangen –, Bekannte, Freunde oder Feinde als Romanfiguren zu «verwenden». Wirklich existierende Menschen enthalten für mich keine Hefe, oder aber nur so viel davon, dass es mir nichts nützt – es ist fertiges Brot, schon gebacken.

Es sind die Stücke (und nur die Stücke), mit denen der schöpferische Prozess für mich beginnt. Und der Prozess, durch den diese in die Erinnerung zurückgerufenen Stücke sich zu einem Teil zusammenfügen (und den Unterschied zwischen einem Stück und einem Teil muss man kennen), ist der Schaffensprozess. Somit fordert die Erinnerung, ganz gleich wie klein das erinnerte Stück ist, meinen Respekt, meine Aufmerksamkeit und mein Vertrauen.

Ich stütze mich aus zwei Gründen sehr stark auf den Kniff der Erinnerung (und in gewisser Weise funktioniert sie tatsächlich als schriftstellerischer Kniff). Erstens, weil sie einen Erfindungsprozess entfacht, und zweitens, weil ich mich nicht darauf verlassen kann, dass die Literatur und die Soziologie anderer Menschen mir dabei helfen, die Wahrheit meiner eigenen kulturellen Quellen zu erkennen. Außerdem verhindert die Erinnerung, dass meine Beschäftigungen zur Soziologie verkommen. Da die Diskussion schwarzer Literatur in kritischen Begriffen fast ausnahmslos Soziologie und fast nie Kunstkritik ist, liegt mir daran, diese Überlegungen von Anfang an aus meiner Arbeit auszuscheiden.

In dem Beispiel von Hannah Peace, das ich genannt habe, war es der Umstand, dass man ihr leicht verzieh, der meine Aufmerksamkeit erregte, und diese Eigenschaft, an die ich mich im Zusammenhang mit dem Schemen einer Frau, die meine Mutter kannte, zu erinnern glaube, ist das Thema von *Sula*. Die Frauen verzeihen einander – oder lernen es. Sobald sich dieses Stück der Gesamtkonstellation zeigte, dominierte es die anderen Stücke. Im nächsten Schritt ging es darum dahinterzukommen, was es unter Frauen zu verzeihen gibt. Dergleichen galt es nun zu erörtern und zu erfinden, weil ich in Erzählform von weiblichem Verzeihen sprechen wollte. Was es zu verzeihen gibt, sind schwerwiegende Fehler und massive Vergehen, wobei es weniger um das geht, was es zu verzeihen gibt, als um Wesen und Beschaffenheit des Verzeihens unter Frauen – das heißt, um Freundschaft unter Frauen. Was man in einer Freundschaft hinnimmt, wird vom emotionalen Wert der Beziehung bestimmt. Doch *Sula* handelt nicht (bloß) von Freundschaft zwischen Frauen, sondern zwischen schwarzen Frauen: Diese nähere Bestimmung geht mit einer künstlerischen Verantwortung einher, über die ich mir Rechenschaft ablege, bevor ich mich überhaupt der Seite nähere. Vor dem Akt des Schreibens, vor dem leeren Notizblock oder dem weißen Blatt stehen die Prinzipien, die die Vorstellung des Schreibens prägen. Auf sie komme ich gleich zurück.

Meine Literatur soll den Leser zu einer aktiven Teilnahme an der nichtnarrativen, nichtliterarischen Erfahrung des Textes anhalten. Und ihm das zu verweigern, erschwert es ihm (dem Leser), sich auf eine gelassene, distanzierte Aufnahme von Fakten zu beschränken. Wenn man ein sehr gutes Gemälde betrachtet, dann geht die Erfahrung des Betrachtens tiefer als die bei seiner Anschauung gesammelten Fakten. Das Gleiche, meine ich, gilt beim Hören von guter Musik. Wie der literarische Wert eines Gemäldes oder einer musikalischen Komposition begrenzt ist, so ist auch der literarische Wert von Literatur begrenzt. Manchmal denke ich, wie herrlich es gewesen sein muss, im England des sechzehnten Jahrhunderts Dramen, vor Christi Geburt in Griechenland Gedichte oder im Mittelalter religiöse Erzählungen zu verfassen, als die Literatur Bedürfnis war und keine kritische Geschichte hatte, welche die Phantasie des Autors einschränkte oder schmälerte. Wie großartig, nicht von den literarischen Assoziationen des Lesers – seiner literarischen Erfahrung – abzuhängen, die ebenso zur Verarmung seiner Phantasie wie der des Autors führen kann. Es ist wichtig, dass das, was ich schreibe, nicht bloß literarisch ist. Ich achte in meinem Werk streng darauf, nur ja keine literarischen Posen einzunehmen. Ich vermeide, vielleicht zu gezielt, Namedropping, Aufzählungen und literarische Verweise, ausgenommen versteckte und auf schriftlich überlieferter Folklore beruhende. Die Wahl einer Erzählung oder eines Stücks Folklore ist so auf die Gedanken oder Handlungen einer Figur zugeschnitten, dass sie diese kennzeichnet und für Ironie, zuweilen auch für Humor sorgt.

Milchmann, der im Begriff steht, die älteste schwarze Frau der Welt kennenzulernen, die Mutter der Mütter, die sich ihr

Leben lang um hilflose andere gekümmert hat, denkt, als er ihr Haus betritt, an ein europäisches Märchen, «Hänsel und Gretel», eine Geschichte über Eltern, die ihre Kinder in einem Wald aussetzen, und eine Hexe, die sie verspeisen will. An dieser Stelle wird seine Verwirrung, seine Unwissenheit und Verwirrung in Bezug auf «Rasse» und Kultur gekennzeichnet. Gleichermaßen markiert wird Hagars Bett durch die Bezeichnung «Goldlöckchen-Bettchen». Teils, weil sie gedanklich ständig um Haare kreist, teils, weil sie wie Goldlöckchen, ein Eindringling par excellence, nach materiellen Dingen giert, keine Rücksicht auf Eigentumsrechte und den Raum anderer nimmt und ebenso selbstsüchtig wie verwirrt ist.

Diese absichtliche Vermeidung literarischer Verweise ist mir zur festen, wenn auch langweiligen Gewohnheit geworden, nicht nur, weil sie zu Posen führen, nicht nur, weil ich die Legitimation verweigere, die sie verleihen, sondern auch, weil sie nicht zu einer Literatur passen, wie ich sie schreiben möchte, zu den Zielen dieser Literatur und zur Disziplin der speziellen Kultur, die mich interessiert. In den Händen von Autoren, die ich liebe, können literarische Verweise überaus aufschlussreich sein, aber sie können auch eine Behaglichkeit schaffen, die ich dem Leser nicht zugestehen mag, weil ich möchte, dass er auf der gleichen Ebene reagiert, auf der ein ungebildeter oder vorliterarischer Leser reagieren müsste. Ich möchte seine herkömmliche Behaglichkeit untergraben, damit er eine unorthodoxe erleben kann: diejenige, sich in Gesellschaft seiner eigenen, auf sich allein gestellten Vorstellungskraft zu befinden.

In meinen Anfängen als Romanautorin konzentrierte ich mich sehr stark darauf, diese Unbehaglichkeit, dieses Unwohlsein zu schaffen, um darauf hinzuwirken, dass der Leser sich auf einen anderen Wissensfundus stützt. So schwach diese Anfänge 1965 auch waren, wiesen sie mich gleichwohl in Richtung des Prozesses, der mich 1982 beschäftigt: der Erinnerung zu vertrauen und Thema und Struktur aus ihr herauszufiltern. In *Sehr blaue Augen* lieferte die Erinnerung daran, was ich sah und empfand, als ich ein Mädchen meines Alters sagen hörte, sie bete für blaue Augen, das erste Stück. Dann versuchte ich, zwischen Stück und Teil zu unterscheiden (so wie ein Stück eines menschlichen Körpers etwas anderes ist als ein Teil eines menschlichen Körpers).

Während ich begann, aus Stücken Teile zu entwickeln, stellte ich fest, dass es mir lieber war, wenn sie unverbunden blieben – wenn sie zusammenhingen, sich aber nicht berührten – kreisten und nicht eine Reihe bildeten, weil die Geschichte dieses Gebets die Geschichte einer zerrütteten, zerbrochenen Erfahrung war, Folge eines zerrütteten, zersplitterten Lebens. Der Roman erwies sich als Komposition aus Teilen, die einander umkreisten, wie die Galaxie, die die Erinnerung begleitet. Mich ärgert der stückhafte, fragmentarische Aspekt der Erinnerung, weil wir allzu oft das Ganze wollen. Wenn wir aus einem Traum erwachen, wollen wir uns vollständig daran erinnern, obwohl das Fragment, an das wir uns erinnern, vielleicht – ja, sehr wahrscheinlich – das wichtigste Stück des Traums ist. Kapitel- und Teilbezeichnungen, wie sie in Romanen herkömmlicherweise verwendet werden, waren mir beim Schreiben nie sehr hilfreich. So wenig wie Gliederungen. (Dem Gestalter zuliebe und zur Erleichterung von Diskussionen über das Buch lasse ich ihre Verwendung zu. Normalerweise werden sie in letzter Minute vorgenommen.)

Die Art, wie Erinnerung zum Vorschein kommt, mag etwas Spielerisches und Willkürliches haben, nicht jedoch die Art, wie die Komposition gestaltet wird, besonders dann, wenn ich in der Entfaltung des erzählerischen Geschehens Spielerisches und Willkürliches nachzuschaffen hoffe. Die Form wird zur genauen Interpretation der Idee, die die Erzählung ausdrücken soll. Nichts könnte traditioneller sein – doch die Quellen der Bilder sind nicht die traditionell romanhaften oder leserischen. Das visuelle Bild eines zersplitterten Spiegels oder der Flur voller zersplitterter Spiegel in blauen Augen ist in *Sehr blaue Augen* Form wie Kontext.

Eines der Mittel zur Gestaltung von Wissen ist die Erzählung. Ich war immer der Meinung, dass sie auch das wichtigste Mittel zur Übermittlung und zum Empfang von Wissen darstellt. Inzwischen bin ich mir dessen weniger sicher – doch dass das Verlangen nach Erzählungen niemals nachgelassen hat, ist ein starkes Indiz, und der Hunger danach ist genauso groß wie damals auf dem Berg Sinai, auf Golgatha oder mitten in den Sümpfen. Selbst wenn Romanautoren sie als überholte mimetische Form aufgeben oder ihrer müde werden, füllen Historiker, Journalisten und darstellende Künstler die entstandene Lücke. Trotzdem, die Erzählung war und ist nicht genug, so wie auch das auf eine Leinwand oder eine Höhlenwand gemalte Objekt niemals bloß mimetisch ist.

Meine Übereinkunft mit dem Leser läuft nicht darauf hinaus, dass ich eine bereits bestehende (literarische oder historische) Wirklichkeit offenbare, über die er oder sie und ich uns schon vorher einig sind. Diese Art von Autorität will ich mir weder anmaßen, noch will ich sie ausüben. Ich betrachte das als bevormundend, obwohl viele Leute es als gefahrlos und beruhigend ansehen. Und weil mein Metier schwarz ist, unterliege ich den künstlerischen Ansprüchen der schwarzen Kultur, die so beschaffen sind, dass ich nicht bevormunden, kontrollieren oder dozieren kann. In der Dritte-Welt-Kosmologie, wie ich sie wahrnehme, ist die Wirklichkeit nicht schon durch meine literarischen Vorgänger aus der westlichen Kultur konstituiert.

Wenn mein Werk sich einer Wirklichkeit stellen soll, die anders ist als jene überlieferte Wirklichkeit des Westens, dann muss es vom Westen diskreditierte Informationen in den Mittelpunkt stellen und mit Leben erfüllen – diskreditiert, nicht weil sie nicht wahr oder nützlich oder gar von irgendeinem Wert im Hinblick auf «Rasse» wären, sondern weil es Informationen im Besitz von diskreditieren Menschen sind, Informationen, die als «Sagen und Märchen», «Tratsch», «Magie» oder «Rührseligkeit» abgetan werden.

Wenn mein Werk die ästhetischen Traditionen der afroamerikanischen Kultur wahrheitsgetreu widerspiegeln soll, muss es von den Besonderheiten ihrer Kunstformen bewusst Gebrauch machen und sie in Gedrucktes übersetzen: dem Wechselgesang, dem Gruppencharakter der Kunst, ihrer Funktionalität, ihrem improvisierenden Charakter, ihrer Beziehung zur Mitwirkung des Publikums, der kritischen Stimme, die Traditionen und Gemeinschaftswerte hochhält und dem Einzelnen außerdem Gelegenheit bietet, Gruppenrestriktionen zu transzendieren und/oder sich ihnen zu widersetzen.

Bei der Arbeit mit diesen Regeln kann der Text, wenn er Improvisation und Publikumsbeteiligung Rechnung tragen will, nicht die Autorität sein – er sollte die Landkarte sein. Er sollte dem Leser (dem Publikum) eine Möglichkeit bieten, sich an der Geschichte zu beteiligen. Die Sprache muss, wenn sie Kritik an Auflehnung wie an Tradition zulassen soll, sowohl Indikator als auch Maske sein, und aus der Spannung zwischen den beiden Arten von Sprache ergibt sich ihre Befreiung und ihre Macht. Wenn mein Werk eine Funktion für die Gruppe (sozusagen für das Dorf) haben soll, dann muss es Zeugnis ablegen und Gefahren wie auch mögliche Zufluchtsorte benennen; es muss benennen, was von der Vergangenheit nützlich ist und was ausgemustert gehört; es muss es ermöglichen, sich auf die Gegenwart vorzubereiten und sie auszuleben; und zwar nicht, indem es Problemen und Widersprüchen ausweicht, sondern indem es sie untersucht; gesellschaftliche Probleme zu lösen, sollte es erst gar nicht versuchen, aber es sollte unbedingt darauf bedacht sein, sie zu verdeutlichen.

Bevor ich versuche, anhand von *Teerbaby* einige dieser Punkte zu veranschaulichen, muss ich noch rasch einfügen, dass es hervorragende und kraftvolle, intelligente und begabte schwarze Autoren gibt, welche die westliche Literatur nicht nur als Teil ihres eigenen Erbes anerkennen, sondern sich ihrer derart vorteilhaft bedient haben, dass beide Kulturen davon erhellt werden. Weder habe ich etwas gegen ihr Werk oder ihre Ansichten, noch stehe ich ihnen gleichgültig gegenüber. Vielmehr freue ich mich daran auf genau die gleiche Weise, wie ich mich an einer Welt von Literatur aus anderen Kulturen freue. Es geht nicht um Legitimität oder um die «Richtigkeit» eines Standpunkts, sondern um den Unterschied zwischen meinem Standpunkt und ihrem. Nichts wäre mir verhasster als ein monolithisches Rezept dafür, was schwarze Literatur ist oder sein sollte. Ich wollte lediglich schwarze Literatur schreiben, die unwiderruflich und unstreitig schwarz ist, nicht weil es ihre Figuren sind oder weil ich es bin, sondern weil sie sich die anerkannten und verifizierbaren Prinzipien schwarzer Kunst zur schöpferischen Aufgabe macht und sich durch sie beglaubigt sehen möchte.

Bei der Niederschrift von *Teerbaby* hieß *Erinnerung*, sich die überlieferte Geschichte in Erinnerung rufen. Ich weigerte mich, eine moderne oder verwestlichte Version der *erzählten* Geschichte zu lesen, und filterte stattdessen die Stücke heraus, die verstörend oder schlicht denkwürdig sind: Angst, Teer, die Empörung des Kaninchens über einen Mangel an althergebrachtem Benehmen (das Teerbaby spricht nicht). Warum das Teerbaby gebaut wird, zu welchem Zweck, wogegen sich der Farmer damit schützen will und warum er glaubt, die Puppe sei für das Kaninchen verlockend – was weiß er, und was ist sein großer Fehler? Warum zieht das Teerbaby mit dem Farmer an einem Strang, hilft dem Farmer, seinen Besitz zu schützen, will selbst beschützt werden? Was macht seinen Job wichtiger als den des Kaninchens, warum glaubt der Farmer, dass ein Dornengestrüpp eine ausreichende Strafe ist, was stellt das Dornengestrüpp für das Kaninchen, für das Teerbaby und für den Farmer dar?

«Gestaltung» hieß, die oben genannten Stücke zu Teilen zusammenstellen und sich zunächst auf Teer als Teil zu konzentrieren. Was ist Teer, und wo kommt er her; seine sakralen und seine profanen Verwendungen – deren Betrachtung zu einem Leitmotiv führt: ahistorische Erde und historische Erde. Wie dieses Thema in die Struktur übertragen wird.

1. Das Herauskommen aus dem Meer (dem, was vor der Erde da war) ist sowohl der Anfang als auch das Ende des Buches – in beiden taucht Son in einem Teil, der nicht als Kapitel nummeriert ist, aus dem Meer auf.
2. Die Erde, die aus dem Meer gekommen ist, und ihre Er-

oberung durch den modernen Menschen; diese Eroberung aus dem Blickwinkel von Fischern und Wolken. Der Schmerz, den sie den eroberten Lebensformen bereitet.

3. Bewegung von der Erde in das Haus: seine Zimmer, seine Funktion als Zuflucht. Die Aktivitäten, für die die Zimmer bestimmt sind: Essen, schlafen, baden, Muße etc.
4. Die Häuser genauso zerrüttet, wie die Erde zerrüttet wurde. Das Chaos der Erde dupliziert in dem auf Ordnung ausgelegten Haus. Die Zerrüttung wird verursacht von dem Menschen, der, von den Ammoniakgerüchen der Geburt begleitet, aus dem Schoß des Meeres geboren wird.
5. Der Konflikt, der folgt, spielt sich zwischen den ahistorischen (den ursprünglichen) und den historischen (oder sozialen) Kräften ab, die der Verwendung von Teer innewohnen.
6. Ferner spielt sich der Konflikt zwischen zwei Arten von Chaos ab: dem zivilisierten Chaos und dem natürlichen Chaos.
7. Die Offenbarung ist somit die Offenbarung von Geheimnissen. Mit ein, zwei Ausnahmen hat jeder ein Geheimnis: begangene Taten (wie bei Margaret und Son), unausgesprochene, aber gleichwohl als Triebkräfte wirkende Gedanken (wie bei Valerian und Jadine). Und das tiefste und früheste Geheimnis von allen: *dass so, wie wir anderes Leben beobachten, anderes Leben uns beobachtet.*

SCHLUSS MIT ALLDEM

«Rasse», Surrogatbeziehungen und Abschied

Als ich vor einigen Jahren zu einem Fernsehinterview eingeladen wurde, fragte ich, ob es möglich sei, in unserem Gespräch jegliche Fragen oder Themen hinsichtlich «Rasse» auszuklammern. Wenn wir uns auf einen solchen freiwilligen Verzicht verständigen könnten, dann, so meine Vermutung, ergäben sich vielleicht andere, ebenso interessante Themen und es käme ein seltenes Medienereignis zustande – eines, das frei wäre von dem Jargon, auf dem man an einem solchen Veranstaltungsort und bei einem solchen Thema unvermeidlich zurückgreifen muss. Ich dachte, das Experiment wäre eine Premiere für mich und zur Sprache kämen meine Ansichten darüber, was mein Leben als Schriftstellerin ausmacht; oder die Beziehung zwischen dem Unterrichten und dem Schreiben, zwischen dem Lektorieren und dem Schreiben, und wie die Freude und die Verzweiflung am Muttersein meine Arbeit beeinflusste – sie entkrampfte oder einschränkte; meine Ansichten zu den Problemen der Transkription und der mündlichen Überlieferung in Sklavenerzählungen, die für einen amerikanischen Autor zwingende Mischung von Umgangs-, Hoch-, Straßen- und lyrischer Sprache, die Bedeutung, die Gerard Manley Hopkins und Jean Toomer für mich haben; wie die Armut, einst eine romantisierte, sentimentalisierte Figuration in der amerikanischen Literatur, wieder, wie schon im neunzehnten Jahrhundert, zur Metapher für Krankheit, Verbrechen und Sünde geworden ist; meine Ansichten zu meiner Arbeit über die Briefe der Abolitionisten James McCune Smith und Gerrit Smith. Dies alles sind Themen oder Themenschnipsel, die von jeher mit meinem Denken und Schreiben zu tun hatten. Der Interviewer war einverstanden, doch als wir uns ein paar Minuten vor der Sendung trafen, änderte er seine Meinung und sagte, der «Rasse»-Aspekt sei viel zu interessant, um ihn auszuklammern. Ich bin mir keineswegs sicher, dass die Art von Plauderei, die ich im Sinn hatte, irgendeinen Reiz für irgendwen gehabt hätte. Das Urteil des Interviewers war zutreffend, wenn auch voraussehbar: die Differenz zwischen den Rassen zieht immer. Worauf ich jedoch hinauswill, ist, dass weder er noch sein Publikum sich für irgendwelche anderen Aspekte von mir außer den rassisch konnotierten interessierten. Enttäuscht und verärgert kramte ich meinen Baukasten für die Medienversion eines Dialogs zwischen den Rassen hervor: Ur-Urenkelin von Afrikanern, Ur-Urenkelin von Sklaven; Urenkelin von Teilpächtern; Enkelin von Migranten; Nutznießerin des amerikanischen Traums – es endete damit, dass ich durch einen blassen, richtungslosen, zutiefst uninteressanten Dialog schlafwandelte.

Ich hatte eine ungeheure Sehnsucht nach einer Umgebung, in der ich sprechen und schreiben konnte, ohne dass jeder Satz als bloßer Protest oder bloße Interessenvertretung verstanden wurde. Dieser Wunsch sollte allerdings keineswegs als Befürwortung einer Entwurzelung oder des modischen Begriffs «Rassentranszendenz» und schon gar nicht als Beleg für den schwindenden Einfluss von Rassenpolitik missinterpretiert werden. Ein flüchtiger Blick auf die Daten des US-Zensus von 2000, in dem differenzierte rassische Kennzeichnungen stärker hervortreten; eine leichte Neugier, was

Empfehlungen zu Hinrichtungsmoratorien angeht; ein vages Bewusstsein für das erschreckende Ausmaß, in dem Afroamerikanern bei den letzten Präsidentschaftswahlen das Wahlrecht vorenthalten wurde; die Rekordzahlen bei Fällen von Diskriminierung und Racial Profiling – keiner dieser Vektoren von Rassenpolitik würde einen zu dem Schluss führen, die Rassenpolitik sei wohlwollend. Eine farbenblinde, rassenneutrale Umgebung sehe ich weder voraus, noch will ich sie. Die Zeit dafür war das neunzehnte Jahrhundert. Jetzt ist es zu spät. Unsere von «Rasse» grundierte Kultur existiert nicht nur, sie gedeiht. Die Frage ist, ob sie als Virus oder als üppiger Ertrag von Möglichkeiten gedeiht.

Von Anfang an habe ich ein bestimmtes Territorium beansprucht, indem ich darauf bestand, dass ich als schwarze Schriftstellerin gelte, die sich ausschließlich für Facetten afroamerikanischer Kultur interessiert. Ich erklärte mich so eindeutig, um allen Lesern deutlich zu machen, wie sehr afroamerikanische Kultur in meinem Werk sichtbar wird und wie unerlässlich sie für dieses Werk ist, eben weil ich zu einem breiteren kritischen Vokabular animieren möchte als dem, das meine Bildung mir vermittelt hat. Ich wollte, dass sich dieses Vokabular wegen des an den Rändern liegenden Reichtums auch auf diese erstreckte und somit nicht aufgab, sondern rekonfigurierte, was die Mitte einnahm. Mir erschien das als Möglichkeit, den Dialog zwischen den und innerhalb der Kulturen zu bereichern. Ich wollte die Rolle des zeitweiligen weißen Schriftstellers oder des weißen Schriftstellers ehrenhalber unmöglich machen; das Etikett des schwarzen Schriftstellers, dessen Schwarzsein belanglos bleibt, konterkarieren. Des «Bin eben zufällig schwarz»-Schriftstellers. Mein Projekt war, dahinterzukommen, wie sich das schwarze Thema auf die Sprachpraxis auswirkte und auswirken konnte. Ich strebte eine Sprache an, die auf mindestens zwei Ebenen Bestand hatte: der eindeutig rassisch konnotierten Identität neben der nicht rassisch konnotierten, die innerhalb eines bereits kodierten rassischen Diskurses funktionieren musste. Aber auf Manifeste verstand ich mich noch nie sehr gut, und so erwiesen sich meine Versuche als Hochseilakt, als Balanceakt, der manche Leser verwirrte, anderen Vergnügen bereitete, einige enttäuschte, aber genügend von ihnen provozierte, sodass ich wusste, meine Arbeit war nicht immer vergeblich. Sie brachte mich dazu, aus der afroamerikanischen Kultur hervorgehende Strategien, Strukturen und Techniken Seite an Seite mit anderen – und auf diese reagierend – auszuprobieren und zu verwenden.

Diese Anstrengung, die Erfordernisse kultureller Besonderheit mit denen der künstlerischen Bandbreite ins Gleichgewicht zu bringen, ist für mich eher ein Zustand als ein Problem. Eher eine Herausforderung als eine Sorge. Eher eine Zuflucht als ein Flüchtlingslager. Stammland, nicht fremdes Land. In dieser Sphäre zu Hause zu sein und mit ihr umzugehen, hat mich wie nichts anderes begeistert. Natürlich haben afroamerikanische Autoren über diese Politik- und Kunst-, «Rasse»- und/oder Ästhetikdebatte nachgedacht und geschrieben, sich damit herumgeschlagen und darin Position ergriffen, seit Phillis Wheatley behauptete, die Sklaverei habe ihr einen Gefallen getan. Jean Toomer versuchte, sich ganz und gar aus deren Fessel zu lösen, indem sie eine amerikanische Rasse erfand. Langston Hughes, Zora Neale Hurston, James Baldwin, Ralph Ellison, Richard Wright, afroamerikanische Gelehrte und eine ganze Schar von Schriftstellern aus der Zeit nach dem Höhepunkt der Bürgerrechtsbewegung haben ihre Meinung zu dem Thema geäußert. Und seit dem neunzehnten Jahrhundert ist oder war es ein leidenschaftlich diskutiertes Anliegen jeder Gruppe von Autoren mit Migrationsbiographie in den Vereinigten Staaten. Von Henry James bis Chang-rae Lee; von William Faulkner bis Maxine Hong Kingston; von Isaac Bashevis Singer bis Frank McCourt; von Herman Melville bis Paula Marshal. Trotzdem fällt es mir schwer zu glauben, dass die Forderung, auf einen subjektiv wahrgenommenen «Außenseiter»-Status zu reagieren, bei irgendeiner anderen Gruppe so laut und so nachdrücklich erhoben wurde wie bei afroamerikanischen Künstlern. Die implizite, wenn nicht gar laut ausgesprochene Frage: «Sind Sie eine schwarze Schriftstellerin oder eine amerikanische Schriftstellerin?» bedeutet nicht nur: «Unterwerfen Sie die Kunst der Politik?» Sie bedeutet auch: «Sind Sie eine schwarze Schriftstellerin oder eine universelle Schriftstellerin?» und legt nahe, das eine sei mit dem anderen offensichtlich unvereinbar. «Rassen»-Bewusstsein lässt sich offenbar nie von Politik trennen. Das ist die Folge einer ursprünglich von Weißen erzwungenen Heirat, während afroamerikanische Künstler (in der Öffentlichkeit und im akademischen Bereich) Vorwürfe und Prügel dafür einstecken, dass sie sich mit den Konsequenzen dieser Ehe beschäftigen. Immerzu gezwungen sind, der weißen Kritik entgegenzurufen: «Das ist nicht meine Rassenpolitik – es ist eure.» Diese Schlachten gegen eine solche Mentalität sind anstrengend, und besonders kräftezehrend ist der Umstand, dass diejenigen, die sie angezettelt haben, sie lediglich beobachten, aber nicht daran teilnehmen müssen. Die Forderungen der kulturellen Besonderheit lediglich als Identitätspolitik, als Angriffe auf den Kanon, Berufung auf einen Sonderfall oder sonst eine bedrohliche Geste missverstehen müssen. Und die Leute, die das größte Interesse an der Auseinandersetzung haben, sind normalerweise diejenigen, die schon Nutzen daraus gezogen haben.

Ursprünglich ging ich so an die «Politik gegen Kunst»- und «Rasse gegen Ästhetik»-Debatte heran, wie es ein Alchimist täte: Ich suchte nach der Verbindung von Ingredienzen, die Unrat in Gold verwandelt. Doch eine solche Formel gibt es nicht. Also wurde es mein Projekt, die von jeher rassisch konnotierte Welt unauflöslich mit dem künstlerischen Blick zu verbinden, der sie anschaut, und dabei eine Lektüre zu fördern, die beide seziert. Das heißt, ich beanspruchte das volle Recht und die ganze Bandbreite der Autorschaft. Ich wollte der journalistischen Geschichtsschreibung mit einer metaphorischen ins Wort fallen; einer rhetorischen Geschichtsschreibung eine bildliche aufnötigen; die Welt deuten, sie missdeuten; sie schreiben und umschreiben. Schweigen und Redefreiheit verfügen. Kurzum, all das tun, was alle Schriftsteller anstreben. Ich wollte, dass mein Werk die «Kunst gegen Politik»-Auseinandersetzung blockiert; dass es die Einheit von Ästhetik und Ethik zustande bringt.

Mich beeindrucken die Fruchtbarkeit und die Bedeutung gelehrter und literarischer Herausforderungen, die nach weiteren Möglichkeiten suchen, wie sich «Rasse» zugleich markieren und unschädlich machen, ihre Bedeutung anerkennen und ihre zersetzende Wirkung auf die Sprache begrenzen lässt. Das heißt, solche Arbeiten, die das unnatürliche Schisma zwischen dem Reich der Politik, in dem Rasse eine Rolle spielt, und dem Reich der Kunst, in dem das angeblich nicht der Fall ist, vermeidet.

Eine Wissenschaft, die sich aus den Zwangsmechanismen der falschen Debatte löst und die Herausforderungen willkommen heißt, die in den in ihrem Zentrum verborgenen befreienden Momenten liegen, sensibilisiert sich für den Umstand, dass die Dinge sich verändert haben. Eine Sprache, die den wechselseitigen Ausschluss von x und y oder die Dominanz von x über y erfordert, verliert langsam ihre Magie, ihre Kraft. Doch es ist die Literatur, die diese Veränderung auf eine Art und Weise probt und inszeniert, die der kritischen Sprache, die ihr folgt, weit voraus ist und viel tiefer forscht. Dass ich selbst mich von diesem ganzen Streit – Kunst gegen Politik, Kultur gegen Ästhetik – verabschiedet habe, ist vielleicht der Grund dafür, dass ich literarische Abschiede (Momente von Trennungen zwischen den Rassen) ein so vielversprechendes Gebiet finde, auf dem sich der grundlegende Wandel untersuchen lässt, den die expressive Sprache der Begegnung zwischen den Rassen durchgemacht hat, ein Wandel, der Gelegenheiten für ergiebigere und nuanciertere Erkundungen liefert. Im Laufe der Zeit haben sich die Abschiedsrituale zwischen den Rassen, so wie sie in einigen ausgewählten Beispielen amerikanischer Literatur dargestellt werden, dramatisch verändert: von unverhohlenen zu weniger offenen Unterstellungen rassischer Hierarchie zu kodierter Darstellung zu nuancierten Dekodierungen solcher Unterstellungen; von Kontrolle zu Ausblendung zu Angst zu einer Art informierter Ungezwungenheit. Nicht, dass man mich hier dahin gehend missversteht, ich wäre der Ansicht, «Rasse» zu neutralisieren sei die Arbeit der Literatur, sozusagen ihre Aufgabe. Das ist sie nicht. Gleichwohl lässt sich die Gestalt des rassischen Diskurses dort lokalisieren. Eine Gestalt, die die Literatur umspielt und sich durch sie und damit in unserer Phantasie bewegt, wenn wir sie lesen. Obwohl selbst diese kurze Untersuchung sich ausdehnen ließe und ausgedehnt werden müsste, möchte ich meine Beobachtungen auf Schriftstellerinnen beschränken, weil Nähe, Entfremdung und Trennung zwischen Frauen häufiger frei ist von der sexuellen Konkurrenz, die bei männlichen Autoren, die das gleiche Thema behandeln, mit hineinspielt. Überdies können Ängste bezüglich der sexuellen Dominanz die Rassengleichung ebenso sehr verwischen wie verschärfen (wie sowohl Shakespeare als auch Hollywood wussten). Der Moment des Abschieds ist wie geschaffen für literarisches Getue, für tiefe, von Bedeutung erfüllte emotionale Offenbarungen. Mich interessiert der Abschied zwischen schwarzen und weißen Fremden, die etwas Bedeutendes miteinander geteilt haben oder geteilt haben könnten; oder die das Ende von etwas repräsentieren, das größer ist als sie selbst, etwa da, wo die Trennung Verlust oder Erneuerung symbolisiert. Es gibt die Abschiede zwischen schwarzen und weißen Frauen, deren Geschichten für immer ineinander verstrickt sind. Viele, wenn nicht die meisten davon sind Surrogatbeziehungen: Surrogatmütter im Kindermädchen-Kind-Bereich; Surrogatmütter, -tanten und andere Verwandte in der Dienstboten-Herrin-Kategorie; Ersatzschwestern, bei denen die Freundschaften Surrogatbeziehungen werden, illegal, eben weil die Machtdynamik zwischen Dienstherr und Angestellter unausweichlich rassekonnotiert ist; und manchmal, wenn auch selten, gibt es den Abschied zwischen erwachsenen schwarzen und weißen Frauen, bei dem die Gleichheit nicht rassisch basiert ist. Ein frühes Beispiel dafür ist Alice Walkers *Meridian.*

Beginnen möchte ich mit einer Abschiedsszene einer wunderbaren, produktiven Autorin, die keine Amerikanerin ist, sondern selbst eine Fremde fern der Heimat war und in der Lage, sich aus nächster Nähe Meinungen zu Beziehungen zwischen den Rassen zu bilden: Isak Dinesen. In *Jenseits von Afrika* gibt es eine tief bewegende Szene, die den üblichen rassisch grundierten Diskurs wie auch den in der Heimat der Fremden herrschenden Dünkel zeigt. Die Szene, in der die Fremde ein Land, Kenia, verlässt, das für einen Großteil ihres Erwachsenenlebens ihre Heimat gewesen ist. Die Notwendigkeit, aus Afrika wegzuziehen, und die damit einhergehende Melancholie treten in jedem Augenblick des Abschiednehmens zutage.

Eine Passage gegen Ende lautet wie folgt:

> Nun trauerten die alten Weiber, weil ich sie verließ. Aus dieser letzten Zeit bewahre ich im Gedächtnis das Bild einer alten Kikujufrau, deren Namen ich nicht weiß; ich kannte sie kaum, sie gehörte, glaube ich, zu Kathegus Gehöft und war die Frau oder Witwe eines seiner vielen Söhne. Sie begegnete mir auf einem Pfad in der Steppe, auf dem Rücken eine Ladung der langen, dünnen Stangen, aus denen die Kikuju das Dachgerüst ihrer Hütten bauen, was bei den Kikuju als Weiberarbeit gilt. Die Stangen sind annähernd fünf Meter lang; wenn die Weiber sie tragen, schnüren sie sie an den Enden zusammen, und die hochragende, kegelförmige Last gibt der Trägerin, wenn man sie von weitem über Land ziehen sieht, den Umriss eines vorsintflutlichen Tieres oder einer Giraffe. Die Stangen, die diese Frau trug, waren ganz schwarz und angekohlt, poliert vom jahrelangen Qualm in der Hütte; sie war offenbar dabei, ihr Haus abzureißen, und schleppte vermutlich ihr Baumaterial zum neuen Bauplatz. Als wir zusammentrafen, blieb sie regungslos stehen und sperrte mir den Weg; sie starrte mich grad so an wie eine Giraffe, die man bei ihrer Herde auf offener Steppe trifft, deren Leben, Fühlen und Denken man nicht ergründen kann. Mit einem Mal brach sie in Heulen aus, die Tränen strömten ihr übers Gesicht, es war, als schlüge eine Kuh auf der Weide vor einem ihr Wasser ab. Beide sprachen

wir kein Wort; nach ein paar Minuten gab sie mir den Weg frei, und wir trennten uns und gingen jede ihres Weges weiter. Sie hat immerhin etwas, dachte ich mir, um sich ein Haus zu bauen, das ist eine Wohltat für sie.

Viele andere Kenianer beweinten und beklagten Dinesens Weggang: wegen der Zuneigung zu ihr, weil sie eine bezahlte Anstellung und Schutz verloren, weil sie daran verzweifelten, ein anderes Obdach finden zu müssen. Doch die obige Erinnerung macht mich aus anderen Gründen stutzig. Was bedeutet der Ausdruck «sperrte mir den Weg»? Ist der Weg nur für Dinesen da? Gehört die Frau nicht dorthin? Die Syntax ist merkwürdig. Hinzu kommt die längere Spekulation darüber, zu welchem Zweck die Frau unterwegs ist – sie trägt Holz, um ein Dach zu bauen, wiederaufzubauen oder zu reparieren. Um sich ein Zuhause zu bauen, in einem Land, das ihre Heimat ist, in dem sie (die Kikuju-Frau) jedoch dazu gebracht wird, sich wie eine Außenseiterin zu fühlen. Während die eigentliche Fremde, die Autorin, eine falsche Heimat verlässt, hinsichtlich derer sie einige Bedenken hat. Dinesens Beschreibung der Afrikanerin ist aufschlussreich. Die Stangen auf ihrem Kopf lassen Dinesen an ein «vorsintflutliches Tier» denken. Darüber hinaus starrt die schweigende Frau sie mit Gefühlen an, die wir noch nicht kennen können, weil die Frau dem Tierreich zugeordnet wird, wo wir Leben, Fühlen und Denken nicht ergründen können. Die Frau gleicht einer Giraffe in einer Herde, sprachlos, unbegreiflich, und wenn sie irgendeine starke Emotion wie Schmerz, Zorn, Widerwillen Einsamkeit oder gar Freude bekundet, können wir das nicht wissen, weil ihre Tränen wie das Wasser sind, das eine Kuh vor aller Augen abschlägt. Dieses Bild, sagt Dinesen, diese namenlose, unbekannte Frau bewahrt sie im Gedächtnis. Gewiss ein Surrogat, ein Symbol für Kenia und dafür, was sie von der Welt hält, die sie verlässt. In diesen Passagen dient schöne, «ästhetische» Sprache dazu, die Begriffe Eingeborene, Fremde, Heimat und Heimatlosigkeit in einer Flut präventiver Bilder auszuhöhlen, die ihre rassistischen Voraussetzungen legitimieren und verschleiern, während sie zugleich eine Schutzschicht gegen möglicherweise schädlichere Einsichten liefern.

Wenn wir Afrika in den 1930er Jahren verlassen und uns nach Amerika in den 1940er Jahren begeben, zu einer anderen Autorin mit dem Anspruch auf enge Beziehungen zu Schwarzen, lassen sich weitere Aufschlüsse gewinnen.

In einer klassischen Erzählung von amerikanischer Weiblichkeit, *Vom Winde verweht*, ist die Beziehung schwarze Frau/weiße Frau diejenige, die wir von Harriet Beecher Stowe und anderen kennen: eine allgegenwärtige Mammy, die sich ebenso hingebungsvoll und kompetent wie loyal um die Kinder kümmert. Diese Ersatzmütter sind nicht nur wegen ihrer Beständigkeit tauglicher als echte Mütter, sondern auch, weil man über sie verfügen und sie ohne ernste Konsequenzen entlassen kann. Ungeachtet ihres Vorhandenseins im Text wird stets der Moment kommen, in dem diese Surrogate weggehen – entweder sie scheiden aus der Erzählung selbst aus, weil sie nicht mehr relevant dafür sind, oder sie verlassen das Leben ihrer Herrin, weil ihr Wert als Lehrerin abnimmt, wenn ihr Schützling heranreift, oder wenn die Umstände sich verändert haben: Wegzug, Ungehorsam, Tod. Für mich ist von Interesse, wie diese Trennung sich abspielt. Wird eine schützende Sprache mobilisiert, um das Verschwinden der schwarzen Frau annehmbar zu machen? Greift man auf eine metaphorische

Gleichsetzung mit der gefühllosen, gedankenlosen Tierwelt zurück? Geht mit der Entlassung der schwarzen Frau tiefes oder betretenes Schweigen einher? Fließen Tränen, oder wird eigensinnig auf einer immerwährenden Bindung beharrt?

Trotz des sehr deutlichen literarischen Niveauunterschieds gleicht Mitchells Mammy Dinesens Kikuju-Frau in wichtiger Hinsicht. Bei beiden werden Gleichnisse aus dem Tierreich gewählt, beide sind sprachlos vor Kummer, als der Abschied bevorsteht; die Trennung wird in beiden Fällen als Trauma erlebt, als verheerender Verlust für die schwarze und bei Mitchell auch für die weiße Frau. Das «nicht gesprochene Wort» der Kenianerin wird zum wirren Geplapper einer schwarzen Frau (die in sechzig Jahren Dialog mit ihrer Herrin nicht gelernt hat, das Wort «weiß» auszusprechen) und einem stillen Widerwillen, während ihre junge Herrin weint.

Die frühen und klassischen Beziehungen zwischen Frauen unterschiedlicher Rasse – häufig mütterlich, freundlich, liebevoll – finden einen Widerhall in Willa Cathers *Sapphira und das Sklavenmädchen*, in einer faszinierenden Sterbeszene mit einem anderen Surrogat, einer Frau namens Jezebel, mit der die Herrin eine enge und für beide Seiten zufriedenstellende Freundschaft gepflegt hat. Der Dialog ist aufschlussreich.

> «Du musst essen, damit du bei Kräften bleibst.»
> «Brauch ja nix, Missy.»
> «Fällt dir denn gar nichts ein, was dir gut schmecken würde? Denk mal ein bisschen nach, und dann sag's mir. Weißt du etwas?»
> Die alte Frau kicherte verschmitzt. Das eine papierene Lid zwinkerte, und aus ihrem Blick blitzte Galgenhumor. «Nein, Ma'am, ich weiß nichts, was mir gut schmecken könnt, außer vielleicht ein Negerbaby-Händchen.»

> […] Sie wandte sich wieder zum Bett, nahm Jezebels kalte klauenhafte Hand und tätschelte sie. «Leb wohl, Tantchen, und bis zum nächsten Mal! Jetzt musst du dich umdreh'n und ein Nickerchen machen.»

So atmosphärisch dicht die Szene auch ist, voller angenehmer Erinnerungen und einer gemeinsamen Weltsicht, wird ihre heitere Ruhe doch immer wieder von der zweckdienlichen, aber sinistren Sprache des Rassengegensatzes über den Haufen geworfen. Die Andeutung von Kannibalismus (der als den Afrikanern «angeboren» verstanden wird) und nicht das Tätscheln einer Hand, sondern einer «kalten klauenhaften Hand».

Doch in der erzählenden Literatur findet allmählich auch etwas anderes statt: Veränderungen, die normalerweise dem sozialen Klima zugeschrieben werden; die Zeichen der Zeit. Jedenfalls gelten Ausdrucksweisen, die im neunzehnten und zu Beginn des zwanzigsten Jahrhunderts zulässig waren, Ende des zwanzigsten als rüde. Aber das ist vielleicht noch nicht alles. Sicherlich hat das Auftreten von Stimmen der Post-Harlem-Renaissance in der politischen und literarischen Landschaft einen Anteil an dieser Veränderung. Vielleicht auch eine Leserschaft und eine kritische Community, die die einfache Entlassung anderer nicht mehr hinnimmt. Jedenfalls kommen unreflektierte Verabschiedungen seltener vor; Beziehungen werden tiefer ausgelotet; genauere Beobachtungen über diese Abgänge und Brüche in den Beziehungen angestellt. 1946 erschien *Frankie* von Carson McCullers. Davor *Das Herz ist ein einsamer Jäger*.

In beiden Romanen verlassen schwarze Frauen das Leben der Protagonistin. In der Szene zwischen Berenice und Frankie in *Frankie* spielt sich ein Machtkampf ab, bei dem wir Zeugen der Eifersucht der Surrogatmutter angesichts der Flucht des Kindes werden. Dann ist da Harper Lees *Wer die Nachtigall stört*, wo klar wird, dass Lee bis zu einem gewissen Grad davon abrückt, eine prinzipielle Unerkennbarkeit zu unterstellen. Obwohl Calpurnia nur mit anderen Schwarzen und mit Kindern – niemals mit weißen Erwachsenen – Gespräche führt, in denen sie etwas über sich selbst preisgibt, ist das Ringen um eine Sprache, mit der man diese komplizierten Fragen behandeln kann, offensichtlich. Es gibt in dem Roman keinen Moment des Abschiednehmens, so wenig wie in Lillian Hellmanns autobiographischem Werk, das einige Erinnerungen an ihre Hausangestellte Caroline Ducky enthält. Doch es bleibt festzuhalten,, dass diese Autorinnen sich um einen Ernst bemühen, den man bei früheren Schriftstellerinnen vermisst. Es scheint bei diesen weißen Schriftstellerinnen der Verdacht zu keimen, dass komplexes Denken, Vieldeutigkeit und Nuancierung auch bei ihren schwarzen Figuren tatsächlich möglich sind und dass deren Sprache nicht die merkwürdige, kreative Orthographie erfordert, die bei der Sprache keiner anderen Figur notwendig ist.

Lucille Clifton beginnt *Generations*, ihre wunderbaren Memoiren, mit einem Gespräch zwischen Fremden beider Rassen – ein Gespräch, das von Sagbarem und Ungesagtem widerhallt.

Doch zwei Jahre zuvor füllt Diane Johnson die Lücken, die in Cliftons Memoiren und in anderen Werken bestehen. In ihrem 1974 erschienenen *The Shadow Knows* befasst sie sich eingehend mit solchen Beziehungen. Die Erzählerin hat zwei Dienstbotinnen: eine ist zerstörerisch, rachsüchtig, grotesk, die andere gütig, unterstützend, fröhlich. Die Sprache ist wegen ihrer reflektierenden Qualität zitierenswert.

«Aber ich versuche mir einzugestehen, dass ich Osella wohl nicht als Menschen erlebe, jedenfalls nicht wirklich.» – «Und zunächst hatte es den Anschein gehabt, als wäre sie bei Ankunft tot, als sie einsam, trauernd und fern der Heimat zu unserem Zoo stieß wie irgendein unbedeutendes, gewöhnliches Tier, das die Wärterin, ich, kaum wahrnahm, weil sie sich viel stärker mit dem Elend der zarten Gazelle – ich – beschäftigte.» Hier sind die Tiermerkmale gleich verteilt, und die lyrischere «Gazelle» wird mit Ironie vorgetragen. Später sinniert sie: «Jedes Mal, wenn ich Osella beschreibe oder an sie denke, fällt mir auf, dass ich es in Metaphern von Dingen, nicht von Menschen, oder in Metaphern von fetten Tieren tue. Es ist, als hielte ich sie nicht für menschlich, diese Frau, meinen Mitmenschen, mit der ich meine Kinder, mein Zuhause und viele Stunden geteilt habe … In ihr war nichts, was sie daran hindern würde, sich schwesterlich mit mir hinzusetzen und mir ein Rezept zu erklären – in mir dagegen schon.» Das ist keine beiläufige, müßige (Margaret-Mitchell-)Sprache: Osella ist, wenn auch begreiflicherweise, vollkommen wahnsinnig. Der Tod von Ev dagegen, die Osella nachfolgt, wird von der Erzählerin tief betrauert.

Die Sprache springt in diesen von «Rasse» bestimmten Abschiedsszenen hin und her. Auch in *Menschenkind* kommt es zu einem Abschied zwischen einem weißen und einem schwarzen Mädchen. Zwar bewegt sich die Szene auf die Trennung zu, die zwischen den beiden stattfinden muss, aber sie soll auch – mitten in einem hochgradig rassifizierten Dialog – einen Abschied von den Hemmnissen von «Rasse» inszenieren. Zunächst spricht jede in der Sprache der Zeit. In den beiläufig rassistischen Bemerkungen von Amy und deren trügerischer Inkaufnahme durch Sethe treten die Machtbeziehungen zutage. Nach ihrem Zusammenwirken bei der Geburt von Denver sprechen sie endlich nicht von Abschied, sondern von Erinnerung; darüber, wie sich die Erinnerung der einen im Gedächtnis der anderen fixieren lässt – oder, bei Sethe, wie sich die Begegnung über ihr eigenes diesseitiges Leben hinaus verewigen lässt. Während auf der Handlungsebene eine Trennung, ein Gehen getrennter Wege stattfindet, soll die Sprache sie verdrängen, soll zu einem Nachdenken über ihre Notwendigkeit auffordern. Ans Ufer des Ohio River angeschwemmt wird unser Wissen, dass die beiden Frauen, wenn sie einer Rasse angehörten (beide weiß oder beide schwarz), zusammenbleiben könnten, vielleicht, nein sicher, zusammenbleiben und ihr Schicksal teilen würden. Keine hat das Gefühl, woanders hinzugehören. Beide beschreiten auf der Suche nach einem Zuhause unbekanntes, fremdes Terrain. Also soll die Sprache andeuten, dass die Einsamkeit ihres Abschieds irgendwie beschämend ist.

In den späteren Jahrzehnten des 20. Jahrhunderts lösen sich die Einschränkungen, die das Bewusstsein von «Rasse» der expressiven Sprache auferlegt, allmählich auf, wie Barbara Kingsolvers *Die Giftholzbibel* zeigt. Anstatt die in diesen Beziehungen steckenden Möglichkeiten zu unterdrücken, zu ignorieren, anstelle der Bequemlichkeit des Klischees und der Sicherheit einer trägen Phantasie, hört man nicht Dinesens Schweigen oder Mitchells Geplapper, sondern ein Fechten mit Worten; nicht die absolute Ergebenheit oder den Ungehorsam von Dienern, sondern das Ringen um die Bedeutung des Begriffs Zuhause; das Ausloten subtiler Eifersüchteleien, komplizierter Formen von Widerstand, Hass, Liebe, Zorn; den erlernten und verdienten Austausch gegenseitiger Wahrnehmung.

Ich glaube, ich weiß, warum afroamerikanische Schriftstellerinnen die Versuchung ignorierten, die Kluft zwischen den Rassen zu verbreitern, und sie stattdessen lieber verstehen wollten. Ich bin mir nicht sicher, warum weiße Schriftstellerinnen sich gezwungen fühlten, ebenso zu verfahren. Es kann sich nicht um eine einfache Wahl zwischen Ästhetisierung der Politik oder Politisierung der Ästhetik gehandelt haben. Eine jugendliche Sehnsucht, sich die Begriffe «menschenfreundlich» und «universell» zu verdienen, kommt ebenso wenig in Betracht. Diese derart mit der Auslöschung von «Rasse» behafteten Begriffe sind nicht mehr angemessen. Ich überlasse es anderen, das Gleichgewicht zu benennen, das mittlerweile in der Literatur – besonders in der über/von Frauen –, wenn auch nicht in dem öffentlichen Diskurs herrscht, der sie zu verstehen versucht.

Das Material, aus dem ein neues Paradigma für das Lesen von Literatur und das Schreiben darüber erwachsen kann, existiert bereits. Dem alten Material, dem «Rasse»-Anker, der die Sprache und ihre imaginativen Möglichkeiten niederdrückte, haben die Schriftsteller schon Lebewohl gesagt. Wie neuartig es wäre, wenn in diesem Fall das Leben die Kunst nachahmte. Wenn es in besagtem Fernsehinterview um mein eigentliches Lebenswerk gegangen wäre. Wenn ich, in einem Wort, keine (rassisch konnotierte) Fremde, sondern eine Einheimische wäre, die bereits zur menschlichen Rasse gehört.

UNSICHTBARE TINTE

Das Geschriebene lesen und das zu Lesende schreiben

Ich schrieb einmal einen Artikel für eine Publikumszeitschrift, die einen kleinen, uneinheitlichen «Kulturteil» hatte. Man wollte etwas Lobendes über den Wert des Lesens oder vielleicht auch nur über das Vergnügen daran. Das letzte Substantiv, «Vergnügen», ärgerte mich, weil es üblicherweise mit einem Gefühl assoziiert wird: Freude gepaart mit Spannung. Lesen ist fundamental – mit der Betonung auf «Fun». Allermindestens wird es im populären Diskurs natürlich als erhebend und lehrreich verstanden; bestenfalls als etwas, das zu tiefem Nachdenken anhält.

Gedanken zur Praxis des Lesens beschäftigten mich schon früh nicht nur als Schriftstellerin/als aus der Vorstellungskraft Schöpfende, sondern auch als alles verschlingende Leserin.

Ich begann als Dreijährige zu lesen, aber es war immer schwierig für mich. Nicht schwierig in dem Sinne, dass es mir schwerfiel, sondern schwierig, insofern ich mühsam nach Bedeutung in den Worten und jenseits davon suchte. Der im Lesebuch der ersten Klasse zu findende Satz «Lauf, Jip, lauf» führte mich zu der Frage: Warum läuft er? Ist das ein Kommando? Und wenn ja, wohin? Wird der Hund gejagt? Oder jagt er selbst jemanden? Später, als ich «Hänsel und Gretel» in Angriff nahm, ergab sich eine Fülle ernsterer Fragen. Genau wie bei Kinderversen und -spielen: «Ring around the rosie, pocket full of posies.» Es dauerte eine Weile, bis ich begriff, dass der Vers, das Spiel, sich um den Tod während der Pest dreht.

Also entschloss ich mich für diese Zeitschrift zu einem Versuch, zwischen Lesen als Fähigkeit und Lesen als Kunst zu unterscheiden.

Unter anderem schrieb ich dabei Folgendes:

«Als Mr. Head erwachte, fand er das Zimmer von Mondlicht überflutet. Er setzte sich auf und blickte mit großen Augen auf die Dielenbretter – die Farbe von Silber – und dann auf den Drillich seines Kissenbezugs, der aus Brokat sein mochte, und im nächsten Augenblick sah er die Hälfte des Mondes fünf Fuß entfernt im Rasierspiegel, wo er auf die Erlaubnis zum Eintreten zu warten schien. Der Mond rollte weiter voran und breitete sein schmückendes Licht über allem aus. Der schlichte Stuhl an der Wand stand steif und achtsam da, als wartete er auf eine Weisung, und Mr. Heads Hosen, die über der Rückenlehne hingen, strahlten etwas Erlauchtes aus, wie ein Gewand, das ein hoher Herr eben erst seinem Lakaien zugeworfen hatte.»

Mit diesen Anfangssätzen entscheidet sich Flannery O'Connor dafür, das Augenmerk ihrer Leser auf Mr. Heads Phantasie, seine Hoffnungen zu lenken. Der Drillich eines Kissens ohne richtigen Bezug gleicht Brokat, prächtig und kunstvoll. Mondlicht verwandelt einen Dielenboden in Silber und «breitet sein schmückendes Licht» über alles. Mr. Heads Stuhl ist «steif und achtsam» und scheint auf eine Weisung zu warten. Selbst seine Hosen, die über der Rückenlehne des Stuhls hängen, strahlen «etwas Erlauchtes» aus, wie ein Gewand, das ein hoher Herr seinem Lakaien zugeworfen hat. Mr. Head hat also starke, vielleicht nicht zu bändigende

Träume von Majestät, davon, über Diener zu gebieten, die tun, was er will, Träume von rechtmäßiger Autorität. Sogar der Mond im Rasierspiegel scheint «auf die Erlaubnis zum Eintreten zu warten.» Wir dagegen müssen eigentlich nicht warten (nur ein paar Sätze lang), bis wir seinen Wecker auf einem umgestülpten Eimer stehen sehen oder uns fragen, warum sein Rasierspiegel nur fünf Fuß vom Bett entfernt ist, um schon eine ganze Menge über ihn zu wissen – seine Anmaßung, seine Unsicherheit, seine rührenden Sehnsüchte – und vorauszuahnen, wie er sich im weiteren Verlauf der Erzählung verhalten wird.

In meinem Essay versuchte ich, Merkmale makellosen Schreibens herauszuarbeiten, die es ermöglichten, erzählende Literatur immer wieder zu lesen und im Vertrauen darauf, dass Aufmerksamkeit stets Staunen hervorrufen wird, in ihre Welt einzutreten. Herauszuarbeiten, wie man dafür sorgt, dass das Werk seine Wirkung entfaltet, während das Werk wiederum dafür sorgt, dass ich beim Lesen meine Möglichkeiten entfalte.

Ich fand meine Veranschaulichung so weit ganz schön, doch was ich nicht deutlich artikulieren konnte, war die Art und Weise, wie die Leserin sich am Text beteiligt – nicht, wie sie ihn interpretiert, sondern wie sie ihn schreiben hilft. (Das ist ganz ähnlich wie beim Singen: Es gibt den Text, die Noten und dann den Vortrag – das ist der Beitrag des Einzelnen zu dem Stück.)

Was unter den Zeilen, zwischen ihnen und außerhalb davon liegt, ist unsichtbare Tinte, verborgen, bis der richtige Leser sie entdeckt. Mit «richtiger» Leser meine ich, dass bestimmte Bücher offensichtlich nicht für jeden Leser sind. Es ist möglich, Proust zu bewundern, ohne sich emotional oder intellektuell von ihm berühren zu lassen. Selbst ein Leser, der das Buch liebt, ist vielleicht nicht der beste oder der richtige Liebhaber. Der Leser, der «wie gemacht» ist für das Buch, ist derjenige, der auf die unsichtbare Tinte eingestellt ist.

Das übliche Zweiergespann in der literarischen Kritik ist der stabile Text gegenüber dem aktualisierten Leser. Die Leser und ihre Lesarten können sich ändern, doch der Text tut es nicht. Er ist stabil. Aus dem Umstand, dass der Text sich nicht ändern kann, folgt, dass eine erfolgreiche Beziehung zwischen Text und Leser nur aufgrund von Veränderungen bei den Projektionen der Leser entstehen kann. Mir scheint, die Frage läuft darauf hinaus, ob diese latenten Projektionen Produkte des Lesers oder des Schriftstellers sind. Ich gebe zu bedenken, dass es sich vielleicht nicht immer so verhält. Zwar wird die Aufgabe der Interpretation nach allgemeinem Verständnis den Lesern übertragen, doch der Text ist nicht immer der stille Patient, den die Leser zum Leben erwecken. Ich will einen dritten Faktor in die Gleichung einführen – den Autor.

Manche Romanautoren gestalten ihre Texte so, dass sie verstören – nicht bloß mit spannungsvollen Handlungen, provozierenden Themen, interessanten Figuren oder gar Katastrophen. Ihre Texte sollen die gesamte Umgebung des Leseerlebnisses verstören, erschüttern und in Beschlag nehmen.

Auf Metaphern und Bilder zu verzichten, ist ebenso wichtig, wie sie auszuwählen. Maßgebliche Sätze lassen sich so schreiben, dass sie verborgene Informationen enthalten, die die Lektüre vervollständigen, in sie eindringen, sie manipulieren. Das Ungeschriebene ist ebenso bedeutsam wie das Geschriebene. Und die absichtlichen, absichtlich verführerischen Lücken, bringen, wenn sie vom «richtigen» Leser gefüllt werden, den Text in seiner Gänze hervor und bezeugen sein lebendiges Leben.

Man denke in diesem Zusammenhang an «Benito Cereno», wo der Autor den Standpunkt des Erzählers einnimmt, um die Leseerfahrung absichtlich zu manipulieren.

Es gibt bestimmte Annahmen über Kategorien, die regelmäßig Verwendung finden, um diese Störung zu erzeugen. Ich sähe gerne einmal ein Buch geschrieben, in dem das Geschlecht des Erzählers nicht näher bezeichnet, nicht erwähnt wird. «Geschlecht» beinhaltet, genau wie «Rasse», eine ganze Palette von Gewissheiten – alle vom Schriftsteller eingesetzt, um bestimmte Reaktionen hervorzurufen und, vielleicht, anderen entgegenzutreten.

Wie die Beispiele von O'Connor, Coetzee und Melville zeigen, enthält und erzeugt «Rasse» weitere Gewissheiten. Anderswo habe ich darüber geschrieben, auf welche Weise rassische Codes als Metaphern eingesetzt werden – manchmal, um Annahmen, die bei Lesern vielleicht existieren, zu verdeutlichen, manchmal um sie zu erhärten. Virginia Woolf mit ihren Lücken und Faulkner mit seinen Verzögerungen kontrollieren beide die Leser und bringen sie dazu, innerhalb des Textes zu funktionieren. Allerdings formuliert der Text keine Erwartungen oder deren Modifikation. Eine solche Formulierung fällt in die Zuständigkeit der Leser und ermöglicht es ihnen, den Text in eigenes Denken zu übersetzen und zu überführen.

Ich gebe zu, dass ich dieses Verfahren in fast allen meinen Büchern angewendet habe. Das geht bis zur offenen Forderung, der Leser möge sich nicht bloß an der Erzählung beteiligen, sondern sie ausdrücklich schreiben helfen. Manchmal mit einer Frage. Wer stirbt am Ende von *Solomons Lied*, und spielt das eine Rolle? Manchmal mit einem kalkulierten Verschweigen der Geschlechtszugehörigkeit. Wer spricht am Anfang von *Liebe*? Ist es eine Frau oder ein Mann, der oder die sagt: «Die Beine der Frauen sind weit geöffnet – und ich summe»? Oder ist es in *Jazz* ein Mann oder eine Frau, die oder der sagt: «Ich bin verrückt nach dieser Stadt»? Für den nicht richtigen Leser sind solche Strategien ärgerlich, als würde man ihm die Butter zum Toast vorenthalten. Für andere sind sie ein halb geöffnetes Tor, das zum Eintreten auffordert.

Ich bin nicht allein damit, dass ich mich auf «Rasse» als Nicht-Signifikanten konzentriere. John Coetzee hat das in *Leben und Zeit des Michael K* ziemlich gekonnt gemacht. In diesem Buch treffen wir augenblicklich Annahmen, ausgehend davon, dass es in Südafrika spielt, dass die Hauptfigur ein armer Lohn-, manchmal auch Wanderarbeiter ist; dass die Leute in aller Regel vor ihm zurückschrecken. Aber er hat eine schlimme Hasenscharte, die vielleicht der Grund für sein Pech ist. Nirgendwo in dem Buch wird Michaels Rasse erwähnt. Als Leser nehmen wir etwas an, oder wir tun es nicht. Was, wenn wir die unsichtbare Tinte in dem Buch läsen und feststellten, dass es anders ist – wenn wir es als Drangsale eines armen weißen Südafrikaners läsen (die Legion sind)?

Die ersten beiden Sätze von *Paradies* sind eindeutig ein schlagendes Beispiel für unsichtbare Tinte. «Das weiße Mädchen erschießen sie zuerst. Mit den anderen können sie sich Zeit lassen.»

Wie sehr wird die Vorstellungskraft der Leser damit beschäftigt sein dahinterzukommen, wer das weiße Mädchen ist? Wann wird die Leserin glauben, sie erkannt zu haben? Wann wird klar sein, dass diese Information zwar für die Vigilanten der Stadt wichtig ist, für die Leser aber vielleicht keine so große Rolle spielt? Wie auch immer die Leser sich entscheiden, ich zwinge sie, beim Schreiben des Buches zu helfen; ich zitiere sie mit unsichtbarer Tinte herbei, destabilisiere den Text und orientiere die Leserin neu.

Von «Hab keine Angst», dem ersten Satz von *Gnade*, der den Leser beruhigt, beteuert, ihm nicht weh zu tun, bis zum «Fürchtest du dich? Du solltest dich fürchten» des vorletzten Kapitels.

Das zu Lesende schreiben hat mit Verführung zu tun – damit, die Leser in Umgebungen außerhalb der Seiten zu locken. Die Vorstellung eines stabilen Textes auszumustern zugunsten eines Textes, der sich auf einen aktiven und aktivierten Leser verlässt, der das zu Lesende schreibt – mit unsichtbarer Tinte.

Ich möchte mit einigen Worten aus einem Buch schließen, das meiner Überzeugung nach ein weiteres Beispiel ist.

«Sie erhoben sich wie Männer. Wir sahen sie. Wie Männer standen sie da.»

QUELLENNACHWEISE

Auf eigene Gefahr («Peril»), Anmerkungen zur Verleihung des PEN/Borders Literary Service Award, New York, N.Y., 28. April 2008

Die Toten des 11. Septembers («The Dead of September 11»), Gedenkgottesdienst, Princeton University, Princeton, New Jersey, 13. September 2001

Die Heimat des Fremden («The Foreigner's Home»), Alexander Lecture Series, University of Toronto, Toronto, Kanada, 27. Mai 2002

Rassismus und Faschismus («Racism and Fascism»), *The Nation*, 29. Mai 1995; Auszug aus dem Charter Day Speech «The First Solution», Howard University, Washington, D.C., 3. März 1995

Heimat («Home»), Rede zum Semesterbeginn, Oberlin College, Oberlin, Ohio, 23. April 2009

Die Sprache des Krieges («Wartalk»), Oxford University, Oxford, England, 15. Juni 2002

Kampf dem Irrglauben («The War on Error»), Amnesty International Lecture, Edinburgh, Schottland, 29. August 2004

«Rasse» im Hinterkopf: Die Aufgabe der Presse («A Race in Mind»), Newspaper Association of America Conference, San Francisco, Kalifornien, 27. April 1994

Moralbegabte Lebewesen («Moral Inhabitants»), Erwiderung auf «In Search of a Basis for Mutual Understanding and Racial Harmony» von James Baldwin, The Nature of a Humane Society: A Symposium on the Bicentennial of the United States of America, Lutheran Church of America, Pennsylvania Southeast Synod, University of Pennsylvania, 29. – 30. Oktober 1976

Der Preis des Wohlstands und die Kosten des Gemeinwohls («The Price of Wealth, the Cost of Care»), Nichols-Chancellor's Award, Vanderbilt University, Nashville, Tennessee, 9. Mai 2013

Kunst als Lebensform («The Habit of Art»), Vorstellung von Toby Devan Lewis beim Art Table Award, New York, N.Y., 16. April 2010

Der Künstler als Einzelkämpfer («The Individual Artist»), National Council on the Arts, Washington, D.C., 14. Februar 1981

Förderung der Künste («Arts Advocacy»), persönliches Archiv der Autorin

Rede vor Absolventen am Sarah Lawrence College («Sarah Lawrence Commencement Address»), Sarah Lawrence College, Bronxville, N.Y., 27. Mai 1988

Die Sklaven und die Schwarzen («The Slavebody and the Blackbody»), America's Black Holocaust Museum, Milwaukee, Wisconsin, 25. August 2000

Harlem on My Mind (Harlem on My Mind), Louvre, Paris, Frankreich, 15. November 2006

Frauen, «Rasse» und Gedächtnis («Women, Race, and Memory»), Queens College, Queens, New York, N.Y., 8. Mai 1989

Literatur und öffentliches Leben («Literature and Public Life»), Cornell University, Ithaca, N.Y., 17. November 1998

Die Nobelvorlesung in Literatur («The Nobel Lecture in Literature»), Stockholm, Schweden, 7. Dezember 1993

Aschenputtels Stiefschwestern («Cinderella's Stepsisters»), Barnard College Commencement Address, New York, N.Y., 13. Mai 1979

Die Zukunft der Zeit («The Future of Time»), The Twenty-Fifth Jefferson Lecture in the Humanities, Washington, D.C., 25. März 1996

Verbeugung vor Martin Luther King jr. («Tribute to Martin Luther King Jr.»), *Time* Magazine Seventy-Fifth Anniversary Gala, New York, N.Y., 3. März 1998

Thema «Rasse» («Race Matters»), Eröffnungsvortrag zur Race Matters Conference, Princeton University, Princeton, New Jersey, 28. April 1994

Schwarze Angelegenheiten («Black Matter(s)»), *Grand Street* 40 (1991), S. 204–225; Clark Lectures, 1990; Massey Lectures, 1990

Das unausgesprochene Unaussprechliche: Die afroamerikanische Präsenz in der amerikanischen Literatur («Unspeakable Things

Unspoken»), The Tanner Lectures on Human Values, University of Michigan, Ann Arbor, Michigan, 7. Oktober 1988

Akademisches Geflüster («Academic Whispers»), Johns Hopkins University, Baltimore, Maryland, 10. März 2004

Gertrude Stein und der Unterschied, den sie macht («Gertrude Stein and The Difference She Makes»), Studies in American Africanism, Charter Lecture, University of Georgia, Athens, Georgia, 14. November 1990

Was weh tut, was wahr ist und was wirklich zählt («Hard, True and Lasting»), Robert and Judi Prokop Newman Lecture, University of Miami, Miami, 30. August 2005

Trauerrede anlässlich des Todes von James Baldwin («James Baldwin Eulogy»), Cathedral of St. John The Divine, New York, New York, 8. Dezember 1987

Fundstätte Erinnerung («The Site of Memory»), in *Inventing the Truth: The Art and Craft of Memoir*, hrsg. von William Zinser, Boston (Houghton Mifflin) 1987

Die Sprache Gottes («God's Language»), Moody Lecture, University of Chicago, Chicago, Illinois, 10. Mai 1996

Grendel und seine Mutter («Grendel and His Mother»), Alexander Lecture Series, University of Toronto, Toronto, Kanada 28. Mai 2002

Der Autor vor der Seite («The Writer before the Page»), Generoso Pope Writers' Conference, Manhattanville College, Purchase, New York, 25. Juni 1983

Das Problem mit dem Paradies («The Trouble with Paradise»), Moffitt Lecture, Princeton University, Princeton, New Jersey, 23. April 1998

Über *Menschenkind*, Archiv der Autorin

Chinua Achebe («Chinua Achebe»), Africa America Institute Award, New York, 22. September 2000

Vorstellung von Peter Sellars («Introduction of Peter Sellars»), Belknap Lecture, Princeton University, Princeton, New Jersey, 14. März 1996

Zu Ehren von Romare Bearden («Tribute to Romare Bearden»),

The World of Romare Bearden Symposium, Columbia University, New York, 16. Oktober 2004

Faulkner und die Frauen («Faulkner and Women»), *Faulkner and Women*, Hg. Doreen Fowler und Ann J. Abadie, Faulkner and Yoknapatawpha Series, University Press of Mississippi, 1986

Der Ursprung der Selbstachtung («The Source of Self-Regard»), Portland Arts: Lecture Series, Portland, Oregon, 19. März 1992

Wiedererinnern («Rememory»), Archiv der Autorin

Erinnerung, Schaffensprozess und Fiktion («Memory, Creation and Fiction»), Gannon Lecture, Fordham University, Bronx, New York, 31. März 1982

Schluss mit alldem («Goodbye to All That», Radcliffe Inaugural Lecture Series, Radcliffe Institute for Advanced Study, Cambridge, Massachusetts, 3. April 2001

Unsichtbare Tinte («Invisible Ink»), Wilson College Signature Lecture Series, Princeton University, Princeton, New Jersey, 1. März 2011

VERWENDETE ÜBERSETZUNGEN UND TEXTE

James Baldwin, *Beale Street Blues*, dtv 2018, S. 134; neu übersetzt von Miriam Mandelkow

Die anderen Zitate von James Baldwin in der Trauerrede anlässlich seines Todes stammen der Reihe nach aus seinen Werken *Just Above My Head*, *In Search of a Majority* (in: *Nobody Knows My Name*) und *No Name in the Street.*

Beowulf. Die Geschichte von Beowulf und seinen Taten, Insel [3]2018; übersetzt von Gisbert Haefs

Tania Blixen, *Jenseits von Afrika*, Heyne 1992; übersetzt von Rudolf von Scholtz

Willa Cather, *Sapphira und das Sklavenmädchen*, Knaus 2010; übersetzt von Elisabeth Schnack

Simone de Beauvoir, *Ein sanfter Tod*, Rowohlt 1975; übersetzt von Paul Meyer

Umberto Eco, *Die Insel des vorigen Tages*, Hanser 1995 u. ö.; übersetzt von Burkhart Kroeber

William Gass, *Der Tunnel*, Rowohlt 2011; übersetzt von Nikolaus Stingl

Ernest Hemingway, *In einem anderen Land*, Rowohlt 2018; übersetzt von Werner Schmitz

John Gardner, *Grendel*, Suhrkamp 1989; übersetzt von Andreas Vollstädt

Peter Høeg, *Vorstellung vom zwanzigsten Jahrhundert*, Hanser 1992; übersetzt von Monika Wesemann

Thomas Jefferson, *Betrachtungen über den Staat Virginia. Herausgegeben und mit einem einführenden Essay von Hartmut Wasser*, Manesse 1989; übersetzt von Christian Matthias Sprengel (1751–1803)

Immanuel Kant, Beobachtungen über das Gefühl des Schönen und Erhabenen, Insel-Bücherei Nr. 31 (ohne Jahreszahl; zitiert nach Projekt Gutenberg)

Herman Melville, *Moby-Dick*, Hanser 2001; übersetzt von Matthias Jendis

John Milton, *Das verlorene Paradies*, marixverlag 2008; übersetzt von Adolf Böttger

Flannery O'Connor zitiert nach: Toni Morrison, Die Herkunft der anderen: Über Rasse, Rassismus und Literatur [Fremd sein oder fremd werden], Rowohlt 2018; übersetzt von Thomas Piltz

Thomas Piltz übersetzte vom Anfang bis inklusive «Schwarze Angelegenheiten».

Dirk van Gunsteren übersetzte «Das unausgesprochene Unaussprechliche» und «Akademisches Geflüster».

Christine Richter-Nilsson übersetzte «Gertrude Stein und der Unterschied, den sie macht».

Christiane Buchner übersetzte von «Was weh tut, was wahr ist und was wirklich zählt» bis inklusive «Grendel und seine Mutter».

Nikolaus Stingl übersetzte von «Der Autor vor der Seite» bis zum Ende.